权威·前沿·原创

皮书系列为
"十二五"国家重点图书出版规划项目

创意城市蓝皮书

BLUE BOOK OF
CREATIVE CITIES

总　编╱张京成

·中国创意产业研究中心·

台北文化创意产业发展报告
（2014）

TAIPEI REPORT ON CULTURAL AND CREATIVE INDUSTRIES
(2014)

主　　编╱陈耀竹　邱琪瑄
副 主 编╱沈晓平　卢阳正

社会科学文献出版社
SOCIAL SCIENCES ACADEMIC PRESS（CHINA）

图书在版编目（CIP）数据

台北文化创意产业发展报告.2014/陈耀竹，邱琪瑄主编.—北京：
社会科学文献出版社，2014.11
（创意城市蓝皮书）
ISBN 978 - 7 - 5097 - 6786 - 3

Ⅰ.①台… Ⅱ.①陈… ②邱… Ⅲ.①文化产业 - 产业发展 - 研究
报告 - 台北市 - 2014 Ⅳ.①G127.581

中国版本图书馆 CIP 数据核字（2014）第 267331 号

创意城市蓝皮书
台北文化创意产业发展报告（2014）

主　　编 / 陈耀竹　邱琪瑄
副 主 编 / 沈晓平　卢阳正

出 版 人 / 谢寿光
项目统筹 / 恽　薇　王玉山
责任编辑 / 王玉山

出　　版 / 社会科学文献出版社·经济与管理出版中心（010）59367226
　　　　　　地址：北京市北三环中路甲 29 号院华龙大厦　邮编：100029
　　　　　　网址：www. ssap. com. cn
发　　行 / 市场营销中心（010）59367081　59367090
　　　　　　读者服务中心（010）59367028
印　　装 / 北京季蜂印刷有限公司

规　　格 / 开本：787mm × 1092mm　1/16
　　　　　　印张：23.5　字数：382 千字
版　　次 / 2014 年 11 月第 1 版　2014 年 11 月第 1 次印刷
书　　号 / ISBN 978 - 7 - 5097 - 6786 - 3
定　　价 / 89.00 元

皮书序列号 / B - 2014 - 409

"创意城市蓝皮书" 总序

张京成

　　城市是生产力发展到一定阶段的产物，并随着生产力的发展而不断升级。时至今日，伴随着工业文明的推进和文化提升，以及服务业的大力发展，经济增长方式的转变和产业结构的调整正在推动一部分城市向着一个前所未有的高度迈进，这就是创意城市。

　　创意城市已经为众多有识之士所关注、所认同，所思考。在全球性竞争日趋激烈、资源环境束缚日渐紧迫的形势下，城市对可持续发展的追求，必然要大力发展附加值高、渗透性强、成效显著的创意经济。创意经济的发展实质上就是要大力发展创意产业，而城市是创意产业发展的根据地和目的地，创意产业也正是从城市发端、在城市中集聚发展的。创意产业的发展又激发了城市活力，集聚了创意人才，提升了城市的文化品位和整体形象。

　　纵观伦敦、纽约、东京、巴黎、米兰等众所周知的创意城市，其共同特征大都离不开创意经济：首先，这些城市都在历史上积累了一定的经济基础、文化基础和科技基础，足以支持创意经济的兴起和长久发展；其次，这些城市都已形成了发达的创意产业，而且能以创意产业支持和推进更为广泛的经济领域创新；最后，这些城市都具备了和谐包容的创意生态，既能涵养相当数量和水平的创意产业消费者，又能集聚和培养众多不同背景和个性的创意产业生产者，使创意经济行为得以顺利开展。

　　对照上述特征不难发现，我国的一些城市已经或者正在迈向创意城市，从北京、上海等一线城市到青岛、西安等二线城市，再到义乌、丽江等中小城市，我们自2006年起每年编撰的《中国创意产业发展报告》一直忠实记录着它们的创意轨迹。今天，随着创意产业的蔚然成风，其中的部分城市已经积累了相当丰富的实践经验以及大量可供研究的数据与文字资料，对其进行专门研究的时机已经成熟。

　　因此，我们决定在《中国创意产业发展报告》的基础上，逐步对中国各主要创意城市的发展状况展开更加深化、细化和个性化的研究和发布，由此即产生了"创意城市蓝皮书"，这也是中国创意产业研究中心"创意书系"的重要组成部分。希望这部蓝皮书能够成为中国每一座创意城市的忠实记录者、宣传推介者和研究探索者。

　　是为序。

i

Preface to the
Blue Book of Creative Cities

Zhang Jingcheng

City came into being while social productivity has developed into a certain stage and upgrades with the progress of the productivity. Along with the marching of industrial civilization, cultural development, the growth of the service industry, the transformation of economic growth and the adjustment of industrial structure, cities worldwide have by now entered an unprecedented stage as of the era of creative cities.

Creative cities have caught the attention from various fields these years. While the global competition for limited resources gets heated, sustainable development has become the only solution for cities, which brings creative economy of high added value and high efficiency into this historic stage. Creative industries is the parallel phrase to creative economy, which regards cities as the bases and the core of the development, and cities is also the place where creative industries started and clustered. On the other hand, creative industries helped to keep the city vigorous, attract more talents and strengthen the public image of the city.

From the experiences of world cities such as London, New York, Tokyo, Paris, and Milan, creative economy has been their common characteristic. First, histories of these cities have provided them with certain amount of economic, cultural and technological resources, which is the engine to start and maintain creative economy; second, all these cities have had sound creative industries which can function as a driving force for the innovation and economic growth of the city; finally, these cities have fostered harmonious and tolerant creative ecology through time, which conserves consumers of creative industries, while attracting more creative industries practitioners.

It can be seen that some Chinese cities have been showing their tendency on the way to become creative cities, such as large cities of Beijing and Shanghai, medium – size cities of Qingdao, Xi'an and even small cities of Yiwu and Lijiang, whose development paths have been closely followed up in our Chinese Creative Industries Report started in 2006. By now, some cities have had rich experiences, comprehensive data and materials worthy to be studied, thus the time to carry out a special research has arrived.

Therefore, based on Chinese Creative Industries Report, we decided to conduct a deeper, more detailed and more characteristic research on some active creative cities of China, leading to the birth of Blue Book of Creative Cities, which is also an important part of Creative Series published by China Creative Industries Research Center. We hope this blue book can function as a faithful recorder, promoter and explorer for every creative city of China.

台北文化创意产业发展报告 2014
编　委　会

主编简介

陈耀竹　现任台湾铭传大学观光学院专任教授、中华数位媒体发展学会理事长、中华决策科学学会理事、财团法人高等教育评鉴中心基金会评鉴专业人员、社团法人台湾评鉴协会专业学门教育认证委员兼小组召集人、考试院专门职业及技术人员普通考试典试委员。曾任铭传大学观光学院院长兼大陆教育交流处处长（2012～2014年）、传播学院院长暨传播管理学系主任（2009～2012年）、传播学院院长暨广告学系主任（2008～2009年）、广告学系主任（1999～2009年）、观光事业学系主任（1994～1995年）、国际贸易学系主任（1990～1993年），中华模糊学会理事，中华数位媒体发展学会常务理事兼秘书长（2011～2013年），电视学会、电视台新闻自律委员会委员，金手指网路奖评审委员，两岸新闻报道奖评审委员，国际扶轮社公益新闻评审委员，家庭暴力、性侵害、性骚扰及少儿保护事件优质新闻评审委员，无线广播事业广播执照届期换照审查委员，时报金犊奖评审委员。传播、观光旅游管理学刊主编，省内外重要学术期刊审查委员。"教育部"、"研究发展考核委员会"、"国科会"（"科技部"）、"经济部"商业司、中华发展基金管理委员会等单位，研究、产学计划主持人30余项，省内外重要学术期刊发表学术论文50余篇。主要研究领域为整合行销传播、文化产业、观光工厂、媒体管理、决策分析。

邱琪瑄　台湾铭传大学广告学系助理教授，国际广告协会台北分会青年协会理事、资讯社会研究学会理事、台湾传播管理研究协会理事、中华数位媒体发展学会理事、国际中华传播学会（Chinese Communication Association，CCA）行销专员、铭传大学传播学院校友会理事。2005～2009年在澳大利亚 Queensland University of Technology 创意产业学院就读博士学位，是台湾最早研读创意产业专业的学者之一，其主要研究领域为文化创意产业、传播管理、新媒体、行销及中国研究。先后参与完成台湾"科技部"（前身为科技委员会）、"行政院"大陆委员会、"行政院"研究发展考核委员会、深圳大学文化产业研究院等委托课题。在省内外重要学术期刊上发表学术论文十余篇。

摘　要

本报告以 2013 年文化创意产业的总体运行和发展为基本内容，分析了台北文化创意产业的整体发展态势，对文化创意产业的部分行业进行了深入研究。全书共分为六大部分：第一部分为总报告，第二部分为传播篇，第三部分为观光篇，第四部分为数位内容篇，第五部分为艺术设计篇，第六部分为外围产业篇。

"总报告"，从 2013 年台北文化创意产业整体运行情况入手，对台北文创产业消费者的生活形态及消费观进行系统分析；最后，在台湾官方正式提出"文化创意产业"一词十年后，描绘台北文化创意产业在基础建设逐渐完备的今天，台北呈现的独特面貌。

"传播篇"主要收录传统媒体（电视、电影、报纸、书刊等）面对数位浪潮下所产生的"形变"及"质变"，其内容包括网络电视、微电影、传统报纸数位汇流、电子书刊等现况及趋势。另外，本篇亦针对韩流对台影响及社群意见领袖发展两大文创亮点，掌握产业基础，发现存在问题，明确发展思路。

"观光篇"以大台北地区观光工厂、产业博物馆、动物展示、自助旅游寻路工具等 2013 年的观光热点为重点研究对象，在分析行业现状、发展特点的基础上，辅以个案探讨，以深入剖析行业发展存在的问题，对未来发展提出具体对策建议。

"数位内容篇"主要研究分析扩增实境、数字影院、3D 动画、线上游戏等四项高科技产业。梳理了科技文化融合的现状和不足，分析台北数位内容产业的转变及其对城市发展的主要影响，并展望未来数位内容产业的发展趋势。

"艺术设计篇"首先探讨新媒体艺术展览如何与历史文物进行结合，而策展者又如何运用平面媒体宣传营销交互式展览的主题以吸引大众。本篇亦借由

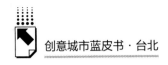

台湾文化环境背景来进行历史文本回顾与归纳，由传统的工艺产业、设计产业到文化创意产业中的设计类领域，来探讨台湾工艺设计产业的脉络。

"外围产业篇"首先探讨什么是文化创意教育，文创如何与教育结合，文创在教育上的重要性是什么，文创能否改变（或加值）教育等，本篇亦从台湾中小型文创产业之经营困难点切入，以哈贝马斯的公共领域理论加上以创造服务体验为主的新经济学概念，协助业者建构文创商品规划思维。

Abstract

Based on Taipei cultural & creative industries' overall operation and development in 2013, this Report analyzed Taipei cultural & creative industries' overall growth trends, and made deep research on some industries. This Report consists of 6 parts: Part I is General Report, Part II is about Mass Communication Industries, Part III is about Tourism Industries, Part IV is about Digital Content Industries, Part V is about Art Design Industries, Part VI is about Surrounding Industries.

"General Report" is Chapter I, which examined the overall operation of Taipei cultural & creative industries, and made a systematic analysis to Taipei cultural & creative industries customers' lifestyle and consumption attitudes. Taiwanese government has proposed the "Cultural and Creative Industries" for ten years, and the infrastructure of Taipei cultural & creative industries has been established.

This Chapter also discussed these unique characters at present in Taipei.

"Mass Communication Industries" analyzed the transformation of traditional media (TV, movies, newspapers, books, and etc.) in the digital era, including the present situation and trend of Internet TV, micro movie, online journal and e-book. This Chapter also examined the industry bases, and found out problems and new ideas of two cultural and creative industries' focuses: Korean Waves and SNS opinion leaders.

"Tourism Industries" explored the focuses of 2013 Taipei tourism industries, such as tourism factory, industrial museum, animal display, road search tool of DIY tour and so on. These Chapters proposed some specific suggestions to the future based on the analysis to current situation and characters of Taipei tourism industries.

"Digital Content Industries" mainly analyzed the four high-tech industries: Augmented Reality (AR), digital theater, 3D animation, and online game. It analyzed the current situation and weakness of the convergence of culture and science & technology by studying main problems of the support of science and technology to Taipei cultural & creative industries; it also analyzed the transformation and influences

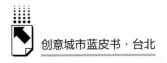
to Taipei and made a prospect to the trends.

"Art Design Industries" examined the combination between new media art exhibition and historical relics; it also studied how the exhibition designers adopt print media to process interactive exhibition marketing to attract audiences. Another paper in this part adopted the historical approach to examine the system of Taiwan craft design industries from traditional craft industries, design industries to design field of cultural and creative industries.

"Surrounding Industries" discussed what is cultural and creative education? What is the importance of cultural and creative concept in education field? Could the cultural and creative concept change (or value-added) education? Another paper in this part focused on the difficulties of Taiwan SMEs via the public sphere theory of Habermas and new economics theory, which help company to build the concept of cultural and creative goods design.

目 录

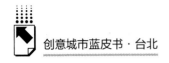

B Ⅳ　数位内容篇

B Ⅴ　艺术设计篇

B Ⅵ　外围产业篇

皮书数据库阅读**使用指南**

CONTENTS

B

B Ⅳ   Digital Content Industries

B Ⅴ   Art Design Industries

B Ⅵ   Surrounding Industries

总　报　告

General Report

B.1

基础建设完备的台北文创产业

邱琪瑄 *

一　台湾地区文化创意产业现状分析

根据《2013 台湾文化创意产业发展年报》①, 2012 年台湾文化创意产业总家数为 58686 家, 除视觉艺术产业外, 其余各个产业家数均呈正成长, 整体较 2011 年度增长 1.23%。由于文创产业具有非基本民生消费之特性, 在景气热络时, 文创产业成长较整体经济快速, 在景气不振时, 文创产业下滑幅度亦较整体经济大。2012 年受到国际景气走缓影响, 外销市场萎缩, "主计总处" 连续 9 次下调台湾经济成长率为 1.32%, 因此 2012 年台湾经济发展也冲击文创产业各业动能。2012 年文创产业营业额较 2011 年下滑 3.42%, 为新台币 7574 亿元, 为近三年来首度衰退。另外, 文化创意产业之总营业额占名目国内生产

---

　* 邱琪瑄, 台湾铭传大学广告学系助理教授。
① 《2013 台湾文化创意产业发展年报》, "文化部"。

毛额之比重从 2011 年的 5.74% 下滑至 5.39%，为近三年来首次呈现下滑现象。然而，若扣除金（银）饰批发及零售，2012 年整体文创产业营业额仍维持 2.14% 的增长率。

数位内容产业和广播电视产业等次产业正向贡献最大，视觉艺术产业、音乐及表演艺术产业也有不错发展。"文化部"部长龙应台强调，云端化将是"文化部"前瞻性任务之一，台湾资通讯（ICT）产业具全球优势，把文化资源科技化、云端化，可以提高台湾文化权的可及性，也让全世界看到台湾。短期内，龙应台希望与陆委会讨论在 ECFA 架构下台湾文化产业、产品输出的可能性，长期希望文化可以超越政治，更有效促进两岸和平①。以故宫题材结合互动科技及新媒体形式展出的"乾隆潮·新媒体艺术展"，首度获法国巴黎 Futur – en – Seine 塞纳河明日数位展邀请，于 2014 年 6 月至巴黎第四区市政府展出，借由科技艺术呈现台湾文创产业应用多元化形象。此次展览，由"经济部"工业局与"科技部"指导，资策会与"国立"故宫博物院合作，开创数位典藏与资讯科技结合，为故宫近年来首次完整的数位艺术展览赴法展出，通过科技驱动力，活化博物馆数位典藏模式②。从 2014 年起，在两岸主要城市巡展的"绘动的百骏图"互动科技教育展，亦由投影显示、硬体设备、程式开发、云端应用、3C 周边、以马为创意的文创业等 30 家业者合创内容，凸显台湾 ICT 产业、内容产业整合的能量③。

因来自工艺产业中金（银）饰批发及零售衰退幅度大，且占比高，整体文化创意产业营业额呈现 3.42% 的负增长率。2012 年台湾文化创意产业内销营业额占总营业额的 90.64%，且近两年的变动幅度不大，成长率皆介于 0～1% 之间。此外在各产业营业额中，最高的前 5 名依序为：广告产业（1450 亿元新台币）、广播电视产业（1308 亿元新台币）、出版产业（1153 亿元新台币）、工艺产业（1058 亿元新台币）以及建筑设计产业（632 亿元新台币）。营业额增长率前 5 名则依序为：视觉艺术产业（24.43%）、音乐及表演艺术产业（11.17%）、设计品牌时尚产业（10.34%）、电影产业（3.38%）以及广播电

---

① 邱莉玲、龙应台：《文化部重视云端化》，《工商时报》2012 年 2 月 23 日。
② 吴德兴：《故宫数位艺术展巴黎放光芒 乾隆潮——新媒体艺术展 秀台湾文创实力》，《经济日报》2014 年 7 月 15 日。
③ 邱莉玲：《台湾文创双焦点吸金》，《工商时报》2014 年 2 月 4 日。

视产业（2.22%）。整体而言，营业额最高的广告及广播电视产业，合计占整体文化创意产业营业额的40%以上。营业额最小的三个产业（设计品牌时尚产业、文化资产应用及展演设施产业、视觉传达设计产业）总和仅占整体文创产业营业额的不到0.50%，意味着文创产业的产业经济规模差异大①。

"文化部"部长龙应台于2014年2月提出"文化部"的5年大计，以流行音乐产业为旗舰，电影、电视、出版产业为重点，目标在2019年产值分别达到200亿元、320亿元、1400亿元、1037亿元新台币，进而带动整体文创业，跻身兆元产业②。台湾的歌星及源源不断创造出脍炙人口的流行歌曲，乃是台湾真正能够带领"华流"的核心竞争力。从邓丽君席卷大陆至今，台湾的歌手与流行音乐持续对大陆产生极为深远的影响，不论是张惠妹、周华健、齐秦、周杰伦、蔡依林，还是萧敬腾、杨宗纬、林志炫，在大陆都有无可挑战的知名度与市场。从2009年起的"纵贯线世界巡回"更是具有标志性的成功范例。由罗大佑、李宗盛、周华健和张震岳四人组成的团体，一年多的时间里在"两岸三地"以及美国，持续举办了58场巡回演出，票房收入高达43.68亿元新台币，总共吸引了174万人次进场。四位原本并不相互从属的歌星，为巡回演唱组成的专业性公司，能够创造如此惊人的业绩，正是歌星与流行音乐市场深广的明证③。湖南卫视制作的"我是歌手"节目，引进台湾歌星高超的歌唱炫技，勇夺大陆电视收视冠军。每周一次、一季总共十二集的节目，为湖南卫视带来超过20亿元新台币的广告与冠名赞助收入，更成为大陆与台湾媒体热烈讨论的焦点。

从以上的数据看来，似乎台湾文创产业呈现良好的势态，然而却蕴含了不少的隐忧。相对而言，台湾的电影制作规模无法与大陆相比，也很难打入被严格掌控的大陆电影行销通路；台湾的电视节目进入大陆，也都必须经过严格的审批④。颜加松评论到，韩国在文创产业与影音创作上发展，来自政府政策与资金全力支持，台湾因受限于法令而显得处处缩手缩脚。以号称台湾IPTV创始的MOD为例，原本希望MOD平台可带来数位汇流便利性，然而在党政军

① 《2013台湾文化创意产业发展年报》，"文化部"。
② 邱莉玲：《台湾文创双焦点吸金》，《工商时报》2014年2月4日。
③ 《〈我是歌手〉给台湾文创产业政策的启示》，《工商时报》2013年4月18日。
④ 《〈我是歌手〉给台湾文创产业政策的启示》，《工商时报》2013年4月18日。

条例束缚下，拥有高画质和双向互动功能的 MOD 却迟迟无法施展手脚，仅能担任数位平台角色，让频道业者上架。颜加松认为，党政军条例虽有其必要的历史背景，然而在强调自由竞争的市场机制中，修改不合时宜的法令应尚有可为，党政军条例应思考全面松绑。若为了避免党政军操控媒体，可考虑以预算法为主要精神，至少将比例提高到 50% 才有助于台湾文创产业与影视产业发展①。

如果以发达国家和地区的文创产业平均占 GDP 比重在 10% 左右看来，目前台湾仅占 5.39%（2012 年），还有很大成长空间。台湾从事文创产业人口仅 17 万多人（2011 年）、文创就业比率 1.5%，也低于韩国首尔文创就业者 45 万人、文创就业率 11.2%②。韩国文化观光体育部的预算约占整体总预算的 1.2%，但初估文化预算约占其中两成，约 23 亿元新台币。但韩国政府在文创产业扶植上，还成立了文化艺术振兴基金、电影发展基金、地方新闻发展基金和媒体振兴基金，共近 245 亿韩元，韩国所有文化实际业务预算加总起来，比台湾多了近 8 倍。"文化部"部长龙应台在接受《商业周刊》采访时表示，"2014 年度的'文化部'预算约 161 亿元，占整体预算 0.83%，就世界比率不算太差。"既然占比没少于其他国家，那么问题在哪里？摊开 2014 年"文化部"预算书，会发现三分之二花于正在进行的工程：超过 50 亿元新台币花在工程上，如兴建屏东县演艺厅、卫武营艺术文化中心、南北两个流行音乐中心等；以及补助所属机关，如公视预算 9 亿元、"中央通讯社" 3 亿元，甚至听众很少的"中央广播电台"，一年也要花费 4.4 亿元，比文化交流司预算还要多，因此实际用于业务费用仅剩不到 30 亿元。预算补助的分配也常引来批评，以获得旗舰型 2000 万元辅助的电影《大笑江湖》为例，在台票房仅 141 万元新台币。另外，委外事务太多，无法将资源与人脉延续集中，也是一个关键③。

根据台湾著作权保护协会调查发现，台湾 18～60 岁的男女中，有超过七成曾在网络上观看未经过授权的影音内容。这样的比例不仅高于新加坡等地区，还有超过 54% 的人数将非法内容再次分享，造成二次伤害。台湾著作权保护协会的调查报告显示，超过 89% 的网民是因免费而观看侵权影音内容，

① 颜加松：《松绑法律以推动文创产业》，《中时电子报》2014 年 8 月 8 日。
② 邱莉玲：《台湾文创双焦点吸金》，《工商时报》2014 年 2 月 4 日。
③ 黄亚琪：《台湾文创输韩国问题不只出在钱！》，《商业周刊》2014 年第 1362 期，第 162～164 页。

原因包括"网络上找不到合法的内容"、"我想尽早看到"、"因为看盗版不用花钱"、"没有法律阻止我"。即使有74%的网民知道在哪里取得合法的授权内容，也有81%的网友知道看盗版等于偷窃的行为，但还是有73%的民众在网上观看侵权影音内容。这种偷窃的行为不仅严重伤害台湾的文化创意产业，而且还带来台湾的道德价值观受到影响，台湾文创产业就业机会减少，台湾文创产业经济损失等重大问题①。

二　大台北文化创意产业现状分析

台湾的文化创意产业呈现集中化的现象，2012年文创产业厂商家数前5名依序为：台北市（16553家）、新北市（8357家）、台中市（6027家）、高雄市（4500家）及台南市（3094家），五大"直辖市"合计共占整体文创产业家数的74.59%。就2012年营业额来说，台北市是台湾第一大创意城市（4139亿元新台币），第二是新北市（863亿元新台币），第三是高雄市（381亿元新台币），第四是台中市（359亿元新台币），第五是桃园县（266亿元新台币），前五名合计共占整体文创产业营业额的89.15%②。这些数据凸显出，创意经济的发展在台湾是不均等的，城乡差异、南北差异等现象非常明显，有明显"创意落差"的问题。

从2012年个别文创次产业的厂商家数分布比重来看，台北市皆排名五大"直辖市"之首。尤其是广播电视产业，台北市的厂商家数比重占57.14%，最高。新北市人口众多，且与毗邻之台北市形成双都会的发展格局，对以内需市场为主的文化创意产业具有其先天的发展优势。新北市的文化创意产业推动工作，主要以视觉艺术、工艺、产品设计、视觉传达设计、设计品牌时尚和创意生活产业等六类次产业为重点③。

---

① 《只为免费……7成台湾人成盗版帮凶侵犯智财权》，今日新闻网（NOWnews.com），2014年8月21日。
② 《2013台湾文化创意产业发展年报》，"文化部"。
③ 新北市政府文化局：《新北市2012年文创艺术、设计媒合产业补助计划开始征件!》，2012年7月5日。

表 1　2012 年大台北地区个别文创次产业厂商家数及营业额比重一览

单位：百分比

产业	厂商家数比重（占五大"直辖市"）		营业额比重（占五大"直辖市"）	
	台北市	新北市	台北市	新北市
视觉艺术产业	20.87	8.00	50.54	7.74
音乐及表演艺术产业	36.27	15.95	58.17	11.65
文化资产应用及展演设施产业	27.18	12.62	73.31	1.90
工艺产业	29.85	15.18	52.74	13.83
电影产业	49.94	18.31	57.02	17.46
广播电视产业	57.14	12.30	70.72	7.54
出版产业	36.82	15.89	61.47	18.54
广告产业	29.88	18.22	66.64	11.81
流行音乐及文化内容产业	39.04	14.92	69.92	13.78
产品设计产业	28.58	18.62	64.11	8.27
视觉传达设计产业	34.92	24.44	69.21	6.18
设计品牌时尚产业	41.04	23.88	71.65	11.68
建筑设计产业	28.41	16.56	42.15	16.84

资料来源：《2013 台湾文化创意产业发展年报》，"文化部"。

　　《2013 台湾文化创意产业发展年报》将各次产业之发展趋势分成四种类型："产业呈现正向成长"（营业额及厂商家数皆呈现正成长）、"产业成长出现市场集中情况"（营业额正成长，厂商家数负成长）、"产业面临成长挑战及竞争压力"（营业额负成长，厂商家数正成长），以及"产业面临发展困境或竞争力衰退"（营业额及厂商家数皆呈现负成长）。台北市部分，"产业面临成长挑战及竞争压力"类型有建筑设计产业。"产业成长出现市场集中情况"类型，包括视觉艺术产业、出版产业。新北市部分，"产业面临成长挑战及竞争压力"类型，包括视觉艺术产业、建筑设计产业。"产业成长出现市场集中情况"类型，包括广播电视产业、出版产业。"产业面临发展困境或竞争力衰退"类型，则包括流行音乐及文化内容产业[①]。

①　《2013 台湾文化创意产业发展年报》，"文化部"。

表 2   2012 年五大 "直辖市" 的文创次产业的发展概况

产业	产业正向成长	产业成长出现市场集中情况	产业面临成长挑战及竞争压力	产业面临发展困境或竞争力衰退
视觉艺术产业	—	台北市、台中市、高雄市	新北市	台南市
音乐及表演艺术产业	台北市、新北市、台中市、台南市、高雄市	—	—	—
文化资产应用及展演设施产业	台北市、新北市、台中市、台南市、高雄市	—	—	—
工艺产业	台北市、新北市、台南市	高雄市	台中市	
电影产业	台北市、新北市、台中市、台南市、高雄市	—	—	
广播电视产业	台北市、台南市、高雄市	新北市	台中市	
出版产业	—	台北市、新北市、台南市	台中市	高雄市
广告产业	台北市、新北市、台中市、台南市、高雄市	—	—	
流行音乐及文化内容产业	台北市、高雄市	—	台中市	新北市、台南市
产品设计产业	台北市、新北市、台中市、台南市、高雄市	—	—	
视觉传达设计产业	台北市、新北市、台中市、高雄市	—	台南市	
设计品牌时尚产业	台北市、新北市、台中市、台南市、高雄市	—	—	
建筑设计产业	台中市、台南市	—	台北市、新北市	高雄市

资料来源：《2013 台湾文化创意产业发展年报》，"文化部"。

三   台北文创消费者图像

根据 2014 年台湾师范大学教授夏学理发表的《2013 文创消费者样貌大解密——北市文创消费调查研究结果》[①] 一文显示，台北地区文创消费者具有以

---

① 夏学理：《2013 文创消费者样貌大解密——北市文创消费调查研究结果》，2014。

下十个特定样貌。

（1）台北文创消费者认为"耐操好用"最重要。调查结果显示，"使用经验"为文创消费者首要的消费考量因素，文创消费者认为，实际的使用经验，远比品牌和朋友的口传推荐都重要。美丽的表象包装，也吸引不了务实的文创消费者[1]。

（2）文创族多半未参加过健身俱乐部。高达80%的台北文创消费族群"从未参加过"健身俱乐部。

（3）文创消费者生活形态——搭乘捷运、士林/信义/中正区居民比例高、交通便利为选择艺文场所消费的重要因素。大众交通运输工具是当前台北市文创消费者最主要的交通工具，其中选择搭乘捷运的比例最高，之后的排序为公车24.84%、机车24.68%、汽车12.18%、计程车1.74%。在此次文创场域定点受访的消费者中，台北市居民占53.08%，其中14.98%的受访者目前居住在士林区，12.56%来自信义区，11.11%来自中正区。除台北市外，新北市的民众也不少，占38.46%。高达45.64%的台北文创消费者表示，交通不易到达的艺文场所，会影响他们前往消费的意愿[2]。

（4）多半消费者偕友前往艺文消费场所。高达64.12%的消费者，是与朋友一同前往艺文消费场所[3]。

（5）偏好手作、乐活，生活有品位。台北文创消费者不但愿意消费艺文产品，同时也偏好手作商品、舒适的穿着、户外活动，以及愿意为坚持品质而付较高的价格。根据调查，只有4.87%的文创消费者不喜欢手作商品；2.05%的文创消费者表示喜欢正式的穿着；11.28%的文创消费者表示喜欢户外活动甚于室内活动。最后，仅有2.56%的文创消费者明确表示，不会为坚持品质而愿意付较高的价格[4]。

（6）文化消费最爱"喜剧电影"。36.3%的文创消费者表示，较常出现在电影院。喜剧片最受文创消费者欢迎（26%），动作片则占22%，英雄片位居

---

① 夏学理：《2013文创消费者样貌大解密——北市文创消费调查研究结果》，2014。
② 夏学理：《2013文创消费者样貌大解密——北市文创消费调查研究结果》，2014。
③ 夏学理：《2013文创消费者样貌大解密——北市文创消费调查研究结果》，2014。
④ 夏学理：《2013文创消费者样貌大解密——北市文创消费调查研究结果》，2014。

第三（15%），接下来则为爱情片（14%）、艺文片（12%）、恐怖片（9%）。至于华语片，其受到台北文创消费者的青睐程度则为31.31%，不算太高。其他文创活动部分，33.73%的民众表示，较常出现在书店；16.95%的民众表示，较常出现在展览会场；13.01%的民众表示，较常出现在其他艺文场所（包含戏剧院、音乐厅、画廊）①。

（7）文创消费力——愿意花301~500元新台币在文创消费上占比最高、多为电子产品爱用者。调查发现，愿意花费301~500元新台币在艺文消费上占最大比例44.1%，而501~1000元新台币占32.05%则紧随其后，可见台北文创消费者对文化消费的支持度甚高，可继续提升文创消费者对文化消费之关注度及支持度②。与花费301~1000元新台币的艺文消费相较，56.92%的文创消费者平均午餐的花费金额为100~200元新台币，占最大的比例；其次就是只愿意花100元新台币以下的，占35.38%。文创消费者持有平板、数码相机、单眼相机等电子产品的人数比例高达77.44%，显示喜爱艺文活动之人，亦对电子产品爱不释手③。

（8）文创消费者多为智慧一族。台湾2013年智能型手机持有率超过五成，但文创消费者持有智能型手机的比例竟高达93.33%，且在这些文创消费者中，还有41.54%的族群，平均每天使用网络2~5小时，文创消费者真可说是智能/网络一族④。

（9）Apple手机最受文创消费者青睐。在受访的文创消费者中，持有Apple智能型手机的最多，占47.53%。不过，台湾自家品牌HTC，也表现不俗，抢占21.43%；至于韩国三星手机与日本SONY，则同列第三，不分轩轾，持有率皆为13.74%⑤。

（10）台北文创消费者集中于20~30岁。台北文创消费者的年龄集中于20~30岁，占受访总人数的64%，紧随其后，则为31~35岁年龄段，显示文创相关产业的消费者，确为名副其实的"文青"⑥。

① 夏学理：《2013文创消费者样貌大解密——北市文创消费调查研究结果》，2014。
② 夏学理：《2013文创消费者样貌大解密——北市文创消费调查研究结果》，2014。
③ 夏学理：《2013文创消费者样貌大解密——北市文创消费调查研究结果》，2014。
④ 夏学理：《2013文创消费者样貌大解密——北市文创消费调查研究结果》，2014。
⑤ 夏学理：《2013文创消费者样貌大解密——北市文创消费调查研究结果》，2014。
⑥ 夏学理：《2013文创消费者样貌大解密——北市文创消费调查研究结果》，2014。

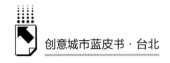
四 台北最美的风景是"小资"

在台湾，人们把发展创意生活产业作为推动经济与社会发展的一种自觉行动，尤其在台湾的首善之都——台北。外来游客每到台北都会有一些新奇的发现和不一样的精神感受，总是可以感受到一点"小资"的情调。其普及程度虽然还没能做到"十步之内、必有芳草"的地步，不过让文化普遍扎根，成为生活中呼吸的空气，为创意生活产业提供源源不断的养分已成共识。台北民众把创意生活产业与衣食住行、生活起居自然而然地融合在一起，使之成为生产、生活的一部分，甚至可以说到了乐此不疲、无所不及的地步。据统计，2012 年大台北地区创意生活厂商占全台的 25.95%①。

"错置"、"混搭"、"小确幸"……在台湾，风生水起的文化创意产业，借有形视觉和无形观念，尝试传统华人文化的崭新设计手法，将朴素传统价值观与多元的当代元素相衔接，成就了诸多"文化奇迹"。据统计，台北故宫已推出了近 2400 种文创商品，2012 年文创商品销售逾 7 亿元新台币。目前台北故宫的"文创"综合能力，在世界博物馆中居第四位。台湾故宫博物院 2013 年再度集结多家品牌授权商，将故宫典藏的文化内涵注入时尚风格，把创意带入日常生活美学当中。2013 年 7 月，故宫推出"朕知道了"纸胶带，受到两岸年轻人热烈欢迎，日销售量创台北故宫文化创意商品新高。在此之前的纪录，是仿"翠玉白菜"手机吊饰，2009 年单日销售 1000 个②。台北故宫 2014 年再接再厉，推出"朕又来了"系列新文创商品，包括"朕就是这样汉子"、"戒急用忍"等夜光运动手环，一戴上就霸气护身，还有印上密奏或圣旨的明信片与文件夹，有龙形图腾的"朕知道了"黄色手绢、集结古代奏折会使用的各式文句立体贴纸等，价格从 35 元到 280 元新台币之间③。

近年流行的文创主题餐厅，将文化内涵型塑为商业卖点，以差异化区隔市场，许多套餐价格比一般餐厅高出 50%，仍受欢迎。针对这样的"小确幸"

---

① 《2013 台湾文化创意产业发展年报》，"文化部"。
② 《台湾写真："正在灯火阑珊处"的台湾文创产业》，《中国新闻社》2013 年 11 月 8 日。
③ 杨媛婷：《"朕又来了"故宫新文创商品好霸气》，《自由时报》2014 年 8 月 24 日。

风潮，亚太文化创意产业协会理事长陈立恒于《联合报》投书表示批判，认为台湾文创需要更多愿意"大创作"的归人，而不只是在"小确幸"里流连的过客①。然而，台北所呈现出来的"小资风格"，影视作品所强调的"细致及小情怀"，这些事实上都已经型塑出其他外地人对于台北的文化想象。这样的"小确幸"或许不利于文创商品的国际化及推广，然而这样的"小确幸"确实堆叠出"台北之所以为台北"的风情，建造出最适生活的台北。

观光工厂是"经济部"于 2003 年开始实施的"推动地方工业创新转型发展计划"，目的在于协助具有独特的产业文化、历史沿革并有潜力及有意愿转型的工厂，经由辅导改为兼具寓教于乐和增广见闻功能之观光景点。大台北地区共有三峡农特产文化馆、大黑松小两口牛轧糖博物馆、工研益寿多文化馆、手信坊创意和果子文化馆、玉美人孕妇装观光工厂、光淙金工艺术馆、宏洲瓷砖观光工厂、琉传天下艺术馆、茶山房肥皂文化体验馆、许新旺陶瓷纪念博物馆、几分甜幸福城堡、登峰鱼丸博物馆、一太 e 卫浴观光工厂等十三家观光工厂。

大台北地区以美食特产、居家生活、艺术传承等三大类的观光工厂为主，而大黑松小两口牛轧糖博物馆是新北市第一家观光工厂。在牛轧糖博物馆内，除牛轧糖的产制过程、发展历史外，也将博物馆内部塑造成"台湾古早味"的风格，如早期的杂货店（柑仔店）、三轮车等。馆内还展出古代订婚、结婚用品，并将中国婚嫁迎娶应有礼俗介绍给一切讲求简单的现代新人。牛轧糖博物馆还聘请专家把从海内外各地搜集而来的收藏民俗，如马车、橱柜、门户、打水机等一一陈列出来，并规划"孝亲人道"，借着历史演变，提醒大家以孝为先。

五　华山 1914、松山文创、西门红楼三足鼎立

近年来，台北文创场域最重要的大事莫过于松山文创园区的成立。松山文创园区位于台北信义区，保有相当完整的厂房、建筑、庭园造景及丰富人文景

---

① 陈立恒：《评论：台湾文创不能只有"小确幸"》，《联合报》2013 年 9 月 26 日。

观，占地6.6公顷。松山文创园区是台北市文化局于2011年6月委托财团法人台北市文化基金会所营运管理的，以期达成培育原创人才及原创力的目标。松山文创园区借由"创意实验室"、"创意合作社"、"创意学院"、"创意橱窗"等创意四大策略领航，让松山文创不只是一个创意与创新能量的展现平台，更成为可激发并培育创作精神的点子工厂。2013年8月开幕的诚品生活松烟店，更成为台湾文创商品在台北市的主要贩售地，诚品生活集结台湾在地文创，更打造新生活空间的种种可能性，一开幕即造成轰动，广受市民喜爱。

西门红楼、华山1914文化创意产业园区、松山文创台北三大最有人气的文创园区，都有一个共同特色：出身于古老建筑，经由文创而焕发新生。而三者当中，变身才一年多的松山文创园区虽然年纪最轻，却拥有最远大的抱负：未来以它为中心，台北东区文创旗舰特区将在此诞生。松山烟厂1940年修建完成后，命名为"台湾总督府专卖局松山烟草工场"，1945年日本投降后，更名为"台湾省烟酒公卖局松山烟厂"，其后直到1998年停产时的53年间一直不间断生产香烟，比如双喜牌、长寿牌等香烟均出自松山，为台湾战后最具代表性的烟厂。松山在极盛时期员工约2000人，年产值曾逾210亿元新台币①。

不同于华山1914文化创意产业园区的主管机关为"中央"行政机关"文化部"（原文建会），松山文创园区的主管机构是财团法人台北市文化基金会。台北市文化基金会虽名为财团法人，貌似由民间经营，然而其在2007年8月改组转型纳入台北市政府运作，实为半官方组织。主要协助办理台北市例行重要艺文节庆活动、国际交流及促进台北市文创产业发展及带动文化观光等业务。从2008年起，文化基金会更接续台北当代艺术馆、台北偶戏馆、西门红楼及艺术村之营运，推广台北市文化艺术展演活动与公民文化教育，成效卓越。与此同时，华山1914文化创意产业园区2007年12月反而由纯私人企业台湾文创发展股份有限公司依约取得园区经营管理权力。

华山1914文化创意产业园区虽不属于地方行政主管，然而它四周围的文创特色餐厅及小店铺，以及它不间断的展览及相关活动，皆已对市民生活造成较大影响。简单生活节、台湾设计师周及各校毕业季等活动亦成为华山1914

---

① 《走松山"看透"台湾文创》，《深圳商报》2013年3月20日。

文创园区独特的 ICON。自 2006 年 12 月开始举办的简单生活节（Simply Life）是由李宗盛、张培仁等人策划发起，简单生活节集中了音乐舞台、书友交流、创意集市等几种业态，除了众多音乐人的表演，还会聚了各类创作者、农地上的个体耕耘者、服装生活制品的设计人员、意见领袖等。它并不定位在音乐节，而是一种生活态度，在华山 1914 文化创意产业园区举办四届至今，一直是文艺青年和音乐爱好者心中的圣地。2014 年 10 月 4 日至 6 日，简单生活节更首度来到大陆，于上海世博园举办①。

因为主管机关的不同，管理思维也可能产生歧异，例如已迈入第四年的华山艺术生活节，"文化部"部长龙应台即以"华山艺术节的品牌是要让人气把华山带出来，那他是一个阶段性任务，所以你看华山已经做出来了，同样一笔预算明年我们要放在卫武营，因为我们要把整个南部欣赏表演艺术的人聚到卫武营去"。此理由，宣布将于 2014 年停办。华山艺术生活节从 2010 年开始举办，三年来已经举办过 1300 场的艺文演出，总共吸引 35 万人次观赏，是喜爱表演艺术的民众每年不会错过的活动②。若是华山 1914 文化创意产业园区的主管机关亦为财团法人台北市文化基金会，其不需顾及其他地区看法，可能就不会作如此的决定了。

六　创意群聚逐渐形成

在台北，创意群聚现象越来越明显，而且越来越多元。根据《台北市文化创意产业聚落调查成果报告》③的结果，台北市已形成 11 个创意街区。

1. 见证创意的竞争力：粉乐町街区

粉乐町街区的命名是借用富邦艺术基金会每年所举办大型活动的称谓。该基金会在 2001 年举办了第一届"粉乐町艺术节"，其展出方式相当特别，标榜无墙美术馆，以街道、开放空间与商家卖场为展场，让民众可以在生活当中和艺术接触，随时随地与艺术品相遇，达到"生活艺术化、艺术生活化"的

---

① 《简单生活节李宗盛掌舵 张惠妹朴树云集》，《新浪娱乐》2014 年 7 月 29 日。
② 陈莘庭、龙应台：《华山艺术生活节明年停办》，中广新闻网，2013 年 10 月 25 日。
③ 台北市政府文化局：《台北市文化创意产业聚落调查成果报告》。

目标。在创意工作者眼中粉乐町的特色为：（1）创意店家群聚呈现繁星般的点状分布；（2）密集交错的巷弄，引发创意人设计独特有趣的导引方式。该街区内的亮点商家，包括原创设计服饰：I PREFER、PLAIN、WHITE ROCK、NEU!、林果设计；手作设计店家：blah blah blah、爆炸毛头与油炸朱利、Figure21手工包房、KOOLOOK；个性生活空间：好样VVG、AKUMA KAKA、咖啡实验室，另外，还有掌生谷粒、小茶栽堂、The Escape Artist等创意生活产业①。

2. 创意人的心灵桃花源：民生社区/富锦街街区

一提到台北民生社区，人们脑中立刻浮现理想生活的图像，这里是全台北市公园密度最高、最适合骑单车闲晃的街区，也是会将防火巷绿化，并且按照风格不同，替防火巷命名的街区。在过去曾是美军的宿舍，住家及街道规划，形塑出美式宁静悠闲的空间氛围。这个街区内与空间、建筑设计相关的公司、工作室密度全台之冠。有许多工作室隐身于住家公寓楼上，静静地打造业主心目中的理想空间。该街区内所受访的亮点商家，包括与设计相关的工作室："空间制作所"、"清禾设计"、"黄宏辉建筑事务所"、"好米亚"、"蒋文慈衣事公司"等；创意生活店家及工作室："funfuntown"、"beher"、"土理土器"、"fencasa"、"走泥陶舍"等；个性咖啡店："朵儿咖啡"、"咖啡芭蕾"、"哈亚"等以及人与宠物可以一起的"我们好好"②。

3. 波希米亚的人文价值空间：永康青田龙泉街区

同样位于大安区内的永康青田龙泉街区，这里的创意群聚发展是属于比较成熟的状态。许多资深的创意工作者发迹于此，也如同磁石般地吸引更多创意人士到此比邻而居。这个街区内有丰富的艺术、文化、史学等底蕴，但其不同于温罗汀街区华山论剑般的知识交会，这里展现的是创意人生活美学及其生活态度和生活方式。永康青田龙泉街区内除许多的茶馆、画廊、古董古玩商家进驻于此，路口的鼎泰丰和冰馆带动人潮，又有不少高人气的台湾小吃可品尝，加上离师大夜市很近，观光客可体验台湾巷弄的文化。观光客很爱来这里探

① 台北市政府文化局：《台北市文化创意产业聚落调查成果报告》。
② 台北市政府文化局：《台北市文化创意产业聚落调查成果报告》。

险，在不经意中常会发现惊喜。该街区的亮点商家，包括人文茶馆：冶堂、等闲琴馆、回留素食茶艺；台湾古味餐厅：吕桑食堂、吃饭食堂、大隐、小隐；艺廊、古玩商家：东家画廊、秋色如金、一票票、昭和町文物市集及秋惠文库；二手书店：青康藏书房、旧香居；创意生活家私：魔椅、微笑家；手作设计店家：Shinnies's house、元银手作、岛民工作室，以及别有自我生活情调的咖啡馆，如学校咖啡、鸦埠咖啡、永康阶、久翼等①。

4. "知识家"的创意：温罗汀街区

位于大安区和中正区的温罗汀街区，混合了两街区特色，有许多出版产业和工艺产业于此驻足，这里的创意工作者每一个都像是"知识家"，他们喜欢跟你讲道理、谈态度、教学问。长久以来，这个地方的创意工作者都有非常强的自主性与反思性格，追求人文精神的实践。在地文化工作者所成立的一个非营利组织"温罗汀行动联盟"，就是展现此一特色的最好例子。而像古迹茶馆紫藤庐，历经二十余年来的变革，从官舍到成为茶馆，50年代的自由主义学者在此集会，批评时政、谈论理想；70年代民主运动萌芽，党外人士来到茶馆，紫藤庐成为身心的堡垒。该区学生族群居多，独立书店、咖啡馆、live house及同志商店形构出该区性格。该街区亮点商家包括大量的咖啡店以及书店。咖啡店有：滴咖啡、FLüGEl、杜鹃咖啡餐馆、波黑美亚咖啡食堂、野餐咖啡、kick café、直走咖啡、品品99自家烘焙咖啡、海边的卡夫卡、Cafe4mano、8柚3又贰花草咖啡馆，书店有：女书店、书林书店、结构群、明目书社、爱之船拉拉、晶晶书库、茉莉二手书店、古今书廊②。

5. Pop Culture 的圣殿：西门町街区

西门町所拥有的电影街、商圈、青少年次文化、常民文化等条件，让它成为台北通俗文化的大本营、成为创意工作者展现才华的舞台。西门町在本地机构，包括艺青会、西门红楼、城中艺术街区，以及视盟。本地创意人眼中的西门町特色有"新旧交糅，兼容并蓄"、"潮牌、创意市集品牌汇集的 Pop Culture 乐园"、"公部门与私人企业挹注资源促进创意能量进驻街区"③。

---

① 台北市政府文化局：《台北市文化创意产业聚落调查成果报告》。

② 台北市政府文化局：《台北市文化创意产业聚落调查成果报告》。

③ 台北市政府文化局：《台北市文化创意产业聚落调查成果报告》。

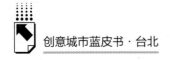
6. 老城区的创意资产：艋舺街区

同样位于万华街区的艋舺，因为拥有优越的水运条件成为重要的商港和台北地区货物集散中心，奠定今日台北城发展的根基。因为艋舺发展得早，所以辖区内古迹也相当多，很多百年老店伫立于此，见证艋舺的风华。艋舺特色商家的分布主要是以龙山寺为中心扩张，延伸到万华火车站一带，以传统产业为大宗，包含西园路一段双边林立的佛具街；西昌街则有古时救命街之称的青草巷，有百年历史的万安青草行和生元青草行；位于大理街和万华火车站间的大理服饰商圈，各年龄层都能买到合适的服饰；与龙山寺齐名的华西街夜市，内有亚洲毒蛇研究所，也有娜鲁湾原住民商场进驻；想缅怀艋舺古早味可以拜访古山园旅社；喜欢手工艺的朋友可以拜访吕雪芬创作金工坊①。

7. 无国界的创意：中山双连站街区

提到中山双连站街区，第一个联结到的符码是中山北路的路树及国际精品。以晶华酒店为中心的周边确实集结了许多国际精品旗舰店，国内时尚设计师品牌的台北旗舰店也纷纷矗立于此。本区的时髦感和创意感和东区不同，它给人的感觉是有深度、有气质，是比较内敛的，而且可以累积静谧能量。在社区内的巷弄中亦有无限创意能量在此崭露头角，如 the one、ppaper、0416X1024、台湾好店及蘑菇等②。

8. 人文的实验空间：牯岭街区

牯岭街区邻近"建国中学"，周遭则被中正纪念堂、植物园、历史博物馆、"国防部"与"交通部"等政府机构围绕。提到牯岭街的人文，不能不提到南海艺廊及牯岭街小剧场。表演团体的进驻让牯岭街区成为人文实验空间，过去的空间有旧书、邮币，有老出版社，以及经营超过半个世纪的家具行。现在空间可以是讨论当代议题的表演场地，可以是欣赏画展的艺廊，可以是封街热闹一周末的市集。牯岭街区充满浓厚人文气息，有二手书店、古董书店：妙章书局、人文书舍、书香城、寻宝跳蚤屋、懿山传家珍品；邮币社：孔太太邮币社、成龙集邮社；出版社：万卷楼、文史哲出版社；艺廊展馆：杨英风美术

---

① 台北市政府文化局：《台北市文化创意产业聚落调查成果报告》。
② 台北市政府文化局：《台北市文化创意产业聚落调查成果报告》。

馆、再现剧团、牯岭街小剧场、南海艺廊、邮政博物馆；其他与创意相关的商店、公司：乱太郎玩具专卖店、纽扣创意设计有限公司、中华人文花道发展协会、上谊文化实业股份有限公司、台湾手工业推广中心[①]。

9. 创意进行式：天母街区

天母既没有办公大楼，也无捷运可以提供消费人潮。过去仰赖美式生活风格吸引人们前来。现今，天母社区发展协会支持创意产业活动，还有二手商品资源回收利用的概念，每周末定期举办市集，重新将人潮带回天母，创意正在成为天母的特色。该街区亮点店家包含各式各样不同的文化元素在其中，有与美术相关如雅典园艺术工作室、陶喜现代古艺术古董陶艺、苏荷儿童美术馆，还有与创作相关的如情门生活、弄彩所在、毛毛老师生活应用创意操作中心、米米桑工作室、楼上的茉丽、汲纸镇、琉璃工房、萝漾手作艺术坊、大地种子，以及天母不可或缺的异国美食如法蕾薄饼屋、金屋藏车、乡香美式墨西哥西餐、乡村乳酪蛋糕等[②]。

10. Old is New：故宫／东吴大学／实践大学街区

这个街区的框架不同于其他界定，将其分成三个小区块，分别是捷运士林站周边、故宫与东吴大学以及实践。这三个小区块各有独自创意群聚特色：捷运士林站水泥高架轨道让天际线有了后现代的美学氛围。实践设计亮度一直都是不容小觑，创意店家与实践设计的学生思维相互冲撞让这里的商品持续翻新。故宫东吴创意循序渐进，将人文艺术元素与时尚结合，让历史典故变成创新话题[③]。

11. 体验手感的温度：北投街区

北投的街道仍保有些许日治时期遗留的样貌，从公共设施到住宅空间，形成整个街区充满独特的空间氛围。本地美学以及得天独厚的生态景观交织而成，而不同主题的博物馆、美术馆，更是将本地文化的过去发展与现在进行式展现得淋漓尽致。这个街区内卧虎藏龙，不少国际知名创作者选择在此进行创作，如蔡晓芳、王侠军。该街区亮点店家，包含大量的与温泉相关的产业，如

---

① 台北市政府文化局：《台北市文化创意产业聚落调查成果报告》。
② 台北市政府文化局：《台北市文化创意产业聚落调查成果报告》。
③ 台北市政府文化局：《台北市文化创意产业聚落调查成果报告》。

水美温泉、台北市温泉发展协会、北投温泉博物馆、泷乃汤、水都温泉、太平洋温泉饭店、北投春天酒店、龙邦侨园会馆、亚太温泉生活馆，还有凤甲美术馆、琉园水晶博物馆、北投图书馆、北投文物馆等馆所，另外还有像炉锅咖啡、草堂花谱、晓芳窑、琉金穗月这些带给北投新元素的商家①。

七　融资、兴柜规定放宽，有利于文创资金运作

台湾的产业发展有个明显的趋势，即规模越大的企业越具有竞争力，出现大者恒大的样貌。这样的特色也表现在营业额数据上。从企业的资本结构统计数据来看，资本额规模在 1 亿元新台币以上之企业，营业额维持正成长，其 2008～2012 年的年均增长率为 3.05%。但相对的，资本额在 1 亿元新台币以下的企业，其状态则不甚稳定，2008～2012 年的年均营业额增长率为 2.66%，也因此特别需要以政策扶持中小型或微型企业②。

台湾文化创意企业超过八成为小微企业。对此，台湾着重从三个层面加大资金扶持力度。一是建立产业补助机制，2010 年"文建会"颁布《文化创意产业补助作业要点》，向研发生产组、品牌行销组、市场拓展组，每年分别提供 150 万元、200 万元、500 万元新台币的资金补助。对正处于创业或起步阶段的个人、工作室或小微企业，每年通过比赛、选秀等遴选方式，直接提供 500 万元新台币以下的种子基金，并鼓励学术单位设立专门的产业创新育成中心进行产业孵化。另外，按照 2010 年颁布的《文化创意产业发展法》，从台湾本土以外购买的设备免征关税，另外用于文化创意研发及人才培训的费用支出，按比例进行税收减免。特别是对于其他通过捐赠方式推动文化创意发展的企业，如赞助偏远地区举办文化创意活动、捐赠文化创意育成中心、购买岛内文化创意产品并捐赠给学生或弱势群体，也给予很大程度的税收减免优惠③。

二是建立产业融资机制。"经济部工业局"负责"数位内容及文化创意产业优惠贷款"和"促进产业研究发展贷款"两项计划。在此基础上，2010 年

---

① 台北市政府文化局：《台北市文化创意产业聚落调查成果报告》。
② 《2013 台湾文化创意产业发展年报》，"文化部"。
③ 《台湾文化创意产业发展对本澳的启示》，《新华澳报》2013 年 11 月 27 日。

底，"文建会"又启动250亿元新台币的文创产业优惠贷款，贷款最高额度为1亿元新台币。贷款范围由以往的有形资产、无形资产、周转资金放宽至新技术研发、人才培训等五方面，贷款利息按中长期资金计算，由财政补贴利息差额。与此同时，鼓励商业银行根据文化创意企业特点，建立无形资产评价体系，合理确定其受信额度。

三是建立产业投资机制。主要由"'行政院''国发'基金"200亿元新台币的专项基金主体推动，并形成了多层次的投资结构。1亿元新台币以上的大型专案由"'国发'基金"结合大型法人直接投资。5000万至1亿元新台币的中型专案采取间接投资的方式，由"'国发'基金"、"经济部"、"文建会"共同成立"文创投资审议委员会"，下设创投公司，并积极吸纳民间资本进入，以政府资金49%、民间资金51%的方式进行投资和投资后管理。5000万元新台币以下的小微专案则由"经济部中小企业处"委托7家投资公司进行投资管理①。

金融主管部门主委曾铭宗，在2014年1月7日举办的"金融相挺创意起飞"高级论坛上表示，将推出支持文创的相关政策，包括设定3年内金融业对创意产业放款增至3600亿元新台币；对于对文创产业优良放款的银行，也会考虑增加其增设分行的权力②。

台湾企银2014年文创产业放款目标100亿元新台币已提前达到，根据台企银内部消息，台企银文创放款金额到6月底已达132亿元新台币。台企银代理董事长兼总经理黄添昌表示，文创产业很多是影、视、音，大多是无形资产，且刚开始筹划阶段，实际需要的资金并不多，因此后续执行的资金运用相当重要。台企银现已有专门小组，针对计划可行性、市场性、成案几率等深入评估，掌握文创产业动向。黄添昌指出，台企银希望成为文创领先品牌，未来也会配合主管机关公布影视音产业建置鉴价标准，强化放款的力度，以2014年的成绩来看，进度已经超前，后续也会再强化文创产业放款③。

---

① 《台湾文化创意产业发展对本澳的启示》，《新华澳报》2013年11月27日。
② 何自力、查文晔：《台湾文创产业吹响总动员号角》，《人民日报》（海外版）2014年1月8日。
③ 孙彬训：《台企银文创放款百亿达阵》，《工商时报》2014年7月22日。

除了台湾私募基金，台湾游戏开发商乐升科技 2013 年 8 月也公告引入有大陆资金背景的文创基金。据悉，这是陆资首次参股台湾的文创产业，而乐升科技则表示此举旨在扩大集团在大陆市场的布局①。此外，柜买中心董事会于 2014 年 8 月正式通过，只要取得目的事业主管机关核发属文化创意事业意见书的企业，申请股票初次上柜时，将不受设立登记满 2 个完整会计年度限制，也没有获利能力限制的规定。外界预期，放宽上柜门槛，将有助于活络台湾的文创产业。根据统计，目前台湾上柜的文创产业公司共有 19 家，市值 877.57 亿元新台币，7 家兴柜企业市值 160.26 亿元新台币②。

八 文创奖项的设立

随着文创产业在台湾的发展愈来愈稳定，专门为文创产业所设置的奖项也愈来愈正规。为提升台湾文创产业能量，选拔优秀的创意人才，鼓励企业重视研发创新，"文化部"于 2010 年开始举办"台湾文创精品奖"选拔，并于 2011 年纳入服务业，更名为"文创精品奖"，除肯定台湾文创服务业的发展成果外，亦使奖项更具国际观。目前"文创精品奖"的选拔项目为以下四项：

（1）产品类——精品大赏：以上市量产之文创商品为主。（2）产品类——原创潜力：以新秀设计师或原创作品，非量产商品为主。（3）服务类——创新服务：从事相关文创商业经营模式的企业、组织团体，如零售商、通路商、饭店民宿、餐饮业、园区及博物馆等。其创新服务理念及经营模式，运用企业的核心价值，促成功转型并提升形象，亦为社会大众喜爱与认同。（4）服务类——社会责任：工商团体、企业组织推荐或自行报名。以对文创产业的推广，有无私贡献之财团或社团法人、组织团体。通过该单位服务机制与推广，增加台湾民众对文创价值的认同及台湾文创产业的国际知名度。

"文化部"于 2014 年 5 月增设了"文创之星创意加值竞赛"，各参赛内容应为"以原创素材为加值应用之创意想法、作品或服务"。奖项分为以下四

---

① 《台湾文创企业首次引入陆资》，《经济日报》2013 年 8 月 16 日。
② 洪正吉：《文创上柜松绑不受 2 年限制》，《中时电子报》2014 年 8 月 26 日。

类：（1）影视音类（包括电影产业、广播电视产业、流行音乐及文化内容产业）。（2）艺术与文化应用类（包括视觉艺术产业、音乐及表演艺术产业、文化资产应用及展演设施产业）。（3）数位内容及出版类（包括数位内容产业、动画产业、游戏产业、出版产业）。（4）工艺与设计类（包括广告产业、工艺产业、产品设计产业、视觉传达设计产业、设计品牌时尚产业、建筑设计产业、创意生活产业）。

为鼓励新闻媒体工作者积极宣扬文化价值、报道精致艺术，并敦促政府在资源配置、法制建设、人才培育等方面做更有力的施政，中华新闻记者协会于2012年创立"文创产业新闻报道奖"，以借由媒体共同为社会注入一股正面力量。文创产业新闻报道奖分文创产业平面媒体（包括报纸、杂志等）新闻报道奖、电视新闻报道类、广播新闻报道类三类共9名，各颁赠奖金若干。

传 播 篇

Mass Communication Industries

B.2

大台北地区政府运用微电影推动观光政策行销之研究

陈耀竹　邱琪瑄　陈韦利*

一　研究动机与目的

传播媒体为政府与民众之间的沟通桥梁，选择适当的传播媒体向民众宣导新政策理念，为政府单位可顺利达成政策推广目标的要素之一，观光政策更可借由媒体将地方形象、观光印象确实地呈现在国际友人面前。过去，政府观光单位采用文宣、新闻稿、电视等传播媒体，期望达到政策宣导的效果，但民众常无法即时接收讯息，若期望民众能改变其认知、情感与行为，它们的效果更是有限①。新兴媒体微电影的出现，已影响台湾民众接触信息的方式，微电影

---

　*　陈耀竹，中华数位媒体发展学会理事长及铭传大学观光学院教授；邱琪瑄，台湾铭传大学广告学系助理教授；陈韦利，铭传大学传播管理学系硕士。

　①　李湘君：《当代公共关系策略、管理与挑战》，2014。

的运用，不但对企业、非营利团体，甚至对政府也带来关键性的冲击。它可将观光政策导入拥有相对完整情节和故事的微电影内容中，随着行动载具的普及化，以及快速、方便、行动、效率的行销目标要求下，微电影更能将新观光政策理念深刻影响民众，并达到良好的效果。

"微电影"这项因应新媒体兴起而产生的"微"革命，随着网络、智慧型手机、平板电脑、行动浏览器等"新媒体平台"的普及化，许多人利用零碎时间上网看影片。Google偕同IpsosMediaCT，于2012年第三季进行全球智慧型手机使用行为调查。在台湾，结果显示智能型手机普及率从2011年第一季的26%增长到2012年第一季的32%，随着这股成长的趋势，消费者行为正在转变，有87%的智慧型手机使用者会通过手机观赏影片，且有29%的使用者每天至少使用1次影片功能[1]。台北市政府观光传播局局长赵心屏强调，台北是非常适合自由行的城市，通过便捷的交通系统，便可在短时间之内上山下海，此外，台北也具备十足的人情味、美食、美景，这些也都是吸引世界观光客来台游玩的诱因[2]。因此，在地方政府极力辅导推动发展下，借由微电影结合台北观光景点、地方文化和产业的串联等，整合政府与民间各界的力量，整体规划、配套发展，并迎合国内外观光不同需求，发挥兼容并蓄的多方效益，强化台北观光形象，以促进台北都会区加速国际化。台北市政府观光传播局启用胡夏（中国大陆）、赵慧仙（韩国）等不同地区的明星拍摄《爱上台北》系列微电影，影片自2012年9月推出至10月24日为止显示，大陆地区约有118万人次点阅，韩国地区约有144万人次点阅，至今总点阅率更高达500万人次[3]。新北市研考会更跳出以往政令宣导式的广告模式，以《心城市故事》为题，拍摄微电影。《心城市故事》在网络播出两周，已有超过10万人次的点阅率，而影片自2012年4月推出至今，短短一年，已突破25万人次点阅，亦为公务机关运用微电影行销施政

① 庄沛颖：《Google行动网络及使用者行为调查报告》，DIGITIMES，2012。
② 苏瑞雯：《微电影5/北市府开拍微电影瞄准陆、韩市场》，《旅@天下》2012年第3期，http：//www.xinmedia.com/n/news_article.aspx？newsid=2338&type=3。
③ 林佩怡：《〈爱上台北〉吸引500万人次点阅（2012年11月20日）》，《中国时报》2012年11月25日。

成果相当成功的一个案例①。虽然还有其他政府单位如桃园县、彰化县、嘉义市、台南市、高雄市、金门县进行微电影的拍摄，但因大台北地区政府单位所拍摄微电影最受阅听众关注，故本研究选取大台北地区政府为主要研究对象。

本研究将探讨如何运用微电影来带动大台北文化、政策、产业的串联及观光景点的再兴，并运用观光政策行销广告活动来达成所欲的政策目的，并突破一般政府机关观光政策广告框架，结合时下最流行的微电影热潮，更借由新媒体的传播优势，通过社群大量的分享，以微电影之优质影视制作行销大台北地区政策形象，促进文化、观光产业之发展。根据《自立晚报》2012 年 7 月报道，"立委"李昆泽表示，政府近年极力推动的国际观光旅游，虽然 2012 年国际观光的广告与宣传业务费达 15 亿元新台币，但是真正的执行政策似乎跟不上脚步②。对于过去纯政令宣导的广告已经太多，广告甚至被民众视为政治人物浪费公费的作为，因此必须寻找一种新的行销广告手法。新北市政府研考会主委吴肇铭指出，相较于传统光碟印刷与邮寄推动，"微电影行销"效益可观，第一个节省的就是光碟与文宣制作的费用③。本研究通过大台北地区政府单位所拍摄的微电影进行内容分析，分析大台北地区微电影观光行销"如何说"（片长、集数、微电影形式、播出平台）及"说什么"（微电影类型、观光政策主轴类型、代言人类型）等不同类目，以期借由此初探研究，一窥政府机关运用微电影进行观光行销之不同样貌。

二　观光政策

就公共政策的学理属性而言，政府主管机关拟定法律或命令，用以规定民间观光活动或事业经营，对于土地计划亦以通盘考量观光资源之开发和维护，

① 吴肇铭：《新北市政府推动智慧城市与市政创新之作为》，《研考双月刊》，第 36 卷，2012 年第 5 期，第 149～157 页。
② 郭玉屏：《绿委：游览车事故频传全面检讨薪资与工时》，《自立晚报》2012 年 7 月 9 日。
③ 廖苢安：《微电影 4/新北市政府用微电影取代光碟片成效既广且远》，《旅@天下》2012 年第 3 期，http：//www.xinmedia.com/n/news_ article.aspx？newsid=2337&type=3。

是主要的职责所在①。因此，要如何形成具有正义与理性的观光政策，这就成为政府主管机关、观光产业经营者与广大消费者的共同课题。观光政策是列于公共政策之中，专门用来处理与观光相关的问题。朱大熔（1986）认为政策的基本要素有组织机构本身、策略及其方案、目标、环境、时间、评估共六项。杨正宽（2010）将观光政策界定为"政府为了达成观光事业建设的目标，就观光资源、发展环境、生态保育及供需因素等作为最合适的规划方法，所选择作为或不作为的策略"。他还提出观光政策若是由观光主管机关规划，可称为狭义的观光政策。若由非观光主管机关所规划，但与观光事业有关，即为广义观光政策。台湾观光政策以"打造台湾成为观光之岛"作为政策目标，以本土、文化、生态之特色为观光内涵，发展整体与配套规划，以建构友善、优质旅游环境，并迎合国外观光不同需求，广拓观光市场。观光的政策目标需顺应世界的潮流，因应内在环境的变迁，在有限资源限制下，兼顾环境融合，以"永续观光"为导向适时调整修正，以满足民众需求与地方发展的需要。为了达成上述目标，拟定出两项观光政策发展主轴，其与观光政策目标的关系如图1所示。

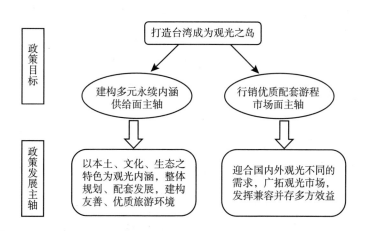

图1　观光政策目标与政策发展主轴关系示意

资料来源：笔者自绘，参考自观光局。

---

① 朱志宏、丘昌泰：《政策规划》，台北市："国立"空中大学，1995。

兹分述两大观光政策发展主轴之内涵与意义如下。

1. 在"供给面"建构多元永续与社会生活衔接的观光内涵

以本土、文化、生态为特色之观光内涵，其整体规划与配套发展，是要建构在生活面、社会面之上，除了人文活动友善外，优质环境永续维护亦为重要课题。在政策上，须了解发展观光是解决当前社会问题的关键，过去只重视生产力的提升，对于民众的休闲问题未予重视，另外，当休闲时数增加后呈现出民众休闲找不到合法活动场所，休闲消费未经导引产生层出不穷的问题，尤其是全面实施周休二日之后。

2. 在"市场面"采取行销优质配套游程的策略

行销优质配套游程主轴之目的在迎合内外观光不同的需求，广拓观光市场，发挥兼容并存多方效益。台湾具有傲人的资源及独特的魅力，但是观光需

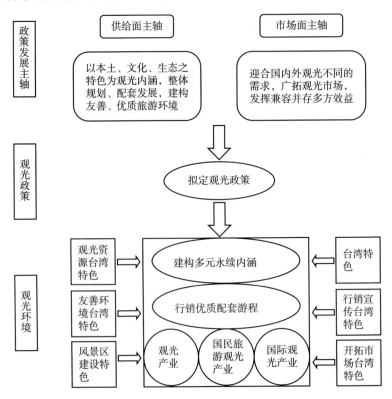

图 2　政策发展主轴与观光整体环境关系示意

资料来源：笔者自绘，参考自观光局。

要讲究包装，运用资讯科技宣传，创造独特的形象与知名度，方能吸引外来观光客。检视台湾观光宣传推动，过去因受限于"经常门"① 预算无法增加，未能配合市场需求，将观光产品的内涵推陈出新，导致来台观光旅客人数与其他地区比较均为逊色。因此，台湾地区要拥抱世界、走向国际。

三　政策行销

著名行销学者 Kotler and Levy（1969）提出"行销概念扩大化"，行销观念并不再以盈利企业为主，政府的目标是以提供满意服务给予利害关系人或团体，使得政府部门开始将行销技术引至公共部门，有助于政策的执行。Mokwa 和 Permut（1981）② 认为，以下七项因素将会影响行销概念引入公共管理领域：

（1）强调社会需求的满足；（2）公、私部门两者之间差异有日渐模糊的情形；（3）社会变迁的速率逐渐增快；（4）公民参与观念的提升；（5）政府行政人员服务导向的转变；（6）有限资源的有效利用；（7）改善公共部门的生产力等。

由此可知，政府机关面临"真正生产力危机是在政府机关"的困境时，公共部门的组织需要去寻求及学习改善的方法，此时将行销概念应用在公共部门管理方面便成为潮流趋势。公共部门需要政策行销的观念是由"企业行销"观念扩大至"社会行销"而后演绎至"政策行销"理论而来。1991 年，Keith Snavely 以美国国税局为对象，指出政府部门应采取行销策略，将 Kotler 所建构的企业行销观念，予以转化修正，建构出一个适用于政策研究的行销模式，正式迈入"政策行销"的研究途径，因此对于政策行销方面的研究也逐渐兴起。接着，Altman 和 Petkus（1994）应用社会行销的观点，提出以利害关系人为基础的政策过程模式，并将社会行销的策略应用于政策制定过程之中，使

---

① "经常门"指的是那些消耗性支出，如文具、水电、业务费、办公事务费、电脑耗材等支出。

② Mokwa，M. P. and Permut，S. E.（Eds.），*Government Marketing：Theory and Practice*，New York：Praeger Pubilshers，1981，pp. 54 – 55.

得行销的观念成为政策领域中重要的研究课题①。国内外学者曾经提出着重不同层面的定义，国外学者 Buurma（2001）提出通过可接受的政策工具要求社会行动者做出特定的社会行为，并由政府运用行销作为共同达成目标的规划和执行过程。此外，更强调"政策工具的使用"、"政府与利害关系行动者共同达成目标"以及"配套的政策规划和执行过程"。根据他的观点，为达成政治目的而运用行销工具以实现政策目标，可以让政府与社会行动者双方都达成其目标。

近五年来，Proctor[②]、Kotler 和 Lee[③] 等都是将行销理论概念应用于政府机构公共部门内的重要学者。黄荣护[④]从政府公关与行销的角度来理解公共部门的政策行销，"政府公关与行销并非单纯政令宣传、教育民众或形象广告，它的内涵除了在政策形成后，消极地运用行销方法传递信息，化解反弹声浪，进而改变内外部顾客想法达到预期行为外；更应在政策拟定前，积极担任边界侦测角色，搜集内、外部顾客的期待与愿望，建立大众参与公共事务的管道"。在整个官僚体系面临政治运作逻辑的改变及环境的挑战时，更使公共管理者面临形象再造、价值再造与网络再造的处境，这三种再造需求促使政府部门日益重视公共关系与行销。

从顾客取向的行销思维来分析，Van der Hart 等（1990）[⑤] 提出政府部门在顾客导向的概念中，在私人企业是比较难呈现的，原因在于政府的产品不但抽象，也经常是以主动提供为主，而且政府组织的本质本来就是非营利的，所以对于行销贩卖产品也并不拿手，因此行销工作时会有落差的存在。总而言之，政府组织以顾客为导向的观念，是以有益和必要为主，并且更能实现向以顾客为导向的目标迈进。

杜昱洁表示，行销是一种以顾客需要与欲望为导向的管理哲学，政府单

---

① 翁兴利：《政策规划与行销》，台北市：华泰，2004。

② Proctor, T. , *Public Sector Marketing*. Essex, U. K. : Pearson Education Limited, 2007.

③ Kotler, P. , and Lee, N. , *Marketing in the Public Sector: A Roadmap Forimprovedperformance*. Upper Saddle River, N. J. : Pearson Education, 2007.

④ 黄荣护：《政府公关与行销》，台北市：商鼎，1999。

⑤ Van der Hart, Hein W. C. , Government organizations and their customers in the Netherlands: Strategy, tactics and operations, *European Journal of Marketing*, 1990, 24 (7), pp. 31 –42.

位进行政策行销时必须先了解民众的需求与期望，为求有效地推动行销，政府单位须因应环境因素的挑战，结合民众、非营利组织与企业共同推动政策行销①。林博文也认为新公共管理导入的"顾客导向"概念，与当今政府为民服务有相当一致性②。当政府部门能充分回应民众对公共服务品质提升与政府效率革新的需求，即创造民众满意度与提升行政品质绩效之际，政策行销在政府部门中的应用与实践，能促使民众更深入了解政府政策和策略的可行途径。

从民众参与的角度来看，柯三吉认为政府机关在制定政策时，对政策的合法性可相对提高，因民众拥有参与权，接受度自然提高，政策制定后各机关将减少执行阻力③。换言之，政府必须要有正确的行销观念，并针对不同群体需求和特性，通过各种不同的行销途径与手段，制定出有效的政策和服务方案。这样的行销观念，可达成预期的政策目标，更能满足民众需求。丘昌泰将政府机关提供民众的行政服务进一步分析，民众以纳税、付费或其他成本支出的方式支持政府的公共政策，而政府机关所推动的行销管理，包含规划、组织、执行与控制行销活动的程序，以满足民众需求为导向，来提高民众对公共政策的接受度，并更能创造利润④。对政策执行者而言，民众服从政策的程度越高，政策执行的阻力就越小，且必须有"顾客需求"绝对优于"机关需求"的理念，这时政策的推动及政策行销才能说服民众接受并愿意配合。对于公共政策的传播与行销，毛治国指出其目的在于利用行销手法和传播策略与民众进行沟通，来影响他们的认知、态度与行为，赢取他们对政策的支援⑤。朱镇明亦指出政策在交付媒体达到民众的过程，并不是单纯甚至是以命令方式的政策宣传，而是灵活运用传播技巧的政策行销，所以现在的政府单位必须借由媒体关系的力量，以最少的资源做最有效的宣传，并让民众

① 杜昱洁：《地方政府政策行销之研究——以宜兰国际童玩艺术节为例》，"国立"政治大学公共行政研究所硕士论文（未出版），台北市，2007。
② 林博文：《公共部门运用行销观念之研究：行销概念的扩大化与转化》，《行政暨政策学报》2009 年第 48 期，第 63～112 页。
③ 柯三吉：《公共政策与政治经济论丛》，台北市：时英出版社，1991。
④ 丘昌泰：《公共政策：基础篇（第三版）》，台北市：巨流图书，2008。
⑤ 毛治国：《公共政策的传播与行销》，《研习论坛月刊》2004 年第 37 期，第 31～37 页。

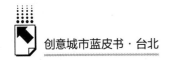

满意①。

政府机关及人员采取有效的行销策略及方法，吴定表示促使内部执行人员及外部服务对象，对已形成的公共政策产生共识或共鸣的动态性过程，其目的在增加政策执行的成功几率、提高国家竞争力、达成为公众谋福利的目标，所以政策行销必须采取有效率的策略与方法②。刘玉慧认为大众传播媒体的选择是政策行销的成败关键，若政府部门能通过适当媒体的行销，将政策议题有效地推广，在行销工具的运用上，选择适当的传播工具，明确地将讯息传达给民众，可加强宣传效果，更能得到民众的支持③。

由于网络的发达与微电影的兴起，影响了民众接收信息的方式，以往的行销广告手法，不论是行销广告形式上还是行销广告使用的媒介皆因为微电影的发展而有所改变。为了能拍出好的政府广告，借由微电影的表现手法，将政府想表达的想法融入影片当中，影片摆脱了以往政府宣传歌功颂德的方式，而以故事为主轴，借助网络传播的微电影，使得民众能更容易了解政策行销广告的重要性。以社群网站分享式的特性，搭配网络社群活动进行政策行销广告，迅速引爆议题，让议题发酵引起网友关注，同时持续关注接着要发生的微电影故事情节，有剧情情境内容的微电影企划制作，能够让政府单位的政策形象在剧情中全然表现出来，有感动、心动的微电影可吸引网友点阅观赏，增加曝光率，让网友观赏之余，自然而然地进入政策文化内涵，用新媒体来拉近民众与政府的距离，更获得相当大的回响。总而言之，行销广告不再只是利用传统大众媒介进行特定的行销广告，而是通过不同类型的微电影进行特定对象的行销广告宣传。

四 微电影

微电影是近年来的新媒体形式，随着网络、智慧型手机、平板电脑、移动

① 朱镇明：《政策行销过程中政府与媒体互动之道》，《"立法院"院闻》，第32卷，2004年第10期，第49~58页。
② 吴定：《公共政策》，台北市：五南，2008。
③ 刘玉慧：《部落格传播媒介在政策行销之应用》，"国立"屏东科技大学企业管理系研究所硕士论文（未出版），屏东县，2008。

浏览器等"新媒体平台"的普及化，加上通过社群大量的分享，使得微电影热潮迅速兴起，震撼整个行销市场。目前省内外对于微电影之相关研究付之阙如，故本研究搜集微电影之相关文献汇整如下。

随着网络频宽速度、移动网络的普及与移动装置、智慧型手机、社群网站的流行，据 Yahoo! 奇摩 2012 年 5 月公布的"台湾网友影音使用行为大调查"，有高达 93% 的网友看过线上影音，由此可知，每 4 位网友之中就有 3 位是每周至少看过一次；70% 的网友是会为了看影片而上网，而每人平均每次花 44 分钟观看线上影音[1]，影音黏着度是非常高的，因此也间接促成"微电影"的热潮。综合几个不同学者所提出的建议，本研究归纳整理后，认为微电影主要有"三微"条件：微时；微制作周期；微投资规模。所谓"微时"是指影片播放 30 秒到 15 分钟之间，虽然刘纪纲[2]、郑芳沂[3]认为可放宽为 30 分钟，但为了配合多样行动载具的"新媒体平台"为主要播放通路，并要求简洁短小，方便下载、传播并快速观看，就目前现状而言，本研究定义以 30 秒到 15 分钟之间就可达到最佳传播效果，比起电影播放时间 1.5 ~ 2 小时来看，微电影比电影还来得更有效率。微制作周期是指仅花费 1 ~ 7 天或数周时间拍摄，而电影则需要花费数月或数年时间才能拍摄完成。最后微投资规模则是指制作成本约万元到百万元新台币，但电影更需要投资约千万元至亿元新台币才足够完成一部好的作品。微电影的观看几乎没有时空限制，在短暂的闲暇时间，甚至是移动中同样可以观看，具有完整策划、系统制作体系支援、完整故事情节的短片，可以单独成篇，也可系列成戏剧，将同一故事分成几集前后相关、环环相扣的微电影。而系列微电影是将同一主题用几支不同的微电影来呈现，各自独立。

学者丁亚平（2012）指出："试想几分钟能讲出一个什么样的完整故事情节，肯定是碎片化、扁平化、快餐化、娱乐化的，是更为自娱自乐的消遣式的东西，和电影相比，微电影的短处很明显，很难表达更复杂幽微、更绵长的情

---

① 吴育光：《微电影 1/资讯无限但注意力有限浅阅读世代就爱轻薄短小》，《旅@天下》2012 年第 3 期，http：//www. xinmedia. com/n/news_ article. aspx？newsid = 2334&type = 3。
② 刘纪纲：《不可不知的品牌行销新趋势"微电影"》，《Yahoo! 奇摩网络行销》，2012。
③ 郑芳沂：《由微电影看传播方式的演变》，《凯络媒体周报》2012 年第 629 期。

感故事，背景、氛围、起承转合、戏剧化等方面可能很难兼顾。"总而言之，微电影虽是具有完整故事情节的短片，但因以微、以短见长的微电影很难累积感情，在情感表达的部分仍不如电影般能更深入表达[①]。微电影通常带有某种行销的目的，如商业、娱乐、公益、教育、社会议题等。虽有厂商喜欢非常直接的植入性行销，但因观众对明显的植入性行销有所反感，因此影片要自然而然地以产品功能融入剧情，而非刻意强调，事实上，这样仍然算是植入性行销。由于微电影并不是一种硬性的广告植入，而是一种相对柔和、寻求观众共鸣的行销方式，相较于过去的传统电视广告，将进一步让这类行销方式更准确地播放给阅听众观赏，加上微电影的故事性、互动性以及传播性较强，更具有选择性、针对性，因此其效果要好于电视广告。厂商转投入微电影，一方面是由于微电影相对于广告来说，投资成本更小，同时也是顺应现代人面临的资讯量大而更倾向于简短资讯内容获取的特点；另一方面则是由于这种方式能获得到较好的行销效果以及有效促进商机媒合。完善的微电影定义还应包括微电影的传播特质是通过网络传播，以及广告特质是以品牌推广为目的，简单来说，是一种追求完整故事化表达的广告，或者是小电影的深度广告植入。

吴永佳认为微电影具有以下四项特质[②]。

（1）传统广告得花大笔预算购买媒体及通路，且随着影片下档，广告效益就随之消逝。微电影播放成本小、时间短，网友可随时随地下载，发挥传播的"长尾效应"。

（2）最引人入胜的关键，就是故事性的叙述模式。只要内容有话题性，就有机会在短时间内吸引大量的收看人口。更重要的是，还能借此创造出结合团购、广告或行销等新的获利商机。

（3）尽管电影广告覆盖面较广，但微电影更能达到"精准行销"。运用社群网络传播的特性，很容易在短时间内创造大量点阅率，穿透力高于一般广告。

---

① 张中江：《微电影热潮背后的冷静：削平了电影的门槛?》，中国新闻网，2012 年 6 月 28 日。
② 吴永佳：《微电影，打口碑还是赚商机?》*Cheers*，2012 年第 252 期，第 54～58 页。

（4）传统广告适合卖商品，但时间较长的微电影更适合用来阐释品牌精神、展现某种生活态度或愿景。

微电影具有的功能有下列几项优势①。

（1）微电影制作成本小、周期短、投放快。与电视广告动辄数十万元乃至上百万元新台币的价码相比，低投入的微电影对讲求成本控制的广告客户而言，显然具有巨大的吸引力。

（2）微电影的故事性和互动性，使得消费者乐于观看进而转发，为客户形象持续加分。微电影虽然只有几分钟甚至几十秒，而且还要传达客户资讯，但它仍试图在这些前提下，讲述一个曲折精彩、吸引眼球、令人回味无穷的故事。

（3）微电影的网络投放更具有选择性、针对性。微电影可以通过消费者使用网络的习惯和偏好，选择在特定区域和特定人群中进行重点推荐，进一步提升客户形象宣传的有效度和精准程度。

五 研究方法

本研究选择"大台北地区"作为个案研究对象，是因为虽然其他政府单位如桃园县、彰化县、嘉义市、台南市、高雄市、金门县也有微电影的拍摄，但因大台北地区政府单位所拍摄微电影最受阅听众关注，故本研究选取大台北地区政府为主要研究对象。例如，台北市政府观光传播局启用胡夏（中国大陆）、赵慧仙（韩国）等不同地区的明星拍摄《爱上台北》系列微电影，影片自2012年9月推出至10月24日为止显示，大陆地区约有118万点阅人次，韩国地区约有144万点阅人次，至今总点阅率更高达500万人次（林佩怡，2012）。新北市研考会更跳出以往政令宣导式的广告模式，以"心城市故事"为题，拍摄微电影。《心城市故事》在网络播出两周，已有超过10万人次的点阅率，而影片自2012年4月推出至今，短短一年，已突破25万点阅人次，亦为公务机关运用微电影行销施政成果相当成功的一个案例

---

① 熊莉：《"5W"论微电影之HOW》，V-Marketing成功营销。

（吴肇铭，2012）。本文所研究的微电影主要为大台北地区政府自 2011 年 9 月至 2012 年 12 月所拍摄的微电影，在研究观测期间内，并检视到大台北地区政府单位运用微电影推动政策行销广告前后之相关报道，以及大台北地区政府单位所举办的活动，具有相当研究价值。本文使用以下两种方法进行研究资料搜集。

1. 文献分析法

文献分析（Document Analysis），主要是针对研究主题，进行多元性的文献搜集。本研究主要针对相关论文、报纸、杂志、政府报告等出版品，进行次级资料分析。

2. 内容分析法

内容分析是针对一明显传播内容做客观的、有系统的量化研究，并依此作描述及归类分析。以下为本研究内容分析之研究架构图，其中自变量为"拍摄年份"，因变量为"片长"、"集数"、"微电影形式"、"微电影类型"、"政策主轴类型"、"播出平台"、"代言人类型"等七大项。

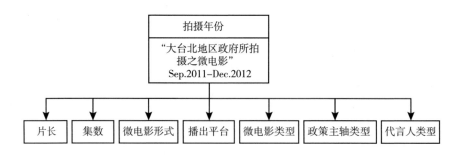

图 3　内容分析研究架构

（一）类目定义

在内容分析法中，类目的建立是最重要也是最困难的一个步骤，它必须能反映研究问题与假设，与研究问题无关的类目必须删除，而类目的建构还必须符合下列原则。

（1）互斥（mutually exclusive）：一个分析单位（unit）仅能归并于某一个类目中。

（2）穷尽（exhaustive）：每个分析单位必须都有可归并的类目。

（3）可靠（reliable）：指不同的登录员（coder）登录资料时都能在最大的限度内相互同意，亦即不同的编码者对分析单位所属的类目，意见应该一致。

内容分析法一般可区分成"如何说"及"说什么"两大类，前者属于形式的探究，后者则为实质部分的分析，本研究依此分类原则，将类目分为两大类。

1. "如何说"类目

本研究采取的是"叙述形式"类目，即所谓"片长类目"、"集数类目"、"微电影形式类目"、"播出平台类目"。

（1）本文将"片长类目"下分为"0~3分钟"、"3.1~6分钟"、"6.1~9分钟"、"9.1~12分钟"四个子类目，此类目以一"集"微电影为一记录分析单位。

（2）本文将"集数类目"下分为"1~3集"、"4~6集"、"7集以上"三个子类目，此类目以一"部"完整微电影为一记录分析单位。

（3）本文将"微电影形式类目"下分为三个子类目，此类目以一"部"完整微电影为一记录分析单位。

a. 商业广告。

商业广告过去仅有30秒的播放时间，着重于行销商品让观众习惯性忽略或跳过，而微电影以剧情为主较不易产生排斥感，对于品牌信息接收度较高。在拍摄上，仍以商业为诉求的微电影可让赞助品牌有机会露出，对于观众来说，以故事带出的商品所产生的品牌印象较深刻。在广告策略上，由于微电影可以单剧的广告曝光或是各项短片的合集，搭配不同的上线策略可让观众有期待感，延续微电影的寿命和话题性。

b. 娱乐内容。

娱乐内容以吸引眼球为目的，内容大多是以长篇戏剧为主，主导这类型微电影拍摄的大多为影音平台以及线上媒体，为了提高知名度及网络广告量而拍摄。微电影拍摄的成本不如电视或电影需要画面的特殊处理，简单的剪接即可上线，让影音网站皆以微电影作为独家内容，广邀各类型的影像工作者加入拍

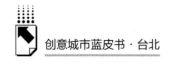

摄的行列。

c. 议题讨论。

议题探讨的微电影较偏重于宣传某种主题，例如人文关怀或是社会事件的省思，许多基金会在预算较低、希望寻求更多关注的情况下，以主题微电影的方式表达诉求，以微电影在线上曝光的传播性让更多受众可以接收到信息，也减少了在行销或是曝光上的成本。在网络上的议题微电影因为内容寿命较一般广告长，更有机会引起话题和讨论，获得延续性的宣传机会。

（4）本文将"播出平台类目"下分为"仅线上播放"、"仅传统媒体播放"、"线上与传统媒体混合播放模式"三个子类目，此类目以一"部"完整微电影为一记录分析单位。

2. "说什么"类目

在"说什么"类目中，本研究采取的是"微电影类型"类目、"政策类型"类目、"代言人类型"类目。

（1）"微电影类型"类目参考一般电影的分类，将此类目分为爱情片、剧情片、动作片、喜剧片、惊悚片等不同类型。

（2）"政策类型"类目根据台湾观光政策相关文献，可分为"供给面"、"市场面"两大主轴。"供给面"类目以本土、文化、生态为特色之观光内涵，其整体规划与配套发展，是建构在生活面、社会面之上，除了人文活动友善外，优质环境永续维护亦为重要课题。"市场面"类目着重迎合国内外观光不同的需求，广拓观光市场，发挥兼容并存多方效益。

（3）"代言人类型"类目可分为本地素人代言人、本地明星代言人、外地素人代言人、外地明星代言人四类。

六 个案分析

本研究将目前运用微电影推动政策行销广告的政府单位，整理成政府单位的微电影简介、类型与内容、行销策略来举例分析，可发现大台北地区政府单位运用微电影行销广告的实际执行情形与问题。

（一）"如何说"类目分析

1. "片长类目"分析

为因应行动载具发达的时代来临，大台北地区政府拍摄的微电影以每集 3 分钟以下为最多（53.6%），3.1~6 分钟次之（42.9%）（见表 1）。

表 1　大台北地区政府单位所拍摄微电影之片长分析

片　长	0~3 分钟	3.1~6 分钟	6.1~9 分钟	9.1~12 分钟
次　数	15	12	0	1
百分比	53.6%	42.9%	0	3.6%

2. "集数类目"分析

大台北地区政府拍摄的微电影以 1~6 集的系列微电影最多，占 80%（见表 2）。

表 2　大台北地区政府单位所拍摄的微电影之集数分析

集　数	1~3 集	4~6 集	7 集以上
次　数	2	2	1
百分比	40%	40%	20%

表 3　大台北地区政府单位所拍摄的微电影简介一览

政府	单位	主题	正式上映	全片总长	集数
台北市	观光传播局	PS. Who Are You(你是谁)	2011 年 9 月	17 分钟	3
		爱上台北	2012 年 9 月	22 分钟	5
		Taipei, 我的微旅行		30 分钟	15
	产业发展局——中小企业辅导服务中心	目光之城·品牌台北	2012 年 11 月	9 分 27 秒	1
新北市	研究发展考核委员会	心城市故事	2012 年 4 月	20 分钟	4

3. "微电影形式类目"分析

大台北地区政府所拍摄的微电影主要分成商业广告、娱乐内容和议题探讨三大形式，其中"娱乐内容"的比例最高，占 80%（见表 4、表 5）。

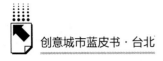

表 4　大台北地区政府单位所拍摄的微电影之形式分析

微电影形式	商业广告	娱乐内容	议题探讨
次　数	1	4	0
百分比	20%	80%	0

表 5　大台北地区政府单位所拍摄的微电影类型与内容一览

微电影类型	主题	故事内容	拍摄景点	政策宣传
商业广告	目光之城·品牌台北	以知性城市旅人的角度走访了9家具多元人文特质的城市品牌,期望让大家通过旅人目光,探索了解这些默默努力、以人文品位打造品牌,丰富台北城市人文意象的品牌地标	金刚魔组 水月草堂 许许儿 北纬23.5度 Coplay 明山茶集 芒果恰恰 勺勺客 快车肉干	在台北市政府挹注辅导资源下,建立并推动自有品牌。不同于一般品牌辅导模式,"品牌台北"强调将人文美学融入商业经营,进而打造出只此一家、别无分号的品牌图腾,然后以打动人心的方式进行各种分进合击的行销
娱乐内容	PS. Who Are You（你是谁）	自视甚高的现代才女与饱读四书五经的时尚型男,在孔夫子的地盘相遇。对台北孔庙历史的了解、在浪漫的夜景及情境剧中发现彼此其实是多么适合的另一半	台北孔庙、大龙峒地区	从观光景点再生的面向来看,台湾作为华人地区儒家文化保存最完整的地区,"孔庙"和儒家文化既是文化上的传承点,也是国际观光上一个非常值得开发的潜力景点
	爱上台北	以胡夏与赵慧仙在台北因旅行而相遇的故事为主轴,酝酿爱情的酸甜苦辣,并借此带出台北美食与景点的丰富多样性。	大安森林公园 大稻程码头 艋舺龙山寺 西门红楼 台北孔庙 永乐市场 信义商圈 101大楼 阳明山 松山文创园区 华山文创园区 新生高架桥	带动观光旅游产业及商务活动发展,创造更多商机与交流,加快台北市国际化的脚步,提高台北市的城市竞争力,结合乐活、怀旧、时尚、文创、生态五大主题打造台北观光魅力

续表

微电影类型	主题	故事内容	拍摄景点	政策宣传
娱乐内容	Taipei，我的微旅行	一对原本不相识的男女，一个喜欢以搭公车贴近城市生活的方式旅行台北，一个则偏好搭乘捷运感受台北的多样风貌和快速变化，所发展出的一段微旅行爱情故事，带领观众一起在台北微旅行	大稻埕码头 松山文创园区 北投公园 北投图书馆 士林夜市 美丽华摩天轮 101 大楼 四四南村 猫空 朵儿咖啡馆 瑠公圳遗址 公馆商圈 东区地下街 艋舺龙山寺 西门町 花博公园 大直桥 阳明山 河滨公园	传达新的"旅行观"旅行，不见得需要远征，改变态度、调整心情，随时都可以在这精彩的城市中展开属于自己的微旅行
	心城市故事	从纽约回国的摄影师安杰，在新北市遇见温柔的社工员匡匡，在新北市邂逅过程，这个小品的微电影，呈现出现代男女对于生活的梦想、爱情的憧憬	阳光桥与阳光运动公园、淡水河系桥梁光雕、捷运新庄线、观光工厂、企业文化馆、水湳洞、金瓜石、九份、升平戏院、大台北都会公园、新北市欢乐耶诞城	宣传新北市政府年度施政成果，推广新北市观光景点、重阳节敬老礼金、公托政策、生育补助每胎 2 万元、捷运新庄线、捷运环状线先导公车、新北市 行动服务App，希望颠覆民众对公务机关"守旧不变"的刻板印象，希望让新北市成为具有创意、新媒体的城市

4. "播出平台类目"分析

大台北地区政府单位所拍摄的 60% 的微电影仅在线上播放，40% 的微电影是属于线上与传统媒体混合播放模式（见表6、表7）。

表6 大台北地区政府单位所拍摄的微电影之播出平台分析

播出平台分类	仅线上播放	仅传统媒体播放	线上与传统媒体混合播放模式
次 数	3	0	2
百分比	60%	0	40%

表7 大台北地区政府单位所拍摄的微电影行销策略一览表

主题	内容制作	播出平台	宣传渠道
PS. Who Are You(你是谁)	爱情故事	YouTube	网络影音平台播放
爱上台北	爱情故事	YouTube 大陆新浪视频 优酷网 土豆网 PPTV PPS 韩国脸书 GOMTV PANDORA TV Mgoon AfreecaTV	网络影音平台播放,通过"爱上台北"官网宣传爱上台北粉丝团专页,也针对韩国及大陆市场推出台北自由行专案及网络行销案,主要通过微电影摄制再搭配主题网站、韩国脸书、大陆新浪微博以及系列网络活动,来行销城市观光
Taipei,我的微旅行	爱情故事	YouTube 东森电视家族 东森新闻 APP	网络影音平台播放,通过 Facebook 宣传"Taipei,我的微旅行"粉丝团专页,分享自己的秘密景点,讨论剧情,参加粉丝页有奖征答活动,还有机会得到7-11礼券以及观传局城市纪念最新商品
目光之城·品牌台北	—	YouTube、官方网站	网络影音平台播放
心城市故事	爱情故事	YouTube Yahoo! 官方网站 有线电视 捷运电视 新板特区电视墙	网络影音平台播放,通过"心城市故事"官网宣传心城市故事粉丝专页、网络载具等整合推动,邀请艺人参与的明星效应,举办有奖征答、结局预测及重返现场寻找心故事等活动,吸引民众参与

(二)"说什么"类目分析

在"说什么"类目中,本研究共分析"微电影类型"、"观光政策主轴类型"、"代言人类型"三大类目。

1. 微电影类型分析

微电影最重要的核心在于故事性，以好的故事内容来表达诉求，为了让民众从生活经验当中感受政府的具体政策，影片摆脱了以往政府宣传歌功颂德的方式，而以故事为主轴，借助网络传播的微电影，从社群化的议题操作，吸引网友关注、点阅及分享传播，创造话题性及新闻价值，以获得最高效益。除《目光之城·品牌台北》微电影属"商业广告"无法区分确实类型之外，其余四部大台北地区政府单位所拍摄的微电影皆属于爱情片。

2. 观光政策主轴类型分析

以上五部大台北地区政府单位所拍摄的微电影，属"混合型"观光政策主轴的共60%，"市场面"观光政策主轴的共40%（见表8）。以台北市观光传播局拍摄"PS. Who Are You（你是谁）"介绍台北孔庙的历史，并宣传台北市孔庙与打造大龙峒地区为新兴国际观光景点为主，属于"混合型"主轴。《Taipei，我的微旅行》宣传台北捷运旅游景点、特色小店与美食，同时也宣传"微旅行"的生活概念，亦属于"混合型"。新北市研究发展考核委员会拍摄《心城市故事》宣传新北市知名观光景点与运用新媒体宣传施政成果，也属此类。由此看来，政府单位在推动政策行销广告的同时，也要了解如何将行销广告策略运用在微电影里来达到政策目的。因此，《心城市故事》亦是属于"混合型"主轴。《爱上台北》宣传台北观光景点与美食来吸引更多韩国及大陆地区的游客，属于"市场面"主轴。《目光之城·品牌台北》以介绍九家具多元人文特质的城市品牌为主，当然也是属于"市场面"主轴。

表8　大台北地区政府单位所拍摄的微电影观光政策主轴分析

观光政策主轴分析	供给面	市场面	混合型
次　数	0	2	3
百分比	0	40%	60%

3. 代言人类型分析

《爱上台北》这部片子是所有大台北地区政府所拍摄的微电影中唯一采用外地明星代言人（胡夏、赵慧仙）的一部片子，占20%。《心城市故事》（修杰楷、陈匡怡）及《Taipei，我的微旅行》（吴忠谚、安唯绫）两片皆是采用台湾本地的明星代言人，占40%（见表9）。《PS. Who Are You（你是谁）》（曾佩瑜、周咏轩）、《目光之城·品牌台北》（屈旻洁）两部微电影的代言人虽也是模特或是出道艺人，但是还不能算是家喻户晓的本地明星，因此归类为本地素人代言人。运用名人来代言的微电影，较容易引起受访者的注意，并改变对政策行销广告的观感及态度，达到政策的目的。相较之下，运用素人来代言的《PS. Who Are You（你是谁）》、《目光之城·品牌台北》，引起受访者的注意则略弱于名人代言。

表9　大台北地区政府单位所拍摄的微电影之代言人分析

代言人类型	本地素人代言人	本地明星代言人	外地素人代言人	外地明星代言人
次　数	2	2	0	1
百分比	40%	40%	0	20%

七　结论与建议

本研究在分析大台北地区政府所拍摄的微电影"如何说"类目中发现，为因应行动载具发达的时代来临，大台北地区政府拍摄的微电影以每集3分钟以下为最多（53.6%），3.1~6分钟次之（42.9%）。大台北地区政府拍摄的微电影以1~6集的系列微电影最多，占80%。

大台北地区政府所拍摄的微电影主要分成商业广告、娱乐内容及议题探讨三大形式，其中"娱乐内容"的比例最高，占80%。60%所拍摄的微电影仅在线上播放，40%的微电影是属于线上与传统媒体混合播放模式。

在"说什么"类目中，除《目光之城·品牌台北》微电影属"商业广告"无法区分确实类型之外，其余四部大台北地区政府单位所拍摄的微电影皆属于爱情片。以上五部大台北地区政府单位所拍摄的微电影，属"混合型"观光政策主轴的共60%，"市场面"观光政策主轴的共40%。

《爱上台北》这部片子是所有大台北地区政府所拍摄的微电影中唯一采用外地明星代言人（胡夏、赵慧仙）的一部片子，占20%。《心城市故事》（修杰楷、陈匡怡）及《Taipei，我的微旅行》（吴忠谚、安唯绫）两片皆是采用台湾本地的明星代言人，占40%。使用本地素人代言人的微电影，也占40%。

综合本研究整理可以得知，目前政府单位通过微电影，以社群网站分享式的特性，迅速引爆议题、让议题发酵引起网友关注，同时持续关注接着要发生的微电影故事情节，有剧情情境内容的微电影企划制作，能够让政府单位的政策形象在剧情中全然表现出来，有感动、心动的微电影可吸引网友点阅观赏，增加点阅收视曝光率，让网友观赏之余，自然而然就进入政策文化内涵。

为了宣传政策行销广告，主题将搭配有内涵的故事情境，在拍摄的同时也需要找当地景色来搭配，并让民众了解到当地景点的特色，还有政策宣传要如何运用也值得去探讨。

B.3

意见领袖发展：网络社群与社群意见领袖

吴思颐　张家绫　李孟蓁*

随着世界各地的上网率越来越高，网络社群化现象也越来越显著。台湾网络资讯中心（TWNIC）2014 年 9 月所公布的 2013 年"台湾宽频网络使用调查"结果显示，在台湾，整体上网人数达 1798 万人，占所有人口的 77.09%，在亚洲排名第三位。比例略逊于日本（79.5%）及韩国（82.5%），略胜于中国香港（74.5%）及新加坡（75%）。也因上网人数多，因此越来越多的服务开始在网络上提供。网络空间志同道合的人自然而然会聚集在一起，阅读自己感兴趣的东西，讨论自己感兴趣的话题。目前在台湾有几种网络社群平台：与已识朋友互动的脸书，或是追踪名人的脸书粉丝团，想要交新朋友的恋爱平台爱情公寓，依据特定兴趣而聚集的平台如 iCook、iFit、Mamibuy，让爱分享的人及爱看别人分享的人聚集的平台痞客邦。这几种分类都是依照网友兴趣以及需求而各自分开的平台，而这几种平台当中，最明显依照兴趣而聚焦的平台如脸书粉丝团、iCook、iFit，以及痞客邦。而当一个社群是依照兴趣所建立时，当中又会产生谁是这个领域达人、谁是这个领域"菜鸟"的现象。

人聚集在网络上，依照不同兴趣，开始各自分散到不同的社群。在社群中，可沉浸在自己有兴趣的内容中，也可以跟与自己志同道合的人来往。在一个社群中，有人是喜欢发言分享的，有人是喜欢看别人分享的。其中意见领袖为社群中常常发言，并且所发之言都有指标性效果之人。此种人也通常指的是

---

* 吴思颐为一创资讯有限公司（品呗）创办人，国立政治大学企业管理研究所硕士。张家绫、李孟蓁皆为一创资讯有限公司（品呗）专案经理。
吴思颐、张家绫、李孟蓁的专长为研究网络社群意见领袖与品牌行销的关联性。

对某个领域有非常深的了解，以及累积了非常多相关经验的人。在现实生活中，达人能够被看到的渠道包含了达人的所在地、传统媒体的报道，但是在现实生活中，无法知道的是，达人究竟影响力有多大，有多少人知道这位达人，并且会关注这位达人，以及跟多少位"粉丝"互动，这些都是很难从现实生活中的渠道来衡量的，以及难以在现实生活中达到的。网络平台出现后，达人自然而然增加了一个发声的渠道，而这个发声的渠道是不受现实因素所局限的，不但可以跨越地区，还可以同时间与多位"粉丝"保持长期关系，以及可以知道有多少位"粉丝"在关注。

一 网络意见领袖六大价值

（一）精准触及力

当网络这些依兴趣分类的平台崛起时，达人开始到这些地方将自己的经验分享给其他对此领域有兴趣的人，也自然而然地吸引到对此领域有兴趣的其他人。这样依照兴趣而分类的平台，也成了一个自然的漏斗，将对此领域没有兴趣的人，自然而然的筛选掉，而经过这样的漏斗进来的族群也就是对此领域有明确兴趣的对象。如经常会聚集在美妆类平台上的人，通常也是对美有兴趣的族群，因此这类平台通常聚集的对象主要是女性，鲜有纯粹对美没有兴趣的人在这类的平台上走动。通过网络，世界各地的人不论距离多远，只要一连线，都可以将距离缩减到零。

（二）不受地区限制与意见领袖互动

如果是旧媒体时代，达人的"粉丝"若想要与达人互动就必须要到达现场，因此形成了实际上距离的障碍。如达人与"粉丝"的互动都得要办实体签名会，或是演讲才可以跟"粉丝"互动，而很多人的所在地不方便直接人到现场，因此就失去了与达人互动的机会。而当达人们开始在网络上建立起自己的家时，世界各地的"粉丝们"可以任何时间留言给达人，达人也可以选择自己方便的时间来与"粉丝们"互动。因此，达人可以跟大量的"粉丝们"建立起长期的关系。

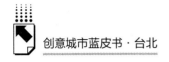
（三）数据化评估人的影响力与营销效益

网络化最大的差异在于，很多过去无法追踪的资讯，都可以被数据化。如过去很难知道的是，究竟有多少人会关注一个达人，以及有多少人会回应达人所发出的消息。现在的网络技术通过追踪 IP 来计算每一个到访的人，以及网络账号来记录每一个不同的人，因此这一切都可成为网络上可追踪的资讯。在台湾，达人通用的痞客邦部落格平台（博客），以及脸书粉丝团，都可以记录每一天到访部落格平台的人次，以及有多少人关注，甚至可判断达人与"粉丝"之间的互动有多频繁，以及达人对于"粉丝"有多大的影响力。

（四）信息浓缩能力

当一位达人"粉丝"数高，并且跟"粉丝们"互动良好时，达人所说的话就会在"粉丝"心中有很大的影响力。达人的价值来自他们对某个领域有累积的经验，以及深入的了解，因此他们对那个领域的相关资讯都有较可靠的看法。通过与达人的分享，可以大大减少网友从各方面搜寻资讯的时间以及经验成本，因此达人在网友心中就开始建立起可靠的形象，当想了解某个领域的事物时，可以直接找该领域的达人。如前段时间，我们与几位有较大影响力的科技类意见领袖碰面，其中一位就让我们亲自体验到意见领袖的力量。这位意见领袖的部落格一日大约会有 20000 人到达他的空间，看他分享的资讯。当我们随口问起这位"硬是要学"（简称硬大）站长手上戴的电子表可以做什么时，他就非常自然地开始介绍这支表的特色在哪里，例如有流畅的接口，以及可以非常方便即时知道消息。他的介绍，引起我们对电子表的兴趣。而当我们问起另一家厂牌的电子表时，他也是非常自然地开始介绍另一支表的特点在哪里，并且比较起两家厂牌的差异。当时我们深刻地感受到，不愧是意见领袖，真的是有很丰富的经验，能够在短时间内就让我们这些"菜鸟"知道电子表的特色以及不同厂牌的差异。通过与他 5 分钟的分享，我们就已经知道这些原本需要几个小时才会了解的资讯。由于他们对该领域的了解，因此成为网友心目中可靠的资讯来源，也对网友产生了一定的影响力。

达人需要用心经营所累积的读者群，也因此养成对读者的责任心。他们会去思考，要分享什么样的内容才是网友有兴趣，有价值的，因此他们每天需要花很大一部分时间去浏览网络上的资讯，并且找到适合分享给网友的内容。对于达人们来说，分享自己已知的，不是最困难的，最困难的是要持续地找到能够满足读者需求的资讯。他们除了要消化众多的网络新知外，还需要从众多资讯中判断哪一样资讯能引起大家的兴趣，并且用灵敏的嗅觉找出具有话题性的议题，快速地将这样的话题与大家分享。

（五）搜寻能见度以及保留性

在台湾，部落格有非常优越的搜寻能见度。只要输入关键字，通常搜寻结果的前3页，大多会是部落格的介绍。这样的搜寻能见度对于网友来说，可以从第三方的角度来了解某一个产品，也会加深消费者对于产品的信任度，以及可以看到更深入的产品体验心得。通常商品官网所提供的资讯除了让人感觉王婆卖瓜，自卖自夸外，也很难让人进一步地了解这个产品的使用效果，因此部落格的存在就有很大的价值。只要写了部落格，部落格的平台若存在，写过的文章就会一直保留在网络上，让文章能够持续地被网友阅读与参考，部落格的保留也是一个很大的价值。

（六）扩散速度快－社群影响力速度（社力速）

网络社群的特色在于，密集度高，而资讯扩散得快，也因此笔者发现一个概念，我们将它命名为"Social Influence Speed，SIS"，也就是社群影响力速度，简称社力速。这个概念就像我们开车有时速一样，每小时可以行多少公里。马达越强的车，时速就可以越快，每个小时可以跑的公里数就越多。这样的概念运用在社群影响上，就是关键社群意见领袖影响力在每分钟可以触及多少人，并且让多少人点赞，我们把 SIS 单位设定为点赞或阅读或转发/分钟（likes or views or retweets/min）。

前段时间美国股市在短短两分钟内，道琼指数下跌了140点，问题就出在一则假的恐怖信息上。这起事件是这样的，当时有个叫作 The Associated Press

的 Twitter 账号发出了一则恶搞信息，写着"白宫遭到恐怖攻击，美国总统 Obama 受伤"，当时道琼指数是在纽约下午时间 1：09 分狂跌 140 点，而这则恶搞信息发布时间是 1：07 分，短短两分钟的时间，这则信息被转了 1849 次，表示每分钟就有约 924 个 re - tweet，而每一个 re - tweet 就是假设 100 个人看到，也表示每一分钟都多了 92450 人看到这则信息。这则信息的 SIS 就是 92450view/min。这个 AP 账号是一个新闻媒体，事件发生时，AP 拥有 200 多万名跟随者，这个事情也反映出意见领袖 SIS 的威力。

这样的 SIS 可以导致有指标性的道琼指数下滑约 140 点，造成投资人圈内的大量恐慌，其关键在于这个投资圈中意见领袖的 SIS。试想，若是今天发布这则信息的账号只是一位无名小卒，同样的事情还会发生吗？这个 SIS 的概念也可运用在救援情况上，如当一个灾难将在一个地区发生，这时，若可以找到该区的意见领袖，这位意见领袖可以在短时间内，将灾难将要发生的信息快速地扩散出去，帮助该区的人快速地疏散。

二 商业产业链组合

意见领袖的影响力以及精准触及力，使得意见领袖成为厂商与消费者之间一个很重要的桥梁。也因此，很多的厂商喜爱找意见领袖合作，请意见领袖体验产品，并且将体验心得分享给网友，也因此衍生出了这样一个新的产业。这个产业包含了意见领袖、厂商、读者以及中介。意见领袖就是一群在各领域中有各自专长，以及聚集对该领域有兴趣的一群"粉丝"的人。厂商就是拥有产品或服务，希望能够将产品或服务提供给目标族群使用的一方，而中介就是帮助两边找到彼此，并且协助两边达成合作的角色。这个产业的产值，依照 2013 年上半年台北市数位行销经营协会所做的统计，大约是 4.95 亿元台币，并且正在持续稳定成长。

意见领袖与读者之间的关系是密不可分的，只要是身为意见领袖，他一定会有关注者，没有关注者，就不能称为意见领袖。而当意见领袖失去他的关注者时，他也无法继续保有意见领袖的地位。当意见领袖与厂商合作时，意见领袖与读者的关系增加了复杂度。由于意见领袖过去的发言是

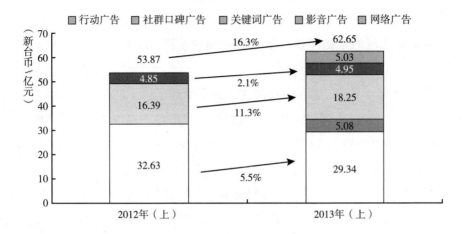

图1 2012年上半年、2013年上半年台湾网络广告成长分析

不会受到其他方的影响的，但由于有厂商的加入，因此意见领袖所发言的内容有可能会因为厂商的需求或想法而受到影响。这样的影响，有可能影响到网友对于意见领袖的信任程度。如因为接受厂商的赞助金或是赞助品，即使对于产品不满，也无法直接在分享的内容中表达自己的不满，而在有些情况下，甚至还会大夸产品的好处。这样的情况当网友对意见领袖基于信任，而进行相关产品购买时，发现产品并无意见领袖所说的那样好，网友对于意见领袖的信任度就会大打折扣，长期累积下来，意见领袖的可信度就会下降，而厂商也无法再通过意见领袖做精准的口碑行销。这样就是一个恶性循环的结果。对此我们问过两个意见领袖"硬大"以及Scopio，若是他们接到一个厂商的合作邀约，他们知道这个厂商或是其产品不好，他们也会拒绝合作，即使这个合作是可以让他们赚到钱的。原因很简单，就是基于对网友的责任感。意见领袖如何在这样的关系中掌握好一个经营方式能够让读者有优质并且可靠的资讯阅读，而同时不会威胁到合作厂商是目前最需要关注的领域。

（一）三星"写手门"事件

意见领袖的这个领域，还不只包含以上所述之产业链之玩家，还包含了意见领袖的"粉丝"以及政府，而每一环的玩家都是环环相扣的。2013年在台湾发生了一起三星"写手门"事件，导致原本只有读者、意见领袖、广告主、广告媒体与代理的生态圈加入了政府的角色，而此举也明显地影响到此生态圈。

从 2013 年 4 月起，意见领袖的这个圈子受到了很多的关注，起源是当时有位台湾的"黑客"，通过未被三星授权的方式取得三星以及三星旗下的行销公司鹏泰的内部资料。这份资料揭露三星采用了"暗黑行销术"，一来提升三星的形象，二来攻击台湾的品牌 hTC。而这个行销术主要是源自三星雇用了一群人——所谓的写手，在论坛以及部落格中以匿名方式发言，创造出三星的讨论度高，高品质，而对手——hTC 却是差劲品牌的形象。而这起行销案被批评的最大原因则是三星隐匿自身身份以自己雇用的人进行多重角色扮演行销自家的产品，并且评论竞争对手，来造成人们对于 hTC 品牌不满的假象，以及造成国民之间的纷争，此举违反"公平交易法"第 24 条，而处台湾三星电子1000 万元新台币罚款，而被三星委托操作的鹏泰、商多利分别被处以 300 万元与 5 万元罚款。其犯法原因如下：

> 公平会复表示，阅读者依个人购物参考网络资讯之使用习惯，有可能基于信任多数亲身体验消费者之使用经验，列入购买特定商品参考，是发言回文者是否受厂商雇用或与其有利益关系，自然会影响阅读者对于其推荐内容或竞品比较之信任程度，进而影响是否购买该特定商品之决定。故事业与为文推荐者之利益关系，依一般交易行为判断，尚难谓非属重要交易资讯。又以匿名发言之行销手法，对消费者而言，会降低对事业行销的认知，并无法知悉系事业所为，而提升该等写手目的性发言内容之可信度；而对竞争同业而言，隐藏身分（份）之发言内容，使竞争同业亦无法知悉究是竞争对手所为，抑或是消费者之言论，基于尊重消费者言论自由，及凛于得罪消费者之现代商务常态，竞争对手对此种被盖布袋揍打局面易怯于反驳，且竞争对手亦因无法辨识系对手所为，而无法同普通商业竞争手段争议般，采取行政或司法救济。是以，三星公司等以人为制造之讨论热度及一人分饰多角、多人轮替共享帐（账）号等方式，佯装一般人发文博取网友信任之行销手法，乃属以积极欺瞒或消极隐匿实受厂商促

进为言之重要交易资讯，而足以影响交易秩序之欺罔行为，违反"公平交易法"第 24 条规定。①

（二）政府相关管制

此次事件，引发了政府机关积极的管制网络意见领袖发言以及意见领袖与厂商之间的商业行为，以下是政府订立下的相关管制。

1. 公平会参与——荐证广告相关管制

除了判三星违反"公平交易法"以及罚款之外，公平会也为了保护消费者权益，避免消费者单纯认为意见领袖是完全就个人体验做分享而导致高度信任，而订下了荐证广告相关管制，在法条通过后，若意见领袖与厂商之间有任何形式的利益关系，包含产品的赞助、金钱的赞助，或是其他有利益的交换，意见领袖的分享文中，都必须要公开与厂商合作的关系。公平交易委员会（下称公平会）于 2013 年 10 月 23 日第 1146 次委员会议通过《公平交易委员会对于荐证广告之规范说明》修正案。修正后规范包含以下几点。

（1）于第 2 点荐证广告定义中增列"或以其他使公众得知之方法"以涵盖社群网站推文行为；"利益关系"用以释明荐证者与广告主具有雇用、赠予、受有报酬或其他有偿等关系。原荐证广告定义中，并无包含社群网站推文行为，而在发生三星事件后，除处三星企业罚款外，公平会也修法，调整为包含消费者于自营媒体分享个人体验心得都属为荐证广告，并须依照荐证广告之规范运作。

（2）对于社群网站推文荐证者与广告主间具有非一般大众可合理预期之利益关系者，于第 3 点第 5 款增列应于广告中充分揭露之规定；并于第 6 点增列未揭露利益关系之违法行为规范。修法后，若消费者是基于与广告主之间有各种形式的利益而做荐证分享，须于分享文中揭露利益关系。

---

① 公平交易委员会：《以积极欺瞒或消极隐匿重要交易资讯之行销手法影响交易秩序!》，三星公司罚 1000 万元、鹏泰公司罚 300 万元及商多利公司罚 5 万元。

（3）对于荐证者为商品或服务之提供者或销售者之情形，于第7点第2款第1目增列其即为本规范说明所称之广告主，适用有关广告主之规范。此规范将荐证者的身分视为广告主，因此也承担广告主之相关责任。而其中荐证者责任包含以下。

a. 于第2点荐证广告定义中增列"或以其他使公众得知之方法"以涵盖社群网站推文行为；"利益关系"用以释明荐证者与广告主具有雇用、赠予、受有报酬或其他有偿等关系。

b. 原荐证广告定义中，并无包含社群网站推文行为，而在发生三星事件后，除处三星企业罚款外，公平会也修法，调整为包含消费者于自营媒体分享个人体验心得都属为荐证广告，并须依照荐证广告之规范运作。

c. 对于社群网站推文荐证者与广告主间具有非一般大众可合理预期之利益关系者，于第3点第5款增列应于广告中充分揭露之规定；并于第6点增列未揭露利益关系之违法行为规范。

d. 修法后，若消费者是基于与广告主之间有各种形式的利益而做荐证分享，须于分享文中揭露利益关系。

e. 对于荐证者为商品或服务之提供者或销售者之情形，于第7点第2款第1目增列其即为本规范说明所称之广告主，适用有关广告主之规范。

（4）此规范将荐证者的身份视为广告主，因此也承担广告主之相关法律责任。而其中荐证者法律责任包含以下：

a. 荐证者倘为商品或服务之提供者或销售者，即为本规范说明所称之广告主，适用有关广告主之规范。

b. 荐证者与广告主故意共同实施违反本法之规定者，仍得视其从事荐证行为之具体情形，依广告主所涉违反条文并同罚之。

c. 荐证者明知或可得而知其所从事之荐证有引人错误之虞，而仍为荐证者，依本法第二十一条第四项后段规定，与广告主负连带损害赔偿责任。但荐证者非属知名公众人物、专业人士或机构，依本法第二十一条第四项但书规定，仅于受广告主报酬十倍之范围内，与广告主负连带损害赔偿责任。

d. 荐证者因有第二目、第三目情形，而涉及其他法律之规范者，并可能与广告主同负其他刑事责任。

（5）广告主责任

a. 针对广告主的责任，公平会的法条如下：

本会对于违反本法规定之事业，依据第四十一条第一项规定的限期命其停止、改正其行为或采取必要更正措施，并得处新台币五万元以上二千五百万元以下罚款。对于逾期仍不停止、改正其行为，或未采取必要更正措施者，得继续限期命其停止、改正其行为，或采取必要更正措施，并按次连续处新台币十万元以上五千万元以下罚款，至停止、改正其行为或采取必要更正措施为止。

b. 事业违反本法之规定，除前述行政责任或其他刑事责任外，消费者并得循本法第五章之规定请求损害赔偿。

c. 由于此法条，在广告主与意见领袖合作时，需与意见领袖沟通在合作文中名列其合作关系，若广告主不允许揭露利益资讯，则相关法律责任须由厂商来负责。另外对美妆类的管制，笔者由于公司业务关系而听到某保养品厂商对于广字号的看法为，若每一篇合作文章都需要另外支付 3000 元作为广字号审核与取得费，业者的行销策略会调整为与知名度高的意见领袖合作，由于知名度高的意见领袖的影响力大，与一位这样的意见领袖合作曝光的效应就可能会超过 10 位影响力小的意见领袖所加起来的曝光。因此，厂商倾向于与少量但高知名度的意见领袖合作，这样可以达到高曝光效应，以及可以将审核的费用大量节省。

（6）广告业者

a. 广告代理业依其参与制作或设计荐证广告之具体情形，得认其兼具广告主之性质者，依本法关于广告主之规范罚之。

b. 广告代理业在明知或可得而知情形下，仍制作或设计有引人错误之广告，依本法第二十一条第四项前段规定与广告主负连带损害赔偿责任。

（7）美妆类荐证广告管制

除了公平会对于消费者荐证广告订定的法条以外，卫生署针对美容类产品之代言也另有管制。美容类产品包含了保养品以及化妆品。若荐证广告属于美容类产品的分享，一律须经过卫生署审核并取得广字号方可分享到社群网络中。而在审核费用的部分，每一篇将要上传到社群网络中的体验文章都需要支付 3000 元新台币的审核费给"卫生署"。除此之外，文章内容也不可分享关于使用产品之疗效。

（三）意见领袖对于管制的看法

在此法条修正后，笔者也听到意见领袖对于新的法条的看法。其中主要分为两种声音，一种认为公平会设立这样的法条是不合乎常理的，另一种认为公平会订了这样的法条，让意见领袖更容易与厂商沟通揭露利益合作之资讯。

关于第一类想法，就如同要求电视广告中的明星也需要在广告中公开自己是受邀于合作厂商的邀约因此代言，而此举目前并没有同样套用在也属于荐证广告的电视广告明星上，却被要求用在素人意见领袖上。关于第二类声音的部分，是基于有些意见领袖的个性喜欢对读者直来直往，因此也倾向于在分享文中揭露有合作关系。过去由于公平会并没有要求须在文章内揭露利益关系，由于揭露的行为会让网友对于意见领袖所分享之体验的信任度降低，因此过去意见领袖若要请厂商接受揭露行为是困难的。

（四）民众在三星事件后对于意见领袖的看法

三星"写手门"事件引起了网民对这些意见领袖的负面评论，认为这些意见领袖都是花钱办事，因为收了厂商的钱，而要讲厂商的好话。也由于此事件，导致网友重新评估网络上意见领袖的可信度。而笔者也从周遭的朋友口中听到不喜欢看到意见领袖写赞助文的声音。

意见领袖之所以会有人关注，以及被信赖，很大一部分归功于过去一直以中立的角色在分享个人心得，并且是在个人自营媒体中分享这类资讯，因此民众难以判断一篇意见领袖介绍保湿乳液的分享文，究竟是由厂商邀约，还是由意见领袖自发性的体验，纯粹为个人心得分享。也因此，民众经常会参考意见领袖的文章来决定要购买哪样产品。依据2012年Nelson所发布的一份研究报告，旨在研究"人们相信哪些种类的广告形态"，这份研究共有28000受试者，并且来自56个不同国家。研究结果显示消费者最信赖的广告模式，第一是消费者所认识的人所介绍的产品（92%），第二是网络上消费者的意见（70%），而民众对于目前最普遍的网络banner式广告的信任程度则是（33%）（见图2）。

根据达摩所做的研究，在台湾，民众在购买美妆类、时尚类及图书类产品时，最倾向于参考网络意见领袖的意见（见图3）。

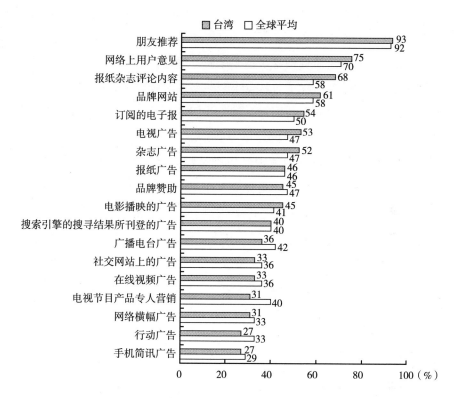

图2 网友对于广告的信任度

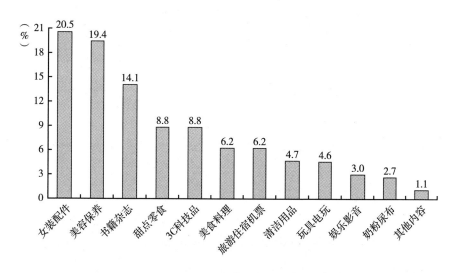

图3 网友决定网购时最爱参考博客推荐文的品项

由于有各式各样的产品邀约，意见领袖需要面对的问题，就是要接受哪一些产品的邀约，让体验充实，又可以赚取生活费，并且对网友负责。若达人长期以来所发言的资讯，经过网友亲自验证后，都是贴近真实的，达人在网友心中的可靠性就越来越高。除了时常分享一些与该领域相关的资讯给网友，意见领袖时常要做的就是用心地与网友互动。我们也和另一位科技类的知名意见领袖聊过，他是"就是教不落"的站长——Scopio。当时笔者随口问起，他收到网友最奇怪的问题是什么，他就说到他有时候会收到连他都不知道答案的问题，但是接下来他说的那句话才是让笔者既佩服又惭愧的。他说："网友的留言，我一定回。"为何这句话会让笔者印象特别深刻呢？就是因为，笔者不是一个很爱回信的人，即使是朋友都不例外。因此当时听到 Scopio 这样斩钉截铁的回复，笔者当时心中实在是百感交集。而接下来，Scopio 又说了一句，"我目前已经有大约几万笔网友的留言了"，更是让笔者心中倒退几步。除此之外，他与妻子还分享了另一个故事，他们说，曾经有一位网友很高兴地跟他们说，他好感动，因为终于有人回答他的问题了。那位网友说，他问了很多人同样的问题，但是一直没有人理他，直到问到"就是教不落"，他的问题才得到解答。由这两个故事，笔者发现，要当上意见领袖，除了要很用心地了解该领域的事情，也必须要花很长的时间以及心力，来照顾到他的"粉丝们"，让"粉丝们"在遇到问题时，只要找他们，就可以解决问题，这样才能够成为"粉丝"心中可靠的对象。

三　创意行销案例：妮妮与品牌共同设计包包①

以往大家总是翻阅杂志，追逐近期流行重点，然而如今随着网络发达，杂志已经逐渐被网络所取代，各种意见领袖逐渐成为大家参考的对象。比如这位 MillyQ 擅长发表与时尚和彩妆相关的内容，成为时尚类意见领袖，她的风格率真大方甜美又时尚，不仅个人风格辨别度高，个人品牌印象也很鲜明，而且平易近人。衣服跟包包在她的巧手搭配下，就像被赋予了另一种生命，穿出了自

---

① 此案例由张家绫撰文，淡江大学、一创资讯有限公司（品呗）专案经理。

己独一无二的品位风格。一家名为阿卡天使的品牌，为了打破现今包包市场——包包低价劣品，高品质包包价位却又让消费者却步——的僵局，于是他们希望通过台湾的设计美学，高品质生产以及务实价格相结合，通过师傅纯手工的方式产出品质好又有设计感的包包。基于意见领袖的时尚敏锐度以及对于精准客群的影响力，阿卡天使邀约 MillyQ 联名合作了一个设计包款叫"BagQ. 米包"。

厂商跟意见领袖之间的分工合作其实是个很棒的点子，阿卡天使提供了技术跟材料，而 MillyQ 提供了自己的设计能力，市场敏锐度以及协助社群宣传分享，两边各提供自己最有优势的资源来合作，把两边优势极大化，也替对方省下了所需花费的时间与人力。此外，意见领袖 MillyQ 在跟阿卡天使合作的过程中，也充分表达出自己的想法与包款设计的概念，在包款的设计上，意见领袖 MillyQ 结合了三个角色的概念——消费者、意见领袖和厂商。此合作具备以下几点优势。

（一）意见领袖具有消费者视野

对意见领袖自身来说，她们也是包包的消费者，而且从时尚领域来说是有丰富经验的消费者，因此拥有比一般人更敏锐的嗅觉，以及对于产品有更高的要求。他们依照自身体验的需求来做包包的设计，反而给予厂商更贴近消费者的设计外观与需求。意见领袖有时候比厂商更懂得消费者想要什么。换句话说，意见领袖是最贴近消费者的厂商。

（二）意见领袖达人的高标准要求

这次的设计过程中，MillyQ 不仅是设计师，还肩负了帮消费者把关包包品质的角色。由于 MillyQ 自己本身对于包包的外观及实用就很讲究，所以根据 MillyQ 部落格的内文说，这次包包的打版过程中前前后后就打了六次版，师傅还打版打到真的翻脸，包包的细节也修了好几次，不论是肩带还是孔洞，防锈五金锁之类，最后才创造出有时尚感又实用的女性包包，而包包的原创型是不太可能在市场上找到的，所以 MillyQ 本人也对包包感到非常满意。由于意见领袖有丰富经验，她用更高的标准在设计包包，因此所设计出的包包就更容易打动消费者的心。

（三）意见领袖的传播力与魅力

在意见领袖的大力分享之下，用的文字跟图片之生动（活泼的图文内容）是会让消费者心动及埋单的，以及让读者自动把该链接分享出去给亲朋好友，这些高度的分享和转换率，来自意见领袖平常与读者建立的信任感，她们分享产品时是站在第三人的角度来做分享，想想看，这些意见领袖长期建立的与读者的关系正是像朋友般的关系，而这些读者进而在 Online 的社群中愿意分享这样的资讯，甚至愿意尝试购买，以及延伸到 Offline 的现实生活中与家人朋友聊天分享广告资讯都是口碑行销的概念。口耳相传的对象也会更明确更精准，毕竟我们往往会相信家人跟朋友的介绍进而提高意愿去尝试购买未知的物品，所以，换句话说，口碑行销比起广告让消费者更有信任感以及更能打动人心。意见领袖口碑行销对厂商来说是有达到精准潜在客户需求的，在同一个时尚彩妆领域里，拥有各种不同风格的意见领袖，而这些意见领袖所拥有的读者又不尽相同，虽然都是偏好包包类，可是喜欢率真风格的读者就会跟喜欢分享率真风格的意见领袖聚在一起，依此类推。而时尚意见领袖对于女性读者来说，让女性想象自己也可以是个时尚的人或是参考意见领袖的穿着当作一个参考的依据，抑或是从参考意见领袖穿着中，创造出属于自己的穿着风格，这些意见领袖的内文介绍与创意搭配对读者来说是比时尚杂志更有说服力和参考价值的，毕竟她们不仅能跟读者有最直接的互动讨论，也较具有亲和力。

（四）消费者反应

结合了意见领袖和阿卡天使优点一起设计出的 BagQ. 米包，提高了消费者询问度。同时 MillyQ 也引导有意愿要预购包包的网友留言在自己部落格的文章底下，所以光是该篇文章的留言就高达 754 则，可见这包款在网络上讨论非常热烈。在这么讲究外观与设计的意见领袖之下所产出的包款，加上在自己的社群网络上对于每个细节的详细介绍，网友对包包的信任度会提高许多，也让消费者对包包有更高的期望与购买欲。另外，在 BagQ. 米包推出后，消费者在 MillyQ 的部落格引导至商城，许多网友在商品下面留言，留言内容大致如下：

"我已经下标了，什么时候可以拿到包包?"、"你好，请问订的话哪时可以出货?"、"海外是月底才发售吗?"、"我是香港人，是否 18 号先可以订?"

由此可见消费者对于这款包包的期望很高，很想赶快拿到手，享受这看起来很棒的包包，从 2013 年 10 月 10 日开始预购到 2013 年 12 月 3 日为止总共约有 111 则留言数，而留言数一直攀升，显见包包询问度依旧很高，相较于阿卡天使自行设计包款的留言数，平均不超过 10 则。从两者之间的比较，我们看见了意见领袖和阿卡天使在这次合作中的魅力。此外，有两位素人意见领袖通过 MillyQ 部落格的资讯知道这包包，也将购买心得分享在自己的部落格上面，更进一步地把该包包市场扩散出去。

连笔者自己在看 MillyQ 的包包内文介绍时，不小心也被劝败了。

四　创意行销案例：插画创作意见领袖 X 厂商合作案①

在 Web2.0 的时代，尤其是在社群网络使用者持续成长中，许多创作型素人陆续在 Facebook、Twitter、Flickr 中蹿起，而这些张贴短信息式的社群平台更是给予了图文创作者极大发挥的空间，在 Facebook 动态中，无论是浏览方便度及丰富度，图片以及文字都更加有吸引力和张力，一目了然的图像呈现方式，给予创作者一个更容易拓展"粉丝"和发挥的空间。

"我得了一种吃菜就会死的病——螺痣祥"，从他和知名歌手雷同的名字中就可以隐约得知他的创作风格，诙谐的漫画式图文、自然不做作的绘画方式，让许多大学生及上班族养成了固定追踪他的图文创作的习惯，而又因为螺痣祥在同时经营 Facebook 粉丝团之后，每天都保持着一天至少张贴两篇手绘图稿的贴文动态，分享生活中的趣味琐事，借由社群影响力的发挥，目前"粉丝"人数已达到了一万多人点赞并关注，虽不是特别热门，却也拥有了一

---

① 此案例由李孟蓁撰写，其为一创资讯有限公司（品呗）专案经理，专长为研究网络社群意见领袖与品牌行销的关联性。

群死忠、喜爱他特有绘画风格的"粉丝"。2013 年 10 月初，螺痣翔与一间除臭袜公司—东客集合作，先于 8 月时获得了东客集的除臭袜试用品，并于两个月内体验商品成效，在十月初发表自制图文文章，其中介绍东客集的特色商品，并嵌入追踪式的联结及加赠折价券的促销，让读者可以直接导入至东客集的商品页面获得折扣，也增加了购买欲望。

东客集原为台湾本土老字号的袜品代工厂商，在自立品牌"东客集"后，坚持以好品质回馈客户，专注于舒适度及耐用度研究，发展除臭袜，并研发以莱卡的纤维材质来避免袜头松脱的问题，但也因为材料的坚持，商品单价相较于一般平价袜子来说高出许多，除了在台湾尚未打出知名度外，如袜子此种生活必需品通常是需要时间来验证品质的好坏，一般民众若在不了解东客集的理念和品质下，通常不会有太大的意愿来实际尝试或购买。此次的部落客行销合作选择了螺痣翔，主要因为螺痣翔的"粉丝"类型多为大学以上学生及上班族群，与东客集的目标消费族群吻合外，也有足够的消费能力，再加上螺痣翔独特的绘画风格引人入胜，更多人可以借由他的图文了解到东客集所坚持的品质及理念。螺痣翔的部落格每日人气约为 800 人，且只要是与厂商的合作文章，他都会事先在标题上注明，让"粉丝"在尚未点进文内阅读前，从标题就能很清楚地知道此为广告合作文，让"粉丝"可以自行判断文章的性质，选择要不要点阅，但是此单篇文章的点阅率至 2013 年 11 月，竟有 3615 次的点阅数，此种合作文相较于相同人气的其他类型部落格中，成效高出许多，然而，为什么"粉丝"会自愿观看广告文呢？

螺痣翔的图文有一种特质——"搞笑"，和普遍的图文创作者的精致风格不同，他以豪放随性的漫画结构叙述出一个个逗趣、令人捧腹大笑的故事，不只这样，螺痣翔更擅长为各式各样的商品说故事，从分享生活乐趣的角度来包装商品，自然到会让人忘记去在意它是广告文章。在东客集的合作案中，螺痣翔点出了大家买袜子时最常有的问题：贪小便宜，一般人往往会在夜市或是路边的摊贩中购买廉价但穿个一两周后就会破洞或是松脱的袜子，而这也是东客集致力于解决的问题，一方面诙谐地点出民众的日常困扰和需求，另一方面提供解决之道，一呼一应下让网友们逐渐接受此种合作方式，也乐于阅读此类的文章。除了拥有高达 3065 次的文章点阅率外，此篇文章内的追踪链接更是有

255 次点击数，代表此次合作的确是打进了东客集的潜在目标客群的心中，让对东客集的除臭袜有兴趣的族群更愿意详细地了解东客集理念和产品特色，甚至可以直接导入至商品的线上购买页面，达成实际转换。本次除了与螺痣翔合作外，也与其他 7 位部落客合作，于 10 月当月达到平均网络商城之月营业额的 4~5 倍，成功地达成口碑及品牌行销。除了部落格中的文章发表，螺痣翔也在自身经营的粉丝团中分享部落格文章的链接，以社群的渠道进行导入，增加讨论度及回应数，可以从"粉丝"的回应中得知除了文章本身的曝光度外，也在"粉丝"群内造成涟漪般的社群影响。如同东客集规模的中小型企业，并没有过多的行销预算，但是借由小金额的投入，为自己的产品找到正确的意见领袖，在意见领袖善于叙述故事的才能下，让行销不只是单为网页广告投放，而是跨领域的创意内容产出，吸引"粉丝"关注商品的同时，也更进一步发挥自身的创作才能，提高专属于东客集、属于螺痣翔的口碑影响力。

B.4
数位汇流创造多元营收

——以台湾联合报系近十年发展为例

林全洲*

2004 年 6 月，笔者在铭传大学传播管理研究所发表硕士论文《联合报企业再造关键成功因素之研究》，以《联合报》为个案研究企业再造课题。九年过去了，《联合报》的再造，不只是企业组织改变，以"数字汇流"为方向的全媒体平台目标更明确。

这段时间，《联合报》以 . com 的《联合在线》为基础，办公室地点因因特网发达，而由繁华的台北市信义区迁到新北市汐止区大同路。在台湾，事业版图虽关闭了《民生报》，却创立了捷运免费报《Upaper》、活动事业处、教育事业处、健康事业处，还向 NCC 申请卫星新闻台 udn TV，这些变化大于过去 52 年的总和。

这种变化，不只是联合报系，其他纸媒体也没有却步，只是执行方法上略有不同。本研究就亲身观察的经验，期待联合报系在"数字汇流"下，也能有多元营收的开创，包括报系未来资源整合、载具的跨业开发等，希望可以提供更多的视野来面对挑战。

一　联合报系近十年来蜕变

联合报系是台湾华文媒体市场发行量最大的纸媒体集团，母报《联合报》成立于 1951 年 9 月 16 日，是由当时的《民族报》、《全民日报》、《经济时报》三家报纸合出的联合版，1957 年再更改为今日名称。联合报系高峰时期，在

---

* 林全洲，财团法人新北市文化基金会执行长，担任过记者、特派员、主任、总编辑特别助理。

台湾发行有《联合报》、《联合晚报》、《经济日报》、《民生报》；海外则发行《北美世界日报》、《泰国世界日报》、《印度尼西亚世界日报》、《欧洲日报》等。但随着市场环境变化，2000年以后，先后停办了《民生报》、《印度尼西亚世界日报》、《欧洲日报》等，但也开发大台北捷运系统的捷运报《Upaper》，就纸媒体市场而言，联合报系仍具有相当分量。

2004年6月，笔者在铭传大学传播管理研究所发表硕士论文《联合报企业再造关键成功因素之研究》。这项以联合报系的母报《联合报》为个案的研究，最后结论提到主管与员工面对企业再造的挑战，唯一不变的共识是"提升服务内容和质量"。[①] 历经九年的实践，联合报系针对所谓提升服务内容与质量有了很大的改变，就是更专注于向数字汇流的全媒体平台方向迈进，2013年8月1日举行的udn TV开播仪式，就是集团转型的一大指标。过去笔者的研究方法，从报系同仁的抽样调查，加上部分干部访谈来研究个案《联合报》。这几年来，笔者因职务调整刚好能亲身参与"数字汇流"的企业再造工程，也曾就多元营收方面努力过。这层参与的角色，可以让后续的研究，从理论角度切入面对实务上的难题，应该可以提供务实的观察视角。

联合报系面对数字科技的发展，早在2000年成立.com"联合在线"股份有限公司，经营联合新闻网、联合知识库、网络城邦、数字阅读网、数字版权网等事业。迄今联合在线仍是台湾华人媒体在线阅读新闻的第一品牌，而且公开上柜，每年都有一定的盈余。笔者在发表《联合报企业再造关键成功因素之研究》后，联合报系面对媒体市场的萎缩，变革的动作愈来愈快。先在2006年11月30日结束《民生报》，但2007年2月又立即成立捷运免费报《Upaper》；2008年10月，联合报系重新整合集团资源，成立金传媒集团，以《经济日报》结合活动事业处为核心；2010年1月设立"教育事业处"；2011年5月成立网络购物平台"udn买东西"；2012年5月成立"健康事业处"，2012年7月取得卫星电视新闻台udn tv执照。这些事业体的逐一扩充，比过去50多年的步伐快了许多，处处揭示联合报系面对数字未来的挑战，始终是

---

① 林全洲：《联合报企业再造关键成功因素之研究》，铭传大学传播管理学院硕士论文，2004，第95页。

正面应对的。

在联合报积极发展"数字汇流"的同时,台湾媒体市场其实正处于一个翻天覆地的环境里。依据尼尔森媒体大调查,报纸类的整体阅读率,从1991年的77%一路下滑,2012年已降到39.1%,读者流失一大半。阅读率下滑并不代表纸媒体不会增加,2003年5月2日来自香港的《苹果日报》在台创刊,全彩的大篇幅爆料加明星狗仔新闻,更是积极抢夺媒体市场的阅听众,这个现象也造成广告市场的分散。从笔者发表《联合报企业再造关键成功因素之研究》论文数据,再对照《动脑杂志》2013年的持续整理,通过表1可以看出,报纸在2000年的广告量仍有187.46亿元新台币,2012年已经降到95.98亿元新台币,广告量下降了一大半。这更显示报纸广告大饼,并没有因为家数增加而扩大,反而因为竞争对手的积极出现,这块大饼被分食得更加破碎,各家报纸的营运金额普遍下滑。再从整体的广告市场来看,从2000年到2012年的营销业主投入广告的总量,整体金额虽然仍有557.28亿元新台币,可是这个总量,却被近两年新增的网络营销,瓜分掉100亿元新台币以上,2012年的网络营销费用就占了114.92亿元新台币,居六大媒体里的广告营销第二位①。

表1 台湾六大媒体广告总量

单位:亿元新台币

媒体类别	2000 年	2001 年	2002 年	2003 年	2011 年	2012 年
无线	130.02	115.6	98.16	87.86	50.5	40.95
有线	176.68	161.44	223.59	246.28	212.31	203.82
报纸	187.46	164.14	121.91	151.19	107.60	95.98
杂志	72	65.1	66.13	75.57	69.46	65.29
广播	23.1	22.2	25.52	26.92	40.35	36.52
网络	—	—	—	—	102.61	114.92
总计	589.26	528.46	535.01	578.82	584.83	557.28

数据来源:《动脑杂志》,2013年3月号。

---

① 六大媒体广告量依据林全洲《联合报企业再造关键成功因素之研究》及2013年3月号《动脑杂志》整理而来。

再参考"中央通讯社"在2013年5月17日发表的经济信息，引用资策会FIND结合Mobile First调查发现，2013年台湾关键广告主市场规模预估为新台币308.4亿元，较2012年之312.3亿元新台币微幅下跌1.2%。关键广告主对于电视、报纸、广播、杂志、户外等传统媒体的广告投放金额较前一年衰退，而网络、行动与社群等数字广告，则逐渐受到关键广告主瞩目，有意愿增加投放金额。此一调查乃通过尼尔森、润利及创市际等广告投放监测平台调查，挑选台湾地区本土662家关键广告主，并成功访问其中159家得来。这项调查也预估电视广告仍占2013年关键广告主投放规模的最大宗，约占60%，估计为179.2亿元新台币；网络等数字广告将打败其他传统媒体，成为第二大媒体，约35.6亿元新台币，较2012年增加了4.3%，为增长率最高的广告，且有近四成广告主预计增加网络广告的投放金额；第三名和第四名则为报纸与户外媒体，分别为30.5亿元新台币与18.2亿元新台币[①]。从这些数据可以看到，阅读率不佳，广告量下滑，都是以纸媒体为主的联合报系寻求企业再造的重要背景。以《联合报》为主体的经营体，该如何转变的思考，就成为很重要的关键因子。

二 联合报启动数位汇流

如果总结近十年来，联合报系最重要的词汇是什么，无疑"数字汇流"这四个字就是关键词。这四个字，同样代表联合报系追求内容与质量提升的方向始终不变，而这种变革，更是源自寻找多元营收的方向，甚至可以说是在寻找媒体获利的一种新商业模式。为什么内容要求新求变？肯·达科特（Ken Doctor）在他的著作《消息经济来了》（*The New Digital Age*）中直接说："旧媒体把媒体狭窄的定义成提供新闻"[②]，接着又指出：

报纸被惯坏了，它对于二十四小时上一次新闻感到满意。它们犹豫是

---

① 《动脑杂志》2013年3月号，第93页。
② 肯·达科特（Ken Doctor）著《消息经济来了》（*The New Digital Age*），林丽冠译，台北：大是文化出版，2010，第111页。

否该将完成的新闻实时上线，害怕会伤害实体报纸，或平白把"独家新闻"送给对手。①

肯·达科特所指的旧媒体，当然是创办已有一些年代的纸媒体，尤其是服务超过二三十年以上的媒体，对于是否过早把自己的独家新闻贴上实时新闻栏上，则担心是否会冲击到纸媒体明日的销售量。这些顾虑，丝毫没有考虑到市场上早就充斥过多的免费新闻。联合报系媒体创新研发中心总监吴仁麟在2013年9月《联合报系刊》数位版上曾发表《光明与黑暗——新媒体带来的挑战与机会》文章，他指出：

> 从台北到北京，从台南到南京，在世界的各个城市里，不管何时何地，不需要花太多力气去观察，都可以发现许多人的头是低着的。这些人俗称"低头族"，低头族老是埋头在智能手机或平板计算机的世界里。他们在数字的虚拟世界里紧密联结成网民，但是却在现实的世界里懒得看彼此一眼。所以 Google 推出 Google 眼镜时的宣传标语是："让人和人的眼睛能再次注视"，把头抬起来，让人和人在现实的世界再次有所联结。
>
> "低头族"现象为媒体同时带来光明与黑暗的两种不同思维，从光明面来思考，当每个人的注意力都被吸引到手掌上的小银幕时，那也代表着一个全新的媒体接口市场已经形成。只要能掌握住这个媒体接口，不管是什么样的媒体服务都能快速大量的提供，而且，更胜过去。从这点看来，新媒体市场的兴起自然让媒体人觉得未来是机会无穷且光明的。②

吴仁麟还提出三条故事轴线来解读今天的新媒体现象。他提到，人类的媒体服务从最早的报纸走到今天的无线互联网，人类移动得更远也移动得更快，这几件事其实是紧紧相连的。一个移动能力很强的年代，一定也是对媒体服务更渴望的年代，所以人们通过科技让媒体服务变得无所不在，更是可以理解的必然。

---

① 肯·达科特（Ken Doctor）著《消息经济来了》（*The New Digital Age*），林丽冠译，台北：大是文化出版，2010年3月1日初版，第113页。

② 《联合报》系刊，2013年9月内部数位发行，2010年起不再发行纸本。

吴仁麟同一系列的主题，还带出新媒体三条故事轴线，他指出：

> 第一条轴线是联合报系的发展，联合报系从一份报纸发展到今天的全球布局的全媒体格局，事业版图涵盖了报业、出版、网络、电视、文创和电子商务。特别是在新媒体事业，几乎目前所有的新媒体项目联合报都触及了。

> 第二条轴线是民航业的发展。1960 年左右，第一架波音 747 的原型机被美国研发出来，这件事被视为是民营航空的滥觞，也让人类拥有了史无前例的长程移动能力。

> 第三条轴线是高速铁路的发展。1964 年，日本新干线高铁在东京奥运前夕通车，人类民营运输业的速度一举打破时速两百公里的上限。这也让我们成为地球上有史以来在地面移动速度最快的人类。发展到今天，全球高铁的平均时速早已突破三百公里。

这三条轴线的发展到底和今天的新媒体有什么关系？吴仁麟以为，新媒体发展到今天的经验，也让每一个传统媒体人感到相当挫折。不管是阅听人还是广告客户，所有人对于新媒体的需求越来越贪得无厌，但是却不愿对这些服务多付一毛钱。

但传统媒体人其实也不用那么挫折，埃里克·施密特（Eric Schmidt）、杰瑞德·科恩（Jared Cohen）在所著的《数字新时代》（*The New Digital Age*）中指出：

> 一旦许多名人媒体都让人失去信心和信赖，阅听众将会大量流失，再度回头支持专业的媒体，而这些机构也正经历过渡转型期（更多的整合、更广的范围、更快的反应）。①

这也就是埃里克·施密特、杰瑞德·科恩所称的："因为信息爆炸，低劣

---

① 埃里克·施密特（Eric Schmidt）、杰瑞德·科恩（Jared Cohen）著《数位新时代》（*The New Digital Age*），吴家恒、蓝美贞、杨之瑜、钟玉珏、高仁君译，台北远流出版，2013 年 6 月 1 日初版，第 61 页。

质量的报道充斥，精英阶层可能更依赖有声望的新闻机构。"[1]

过去 62 年来，联合报系的"正派办报"理念，绝对是华人媒体市场里一个极具声望的纸媒体集团。所以《联合报》实践"数字汇流"走向，才会备受注目。联合报系的"数字汇流"，在 2008 年定义为"任何时间、任何地点、任何载具，在同一载具上，可同时提供文字、图片、影音、搜寻、互动的精准服务"。联合报社社长项国宁在 2013 年接受福建报协专访时提到：

> "数字汇流"有三阶段，第一阶段是"物理变化"，从搬到汐止大楼，把编辑部中央台改为圆形放射状开始；目前进展中的第二阶段是"化学变化"，设法让每个同仁调整本身工作方式，所以我们成立影音部，把影音新闻列入 KPI；第三阶段是"体质变化"，每个记者心中都有编辑台，都有能力作多媒体新闻规划[2]。

这三阶段的变化，第一阶段的"物理变化"，谈的是《联合报》在 2009年 10 月启动的搬迁计划，把《联合报》原先在台北市信义区忠孝东路一、二栋大楼拆除重新改建，而所有行政、编辑、业务的同人都搬到新北市汐止区大同路上班。这次搬迁工作，是建构《联合报》大编辑台的思维，故在《联合报》汐止大楼于 2010 年 1 月举行开幕酒会上，《联合报》还演出一场实境秀，揭示《联合报》的"数字汇流"是正在进行式，而不是未来式。这场实境秀的最大用意，是带出《联合报》成立影音事业处的必然趋势。过去《联合报》不是没有收购有线电视台的计划，而是计划永远赶不上变化，加上看准台湾人对于有线电视的抱怨，故打算开发纯净新闻的影音事业，希望可以创一个不一样的新闻频道，这是第二阶段"化学变化"的开始。《联合报》的影音事业，从 2008 年开始布局。最先找来台视摄影记者朱增有，分区对全体记者介绍，什么是影音新闻，如何用简单的素材来拍摄影音新闻。这时期是求先有量，而

---

① 埃里克·施密特（Eric Schmidt）、杰瑞德·科恩（Jared Cohen）著《数位新时代》（*The New Digital Age*），吴家恒、蓝美贞、杨之瑜、钟玉珏、高仁君译，台北远流出版，2013 年 6 月 1 日初版，59 页。

② 《闽台报社高层访谈实录》，福建省报业协会编印，2013 年 6 月，第 15 页。

不是质的领先。从 2009 年开始，由有线电视业者挖掘人才到《联合报》任职，并且采取两天一夜的训练模式，在 2010 年全面启动再造，2011 年再采购数字器材，提供第一线同人使用，由量到质的要求，在这时候开始了。2011 年底，《联合报》开始撰写 udn TV 卫星频道申设计划书，2012 年 7 月获得 NCC（台湾通信传播委员会）同意申设，然后是全面性的频道试播，开发各地数字平台频道，终于在 2013 年 6 月获得 NCC 许可开台。TV 数字频道，从 2013 年 5 月起，已经在全省数字平台上架，可以提供给 100 多万的收视户收看；基本上，全台各地凯擘与中嘉的收视户都可以看到。项国宁提到，2013 年 8 月 1 日 udn TV 举办开幕酒会，联合报系在开幕酒会上公开说明，udn 现在露出的载体有手机、iPad、智能电视、YouTube 等，当前还没有其他模拟电视台可以做到这样，"只要有新的载具出现，我们就会争取露出，这是与传统电视很不同的"。到这个时候，《联合报》的变化进入第三阶段的"体质变化"。

与其他新闻频道不同的是，udn TV 不是 24 小时都要播新闻，我们希望还原新闻量应有的比例，不要过度扩张，一天有八个重要新闻时段一直在收播，每个整点有最新的新闻摘要，晚间有议题访谈，并提供当前媒体最缺乏的国际新闻，还有关键人物深度访谈，提供的是知识性、实用性、多元的选择。除了 udn TV 这个影音频道之外，《联合报》编辑部还设置新媒体中心，这是一个 20 人小组，负责把《联合报》的内容重新组版，在 iPad 供民众免费下载与互动之用。

三 联合报系多元营收

联合报系的每一个"数字汇流"动作，都代表公司需要投入更多的资金来加添设备，投资人才，这是一种资本上的支出，如何寻找获利模式，填补资本支出的钱坑，更是经营层所要考虑的重要问题。

2008 年 10 月，《联合报》找回曾经担任过《联合报》业务部总经理、《联合晚报》总编辑的杨仁烽，担任经济日报社社长，同时整合报系资源成立《金传媒》活动事业处，这是一个策划联合报系大型活动的执行单位。联合报系办理策展业务，最早可追溯到《民生报》为拓展生活风格读者群，而成立《民生报》活动企划组，组内共有 15 人，筹办鱼拓教室、民生杯网球赛、报系社庆等活动，每年举办近 400 场活动。这个做法，让《民生报》逐渐成为家庭里的"第二份报纸"。从 1993 年起，《民生报》活动企划组再导入国外展览。包括《俄罗斯沙皇夏宫文物展》、《赵无极回顾展》、《奥运百周年纪念版画展》和《夏卡尔画展》等。更与大陆博物馆合作，如邀《兵马俑》来台、办理《大清文物展》，其中《兵马俑》更创造出百万人参观的热潮，这些活动替报社带来可观的收入。杨仁烽接手之后，改进了《金传媒》活动事业处，编制成上百人的单位，活动筹办也分成三个区块，邀展如《长毛象展》、《太阳剧团》与《清明上河图》等项都创造出高额收入。其中《清明上河图》创下全台超过 160 万人参观的最高人数，《太阳剧团》创最快卖完门票的纪录。如果就公司获利的情况来讲，2011 年、2012 年，《金传媒》活动事业处的赢利至少占了全联合报系的三成，这个比重是相当重要的。正因为网络使用比重高，联合报系在 2011 年成立《udn 买东西》购物网站，找来购物平台专家参与购物网站架设，让《联合报》的读者可以在网络上买到便宜又实用的物品。

　　联合报系的多元营收，第一站是以活动筹办为主，第二站则以教育事业为基础，这是强调华文的主导地位。从 2008 年起，《联合报》在全省各地举办作文比赛，成立写作班，指导中文系的毕业生教导小朋友写作文。在面对中文素养普遍低落，且政府希望提高中文阅读能力的同时，类似补教的教育事业，让联合报系找到了一个赢利的方向。为了提供小朋友写作的引导，《联合报》也每周出版一次《好读周报》，与校园的双重结合，可以让小朋友自己写与投稿，作文班相对也有发表的园地，开创另一个营收的机会。与教育事业相近的则是健康事业处，2012 年 5 月 1 日诞生，这是以《联合报》长期以来对于医药新闻的精准报道所切割出来的一块市场。健康事业处锁定的分众是准银发族，即中壮年族，这群人 40 岁以上，他们刚过了体力巅峰的青年期，不太习惯也不太服气身体会累、头发会白、皱纹会长，他们渐渐开始力不从心，发现身体越来越需要"进厂维修"，而自己的父母也越来越老，各种健康问题接踵而来；他们或许已事业有成，或许仍在为五斗米鞠躬哈腰，他们最大的愿望就是健康。所以健康事业以协助推广健康议题，主办讲座，或是办理高级的美白医疗健检活动，替两岸甚至全球华人找到健康的引导线。

报系子公司的努力，不代表母报《联合报》不必有任何的动作，《联合报》自2010年起依赖纸媒体的文字特色，建立属于自己的出版计划，连续三年都创造出数百万元的盈余。《联合报》新闻报道的强项，包括健康的医药新闻、招生的考试新闻，都深受读者的喜爱，所以有专属的"健康版"、"教育版"呈现。2011年5月，《联合报》总编辑罗国俊提出发行"健康日志"的想法，希望把每天在健康版上报道过的有用健康新闻，依照熟年、老年、小朋友的角度，编出一本可以一年使用的健康手册。这样实用的健康手册，最后定名为"2011健康志"，通过报纸与超商通道，在当年卖出两万本以上，是一般书籍一次印刷3000本的7倍，再加上发行之初先找赞助商提供广告页面，这样的获利相当显著①。

有了"2011健康志"的成功案例，第二年3月再依中学生面临指考②的压力，出版"考生志"，内容以高二、国二学生为方向，替他们编写未来一年面对升学压力的各种因应之道，同时与文昌帝君的庙宇合作，买考生志附送文昌帝君的文昌平安符，也让各地师生抢购。虽然"2011健康志"、"考生志"，都是以一年为有效期，其实在使用上还有一些不同策略，如考虑到读者使用上的方便，封面是使用塑料的夹缝封套，可以放一些杂物或者平安符，这是从读者的需求角度出发。出版的思虑必须时时更新，2012年再推出第二代的健康志时，营销的手法再加上新产品的问世，以台湾地区最流行的水果月历来搭配，这样读者可以买月历加日志，每天使用都不会疏漏。发行水果月历的最大卖点，是发挥媒体最擅长的摄影功能，由《联合报》摄影中心拍摄当季的水果，再配上水果色拉等实用信息，让月历好看兼实用。在市场销售上，自然创造不错的佳绩。2013年《联合报》在五月发行考生志，11月发行健康志与月历，重新改版过的报道内容，加上以亲子为题材的全家健康知识，依旧是市场上营销的宠儿。联合报系在出版市场的顺利达阵，其中最主要的精神在于记者

---

① 个人时任《联合报》总编辑特别助理，负责这项业务的开发与营销。

② 大学入学指定科目考试，简称指定科目考试、指考（Advanced Subjects Test）。为台湾教育中，大学入学方案中三大考试之一（另两大考试为大学学科能力测验、大学入学术科考试），由财团法人大学入学考试中心基金会举办。前身为联考，自2002年废除联考后，开始实施此测验。

每天发回来的稿件，虽然在报纸上见刊过，可是经过再整理之后，变成精美的加值文创商品。

这种趋势就如同原始网络理论上所说的：

> 制作一次，便可发行多次（produce once，distribute many）。[1]

正因为可以重复使用，联合报系重整62年来的报纸刊登内容所推出的"联合知识库"，每年超过两万名的固定会员缴费查阅旧新闻资料，这正是一再可以重复使用的最佳例子。除了出版之外，自2009年起每年年底《联合报》编辑部还会与企业界合作推出年度选字，票选年度大事件，让读者以手机、简讯投票等方式投票，最后再与电信公司平分收入。但这些动作所显示的意义是，媒体与读者间互动开始。纸媒体的传统收入是靠发行与广告，可是在多元营收的方向上，联合报系从活动事业处的推动到出版网络投票等，都不是过去获利的模式，而这些只是一个开始而不是一个结束，相关的营利模式仍旧在寻觅中。

四　其他纸媒的竞业

报纸面对市场环境的变化，而有各种程度不一的应变。在台湾媒体市场里综合性报有四家，分别是联合报系、中时报系、壹传媒集团与《自由时报》，其中《自由时报》虽曾动念要设置电视台，甚至动念买台湾电视公司股份，但始终没有跨出一步，仍旧在纸媒市场中以不变应万变，故本文中暂时无法关注。

中时集团最早跨入全媒体集团，2005年10月从国民党手中买下中视、中广与中影，加上本身持有的中天有线电视，是最有机会达到"数位汇流"的。可是中时集团于2008年的金融风暴中受创严重，最后集团负责人余建新把中时集团卖给卖米果的旺旺集团蔡衍明，形成新的旺旺中时集团。

---

① 肯·达科特（Ken Doctor）著《消息经济来了》（*The New Digital Age*），林丽冠译，台北：大是文化出版，2010年3月1日初版，第53页。

蔡衍明接手旺旺中时集团后，展现对媒体经营的兴趣，2011 年在东森王令麟集团的牵线下，以 700 亿元购买有线电视播放系统中嘉持股；甚至蔡衍明还结合台塑集团、中信集团，2012 年 10 月打算花近两百亿元买下壹传媒集团。蔡衍明对媒体的高度兴趣，掀起了台湾学界与传播界的"反垄断"声浪，从 2012 年起发动数波街头运动，使得这些交易到最后都没有成功。尽管对外并购没有成功，蔡衍明在中时的集团改革，倒是创造了新的纸媒体《旺报》。《旺报》的客户诉求，是提供台湾地区所缺乏的大陆视野，大量地提供大陆相关信息。从 2009 年 8 月开始，《旺报》搭配母报《中国时报》，于便利商店出售，虽然在台湾市场没有起色，可是对于大陆地区却有很好的宣传效果。随着台湾与大陆的两岸间形势和缓，《旺报》在多元营收方面，开启了两岸交流活动，这一点与联合报系《金传媒》所扮演的会展角色相近。《旺报》几乎每月都与大陆重要省市举办大型活动，如今成为《旺报》年度三大品牌的是"两岸和平创富论坛"、"两岸征文"奖、"两岸年度汉字票选"[①]。《旺报》不只是在办活动中要抢先机，自 2012 年 11 月起，《旺报》又与大陆合作发行《两岸传媒》月刊。这本杂志内容侧重于文创、设计与传播等方面，其重点则面向商业的推广。《旺报》同时还扮演陆资来台的中介角色，在 2012 年 9 月与商总合作成立"台湾陆资来台投资采购服务协会"（简称陆协会），重点在于企业间的合作。诚如《旺报》副社长黄清龙所说：

> 作为纸媒，《旺报》也必须面对报纸阅读受众日减和传播科技日新月异，网络与移动平台不断更新的状况。因此如何善用纸媒品牌价值与平台效益，不断变革及发送载体就成为《旺报》在传统广告、发行之外，另一个重要的营运重心。[②]

2003 年 5 月风光来台的壹传媒集团《苹果日报》，是在 2012 年 9 月被创办人黎智英包裹在《壹电视》、《壹周刊》，准备退出台湾媒体市场，结果因各

① 《闽台报社创新成果荟萃》，福建省报业协会编印，2013 年 6 月，第 39 页。
② 《闽台报社高层访谈实录》，福建省报业协会编印，2013 年 6 月，第 27~29 页。

界的"反垄断声浪",最后只有将《壹电视》卖给年代集团。《苹果日报》与《壹周刊》的市场销路,并没有给集团带来营收赤字,相对的黎智英的纸媒市场与《联合报》相似,当《联合报》健康志、考生志热卖之后,2013年10月《苹果日报》也推出50元的平价日志,一样是以媒体记者所拍摄的街景作为日志的一种特色,过去《苹果日报》也出版过旅游集、美食书,纸媒体这方面的才能,似乎是互相传染的。

不同于这些综合性报纸集团,在语言教学上占有重要角色的报纸《国语日报》也是非常积极。《国语日报》的前身是1947年1月5日在北京创办的《国语小报》,1948年10月25日配合台湾推行的国语运动,在台湾创刊发行。与其他媒体不同的是,《国语日报》以注音符号为特色,让台湾地区的小学采用这份刊物作为启蒙老师。但随着教育的普及,《国语日报》的读者群也日益萎缩,其不得不变身。《国语日报》是最早投入补教事业,尤其是来台的外籍人士,都会到《国语日报》附设的补习班上课,其后是开创一系列的华文教材。2005年起在中小学校推动"读报教育",《国语日报》供校园师生作为课堂教育素材之一。"读报教育"可以看到《国语日报》的成效,国语日报社社长冯季眉依据2012年学术机构的调查结果表示:

> 委托学术机构所做的读报教育成效调查,教师方面超过六成的教师会将报纸运用于三个以上的学习领域,且不限当日报纸;超过六成五以上的教师每周进行一节以上读报教学课;八成以上认为读报有助于学习。[1]

正因为不限当日报纸的鼓励,《国语日报》自2012年起,在每日编排报纸之后,亦编排电子书包版上网。《国语日报》的这种做法,与《联合报》新媒体中心一样,只是增加编辑的工作时数,并没有影响到对外工作量,在内部也比较获得同仁的支持与配合。电子书包的成果如何?冯季眉表示:

> 《国语日报》电子书包第一年营收,为纸本营收的0.6%。2013年希

---

[1] 《闽台报社创新成果荟萃》,福建省报业协会编印,2013年6月,第52页。

望可以达到纸本营收的1.5%。电子书包是一个新增的营收市场，并没有侵蚀《国语日报》原有的纸本市场，且能向下培养习惯于数字阅读之下一代读者。①

同样的在2012年9月，《国语日报》也针对高中生推出《中学生报》，以掌握时事新知、规划学习生涯、提升语文能力与分享心情故事为四大主轴。冯季眉也乐观地估算，这个新报刊在2013年应可占《国语日报》报刊群营收的15%②。从中时、壹传媒到国语日报系，都可以看出纸媒体面对大环境变化所展现出来的应变力，绝对是过去50年来纸媒体少见的劲头。

五　结论

面对科技进步，纸媒体寻求"变革"，联合报系是铺天盖地地进行"数字汇流"工程。相较媒体企业主的大力施为，其实从业人员的工作心境也有担心跟不上变革的脚步，会被潮流所淹没的忧虑。笔者在九年前的《联合报企业再造关键成功因素之研究》的结论之一，即体认到主管与员工间追求变革的不变共识，就是要提升企业的服务内容与质量。但是要如何达到这种改变呢？

埃里克·施密特、杰瑞德·科恩在《数位新时代》（ *The New Digital Age* ）一书中说：

> 理想上，新闻业不再只是挖掘采集，而是靠更多协作；当报纸报道谷水位高涨时，它不会只引述泰国游艇船东的，而会在报道中提供超链接，串连到受访者的个人新闻平台或影像直播网页。③

---

① 《闽台报社创新成果荟萃》，福建省报业协会编印，2013年6月，第52页。
② 《闽台报社创新成果荟萃》，福建省报业协会编印，2013年6月，第52页。
③ 埃里克·施密特（Eric Schmidt）、杰瑞德·科恩（Jared Cohen）著《数位新时代》（ *The New Digital Age*)，吴家恒、蓝美贞、杨之瑜、钟玉珏、高仁君译，台北远流出版，2013年6月1日初版，第59页。

联合报系的"数字汇流"的确是考虑到了串连到个人新闻平台等网页上，来增加新闻的广度与深度。但同样的也要思考新闻的真实性，是不是有公信力等质疑。因而联合报系是以全体员工的超链接为主要方向，包括要求同仁架设部落格，贴上自己的工作心声、现场图辑等；其次才是选择有公信力的媒体合作，如台湾的《中华电视台》等电子媒体。在多元营收方面，联合报系从《金传媒》、《udn 买东西》、《健康事业处》到《联合报》投入出版、电子投票等，可以说是点与点之间的单一出击，都能有一些成效，未来需要的是由点到直线，甚至于全面的照料，换一句现成的话，报系资源的垂直整合更应积极，甚至可以有以下方向。

（1）联合报系综效出击：以《联合报》为主体，可以结合《udn tv》，提供文字与影音图像的结合，让《联合报》擅长的文字有影音面貌，可以给未来数据库提供更多的素材。

（2）网络商城垂直整合：就购物平台而言，《udn 买东西》是个后起之辈，要抢占市场，就是提供好和实用的货品。可以从联合报系经常报道的美食器物中找到合作厂商，开发出《udn 买东西》的独特商品，再回头来让联合报系的纸媒作介绍，彼此间的利益互惠，重点是扮演中间商人的这一角色该如何来拿捏分寸，而不是只有利益没有给读者提供实惠。

（3）新闻图片奇货可居：联合知识库提供 62 年来的新闻，获得稳定的会员收入。但对联合报系而言，62 年来的新闻图片迄今乏人整理，更遑论授权使用的获利，更积极投入找到获利点，应是可以积极进行的。

（4）结合资源开发载具：就联合报系的"正派办报"理念，网络上的媒体被信任度也高，跨业结合开发新载具，未必是不能思考的方向。

数字时代的来临，科技不代表章法，纸媒体也能存活，多元思考未来前景，大胆跨出每一步，其实是媒体人勇往直前义无反顾的唯一策略。

B.5

韩国娱乐产业对台湾大学生的影响

董品蓁　刘忠阳　孙同文*

近年来，韩国娱乐产业在韩国政府的强力推动下，席卷了全球，这股"韩流"风潮的兴盛，改变了台湾很多人的影视收看习惯，娱乐产业所带来的改变是否会影响台湾娱乐产业的生存？是否会间接地影响台湾消费者对韩国产品的看法？本文以 Q 方法来分析台湾大学生为何喜爱"韩流"以及"韩流"为何成功，进而给娱乐产业提出一些建议，以作为提高产业发展的参考。

一　前言

2001 年 8 月韩国文化观光部制订"发展韩流"文化产业方案，成立韩国文化振兴院，正式把"韩流"作为一个文化产业来推动。韩国文化振兴院成立宗旨，是在促进文化产业，支援漫画、动画、音乐、卡通形象、手机与网络、娱乐内容等发展[①]。此后，在韩国政府的大力推动下，韩国积极快速地将国家形象推向亚洲地区，以亚洲地区为出发点，行销全世界。在各个精致韩剧的带领下，韩国渐渐超越日本，成为亚洲文化的带头者。"韩流"对于消费者的影响更是巨大，不仅对偶像明星迷恋，更疯狂于有关韩国的一切，包括 3C 产品、服饰配件等。还包括牵动消费者对韩国观光意愿，前往拍摄景点朝圣，对旅游业也是影响甚大。相比之下，台湾娱乐产业一则受限于意识形态，政策未大力支持也未制定相关保障及优惠政策，加上市场狭小集资不易。恶性循环

---

* 董品蓁，台湾铭传大学传播管理研究所硕士；刘忠阳，台湾铭传大学传播管理学系助理教授；孙同文，台湾暨南国际大学公共行政与政策学系教授。

① "行政院"新闻局委托研究计划：《全球竞争时代台湾影视媒体发展的策略与政策规划》，2008。

下，导致制作成本过高和缺乏人才，影音产业不愿花大价钱制作节目，也没有过多的经费制作品质更高的节目与戏剧。台湾面对外来娱乐产业的冲击，未来发展与走向将是政府与文化娱乐业必须深思与检讨的问题。韩国娱乐产业的成功，让我们必须正视"韩流"带给台湾消费者的影响是什么？韩国娱乐产业影响台湾消费者进而使其购买相关产品的原因为何？在这样的情况下，台湾的商品是否会因此逐渐被取代？

二 文献回顾

本研究以韩国之文化产业政策、韩国发展文化产业之相关措施、韩国文化产业发展之行政规划与台湾文化创意产业推动，进行回顾与比较。

（一）韩国之文化产业政策

韩国政府希望借由推动文化产业，达成世界第 5 大文化产业强国之目标，为配合实施文化内容产业发展，而建置相关法规与配套措施及进行相关税制改革，并在 1999 年 2 月制定韩国"文化产业促进基本法"，成立"韩国文化产业委员会"以督导文化观光部拟定文化产业辅导政策，与审查"韩国文化内容振兴院"（KOCCA：Korea Culture and Content Agency）执行推动文化产业之年度详细部署计划。由企业服务高附加值化迈入文化产业时代，并随即拟订"文化强国 C – Korea 专案计划"，拟从新的角度及创意（Creativity）扩增韩国传统文化（Culture）的产值，衍生形成另一波推动韩国经济发展的动力（《文化创意产业发展年报》，2005）。

（二）韩国发展文化产业之相关措施

韩国文化观光部于 2005 年依"韩国文化内容振兴院设立办法"之规定制定，以达成公部门文化产业智慧财产权委外管理、公开征求韩国传统文化数位内容作品等，营造出文化工作者的优质创作环境；培育文化产业所需专门技术及专业人才为韩国奠定发展文化产业之基础；协助产业开发新型文化技术及永续发展；尤以韩国文化产业海外市场行销管道，开发海外市场影响之最。韩国政府为增加文化产业竞争力，并提升国民文化素养，发展国民经济，将产业分成8类：（1）电影相关产业；（2）影音光碟、录影视讯、游戏软体产业；（3）出版、印刷、定期刊物产业；（4）视讯广播产业；（5）文化财产业；（6）经认定具有艺术、创意、娱乐、休闲等文化要素与经济附加价值的人物造型才艺、动画及设计（商业设计除外）等相关广告、公演、美术品及手工制品等产业；（7）数位文化内容之搜集、加工、开发、制作、生产、保存、检索及物流等相关服务产业；（8）传统服饰、食品产业等。以上8类产业规定可依《韩国文化产业振兴基本法》享有优惠（《文化创意产业发展年报》，2005）。

（三）韩国文化产业发展之行政规划

在文化产业推动中，韩国政府为了发展文化产业而制定《文化产业促进基本法》，建立组织完整的行政指导体系，并将韩国文化观光部作为文化事业的主管机关，规划出各层级文化产业的工作计划，授权地方政府推动具有地方特色的观光产业同时将国际广宣的职能及出版、电影、光碟等管理机能结合，上下游统一，另有法定的委办行政法人"文化内容产业学院"执行推动文化产业。由此可知韩国政策单位及政策执行单位之间有着明确分际。另外，韩国为新兴文化创意产业的发展，在资讯通信技术、创作环境以至于相关法规皆逐一制定，如《电影相关产业振兴法》、《电玩产业振兴法》等法规，以有效管理影视光碟、开放电影审核、运用传统文化产业开发新产品，建构新形态商品的行销模式与维护文化创作人的智慧财产权（《文化创意产业发展年报》，2005）。

（四）台湾文化创意产业推动

台湾方面，借由"台湾发展重点计划"，"经济部"、"文化部"（原文建会）、"教育部"及"经建会"在2009年共同成立"文化创意产业推动小组"，统筹研拟台湾文化创意产业之年度及中、长期发展策略与措施；并规划成立跨"部会"之"文化创意产业顾问小组"，聘请省内外文化、艺术、创意、设计等领域专家组成顾问团，专责议定台湾文化创意产业发展政策，落实推动创意文化产业之发展。希望通过顾问小组及推动小组之运作机制，统合内外资源与经验，发展以文化、艺术为基础之创意型产业。其中，影音产业部分，主要在于媒体数位化后，通路大增，台湾在华文世界中拥有内容生产制作的相对优势，应借此机会，针对电视、电影的内容，发展出属于自己风格的媒体内容，选择跨区域题材，以利发行的市场考量，加强在未来的通路上的整合。此外，台湾的流行音乐事业是已经成熟的产业，尤其是在华语圈内更居领导地位，亦即本土音乐市场深具潜力，亟须加以推展，目前最大的问题是苦于盗版猖獗，如何打击盗版是关键。根据台湾发展重点计划，目前台湾主要发展策略如下。

（1）以相对投资原则鼓励创作团队提出节目制作案。提出完整详尽的节目制作企划，通过"文化部"的相关审查，补助制作节目资金。制作团队在完成节目制作后，除了必须通过相关审查委员会的认可，履行在公共性频道、通路上播出的一定义务后，仍可自由进行作品的商业发行，鼓励商业发行。

（2）扩大并修正目前的电影辅导金制度，通过对制作、发行、宣传、票房、映演通路、海外市场拓展的整体奖励机制，重新提振台湾的电影产业。

（3）将电视节目制作与电影拍摄作一定程度的结合。例如同时发行同套作品的电视、电影版，通过电视的普及为电影做免费宣传。

（4）就影展与音乐奖，有计划地为台湾制的影音内容开发海外市场。东南亚、日本、韩国、全球华人区都是潜在市场。

（5）加强取缔盗版保障创作者智慧财产权。

（6）以投资奖励的政策，让企业界乐于投资电影、电视影像产业，第一阶段可以五年为期设计方案。

（7）协助成立电影与广播学院及媒体文化园区。

借由以上策略，希望能降低台湾大量从国外输入影音文化的现象，以创意创造财富。从产业链的影响来看，前端制作经费的挹注，将会刺激包括导演、编剧、演员、企划、作词、作曲、编曲、制作、影音工程、美术设计、冲片、印片、录音、压片等各环节的工作机会，活络的产业又可回过头来形成专业水准提升（台湾发展重点计划，2008）。

三 研究方法

本文以 Q 方法论来探讨韩国娱乐产业对台湾大学生的影响。本节首先介绍 Q 方法，问卷设计与进行实际 Q 方法论的调查，最后将搜集到的资料通过系统 PQMethod 进行分析，提出研究结论。

（一）Q 方法论

本研究采用 Q 方法论作为进行资料搜集和资料分析的研究工具。Q 方法论从 1935 年 Stephenson 应用于研究病患人格变化以来，已被广泛应用到许多领域，包括心理、社会、政治等领域都有许多应用 Q 方法论作为研究工具的研究。Q 方法论主要是用一组事项（items）来测验一小群人，然后根据测验结果，把这群人对某一问题的态度或观点分成几种不同的类型。主要利用类似因素分析法的概念来进行统计分析，因素（factor）在 Q 方法论中代表的是意见或态度类似的人所组成的集合体，其相关矩阵所呈现的是人与人之间的相关系数，研究的是人与人的相关[1]，适用于对小团体进行关于态度、动机或需求等心理属性分类的相关研究，特别是探讨个人行为、态度、观念或价值的个案研究或小样本的研究[2]。因此，Q 方法论是一种结合质化研究与量化研究特性于一身的研究方法（Dennis & Goldberg，1996），主张人的主观意识可以被测量出来。一般大样本的调查研究法是以"测量"（例如民意调查）为主体，受访者是被测量的客体（陈雅兰，2007），此种方法论被 Stephenson 定义为"R 方法论"（R Methodology）；而 Q 方法论中，受访者的主观意识才是主体，测量的工具是客体[3]。从表 1 可看到 R 方法论与 Q 方法论的比较。用这种

---

① 罗文辉：《Q 方法的理论与应用》，《新闻学研究》1986 年第 37 期，第 45 ~ 71 页。

② 杨嘉玲、陈美伶：《Q 研究法之简介》，《长庚护理》第 12 卷，2001 年第 2 期。

③ 卢钦铭：《Q 技术》，杨国枢、文崇一、吴聪贤、李亦园编著《社会及行为科学研究法下册》，台北：东华书局，1989；王坤龙：《Q 方法之简介》，《中国工商学报》1993 年第 15 期，第 287 ~ 298 页；孙同文、王家英：《国族认同的再检验：从 R 到 Q》，选举与民主化调查规划与推动委员会主办"2002 年台湾选举与民主化调查"国际学术研讨会，台北：政治大学，2003。

方法可以研究人类的主观意识，即使对主观事物难以表达态度的人，也可以借此轻易表达他的态度①。整体而言，Q 方法论就是下面两个重要的基本概念（Durning & Osuna，1994；Sun & Gargan，1999；Brewer，Selden & Facer II，2000）。

（1）Q 方法论通过受访者排列（ranking）的过程，表达他们对某一研究主题的看法。受访者针对一些与研究主题有关的意见（Q 陈述句），根据他们个人的同意程度排列出从最同意到最不同意的顺序，排列完成的结果，称为"Q 排列"（Q - sort），每一个 Q 排列，表达每一个受访者对此一主题的看法。

（2）利用统计软体将所有受访者的 Q 排列做相关或因素分析，可以发现受访者的群组关系，将排列语句顺序相类似的受访者集结成一个类型，不同的类型称作"Q 因素"（Q factors），每一个 Q 因素里的成员有着共同的对研究主题的看法。

表 1　R 方法论与 Q 方法论的比较

	R 方法论	Q 方法论
定义	从母体中选取的 n 个人，每一位被 m 项测量来检测	由 n 项不同测量（或任何其他可以据以测量的物件，如文字或图片）所构成的母体，每一项测量是由 m 位个人来评分
母体	个人的集合	意见、观点、命题的集合
变量	所有受访者的某种属性或特质	在特定互动的情境下，个人对于所有命题的意见表示
测量分数	针对样本受访者的每一个变量而转化为标准值	根据单一个人的排序结果（array）而转化为标准值

资料来源：孙同文、王家英（2003）。

因此，本研究希望发现大专院校学生本身对现今韩国文化问题的态度。若可以利用 Q 方法论了解到大专院校学生对韩国文化对台湾娱乐产业所造成的冲击与互补现象的态度，将有助于提出台湾娱乐产业之建议。

---

① 罗文辉：《Q 方法的理论与应用》，《新闻学研究》1986 年第 37 期，第 45 ~ 71 页。

（二）Q 方法论研究设计

此次研究设计主要参考省内外以 Q 方法论作为研究方法的期刊论文①，以及在《香港社会科学学报》第 29 期所刊登的《台湾国族认同和大陆国族认同之间，一个 Q 方法论的补充》② 一文，整合成为本研究的设计，内容将说明整个执行 Q 方法论的 Q 技术（Q technique），其中包含问卷设计与访谈设计两个重要步骤。Q 方法论的问卷设计就是对研究主题搜集的相关陈述句，这些就是 Q 方法论的论汇，Q 方法论的论汇，是指所有对研究主题的意见，论汇主要来自三种途径③：

（1）学理依据；

（2）访问研究对象；

（3）从报纸、杂志、书籍中搜集。

（三）Q 方法论访谈设计

访谈设计部分包含准备访谈时所需要的工具，与访谈的大专院校学生进行操作时的步骤。以下将逐一介绍。

1. 访谈工具准备

（1）语句纸片（chips）

语句纸片是要给受访者移动排列的纸片，上面写有与韩国文化问题有关的内容陈述语句。本研究制作了 30 个有关韩国文化陈述语句的纸片。

（2）引导表格（guide bar）

引导表格可以让受访者遵循上面所示的赞成程度等级，每个等级各放入几个语句，让受访者可以有所依循（见图 1）。

---

① 王坤龙：《Q 方法之简介》，《中国工商学报》1993 年第 15 期，第 287～298 页；罗文辉：《Q 方法的理论与应用》，《新闻学研究》1986 年第 37 期，第 45～71 页；郭思禹：《政治行政关系之研究：以 Q 方法对台北市府会联络人的应用》，世新大学行政管理学系硕士学位论文，台北：世新大学，2005；陈宏兴：《淡水河流域整治论述研究的 Q 方法论应用》，铭传大学公共事务学系硕士在职专班学位论文，桃园：铭传大学，2009。

② 孙同文、王家英：《台湾国族认同和大陆国族认同之间，一个 Q 方法论的补充》，《香港社会科学学报》2005 年第 29 期。

③ 王坤龙：《Q 方法之简介》，《中国工商学报》1993 年第 15 期，第 287～298 页。

赞成				最不赞成		最赞成			
赞成程度	−4	−3	−2	−1	0	+1	+2	+3	+4
问卷题号									

图1 引导表格

（3）答案表（answer sheet）

制作一张可以让受访者将排好的语句号码填写在空格里的答案纸。答案表格如图1所示，受访者只要先排列语句再将语句上的题号填入就可完成。

（4）操作说明（instructions）

进行访谈可以预先写好一张操作说明，记载如何完成Q排列的步骤。本研究则采用口头说明的方式，让受访者了解操作流程。

2. 找寻P样本（P sample）

本研究的目的是，了解韩国文化是因为韩国政府的鼎力支持还是宣传、行销所造成，或者是两者之间有密切关联。因此，本研究希望以能掌握台湾大专院校学生的观点与思维作为台湾娱乐产业之建言。Q方法论不需要太多的受访者，即使一个人也可以做"自比性研究"（指做单一受访者的前后测验结果的相关分析）。所以P样本的数目不用多，甚至必须小于陈述句的个数（沈介文等，1997）。所以对P样本的要求并不多，但要符合"多样性"的原则，尽量找到个人背景特征有差异的受访者为佳。因而，本研究将受访者界定在来自不同学术领域的大专院校学生。

3. Q排列（Q sort）

Q方法论可以让受访者独立进行分类，让受访者可以自由表达自己的意思，异于其他团体讨论的质化研究方法。因此，在进行Q排列操作时，有以下几个步骤。

（1）浏览语句

一开始受访者必须先浏览所有陈述句。因为Q方法论的每一个陈述句选项都会互相影响，30 个语句是让受访者同时比较的，这与一般的调查研究方法不同。一般的调查研究，每一个问题都是独立的，因此，不管回答哪个问题都不会和其他问题有影响，但 Q 方法论是受访者同时比较所有问题在自己心中的优先顺序，因此，受访者每个陈述语句的排列位置之间都会互相影响。

（2）归类语句

浏览所有语句后，就请受访者依自己的认知观感，将所有陈述语句分为赞成、没意见、不赞成三类，以便后续排列。

（3）排列语句

让受访者依照自己的三个归类从最同意（最右边）或最不同意（最左边）开始排起，通常建议受访者可从分类后数量较少的语句纸片先排，然后依照较赞成与较不赞成的程度决定把纸片排在哪个等级之下，直到表格上所有空格都排满为止。

（4）确认所排列语句

最后一个步骤是将排列好的语句再浏览一遍，看是否有需要改动或调整的地方。如果确定所有语句都无须改动的话，则将陈述语句上的号码填入答案纸上，就完成 Q 排列的阶段了。

在受访者排列的过程中，可以适时让受访者对陈述语句的内容进行说明或补充、表达受访者自己的意见。搜集完成后，再将搜集资料输入 Q 方法论专用的统计软体（PQ Method）进行资料分析。

4. 问卷样本

本研究为探讨韩国娱乐产业冲击台湾，使台湾本身产生出哪些问题与变化，并且了解其中之原因，针对台湾目前所受到的困境及台湾娱乐产业未来发展方向提出建议，因为需要以看过韩剧者为主体访问对象，所以以资讯接收度最高的大学生为主要访问对象。本研究样本数为 15 份，样本对象以国立台湾大学、国立中兴大学、国立勤益科技大学、国立暨南国际大学、国立台湾师范大学、逢甲大学、东海大学等 10 所大专院校大学生为调查对象。年龄分布范围为 18~22 岁，男性人数为 7 人，女性人数为 8 人。有 13 篇为直接访谈，2 篇为以电子邮件方式进行问卷调查（见表 2）。

表2　样本调查对象资料对照

问卷代码	学校	科系	年龄(岁)	性别
1G	国立中兴大学	行销学系	21	女
2G	国立中兴大学	中国文学系	19	女
3B	国立台湾师范大学	音乐系	22	男
4G	东海大学	音乐系	21	女
5B	东海大学	企业管理学系	21	男
6G	逢甲大学	企业管理学系	21	女
7B	逢甲大学	风险管理与保险学系	22	男
8B	国立暨南国际大学	公共行政与政策学系	20	男
9B	国立勤益科技大学	创意文化事业学系	20	男
10G	国立台中技术学院	会计与资讯科技学系	19	女
11G	东吴大学	会计学系	18	女
12B	朝阳科技大学	资讯工程学系	18	男
13B	国立台湾大学	电机学系	20	男
14G	亚洲大学	经营管理学系	22	女
15G	中国文化大学	政治学系	22	女

资料来源：笔者整理。

四　资料分析

在 Q 方法论分析中，受访者的因素负荷数是否显著的临界值依照下列公式来计算：$\frac{1}{\sqrt{n}} \times 2.58$。

其中，n 为受访者个数；2.58 为双尾检定，误差小于 0.01 的 z 值。以本研究为例，n = 30，临界值等于 $\frac{1}{\sqrt{30}} \times 2.58 = 0.471$。

因此，本研究以表3因素负荷与受访者背景为样本资料，因素负荷数大于 0.47 的受访者则被归类为某一个因子（论述）的界定者。根据因子分析的结果，15 位受访者的意见可以归纳成 5 个论述：4 位受访者分为论述

1，3 位受访者分为论述 2，3 位受访者分为论述 3，2 位受访者分为论述 4，3 位受访者分为论述 5。Q 方法论不同于一般研究方法，不需要用多数样本的方式来运作，其可用少数样本来进行，受访者也不需要与问卷背景有相关性才可接受访问，因此，受访者的背景并不会影响研究。在选择受访者时，仍要让受访者符合多样性的原则，本研究搜集了来自不同领域的 7 位男性与 8 位女性的资料。Brown、Durning 和 Selden（1998）建议解释 Q 因素时可从三个方面切入：第一，试着混合解释每个因素里最赞成和最不赞成的语句；第二，找出这些因素之间的共识；第三，可以把每个因素与所有其他的因素做一个比较，说明这个因素不同于其他因素的地方在哪里。

表 3　因素负荷与受访者背景

代码	论述 1	论述 2	论述 3	论述 4	论述 5	年龄(岁)	科系	性别
1G	-0.0516	0.0206	-0.1434	-0.0454	-0.7705	21	国立中兴大学 行销学系	女
2G	0.1565	0.0917	0.8006	-0.1342	0.2552	19	国立中兴大学 中国文学系	女
3B	-0.1230	0.1484	0.7290	0.3563	0.0485	22	国立台湾师范大学 音乐系	男
4G	0.0884	-0.0518	0.8953	-0.1061	0.0447	21	东海大学音乐系	女
5B	0.5397	0.6112	0.0809	0.0612	-0.3442	21	东海大学 企业管理学系	男
6G	0.4730	0.4667	0.0236	0.1061	0.0260	21	逢甲大学 企业管理学系	女
7B	0.2919	0.2809	0.0782	0.3069	0.6700	22	逢甲大学 风险管理与保险学系	男
8B	0.0040	0.6715	0.0519	-0.3239	0.1033	20	国立暨南国际大学 公共行政与政策学系	男
9B	0.0671	-0.0200	0.1379	-0.4341	0.6727	20	国立勤益科技大学 创意文化事业学系	男
10G	0.7875	-0.1166	0.0221	-0.2579	0.3089	19	国立台中技术学院 会计资讯学系	女
11G	-0.1085	0.7753	0.0641	0.2115	0.0787	18	东吴大学会计学系	女

续表

代码	论述1	论述2	论述3	论述4	论述5	年龄(岁)	科系	性别
12B	0.1733	0.0998	0.1760	0.7268	0.1577	18	朝阳科技大学资讯工程学系	男
13B	0.8072	-0.0790	0.1417	0.0147	0.1725	20	国立台湾大学电机学系	男
14G	0.5938	0.2422	-0.0462	0.3867	-0.0825	22	亚洲大学经营管理学系	女
15G	0.2005	0.2022	0.3571	-0.6322	0.2265	22	中国文化大学政治学系	女

资料来源：笔者整理。

从 PQ Method 系统中，选择 15 份问卷的看法直接纳入讨论范围内，则分为 5 种论述出现，其每一论述皆个别利用最赞成与最不赞成的陈述句来讨论 5 种面向之论述。

（一）论述 1：政府政策支持与否

根据论述 1 受访者认为韩国政府对韩国文化产业有具体的推动计划（4），是造就韩国娱乐产业能够在台湾受欢迎的主要原因；而不认为韩流成功的经验关键是以时尚文化为切入口（17）。韩流成功的经验关键是重创意（21）或是消费者观看韩剧是因为对娱乐的渴求以及求新（28）这些既定的看法，而台湾消费者有可能借由观看韩剧了解韩国现代的生活风格（15），因此形成剧中经典场景（情节）常常被情侣们模仿（7）的情形，因此，论述 1 的访问者认为台湾地方政府与娱乐产业应深刻检讨外来戏剧导致台湾娱乐产业受到冲击的原因（5），以及如果台湾地方政府像韩国政府一样对本土的娱乐文化产业有所支持，台湾的娱乐文化产业环境是否会有所改变，这是论述 1 受访者所关心的议题。

表 4　论述 1 受访者最赞成与最不赞成的陈述句

编号	1 语句	RNK	SCORE
4	韩国文化产业之所以强大是因为国家是主要推手	4	1.585
7	剧中经典场景(情节)常常被情侣们模仿	4	1.341
1	韩国政府对韩国文化产业有具体的推动计划	3	1.313

续表

编号	1 语句	RNK	SCORE
5	台湾地方政府与娱乐产业应深刻检讨外来戏剧导致台湾娱乐产业受到冲击的原因	3	1.302
15	借由观看韩剧了解韩国现代的生活风格	3	1.177
21	韩流成功的经验,关键是重创意	-3	-1.262
27	韩国戏剧充满着"知性"与"美",使消费者改变对韩国的整体印象和观感	-3	-1.357
28	消费者观看韩剧是因为对娱乐的渴求以及求新	-3	-1.228
17	韩流成功的经验,关键是以时尚文化为切入口	-4	-1.748
19	台湾戏剧的内容会让人感觉腻,而韩剧相较于乡土剧的内容意外发展,更受大家喜欢	-4	-1.857

资料来源:笔者整理。

(二)论述2:产业行销方式的相关性

根据论述2受访者认为台湾戏剧严重缺乏跨体制的传播能力(6),台湾地方政府与娱乐产业应深刻检讨外来戏剧导致台湾娱乐产业受到冲击的原因(5),另外,韩流在台的兴起并不是因为较贴近台湾文化价值观(16),而是台湾戏剧的内容会让人感觉腻,而韩剧相较于乡土剧的内容意外发展,更受大家喜欢(19),进而影响到韩剧阅听者与未阅听者,对韩国熟悉度及赴韩旅游意愿有显著差异(29),因此,论述2受访者认为韩流对于台湾娱乐产业的影响在于行销手法方面的提升。

表5　论述2受访者最赞成与最不赞成的陈述句

编号	2 语句	RNK	SCORE
5	台湾地方政府与娱乐产业应深刻检讨外来戏剧导致台湾娱乐产业受到冲击的原因	4	2.286
29	韩剧阅听者与未阅听者,对韩国熟悉度及赴韩旅游意愿有显著差异	4	1.714
6	台湾戏剧严重缺乏跨体制的传播能力	3	1.042
9	韩流成功的经验,关键是以年轻人为主要目标受众	3	0.870
19	台湾戏剧的内容会让人感觉腻,而韩剧相较于乡土剧的内容意外发展,更受大家喜欢	3	1.480

续表

编号	2 语句	RNK	SCORE
3	韩国政府培养艺人不遗余力	－3	－1.006
12	哈韩电影也为台湾带来一阵哈韩的整型塑身风	－3	－1.313
21	韩流成功的经验,关键是重创意	－3	－1.480
16	较贴近台湾文化价值观的韩剧较受台湾观众欢迎	－4	－1.546
22	韩流成功的经验,关键是以高科技现代传播为支撑	－4	－2.151

资料来源:本研究整理。

(三)论述3:消费价值与周边商品经济影响的关联性

论述3受访者与论述1受访者同样的观点认为韩流侵袭台湾的原因为韩国政府对韩国文化产业有具体的推动计划(1);并认为韩流成功的宣传经验,关键是重创意(21),借由观看韩剧了解韩国现代的生活风格(15),当消费者收看偶像剧对剧中产生投射后,对偶像的手势、发型、常用物品、常去地点就会崇拜、渴求与模仿(8),也会借由"韩流"的风潮同时带动韩国消费性电子产品在台湾大卖(25);而不同于论述2受访者的观点,论述3受访者认为台湾娱乐产业并不是因为台湾戏剧严重缺乏跨体制的传播能力(6)而成为弱势的一方,且他们也认为台湾以调节形式来符合台湾人的品位与需求(2)是不需要的,因此,论述3受访者认为政府政策的支持是台湾娱乐产业的提升动力,另外也认为以调节形式的方式来因应台湾人的需求是不必要的。

表6 论述3受访者最赞成与最不赞成的陈述句

编号	3 语句	RNK	SCORE
1	韩国政府对韩国文化产业有具体的推动计划	4	1.711
15	借由观看韩剧了解韩国现代的生活风格	4	1.587
8	当消费者收看偶像剧对剧中产生投射后,对偶像的手势、发型、常用物品、常去地点就会崇拜、渴求与模仿	3	1.223
21	韩流成功的经验,关键是重创意	3	1.266
25	"韩流"的风潮同时也带动了韩国消费性电子产品在台湾大卖	3	1.496

续表

编号	3 语句	RNK	SCORE
2	台湾以调节形式来符合台湾人的品味与需求	-3	-1.307
14	全球化也是韩流对台湾的影响因素之一	-3	-1.213
26	借由观看韩剧产生尝试不同生活形态的渴望	-3	-1.363
6	台湾戏剧严重缺乏跨体制的传播能力	-4	-1.534
11	借由购买与偶像相关商品的过程,创造出等同拥有偶像特质的氛围	-4	-1.537

资料来源：本研究整理。

（四）论述4：感性 vs. 理性

根据论述4受访者12B（表2中代码）觉得如果热爱某部韩剧里的角色，是有可能成为追韩一族的，就是当消费者收看偶像剧对剧中产生投射后，对偶像的手势、发型、常用物品、常去地点就会崇拜、渴求与模仿（8），因为台湾与韩国之间虽有文化上的差异，但多属不显著的差异，所以有可能出现两种层面：文化方面较贴近台湾文化价值观的韩剧是较受台湾观众欢迎的（16），这就有可能带给台湾观众有共鸣回应，从另一层面来看，不见得会因为韩剧文化的强力笼罩，也间接改变我们的习性（18），这或许能够得到生活形态上的满足，但现实生活中我们还是得要靠自己去付出实际行动才有可能真正的实现；受访者15G（表2中代码）觉得并没有所谓韩剧当中也有一些具有"教育性质"（20）的看法，但则是想借由观看韩剧产生尝试不同生活形态的渴望（26），由充满"知性"与"美"的观感出发；因此，在论述4受访者当中了解到男性属于理性的与女性属于感性的观点是不同的，也发现有别于论述1的政策因素，对论述4的受访者而言韩流并非是影响台湾最主要的原因。

（五）论述5：观察面向的差异性

根据论述5受访者的分析可分为2种，一是认为韩国政府在韩国娱乐产业中扮演重要的角色，韩国文化产业之所以强大是因为国家是主要推手（4），

表7 论述4受访者最赞成与最不赞成的陈述句

编号	4 语句	RNK	SCORE
20	韩剧也有一些具有"教育性质"	4	1.517
24	在"台韩收视皆佳"的韩剧中,以全在韩国当地拍摄者居多	4	1.618
7	剧中经典场景(情节)常常被情侣们模仿	3	1.298
8	当消费者收看偶像剧对剧中产生投射后,对偶像的手势、发型、常用物品、常去地点就会崇拜、渴求与模仿	3	1.282
16	较贴近台湾文化价值观的韩剧较受台湾观众欢迎	3	1.282
21	韩流成功的经验,关键是重创意	−3	−0.961
28	消费者观看韩剧是因为对娱乐的渴求以及求新	−3	−1.618
30	台湾收看韩剧族群以女性居多	−3	−1.180
18	韩剧文化的强力笼罩,也间接改变了我们的习性	−4	−1.720
26	借由观看韩剧产生尝试不同生活形态的渴望	−4	−1.939

资料来源:本研究整理。

因为韩国政府对韩国文化产业有具体的推动计划(1),反观台湾,台湾地方政府与娱乐产业应深刻检讨外来戏剧导致台湾娱乐产业受到冲击的原因(5),是否与台湾戏剧严重缺乏跨体制的传播能力(6)有相关性;二是与论述5讨论有所不同,认为台湾收看韩剧族群以女性居多(30),大多数女性认为韩剧文化的强力笼罩,也间接改变了我们的习性(18),所带来的效应不只是在当下,消费者观看韩剧是因为对娱乐的渴求以及求新(28),而在论述5里发现与论述4在女性观点的部分似乎有相同的地方;在论述5受访者认为韩国政府已垂直整合韩国娱乐产业,使其产业能如此壮大,另外则是不清楚韩国娱乐产业是如何发展及推广,而以文化、消费层面为出发以了解韩国娱乐产业。

表8 论述5受访者最赞成与最不赞成的陈述句

编号	5 语句	RNK	SCORE
1	韩国政府对韩国文化产业有具体的推动计划	4	2.247
4	韩国文化产业之所以强大是因为国家是主要推手	4	2.090
5	台湾地方政府与娱乐产业应深刻检讨外来戏剧导致台湾娱乐产业受到冲击的原因	3	1.843

编号	5 语句	RNK	SCORE
6	台湾戏剧严重缺乏跨体制的传播能力	3	1.440
22	韩流成功的经验,关键是以高科技现代传播为支撑	3	1.369
8	当消费者收看偶像剧对剧中产生投射后,对偶像的手势、发型、常用物品、常去地点就会崇拜、渴求与模仿	-3	-1.144
18	韩剧文化的强力笼罩,也间接改变了我们的习性	-3	-1.366
28	消费者观看韩剧是因为对娱乐的渴求以及求新	-3	-0.963
11	借由购买与偶像相关商品的过程,创造出等同拥有偶像特质的氛围	-4	-1.457
30	台湾收看韩剧族群以女性居多	-4	-1.530

资料来源:本研究整理。

(六)五种论述之共识

共识语句为论述的共同基本论点,从共识语句当中可以了解到此份问卷最基础的意识,或是可解释为全包含性质较大的意识。当中认为哈韩电影也为台湾带来一阵哈韩的整形塑身风(12)的想法是不成立的,有可能从其他各种行销通路带入台湾,也或许并没有整形塑身风潮流入台湾,同时,受访者不认为消费者观看韩剧是因为对娱乐的渴求以及求新(28),因为近年来台湾在戏剧方面也有不错的剧本创新与亮眼成绩,如:犀利人妻、小资女孩向前冲等戏剧都创下高收视率,并带起一些流行名词与旋风,这些迹象都可以看出台湾戏剧正不断地在求新求变,且具有百看不厌的特质,台湾娱乐产业的问题不是偏向于其内部求新的不足,但或许可以从韩流成功的经验,关键是明星偶像多(10)作为未来推广台湾娱乐产业参考因素。

表9 五种论述的共识与分歧的语句

编号	语句
10	韩流成功的经验,关键是明星偶像多
12	哈韩电影也为台湾带来一阵哈韩的整形塑身风
23	"韩剧有关宣传活动"为获得韩剧相关信息的主要来源
28	消费者观看韩剧是因为对娱乐的渴求以及求新

资料来源:本研究整理。

五　结论

（一）研究结果

本研究以 Q 方法论作为研究方法，请15 位来自不同领域背景的大专院校学生，对30 个有关台湾、韩国娱乐产业相关的陈述语句排列赞成与不赞成的程度，分析出 5 种论述，研究发现他们虽然来自不同领域背景（见表2），韩流侵袭台湾问题的看法大致上在论述 1、论述 2、论述 3（政府政策支持与否、产业行销方式的相关性、消费价值与周边商品经济影响的关联性）中各自呈现相同意见无分歧之现象，但在论述 4（感性对应理性）与论述 5（观察面向的差异性）出现分歧的现象。而在性别（本研究男性为 7 位，女性为 8 位）差异上对韩流侵袭台湾问题的看法有着些许的差异。因此，可以表示本研究的问题并不受本身所学之背景不同而有所落差，但在性别上却有着些许差异。本研究发现在韩国政府政策支持的情况下，有着具体的行动作为，如：成立韩国文化振兴院，以促进文化内容产业作为宗旨，使其能够鼓舞国内娱乐产业，对外部扩展版图以达成目标。产业行销方式不同也会影响到一个国家的娱乐产业是否能够跨出本土的界线，放眼世界的关键，进而带出消费价值与周边商品经济的影响效应，这层面也是最现实的经济效益。研究发现有别于以往研究的新论点，在感性对应理性观察面向的差异性中，皆与性别有程度上的相关性；在感性对应理性论述中，通常发生在文化层面上的认同，大部分的男性是会以理性的态度去做评断，女性则以感性的情感作为依据，在观察面向的差异性上，男性大多为全盘式思维，女性则为感受式思维，由此可见，在消费者选择因素上性别是一个因素指标。

（二）研究意涵

由本研究论述了解台湾娱乐产业的问题不是偏向于其内部求新的不足，而是因为政府政策的支持与否、产业行销方式的相关性以及消费价值与周边商品经济影响的关联性，若台湾地方政府也给予相同的资源与支持，给予台湾娱乐产业保障，使其能与外部对抗，在经济效应上，相对也能大幅提高产值利益。另外，可尝试以性别因素作为发展方向，针对男性与女性对感官的差异来规划。根据本研究的因素分析结果，提出以下3项意涵：

1. 如何提升台湾本土戏剧的内涵

研究发现其实台湾戏剧的内容让人觉得会腻，而韩剧相较于乡土剧的内容，更受大家喜欢，近几年虽然带起一股旋风，如偶像剧的犀利人妻、电影的赛德克巴莱，都是在剧本上拥有核心含义，但是否可以持续这股风潮也是需要去经营与维持的，如何提升台湾本土戏剧内涵是目前需要正视的问题。

2. 台湾如何因应韩国娱乐产业的冲击

本研究发现韩国娱乐产业大举侵袭台湾的主要原因在于韩国政府对韩国本身的娱乐产业大力支持，2001年8月韩国文化观光部发表"发展韩流"文化产业的方案，成立韩国文化振兴院，将"韩流"作为文化产业进行推广，至今台湾地方政府并没有给予相当的政策，使得台湾娱乐产业始终无法壮大，不过，台湾地方政府在2012年将"行政院"文化建设委员会升格为"文化部"，整合了"新闻局"与"教育部"部分业务，区块业务涵盖了文化政策、文化资产、文化设施、文化创意产业、出版产业、广播电视产业、电影产业、文化国际交流等。但这项改革是否会对台湾娱乐产业形成助力有待后续之探讨。

3. 创新产业行销

韩流的入侵伴随着韩国的戏剧传入台湾，对台湾本身造成莫大的影响，当消费者收看偶像剧对剧中角色产生投射后，对偶像的手势、发型、常用物品、常去地点就会崇拜、渴求与模仿；在观光方面，可以从观看韩剧与否来了解消费者对韩国熟悉度与赴韩旅游意愿的显著差异，然而这些现象并非是韩流较贴近台湾的文化价值观而造成较受台湾观众欢迎的原因，而是韩国从传播行销上有韩流成功的经验，以借助高科技现代传播为支撑及注重创意发挥，达成现今产业之状况。有鉴于此，台湾娱乐产业是否能够在既有的行销方式上有更创新的行销方式以提升台湾娱乐产业对外的知名度，有待后续研究及观察。

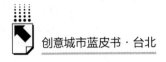
（三）研究限制与未来发展

基于本研究针对中部地区大专院校之大学生为主要访问对象，所讨论的 5 种论述仅代表大学生对于韩流冲击的影响思维，并无法显示出社会大众的看法，所以在社会大众的思维模式当中是否存在着这 5 种论述，以及在社会大众的思维中是否有其他有别于大学生的看法是需要另外讨论的。

附录一　Q 样本语句

1. 韩国政府对韩国文化产业有具体的推动计划
2. 台湾以调节形式来符合台湾人的品位与需求
3. 韩国政府培养艺人不遗余力
4. 韩国文化产业之所以强大是因为国家是主要推手
5. 台湾地方政府与娱乐产业应深刻检讨外来戏剧导致台湾娱乐产业受到冲击的原因
6. 台湾戏剧严重缺乏跨体制的传播能力
7. 剧中经典场景(情节)常常被情侣们模仿
8. 当消费者收看偶像剧对剧中产生投射后,对偶像的手势、发型、常用物品、常去地点就会崇拜、渴求与模仿
9. 韩流成功的经验,关键是以年轻人为主要目标受众
10. 韩流成功的经验,关键是明星偶像多
11. 借由购买与偶像相关商品的过程,创造出等同拥有偶像特质的氛围
12. 哈韩电影也为台湾带来一阵哈韩的整形塑身风
13. 韩国节目的播放,视为是对台湾媒体产业的一种威胁与入侵
14. 全球化也是韩流对台湾的影响因素之一
15. 借由观看韩剧了解韩国现代的生活风格
16. 较贴近台湾文化价值观的韩剧较受台湾观众欢迎
17. 韩流成功的经验,关键是以时尚文化为切入口
18. 韩剧文化的强力笼罩,也间接改变了我们的习性
19. 台湾戏剧的内容会让人感觉腻,而韩剧相较于乡土剧的内容意外发展,更受大家喜欢
20. 韩剧也有一些具有"教育性质"
21. 韩流成功的经验,关键是重创意
22. 韩流成功的经验,关键是以高科技现代传播为支撑

续表

23. "韩剧有关宣传活动"为获得韩剧相关信息的主要来源
24. 在"台韩收视皆佳"的韩剧中,以全在韩国当地拍摄者居多
25. "韩流"的风潮同时也带动了韩国消费性电子产品在台湾大卖
26. 借由观看韩剧产生尝试不同生活形态的渴望
27. 韩国戏剧充满"知性"与"美",使消费者改变对韩国的整体印象和观感
28. 消费者观看韩剧是因为对娱乐的渴求以及求新
29. 韩剧阅听者与未阅听者,对韩国熟悉度及赴韩旅游意愿有显著差异
30. 台湾收看韩剧族群以女性居多

B.6

进化的新媒体时代 TV——
我视传媒（I'm TV）

杨荊荪*

1900 年，电视"television"一词出现，"tele"是指"远处的地点"，"vision"表示"看得见的事物"，"television"意即一种"将远处传来的声音和图像加以播放的工具"。这种对远程投射且一对多的播送特性，使电视被世人公认为 20 世纪最伟大的发明之一。1980 年兴起的网络热潮带动了.com 时代，因特网成为另一个新兴的传播工具，但当网络上的图文呈现与单向信息传递方式无法吸引或满足大众时，如何让网络与电视的特性结合产生新的媒体，"What is the next media?"已成为媒体发展的重要课题！

近几年来，各种数字科技交互运作的结果，使得所产生的数字内容，不再只是一种技术的呈现，若搭配了各种营销策略的运用，将会让传统的大众传播媒体，分裂成许多小众、分众传播系统。再者为了顺应消费者不同的需求，可设计出不同的服务内容与服务方式，真正衍生出多功能、多媒体的表现形态。正因如此，全球的通信、信息、计算机、传播与娱乐等产业，均吸引了许多来自不同行业大型企业的投入，进而相互结盟兼并或是相互竞争，极大地改变了原有传统媒体产业的结构，例如有线电视涉足宽带网络服务，而计算机也涉足了电视娱乐与电信通信角色。

在这个进化的新媒体时代，因媒体的整合与汇流，也将导致经营模式的改变。媒介融合是指电信、网络和广播电视娱乐的三网融合，是通信与传播事业的跨业发展，通过数字信号、宽带网络、行动通信等新技术的研发，新兴媒体服务如网络电视（Webs‑TV）、电信电视（Multimedia‑on‑Demand，MOD）、

---

* 杨荊荪，现任台湾元大金控行政长，台湾暨南大学（广州）新闻与传播学院博士研究生，台湾铭传大学（台北）传播学院兼任讲师，曾任 I'm TV 代总经理、业务副总经理、新闻部总编辑等职务，曾任职台湾 TVBS、三立、中天、东森等电视台新闻部主管。

宽带电视（IPTV）、行动电视（Mobile TV）以及手机电视（Digital Video Broadcasting - Handheld，DVB - H）等的陆续出现，使影音媒体服务更加多样化，逐步建构传播媒体的多元面貌。

从命名的方式可以看出，这些随电信（网络）技术进步而发展的新兴媒体，都被称为电视（视频）。随着无线宽带网络的快速成长、云端技术的开发运用、个人随身终端设备的进化等的发展，传统的印刷媒体（如报纸、杂志）也走向视频发展；新兴的网站媒体也通过流媒体在线发展成为视频。在此，我们可以大胆地假设，未来进化的新媒体是以电视为主体，结合网络特性的发展概念；又或者说，未来的网络新媒体，在上述概念下，我们甚至可以从近来许多网络原生媒体已将名称从 .com，改成 .TV 中确认。

因为新媒体通常不会只以省、县、市，而以比较大的行政区为营运区域，台湾地区也是如此。因此虽然台湾新媒体产业的总部多半位于台北地区，然而如果想探讨新媒体的相关议题，还是必须由全台作为观察角度。台湾的华文媒体——我视传媒（以下简称 I'm TV）的发展轨迹，便可反映新媒体的这一发展趋势。I'm TV 早期在有限带宽的网络环境下，以压缩技术将影音信号通过 E-mail 或其他网络方式传送、利用卫星信号发展宽带网络等技术运用；之后发展到网络直播电视、随选电视、影音上传、社群互动、多网多屏整合汇流等功能；最近几年甚至和 Youtube 同期发展影音（视讯）分享网站，开启 Web2.0影音（视讯）媒体时代等。I'm TV 的运营发展过程，可以说是华文网络影音（视讯）媒体发展的缩写史，值得我们深入探讨。

I'm TV 以数字媒体汇流的概念趋势为市场定位，专精于网络娱乐传播与影音技术的结合，并开发出行动数字装置技术，为消费者、阅听人及客户做全方位的服务。[①] 更具体地表示，I'm TV 是结合电视、手机、网络三网数字媒体汇流的直播及 VOD（Video on Demand）随选平台；是整合手机、计算机、电视、平板四屏，不受时间地点限制，可同时与多人分享交流的平台；是使用者可随时将图文影音上传分享，并同时发表意见，双向互动的平台。

本研究依据 I'm TV 营运发展的历程，结合视讯新媒体在台湾发展的情况，

---

① 《关于我视》，http://erapost.com/aboutus.aspx。

区分新媒体发展的萌芽期（2001～2004 年）、新媒体发展的争鸣期（2005～2009 年）及新媒体发展的转型期（2010 年迄今）三大阶段，以 I'm TV 的运营发展为主轴，参照同时期主要相关媒体的运营发展，试述台湾影音（视讯）新媒体发展概要。

一 新媒体发展的萌芽期（2001～2004 年）

2001 年 11 月，香港电讯盈科与台湾年代电视集团合资，共同成立年代电通（即 I'm TV 前身），结合电视频道内容，通过卫星、网络提供实时影音双向互动服务。2002 年推出 IDTV 和 MyMuch 宽带入口网站，提供年代电视频道的新闻内容，加上音乐、体育、电影等视讯内容。有别于一般新媒体大多由电信背景的专业人士建构，年代电通则完全是由电视背景的专业人士建构，特别重视影音内容的制播条件及阅听人的使用便利性。

年代电通成立之初，除了利用电视台原有节目资源提供视讯内容外，还有一项重要的功能，就是利用其压缩技术将影音信号通过 E-mail 或其他网络方式传送技术，帮助年代电视台、TVBS 电视台传送远距离新闻画面及现场直播等，在当时台湾普遍以电话拨接上网，带宽非常有限的市场状态下，年代电通很快就以其影音讯号压缩及利用卫星信号发展宽带网络等技术运用受到重视。

2004 年 3 月，年代电通改组为年代数位，并推出 im. tv 网站，提供在线影音直播与随选视讯等宽带影音内容服务，并且随着台湾宽带网络用户的成长，迅速成长。①

新媒体发展在这个时期因为网络带宽的限制②，主要集中在影音信号的压

---

① 截至 2005 年 3 月底，台湾经常上网人口达 925 万人，因特网联网应用普及率为 41%；以下载带宽来区分，下载带宽大于 1.5M 的用户最多，占六成，而下载带宽小于 1.5M 的用户则占四成（李雅萍，2005b）。另台湾对外带宽，根据"台湾因特网联机带宽调查"，截至 2005 年 3 月底，对外联机总带达 75377Mbps（李雅萍，2005a）。

② 根据 2005 年"台湾宽带网络使用"年初调查报告，有关下载速率问题相关调查结果显示，仍有超过半数的家庭不清楚自家的宽带联网速率。通过 ADSL 上网的家庭中，有高达五成四（53.89%）表示不知道家中宽带网络的速率组合；相关业者积极推动的 512K/64kps（12.43%）速率组合虽为现今市场主流，但是亦有不少家庭选择最基本的 256K/32kps 组合（10.39%）。使用 Cable Modem 上网的家庭亦出现类似现象，约一成三（12.91%）的家庭选择 1.5M 的速率组合，高达六成三（63.44%）的用户表示不清楚家中宽带 （转下页注）

缩技术上，以便现有电视（电影）影音内容可以在有限的带宽传输下，进行直播或随选播送服务。同时期相同性质的主要媒体，除 I'm TV 外，还有 Webs TV 及中华电信 Hi Channel 等，主要运营内容大致在直播频道、随选视讯（Video on Demand，VOD）及互动服务等，由于带宽不足，视讯内容服务多以 VOD 为主（可以利用离峰时间下载视讯内容，避开网络塞车），直播视讯内容则往往因为带宽不足，产生影音不同步或停格等问题，影响阅听众观看意愿。

这个时期 I'm TV 与新媒体发展有关的重要运营项目有以下几个。

（一）卫星网络通信整合

I'm TV 成立之初，企图以卫星信号解决电信固网带宽不足及传递受线路限制的问题，曾为电视台传递离岛及偏远地区新闻影音信号。2002 年 8 月与教育部门合作魔术英语夏令营，通过卫星和网络的交叉架构，同步对台湾 57 所偏远地区小学，超过 1500 名学童进行同步的英语互动教学，创下台湾远距离同步教学先例。

图片来源：I'm TV。

（接上页注②）网络的速率组合。数据来源：TWNIC 电子报（http：//www.myhome.net.tw/2005_ 03/web_ news/main1.htm）。上述数据显示，台湾宽带上网家户数直到 2005 年时，选择上网带宽速率大于 1.5M 者才突破六成，但其中有过半用户不知道联网速率，大多数用户其速率仍低于影音顺畅传输 1M 的传输速率，需搭配适当软件才能进行端点间实时影音沟通。

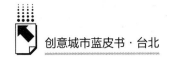
（二）影音讯号压缩与串流技术发展

I'm TV 对于影音压缩投入相当大的心力，从串流播出（Streaming）到档案播出（VOD）皆有相对应之解决方案，分别说明如下。

1. 文件压缩技术

在串流播出方面，除了市场上主流的 Microsoft Solution – Windows Media Player 以及 Adobe 的 Flash Media Server 外，还结合中国技术团队，研发出 P2P 影音播放技术，大幅降低影音传输带宽，提供更良好的收视质量。在档案播出方面，I'm TV 研发团队亦针对不同的 Code，微调出各种不同文件格式播放之最佳系数，让使用者在不同的软硬件环境以及带宽条件下，都能得到最佳的收视体验。

2. 影音多格式转档

基于市场上不同的影音格式繁多，为解决使用者上传格式问题，I'm TV 开始进行多格式转档研究，首先针对市场上之影音格式进行分类，并对既有的各式转文件软件进行测试，初步归纳出影音分类及转档步骤后，进行转文件程序细项功能微调，并依照用户上传之文件格式及数量大小，进行转文件主机资源分配。总体而言，完整的影音分类以及既有程序套件的运用，加上开发团队的整合及修改，搭配软硬件资源的适当分配，最后顺利提供使用者一个顺畅平顺的转档平台。

（三）双向影音互动应用发展

结合电视、卫星、网络提供实时双向影音互动服务。2002 年 5 月，I'm TV 推出全荧幕近 DVD 质量的高分辨率在线数字节目服务，开启台湾数字影音服务新纪元。2004 年 5 月，推出 im. tv 网站，提供在线影音直播与随选视讯等高画质宽带影音内容服务，在未进行宣传行情之情形下吸引全球 82 个国家或地区的网友上线收视。

（四）打造个人化影音电视台

im. tv 以个人为中心，强调网络用户的主控权操之在己，将网络电视朝向

图片来源：I'm TV。

个人化发展，让阅听众可以自行点选想要看的网络节目或新闻，并且按照自己编排的顺序播放。通过 VOD 随选视讯的选单，选单上面所列出的新闻，阅听众可以选择自己感兴趣的编排成个人化的节目表，然后按表播出，不用按照电视台编排的顺序观看，可以节省观看新闻的时间，也更符合个人媒体的需求。

（五）开启网络、电视同步播出

2004 年 12 月，东风卫视台中跨年晚会首次应用 im. tv 平台，网络、电视同步播出，全球网友除可一起跨年倒数外，更能通过视讯联机，与表演现场的偶像面对面互动，创台湾电视史首例。

Webs TV 于 1999 年由陈铭尧创办，主要股东为大学创业投资基金与经营团队，2000 年 4 月正式设立网络数码股份有限公司，主营业务为在线收费视频点播，提供包括新闻、电影、戏剧、综艺、音乐等在内的多元化影音节目及免费的加值服务，如超大容量的部落格（Blog）空间，包括网络日记、分类网志、网络相簿、留言板等容量无上限空间等。2002 年，Webs TV 开始与台湾各 ISP 与固网合作"联播网站"，包括了速博、台湾固网、亚太在线、Seednet、新力索尼和信超媒体、TTN 等，另外还和入口网站新浪网的 Sina TV

图片来源：I'm TV。

合作，不断扩张播放通路。①

中华电信是台湾最大的电信公司，也是家庭及个人最主要的上网服务商（Internet Service Provider，ISP），除了提供类似有线电视平台，通过双向的宽带网络将各种影音信息传至机顶盒，除呈现在电视机上的 MOD（Multimedia on Demand）服务外，还提供计算机用户所使用的 IPTV 称作 HiChannel 的网络多媒体影视平台，提供电影、戏剧、运动、娱乐、旅游、新闻、音乐、广播等影音内容，用户可以"直播频道"与"随选视讯"方式收看网络电视节目，有超过 200 个频道及数万部节目，用户可不限时段上网观赏，并且在收看期限内观看付费过的节目。但因为 MOD 与有线电视平台的竞争关系，HiChannel 较难取得主流电视台制作的节目内容。②

---

① 刘威麟：《6 号成功分析室》，Webs – TV 网络数码、陈铭尧大剖析，2006 年 9 月 21 日，http：//mr6. cc/？ p = 421。

② 李盛雯：《NCC：有线电视抵制阻碍 MOD 发展》，《中国时报》2011 年 10 月 7 日，NCC 归纳中华电信 MOD（含 HiChannel）经营困境，主要来自有线电视业者杯葛，导致频道商不敢在 MOD 平台上架，使 MOD 内容较有线电视节目不足。

本时期，I'm TV、Webs TV 及 HiChannel 等各家视讯媒体的主要服务比较如表 1 所示。

表 1　I'm TV、Webs TV 及 HiChannel 等视讯媒体和主要服务

媒体名称	主要服务	备注
I'm TV （我视传媒）	1. 直播电视频道 2. 随选影片（VOD） 3. 互动应用服务	2001 年 11 月成立年代电通后推出 IDTV；2004 年 3 月，年代电通改组后推出 im. tv；2006 年 12 月再度改组为我视传媒，正式定名 I'm TV
Webs TV （网络数码）	1. 直播电视频道 2. 随选影片（VOD） 3. 互动应用服务	2000 年 4 月正式设立网络数码股份有限公司
HiChannel （中华电信）	1. 直播电视频道 2. 随选影片（VOD） 3. 互动应用服务	提供类似有线电视平台，通过双向的宽带网络将各种影音信息传至机顶盒，呈现在电视机上的 MOD（Multimedia on Demand）服务

二　新媒体发展的争鸣期（2005～2009 年）

2004 年网络世界开启 Web2.0 时代，阅听众逐渐使用宽带及较高阶的计算机配备，容许大量的网络传输应用，网站以"互动、分享"的核心概念发展，加强创新、信息分享、互动性及群体智能，风潮迅速席卷网络世界，更带动网络视讯媒体的新发展。2005 年，被誉为 Web2.0 代表性的网络视讯媒体，YouTube 成立，影音（视讯）新媒体的发展也迈向一个新阶段。

2005 年 2 月，华裔美国人陈士骏和朋友在美国加州创立 YouTube，网站的口号为"Broadcast Yourself"（表现你自己），视讯播放各式各样由上传者制成的视讯内容，包括电影剪辑、电视短片、音乐录像带及其他上传者自制的业余视讯，如 VLOG、原创的视讯等。大部分 YouTube 的上传者仅是个人自行上传，但也有一些媒体公司如 NBC（美国哥伦比亚广播电视公司）、BBC（英国广播电视公司）及其他团体与 YouTube 有合作伙伴计划，上传自家公司所录制的视讯。至今 YouTube 已经成为全球最重要的视讯新媒体，单月点阅人数已

经超过 10 亿人。①

事实上，在 YouTube 成立以前，台湾提供 Blog（台湾称部落格，大陆称微博）的主要网站业者，如无名小站、Xuite（中华电信）、蕃薯藤（yam 天空）等已经由原来提供文字、照片上传储存的服务，扩大发展出提供 user 上传影音（视讯）内容的服务，但因为电信带宽及影音文件压缩技术、多格式转换等技术限制②，成效并不理想，业者虽然推出新的服务，却没有以这项服务为主力。

2005 年 10 月，I'm TV 推出 I'm VLOG，提供以影音为主的部落格、家族、个人电视台等整合式社群服务，成为全球第一个华文影音社群平台（YouTube 是 2007 年 10 月 17 日进入台湾市场后，才开始有华文版网站），并且迅速打开市场，成为台湾地区同类型网站的翘楚。③

2006 年 12 月，年代数字董事长邱复生决定改组，除既有的年代数字媒体以外，新增亚吉欧数码、我视传媒两大主轴，朝华人在线多媒体影音平台迈进，并且以我视传媒（I'm TV）运营 im. tv 网站，主要业务范围包括 I'm TV 我的网络电视台、演艺活动、信息网络处理服务、电视及广播节目制作、网络及影音广告制作等。

新媒体发展在这个时期受到 Web 2.0 观念的启发，出现各种整合运用的模式，尤其以社群与媒体的关联结合，最具效应；另外，由于智能型手机的发展，视讯媒体跨平台整合的概念也逐渐萌芽，所谓的"三荧一云"架构也在此时形成④，如何让不同规格的影音频号通过快速转文件传送到各个终端，成

---

① 杨智强：《台湾醒报》2013 年 3 月 25 日。YouTube 月点阅人数已达 10 亿人。

② 电信带宽影响档案上传、下载速度及播放时的流畅性；文件压缩技术影响服务器容量；多格式转换则是因为影音档案制作时有不同格式，必须通过转档，播放器才能全部支持。

③ 根据 2007 年 4 月 Alexa 所做的网站流量调查，im. tv 全台排名第 11 名（"从遥控器到鼠标——以生活形态取向探讨网民对'网络电视'、'影音网站'的使用"，吴明瑷，2008）。同年，《数字时代》杂志评比，荣登 2007 年台湾在线娱乐第一名，全站流量每日高达 2700 万次，不重复用户平均每日 110 万人，会员总人数 270 万人。2010 年，数位时代百大网站评比 2010 年在线娱乐第六名。

④ 2009 年 11 月，微软全球执行长史蒂夫·鲍默尔（Steve Ballmer）访问台湾，在台湾微软 20 周年"运筹云端·共创三'荧'"（3 Screens and a Cloud）科技前瞻论坛中，首次提出"三荧一云"这个新名词。所谓三荧即"计算机屏幕、手机屏幕与电视屏幕"；一云则是指"云端运算"。鲍默尔指出，通过云端服务平台架构，将使所有企业及消费者的信息，可以无缝整合到手机、计算机、电视或其他联网终端装置上组成信息整合平台。

为各新媒体技术发展的焦点；此外，由于网络带宽对影音频号的支持仍无法完全满足，影音讯号的压缩技术及如何让阅听众在等待数据串流时运用等，也一步步酝酿着新媒体的商业运营。

同时期相同性质的主要媒体，除 I'm TV 外，包括前面介绍过的 Webs TV 及 HiChannel 等，主要运营内容大致仍集中在直播频道、随选视讯（VOD）及互动服务等；新加入市场的重要媒体，则以 Web 2.0 概念，重点经营 VLOG，其中又以 YouTube 中文版、PIXNET（痞客邦）及后来和 Webs TV 合并的 Yam 天空部落格等较为知名。

这个时期 I'm TV 与新媒体有关的重要发展有以下几项。

（一）第一个华文影音社群平台

2005 年 10 月，I'm TV 推出 I'm VLOG，提供以影音为主的部落格、家族、个人电视台等整合式社群服务，为全球第一个华文影音社群平台。2007 年 2 月，邀网络影音部落格人气王 dodolook 为年度"up up away"系列活动代言人，号召网友参与影音分享"把自己上传"。会员人数在此时突破 60 万人，单日网站表现在 ALEXA 全球网访问排名挤入前 500 名之列。

图片来源：I'm TV。

（二）Web 2.0 整合运用

2007 年，I'm TV 全站流量已达到每日 2700 万次，不重复用户平均每日 110 万人，会员总人数 270 万人。通过 I'm VLOG 自主上传影音内容及社群发展的 Web 2.0 操作概念，建构"交买王"网络交易网站。使用者可利用在线软件直接录制叫卖影片，或以动态相簿功能展示商品，数据库也内建 10 种主题范例可直接套用，利用链接简单更换样板布景，不需修改任何程序代码，立即创造出属于使用者的个性商店。

图片来源：I'm TV。

同年 5 月，建置"I'm News"新闻网站，以 Web 2.0 概念运营，使用者可以将自己采访、拍摄的内容上传到网站，改变了传统媒体新闻播送者与受众间的关系；使用者为阅听人角色时，还可以自由选取、编排自己想要的新闻。网站有类似电视台的直播频道，包括自制及合作的新闻频道（如半岛新闻台）以及与海内外各新闻媒体合作的新闻影片可供分类点选或搜寻点选。

图片来源：I'm TV。

（三）实时互动应用发展

2005 年 3 月，跨海日本为软件银行量身打造 Soft Bank HAWKS Baseball Broadband TV，建置多视角网络转播全系统，在线转播每场软银鹰主场赛事，同步提供 30 路高画质影音供收视者选择切换，为全球首创之在线影音服务模式，在日本广为报道并获高度评价。

同年 4 月，提供日本 NTV 电视台实时双向影音互动技术服务，于周日晚间由久米宏与松浦亚弥共同主持之重点节目"A"进行跨国视讯联机，既大幅降低了节目制作成本，也增加了节目可看性和趣味性。

2008 年 3 月，为台湾雅虎音乐通服务开站宣传在线演唱会提供在线转播影音技术服务；6 月，在线同步实况转播 2006 金曲、金马、金钟等大型颁奖典礼，金曲奖观众超过 6000 人，20 余万人在线收视，创下台湾在线宽带影音直播最高纪录。

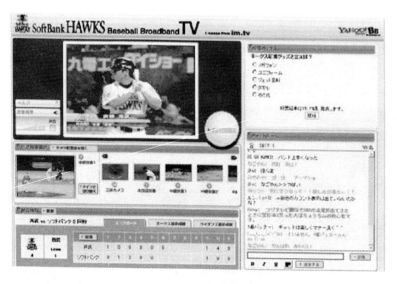

图片来源：I'm TV。

图片来源：I'm TV。

6月，与TVBS 2100全民开讲节目合作推出全球首创之VIDEO SHOW – IN 互动方式，让观众通过im. tv平台即可在"live"节目中以视讯方式参与主题讨论。

图片来源：I'm TV。

图片来源：I'm TV。

2005 年 11 月，阶梯数字学院采用 im. tv 学习平台供全球海外英语师资进行跨国在线教学，此学习平台亦应用于九年一贯制课程课后辅助及终身在线学习课程教授，增加了阶梯数字学习的服务广度与深度。

图片来源：I'm TV。

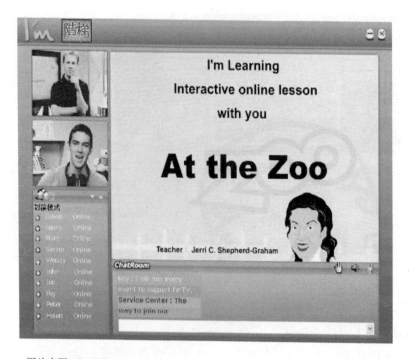

图片来源：I'm TV。

（四）打造传统媒体的网络影音平台

2007 年 5 月，与美国大联盟合作成立"MLB@ I'm TV"频道，为美国大联盟官方正式授权之繁体中文网站，实时接收来自官方最完整的内容与第一手信息，包含 MLB 最受欢迎的"每日精华"与"精彩美技"影片、每日直播与 MLB 官网同步、同形态之每场球赛、各联盟之球队信息与最新消息、各队战绩与排名统计、MLB 赛程表等。

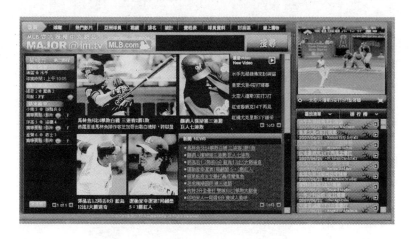

图片来源：I'm TV。

2007 年 9 月，与华视合作成立"我的华视 I'm TV"，华视成为台湾第一家涉足网络电视 IPTV 的电视台，将包括新闻、综艺、戏剧及生活等 3500 笔影音数据，通过 im. tv 平台提供，用户只要搜寻关键词或播出日期，就可随时上网收看节目及互动。

（五）建构智慧手机上网平台

2007 年 3 月，推出行动入口 im mobile（http：//m. im. tv），让用户可以行动装置上网使用 im. tv 提供的各项影音服务。

（六）创建视讯新媒体的广告收费机制

从 2005 年开始，I'm TV 首先以电视播送的思维开启新的广告收费机制，

图片来源：I'm TV。

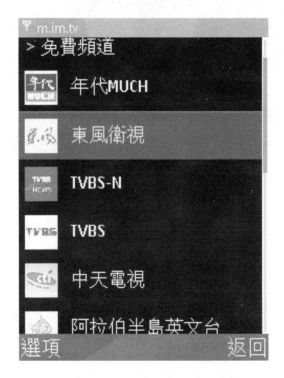

图片来源：I'm TV。

除了传统的电视 CF 广告外，还配合网络视频模式新开发影音播放框广告、利用使用者等候影音串流时间插入的图卡（3 秒）或 CF（依影片数据大小所需穿留时间，10～15 秒）、路径插入式图像广告、频道插播式影音广告等。

Webs TV 在这个阶段则以大量并购迅速发展。2005 年，并购同业影音网及旗下的 Go To Watch；2006 年 5 月，以 5.7 亿元台币买下和信超媒体的 Giga ADSL 宽带上网服务，并取得 gigigaga.com 的经营权，将收费内容与宽带服务进行捆绑式销售，强势影响用户的习惯。同年 9 月，与台湾老牌网站蕃薯藤合并，2007 年 3 月，网络数码国际公司正式更名为"天空传媒股份有限公司"（Webs-TV inc.），并以"Yam 天空"作为品牌识别系统，webs-tv.net 也更名为 yam 天空宽带电视。2010 年 10 月，入口网站再度改回蕃薯藤品牌，并以"Yam 蕃薯藤"作为全新的企业识别系统。

这个时期，中华电信则大力扩充其 MOD 服务，与有线电视强力竞争机顶盒收视户，试图打开家庭数字电视收视市场；相对的，以计算机上网者为收视对象的 HiChannel 发展不太明显。此外，由部落格兴起的 Xuite 则因将主力放在文字与照片的传统服务上，并未在影音视讯方面有特殊表现。

相较之下，新兴的社群性影音（视讯）媒体发展则有大跃进式的发展。2007 年 10 月，YouTube 进入台湾市场后，挟其与 Google 合并的入口网站优势，很快就在市场建立桥头堡，并且随着网络带宽的改善，快速成长到台湾市场前十的网站。

另一个异军突起的是 PIXNET（痞客邦），这个于 2003 年利用学校带宽等资源创立、2004 年 12 月才拓展至部落格服务的网站，在 2006 年 4 月，随着会员人数快速成长至 30 万人，随即转型为商业网站，收取相关费用。2007 年 3 月城邦媒体控股集团入股增资初期正式公布 PIXNET 的中文名称"痞客邦"，同年 8 月，痞客模板及新频道等新功能正式开放上线，并且持续扩增会员及使用者人数，与 I'm TV、YouTube 并列台湾市场三强。

这个时期的新媒体发展，网络带宽虽有进步，但影音信号仍然不够流畅，但随着 2007 年 iPhone 智能型手机上市（台湾市场则在 2008 年底），有线及无线网络效能均有大幅提升，视频影音网站成长也突飞猛进，大体而言，这个时期的主要新媒体，可区分为以直播及随选视讯为主，或 Web 2.0 概念的社群视频为主两大类，各自在专长领域中成长，除 I'm TV 以跨界方式经营外，其他各家的主要服务比较如表 2 所示。

表 2　I'm TV、Webs Tv、HiChannel、YouTube 等提供的主要服务比较

主力营运项目	媒体名称	主要服务	备注
跨界经营	I'm TV （我视传媒）	1. 社群视讯（VLOG） 2. 直播电视频道 3. 随选影片（VOD）	
直播及随 选视讯为主	Webs Tv （网络数码）	1. 直播电视频道 2. 随选影片（VOD） 3. 天空部落格	2007 年改名 Yam 天空宽带电视
	HiChannel （中华电信）	1. 直播电视频道 2. 随选影片（VOD） 3. Xuite 部落格	
Web 2.0 概念的 社群视频为主	YouTube	1. 影音（视讯）上传 2. 影片分享	2006 年 11 月 13 日被 Google 正式合并
	PIXNET （痞客邦）	1. 可上传影音的 Blog 2. 影片分享	Blog 仍以文字、照片为主

　　发展影音（视讯）上传、储存、分享的网络新媒体，虽然是这个时期的主流新媒体，但除了带宽问题外，还必须面临营收的重大压力。虽拥有高度人气、超过百万的 user，但免费会员仍是主流，新媒体的主要营收仍须来自广告市场，只是广告市场的收费机制仍停留在传统的点击率上，影音欣赏的停留时间长、耗用带宽大，却只能有一个点击率，无法扩大广告营收。

　　I'm TV 虽然创造了当时最高的影音点阅，但越多人点阅，代表要提供越多的带宽；越多人上传影片，代表要提供越多的服务器和储存空间，但带宽、服务器、储存空间都掌握在电信及器材厂商手上，在营收进步速度有限的情况下，越多的使用者反而代表越多的支出，成为新媒体运营的沉重包袱。这也是前述的 PIXNET（痞客邦）、无名小站、Xuite（中华电信）、蕃薯藤（Yam 天空）等并未将影音内容列为主力的原因。

　　反观 2007 年进入台湾市场的 YouTube，一方面有母公司 Google 以入口网站作为本地市场后盾，另一方面又有全球性的资金设备与影音内容强力支撑，对 I'm TV 形成强大的竞争压力，也迫使 I'm TV 必须思考转变运营模式，回归到过去最为擅长的"整合平台"，面对市场严峻的挑战。

三 新媒体发展的转型期（2010 年至今）

2010 年 1 月 27 日苹果公司发行了 iPad，紧接着 Google 的 Android 操作系统业也立即有厂商推出平板计算机，从此引发平板计算机热潮，吸引各大厂商都推出自家的平板计算机，直到 2011 年 6 月，平板计算机的操作系统阵营分为苹果的 iOS 和 Google 的 Android 两大系统。2011 年 9 月，微软发布 Windows 8 操作系统的预览版，以适应平板计算机操作模式，并且在 2012 年 10 月正式版上市，平板计算机市场竞争白热化。

2011 年下半年，平板计算机市场高速成长，全球平板计算机出货量由以往的 4 亿急速增长至 7 亿，而且发展越来越成熟。在以往，人们总是在外带一部轻薄的笔记本电脑，但是近两年计算器市场出现了巨大改变。现在人们总是喜欢带着一部平板计算机外出，且渐渐成为一种流行习惯。[①]

随着有线、无线的宽带网络的顺畅发展，媒体终端设备整合愈来愈明显，从 2010 年国际消费电子展（International Consumer Electronics Show，CES）开始，市场上出现了大量的嵌入式操作系统应用：除了智能型手机之外，还包含 Smart Book、Tablet PC、平板计算机、电子书阅读器、Set‑top box 电视机机顶盒甚至网络电视等产品，这些产品不约而同地装上了嵌入式操作系统（主要为开放式系统 Android，当然也有像苹果 iOS 的封闭式系统），并且可以通过 APP 直接下载使用者所喜爱的各类应用服务软件，其中更包含广播、电视媒体，正式宣告广电、电信、网络"三网融合"（台湾称为"数字汇流"）的时代来临，新媒体也面临更加激烈的竞争。

面对新的市场挑战，I'm TV 也开发出新的发展模式，以长年经验累积的影音数字平台作为努力的方向。2011 年 3 月，以 HD 画质在网络直播台湾电竞联盟电玩赛，可同时双画面呈现两个不同节目，阅听众可实时互动，也可以同时在线做民意调查。

---

① 维基百科，http：//zh. wikipedia. org/zh‑tw/% E5% B9% B3% E6% 9D% BF% E9% 9B% BB% E8% 85% A6。

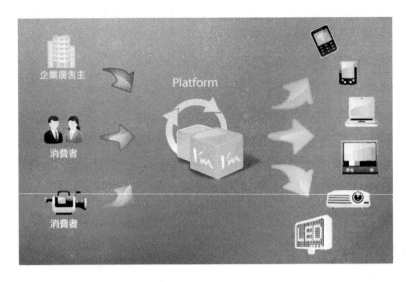

图片来源：I'm TV。

2012 年，I'm TV 的"四屏合一"数字平台建置完成，并且进行网站网页改版，以"分享、互动、实时上传"为持续发展的目标。3 月，承办新竹桃花季活动，9 月，承办花莲南岛音乐祭并进行招商，12 月，承接大陆央视 CCTV-4ID 镜面、片头改版等视觉包装工程；CCTV-4 于 2013 年 1 月正式启用。2013 年，承接民进党 1 月 13 日"火大"游行活动转播，从下午 2 点直播到晚上 9 点 30 分，在视频上同步进行网友讨论，在手机上启用上传分享服务机制。

中华电信也在 2012 年 4 月推出"Hami＋个人云"服务提供客户多荧、储存、分享及交换等服务，未来也计划通过云端整合旗下三大数字影音平台：Hami 行动加值平台、MOD 家庭娱乐平台，以及 HiChannel 网络影音平台，提供"多荧一云"服务，希望用户通过智能手机、电视或计算机，享受优质丰富的数字娱乐内容服务。①

"Hami＋个人云"已经推出个人云、新闻、气象、交通、Hifree、最爱Disney、精彩剧戏与"e 起缴"等服务，让客户可轻松管理个人信息、档案及应用软件，浏览实时新闻，查询实时气象，搜寻交通路况，取得台铁、高铁列车时刻表及订票，下载 Hifree 聆听网络音乐，观赏 Disney 及其他戏剧影视节目。

---

① 钟惠玲：《中华电信 17 周年宣示领航数字汇流》，《中国时报》2013 年 6 月 25 日。

另一家台湾电信业者，台湾大哥大电信也积极加入战局，整合台湾固网及台固媒体（有线电视）、大富媒体（有线电视）及凯擘有线电视等广义的富邦集团旗下电信、电视相关产业，推出"台湾大汇流"服务，并持续朝云端技术与联网电视方向迈进。①

YouTube 则是不断成长，成为台湾最大的影音网站②，越来越多的使用者上传及欣赏各类影音内容，甚至连电视新闻台都大量以 YouTube 内容直接作为新闻播放，甚至连曾经市场大红的电视连续剧，也因为不受广告及播放时间限制等优点，吸引大量电视收视族群直接上网从 YouTube 收看。如果母公司的 Google TV 发展成功，将电视、家庭娱乐与网络三者结合，可以通过电视上网，也可以享受网络上的娱乐内容服务，把家里的电视变成云端装置。Google 也希望把网络搜寻功能放在电视机内，让阅听众可通过搜寻立即找到想要收看的电视节目，同时支持 YouTube，让阅听众可以同一时间一边浏览网站一边观看电视节目。③

Yam 天空和 PIXNET（痞客邦）目前则以 Blog 为重点，并于 Blog 服务内容提供影音上传（如同 I'm TV 的 VLOG），虽然仍有影音内容，但其已不是主流的服务内容，相较于 YouTube 完全以影音内容为主的形态，这两家网络媒体似乎逐渐偏离影音新媒体的发展方向。

传统的电视频道则是在电信与网络的夹击下，试图通过 APP 建立播放管道，特别是对有时效性的新闻频道更是积极，几乎各家新闻台都有 APP 可供下载；新兴的电视频道如壹电视、联合报的 UDN 等，受限于有线电视频道满载，没有播出管道，试图通过网络直播打开收视，虽因台湾电视收看管道仍以有线电视为主流，最后仍必须回归有线电视上架，但网络直播的努力仍持续不辍。

目前的新媒体发展，网络带宽已经可以流畅播放影音内容，随着"三网融合"的趋势可以看出几个方向。

① 张良知：《数字汇流来临，电信三雄抢商机》，"中央社"，2011 年 2 月 5 日。
② 根据 Alexa 网站流量排行，YouTube 在 2013 年 8 月台湾所有网站排名第六，是影音类第一名，http：//www. alexa. com/topsites/countries/TW。
③ Patel，Nilay，Google TV turns on at I/O：runs Android and Flash，partnered with Sony，Logitech，and Intel.

（1）从网络起家的影音新媒体，如 I'm TV、Yam 天空和 PIXNET（痞客邦），因缺乏原创影视节目内容，无法和电视频道业者竞争；更因为带宽费用的沉重压力，无法和电信业者竞争。

（2）Web 2.0 概念影音媒体依然有市场（YouTube），但必须具备雄厚的资本及全球性市场的条件，才有财力负担带宽及设备费用（I'm TV 的 Vlog 虽然比 YouTube 市场占有率高，却因财力问题拱手让出市场）。

（3）电信业者有机会以"联网电视"的姿态，成为超越有线电视的超级收视平台。

（4）传统电视台具有品牌、专属内容的优势，有发展直播电视的条件，但单纯以外制、购片方式运营者，频道可能沦为没落通路，没有竞争力。

（5）新媒体要超越传统电视，或传统电视要转型新媒体，必须找出新的功能性需求。

漫谈电子书刊创作、发行与阅读趋势

王 威*

一 突变的天敌或天使

你不能用既有思维，解决既有思维产生的问题。

——爱因斯坦

你觉得电子书会是纸质书的天敌吗？当60多年前电视机刚发明时，最开心看见这项发明的人，居然是广播业者，当时的广播业者不但完全没有预见这项发明，将断送数千上万的广播人生计，反倒开心地说："太好了，今后大家能看见有画面的广播节目了。"

很离谱吗？如果这故事很离谱，那我们把时间快转到60多年后的今天……

智慧型手机、平版电脑还有3G、4G等快速变化的无线网络环境已经全面改变着这个世界，出版业者开心地表示："太好了，今后大家能更方便地看书与买书了。"于是接下来，就出现一堆电子书业者和平台，拼了命地把出版社的书移植到行动设备上，满心欢喜地迎接新时代，没想到却是另一个黑暗时代的开始。让我们试着检视这其中的逻辑：如果你花钱买票进电影院看过一部电影，你还花钱去租同一部电影DVD的可能性有多高？如果这个可能性不超过50%，那么你已经买过一本纸书，几乎可以推测就不可能再买一本同样内容、篇幅、原汁原味移植的电子书，除非这样做有它不可抗拒的理由，比方说：价格比较便宜（但如此一来优惠的价格反而会让消费者更没理由购买纸书）、购买比较方便（但书商不可能做出这种打算网购通路卖书的布局规划）、内容有

---

* 王威，齐阅文创科技共同创办人，曾任香港新视角出版事业行销总监、勤创科技数位内容事业副总经理、104人力银行资深行销顾问、中国文化大学推广教育部多媒体编辑；现任齐阅文创科技共同创办人与业务总监。

所不同（这代表作者与出版社员工，为了要生产两种内容，开始拼命加班到过劳死）。

我们甚至可以这样扩大解读，那目前试着把书刊、电视、网站移植到行动装置这个新媒体上的人，不也在做一样的事情吗？爱因斯坦的另一段话，也正巧适合为这种盲从的风潮做了注解："疯狂是重复做一件事情，却期待它有不一样的结果！"

以书刊来说，书刊只是一种装置，里面的资讯内容才是这个装置的灵魂；文字与图片只是记录资讯内容的一种编码。所以编码只有随着媒体特性与受众特性而调整，才能注入新的灵魂。所以台湾开始出现两派人马，一派是传统阵营，坚持看书才是王道，纸书不可能被电子书淘汰，电子书只是辅助工具。另外一派则认为电子书应该打破格局，走出自己的路。关于这两种论点，笔者认为各自从某部分来说是正确的，台湾电子书界的资深工作者——PCHOME等杂志的资深专栏作家董福兴先生，曾经在他的著作《电子书到底搞什么？》里面说过一段话：

> 纸本书＝马车
>
> 电子书＝汽车
>
> 纸本书不会消失。
>
> 没错，马车到现在为止依然存在。
>
> 纸本书所拥有的优点，不能移植到电子书上头。

没错，马车也能在汽车开不动的恶劣道路上走行。不是所有道路都会铺上柏油利于通行，也没人打算这么做。

"纸本书能提供的感觉的、精神的、体感的经验，电子书不能够提供。"

没错，马车所能提供的经验（气味、触觉、令人紧张的感触、与其他生物一起并行所能体验到的感觉），汽车不能提供。但是，现在应该没有人搭马车去上班吧。笔者也一样。应该也有不少人曾经说出"我绝对不搭没有马的车"这样的话吧，但这些人现在应该已经不在世上了。若从这样的比较来看，坚持纸本书似乎仅是我们基于习惯的一种缅怀过往的乡愁罢了。舍弃这种乡愁，平等看待纸本书与电子书，就会发现：电子书是为了解决纸本书的问题所诞生的创新，并非是为了找纸本书（以及整个出版产业）的碴儿而被制造出来的。无独有偶，上面这段话也刚好和前 *News Week* 中文刊执行主编陈序先生，曾经在虎嗅网发表对于 *News Week* 完全转型成电子刊物时的看法一致："新媒体不是二奶，是未来的你回到现在来救你！"而笔者曾经是坚决拥护信奉第二派主张的人马，但随着这两年来的变化，笔者开始试着再找出其他的交集，笔者再用另一个故事来说明自己的观点转变：

大约在一年半前，笔者向一家台湾老牌出版社进行业务提案，当然这次提案对笔者而言最重要的工作就是推销自家公司齐阅文创科技的一种产品，可以用比某个大厂的软件更省时、省事、省钱的方式开发 APP 式的电子书，一样能做到等同于 Wire 电子版的效果，同时，兼跨 iOS 与 Android 两个平台，在会议上，笔者利用手机与平版向两位看起来很资深的前辈充分展现了其优势，尽量用浅显易懂的方式，让他们明白我在说些什么，而不是感觉在看一部没头没尾的科幻片。

其中一位职级较高的主管提问："因为该出版社的书都是中文直排，读者可能无法适应我所展示的中文横排应用。"很显然，他忽略了一个显而易见的事实，大部分的纸刊报纸采用中文竖排，但是在我们通过屏幕观看网络新闻时，却也不会因为改成横式而不适应。

笔者后来经常和不一样的出版人谈到这个经验，并且在心里摸索到一个推论："数位阅读和非数位阅读的读者，不论这群人原本的重叠率有多高，也会因为潜移默化地适应阅读习惯后，开始出现移位，而且这移位将会是非数位移往的读者较多"。这个推论后来也被 2013 年初，由台湾数位出版联盟发布的"2012 年第四季台湾数位阅读行为调查研究"所验证。

请问您是否因为购买电子书籍而减少纸本书籍的购买？调查数据见图 1。

到了 2013 年，笔者更加确认，对于某些数位或非数位的从业人员而言，数位出版属于边际效益的利用，这种边际效益包含了商业上的重制，例如，希望把一套内容卖给两群不一样的读者，或者像前文提及董福兴先生所说的乡愁；这种乡愁之说，对于那些曾经走过台湾出版光荣盛世那段历史的资深文创人来说，几乎都有过类似的看法，例如台湾文创界的要角——泼墨书房负责人

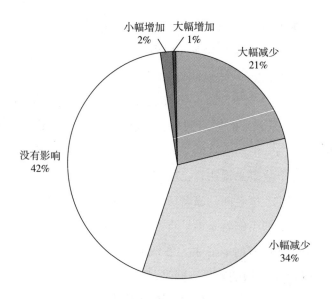

图1 电子书籍购买对纸本书籍购买的影响调查

傅瑞德先生，不止一次在他的 Facebooh 上发表过类似的贴文："我从事电子书产业，最终其实是为了保存纸书。"另一种人则是和笔者一样，出版业几乎不是我们待过最久，或者是刚入行的一份工作。我们多半来自电视、广播、电影或网络媒体，某种程度上都比较接近陈序先生的看法，电子书是一种新媒体，而这种媒体应该有自己的格式，甚至，我们根本不应该称之为电子书，而应该是电子出版品或数位作品比较恰当，因为这里面不只有图文，更包含了音乐、影片、动画、网页或是集游戏于一身。

当然某些人会说："看书就看书，搞那么多东西干吗？"但其实就在我们一边上网看影片、写网志还得回复 Line 不定时地传来的信息时，身体与脑子早就已经习惯多种的吸收资讯方式。如果这样还没有说服力，甚至我们可以追溯到更早的学生时代，一边听着音乐，甚至看着电视，还一边写作业或 K书，这种一心多用的阅读，不也是一种多工作业模式吗？所以，当下次再有人问："你觉得电子书会是纸书的天敌吗？"我想我会这样回答他："如果你是出版社，但却不能善用它，它就将成为天敌；如果你可以善用它，它就将成为天使。"因为，对于出版社，或者对于版权经纪人而言，能否善用电子书可能是突变发展成天敌或天使的关键。因为整个出版生态链中有一个有趣的矛盾，传统的出版产业和版权经纪人之间，几乎都是靠版权交易维持出版的商业世界，但如果创作者发现他自己就能完成对全世界的销售时，他是否还会愿意让出自己的版权换取出版发行的机会和收益？对于创作者来说，似乎无论能否善用电子书，电子书都将成为天使，只是这天使法力高低有所差异罢了，突然之间似乎一切掌控在自己手上还能赚得更多，但真的是这样吗？

二 创作与出版的矛盾？

你不可能有先见之明，只会有后见之明；因此，你必须相信，这些小事一定会和你的未来产生关联。

——贾伯斯

"不管数位化多么便捷，没有编辑就算不上出版。"这句话是笔者最常在各种数位出版交流会中听到的一种看法。某些人萧规曹随，认为一定要有一个"编辑"的角色，才能称得上是出版，所以出版社不可能消失，目前纸书市场每年下滑近 20% 只是黎明前的黑暗，光明总会来临。但笔者情愿解读成，出版的内容必须经过"编辑工作"，而这工作不一定非得是一个叫做"编辑"的职务角色来做这件事，在美国，素人新手作家 Amanda Hocking 在从来没有出版过任何纸本书刊的情况下，自己写书自己出版，通过亚马逊发行电子小说，在两年多的时间里为自己赚进 100 万美元。在台湾，2012 年初由台湾中生代三位重量级出版界要角黄俊隆、詹伟雄、黄威融针对分众化的个人日常生活议题，联手创办发行的三本小杂志《短篇小说》、《小日子》、《练习》，由于锁定的主题都不是题目大到古今，视野遍集全球的类别，而是贴近庶民日常生活的喜怒哀乐，锁定各种"小确幸"的主题作发挥，因此在创刊时，瞬间引爆"小杂志"的话题风潮，还在诚品书局连续办了好几场对谈与讲座活动，但实际上这样的好光景却维持不到一年，在刚刚进入 2013 年时就闪电停刊了。

两相对照之下，差异何在？市场规模？成品规格？发行通路？都有太多的差异，可能无法拿来作类比，但有件事可以肯定，即便是有经验、有能力的资深编辑，都无法以传统纸刊的方式掌控台湾目前的读者生态，或者创立新品牌并占据一席之地。长期以来，出版媒体工作人，或多或少都有一种"文创人的灵魂"，这种灵魂的分量在工作职务越接近第一线采访、编辑、撰稿的人身上尤其明显。这对于创作不是一件坏事，但如果牵涉到商业发行时，就可能会变成一项障碍。以小杂志来说（很明显的，诚如贾伯斯所言，笔者这是后见之明），小杂志系列成功地打开了市场缺口，但却没有把这个缺口扩大，反倒是继续企图以塑造极高忠诚度的小众来维持营运，说穿了就是进行完全质化的垂直整合，而忽略了水平的量化发展，这种做法在太平盛世应该行得通，但在物价齐涨、薪资缩水的今日台湾，实在很怀疑是否做过市调评估，还只是粗略运用自己过往在文创界的丰富经验，就做出了这个决定？

这就像攻上诺曼底滩头后，后续如果没有接应的增援部队，被打回海里是迟早的事情，小众市场的经营来自长尾，但纸刊的先天劣势就是长尾不起来，受到印刷量的限制、受到通路的限制、受到上架展售空间的限制，如果用猫来比喻，纸刊是先天短尾猫，要改成长尾猫，唯一的办法就是重组 DNA 变成电子书刊，在这部分，小杂志转型得太慢，也选错了工具。而小杂志这样小众精准诉求的杂志，有不少也曾经试着同步发行数位内容在类似城邦集团的随身 e 册或中华电信 Hami 书城那样的平台，这样的做法在台湾是超过 90% 的杂志或出版所采用的方法，也是失败率高达 90% 的做法，这就好比把麝香猫咖啡放在量贩店的咖啡区货架上，以为大流量人潮可以带来大流量成交量，却没料到有兴趣的人却永远不会进来。不过上述这种方法也不是一无可取，至少在面对学校图书馆这样需要依照书单大量采购的产业生态时，就变成实用的一种策略，因为图书馆的目标通常是扩增藏书种类与丰富藏书量，这和一般商业操作上讲求的目标不同。所以综合评估整个情势时，我们必须意识到，当自身书刊瞄准的读者群越是精准小众时，越应该采用专卖店的做法，成立自己的电子书店或电子书城，因为你的市场规模最终是靠精准小众创造长尾，而不是普罗大众的短尾，当转换到电子书平台时，如果还用传统战术，考虑着"怎么卖这本新发行的书"而不是

"怎么卖所有发行的书"，那就真的只能面对90%的失败率了。

在这里，笔者再利用自家经验来做举例说明。在台湾，中华电信创办的Hami电子书城，是台湾最具实力的龙头电子书通路之一，里面收录近万种各类图书杂志，主要采用epub格式发行，通过一组账号，可以在电脑、手机与平板阅读，并提供消费者月费吃到饱的套餐。2013年10月的调查资料显示，Hami电子书城在台湾APP Store书籍类的排名是压倒性的胜利，几乎每一周都稳坐第一名的宝座。面对这样的对手，绝对不能和它硬碰硬，只能用不对称作战的方式打游击。而不对称作战的第一条件就是用己方优势去消耗、拖垮对方的劣势，造成战局缺口；从这个例子来说，这个缺口就在于供需之间的精准诉求。

当消费者购买一本纸刊书时，对消费者来说，主要是因为书的故事、主题或是作者吸引人，说穿了就是人文的特质，很少是因为出版社（当然，也有些人可能是因为销售渠道，例如偏好诚品书局那样的展售空间而被吸引）；当消费者购买一本杂志时，也几乎是同样的道理，书的买卖不是一种单纯的物质供需交易，它需要诉诸人文和情感的交流，所以"如何有效接触到同一个交流波长的读者"成为实体展售纸本书刊的头号战术准则，而这个战术通过广大的铺货散播来达成目标。而转换到电子书销售时，"如何有效接触到同一个交流波长的读者"最简单的方式就是网站推广，无论是通过出版社、杂志社还是作者的网站。以我们的客户PPAPER杂志来说，在台湾的APP Store的生活风格类虽然一直维持在20名左右的名次，但是离开台湾到了中国大陆、中国香港、马来西亚、新加坡等其他华人市场，每一站都是大幅领先Hmai书城至少100个名次，在大陆甚至大胜超过300个名次！我们可以这样说，在电子书的世界中，创作与出版的分界已经越来越模糊，出版通路能够做到的宣传力道，未必比创作者精准或庞大，出版者能够进行的编辑作业，未必创作者不能胜任，或者我们可以这样说，"如果通路存在的意义是为了发行，那么对目前采用APP发行的出版者而言，有什么比APP Store和Google Play还要庞大？""那么对目前采用配合专用阅读器发行的出版者而言——例如亚马逊Kindle，传统出版社的角色还有存在的必要吗？"这些问题，我们放在下面的章节说明，但可以肯定的是，如果有任何一个通路继续宣扬自己在电子书世界中的存

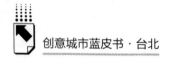

在意义是"广大接触消费群，解决创作者无法独自应付发行工作"，那么八成是走错了路。

三 当天赋变成了绊脚石

你不能鞭策一匹死马，做事情要拿得起放得下。

——宫本茂

传统编辑拥有一个灵敏的发行鼻，这种鼻子是一种天赋，可以快速嗅出"这本书刊和目前话题是否切合?"、"哪几种通路会偏好这种书?"、"每种通路大概能接触到多少消费者?"、"这话题可以持续多久"等元素，简而言之，就是通过柯南般的抽丝剥茧，推论出"最佳化的生产数量、发行时间与销售损益"。

但如果无法懂得转换这种天赋，反而会成为诅咒！在前一节提过，传统纸刊编辑所受的训练是在利用最大化的通路曝光，尽可能地接触读者群，以达到最大的销售效果，但转换到电子书世界的今天，这种技能是否依然有效？以图书馆来说，其一直都是兵家必争之地，在台湾，几乎大部分的出版社与不少杂志社，会将全台超过6000家公私立学校与社区图书馆列为销售对象，每年近300万册的采购量是400家出版社的厮杀战场，在传统的纸刊时代，大型出版社会自行向图书馆推销自己的产品，而中小型的出版社，也有可能以联盟的形式向图书馆以鼓励团购的方式进行宣传。而随着时间演变至今，自2008年起公私立学校的图书馆开始带动了一波又一波的数位化热潮，图书馆电子化作业与电子书收藏成为另一个战场。只是在这个战场中，也出现了另外一个新的角色——"电子书整合平台业者"。

由于学校图书馆的电子化作业几乎都是外包专案，长时间下来被几个"电子书整合平台业者"几乎联合垄断了整个市场，也就是说，采用A平台业者规格建构的电子图书馆，日后储存的电子书也都来自与A平台业者签订上架的出版社；因为这背后又牵涉到数位知识产权的保护和数位化的转制作业，因此对于大部分只有十几个员工的台湾出版社而言，几乎是一件不可能完成的任务，在过劳死的风险下，自然也就会将电子版权交给"电子书整合平台业者"代劳。对"电子书整合平台业者"而言，他们本身不生产任何内容，他们主要的工作就是为出版社提供技术代工，为图书馆提供需要的书单，甚至根据学校或社区的差异性，去寻找适合的特定出版社，以优于竞争对手的合作条件，换取出版社的独家合作。举例来说，以音乐为主的院校或科系，每年都需要大量的与音乐相关的书籍、乐曲光碟、乐曲资料库或有声书，而平台业者就可能以优惠的独家合作条件，吸引具备指标意义的音乐类出版社签约，借此巩固学校图书馆与平台业者之间的供销关系。上述这种关系不属于一般终端消费者的操作环境，而是B2B的营运模式，由一个没有生产内容的中介者，串起内容提供者（出版社）与消费者（学校），如果我们再把这个观念解析得清楚一些，它就会像这个样子：

内容提供者→整合平台→消费者。

但在B2C或C2C的环境下，是否也有类似的营运实例？在2011年时，知名作家九把刀曾经杠上苹果，到香港上演登门抗议盗版的戏码，原因是有不少盗版APP违法收录九把刀的著作在APP Store销售，而APP Store未善尽把关之责，这些APP每年产生的收益有多大无人可以知晓确实数字，但是从九把刀官版APP长期占据APP Store和Google Play的书籍类排名前三名来看，这些收益自然可能上千万元台币，因为刀迷们只要通过九把刀的脸书或相关网络动态，就能追踪到所有的发刊信息。同样的情况出现在我们先前提过的*PPAPER*杂志。该杂志也以类似的剧本上演，由于*PPAPER*的纸刊已经在台湾文创与设计界拥有不小的名气，当它增加电子版时，自然又引起了书迷们的一阵争先下载，而这种一睹为快的催化力量，全来自*PPAPER*的编辑群在各自与公司的脸书、部落格与网站上发布信息，没有提拨一块钱用在脸书广告、关键字购买或部落客写手推文上。

说到这，眼尖的读者可能已经发现，以前传统的纸书行销是把书尽量摆放在各种通路展售架上，所以即便是卖出一本还赚不到五块钱的便利商店通路，也得为了当作曝光和化解囤货成本，硬着头皮上架。转换到电子书世界的当今，则是先创造一个独门需求、一个话题、一种固定流量，吸引读者自己找上门，笔者用一个这样的比喻："以前是拿着捕蚊拍去打蚊子，现在则是开着捕蚊灯等蚊子自己撞上来。"所以当消费生态如此转变时，过去天赋异秉的出版社编辑们，反倒是英雄无

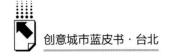

用武之地了。如果编辑们成了无用武之地的英雄，那出版社会变成夕阳工业吗？笔者认为，目前看来有几个市场缺口机会是值得出版社抓住的。

（1）分众行销。不管是图书馆、一般消费者还是特定的消费群，都必须抛开过去那种反正曝光够多就会有人上门的思维，编辑必须很清楚消费者在哪里，而且简单直接地向消费者推销书籍未必有效果，必须有耐心地等消费者上门，务必记住"以前是拿着捕蚊拍去打蚊子，现在则是开着捕蚊灯等蚊子自己撞上来"，如果在捕蚊灯旁做大动作的挥舞，恐怕只会弄巧成拙。

（2）行动行销。不管这电子书是放在一个大型电子书平台销售，还是制作成出版社自己的APP，编辑们一定都得了解什么是行动行销，因为通过行动装置阅读已经成为不可忽视的媒体力量；方便搜寻的关键字、适时地嵌入脸书或影片、两本书中彼此交互引导的超链接，各种细致微妙的巧思，也是行动行销最基本的功夫，数位编辑所要负担的责任只会比传统编辑多，除了管控这本书的内容以外，更要考虑到利用这本书的内容怎么行销自己，或者如何和其他书刊交错引导流量。

（3）话题行销。在行动装置上阅读的书刊，将不会是长篇大论或动辄数十万字的长篇小说，而会是属于适合行动装置的篇幅与互动设计，这些我们会在下一节提到，但这里要先提一个重点，无论篇幅与互动设计怎么变化，轻薄短小绝对是核心，这部分我们已经可以从各种游戏与工具APP看出端倪。过于复杂的演算或操作，不利用手机游戏，像把瑞士刀一样什么东西都有、什么功能都不精的工具APP，往往也是用户清出手机记忆空间的头号必杀对象。而如此轻薄短小的内容，怎么维持用户对于内容的兴趣？制造话题、延续话题、转换话题都将是考验编辑们的新课题。

四 逆转的时刻到了吗？

最初只拥有梦想和毫无根据的自信，但所有的一切都从这里开始。

——孙正义

让我们检视并列举先前的所有观察线索：
- 电子书读者和纸刊读者的阅读习惯不同，人口也从不重叠走向交互影响。

- 纸是一种载体，正如同手机、平板、电脑也是一种载体，每一种载体都有其独特适合的资讯存取方式。
- 电子书从生产创作到消费阅读的路径在缩短，步骤在变少，范围在扩大。
- 数位编辑的工作更加重要，尤其是与行动、网络、APP 等工具的结合应用。
- 品牌行销与顾客关系从找寻读者，转变成让读者找上门。

无论你属于哪个电子书刊或纸书刊阵营，不可否认的是出版生态已经面临质变，我们不妨参考同样在亚洲的出版大国——日本的转变，以角川集团为首发起的"微型阅读"运动，推出适合通勤族阅读的各种电子书，贴心考虑到电子书无法靠纸刊目测一般预估分量，所以在每一本电子书的封面，会写着类似"这是一本适合搭乘 JR 京都驿在二条通往京田辺阅读的书"或者是"本册阅读时间约 15 分钟"之类的说明文字，对通勤族诉求"增加阅读趣味量，却不增加公事包里重量"的微型阅读运动，可想而知自然换来一阵好评；后起跟进的甚至还包括 Line，利用即时通信软体庞大的市场占有率与生活必需性，先后推出"Line maga"和"Line novel"。"Line manga"是和日本讲谈社、集英社、小学馆等 50 家以上大型出版社合作的电子漫画阅览服务。用户可以通过 LINE 阅览总数约 3 万册的漫画，已经陆续推出包括《宇宙兄弟》、《进击的巨人》等多部畅销作品，未来将朝向每月 1000 本的速度增加新作品。而 Line novel，则多少掺杂着角川集团的"微型阅读"概念，"Line novel"的小说作品目前由日本讲谈社独家提供，类别包含推理小说及轻小说，想阅读该部小说的用户，只要从作品一览表中加入小说的官方账号，每周就可以收到 2 ~ 3 次的小说最新章节。

在电子书的世界中，"内容为王"和"通路为王"两个概念是可以并存的，你可以选择像九把刀、*PPAPER*、角川集团一样建立自己的 APP，销售自己的作品，也可以选择走向 Line 或是台湾图书馆一样的目标，锁定特定通路，掌控这些通路能接触的消费群。也正因为弹性如此大，笔者在此归纳出在未来两年内，可能大幅影响电子书刊与纸本书刊势力消长的五个关键因素。

- 加值型电子书将成为主角。

读者喜欢电子书的方便与容易使用，目前采用纸本般原汁原味移植的电子图书还是会存在，只是对于网络新时代的读者可能会越来越缺乏吸引力。电子书将不再偏重文字，视觉化、直觉化的互动功能才是重点，如声音、影像、动画等。更进一步来说，当你答错有关减肥瘦身方面的问题时，你的电子书将会自动配对相关的内容来让你学习。或是一本小说可以提供一个讨论的平台，读者可以和作者讨论剧情内容的发展。这一切都是为了满足读者更好的阅读体验。

- 阅读器战争将现身天下霸主。

数十种的电子书阅读器让读者容易混淆，如 Kindle、Nook、iPad、Android 甚至连任天堂都在 2013 年推出可以当作游戏机的阅读器，这些眼花缭乱的规格，让经历过好几次数位规格革命的读者产生警惕，没有人希望买到未来会被淘汰的阅读器产品。或者我们也可以说，读者在意的不是阅读器而是使用电子书软件时的阅读经验、图书的跨平台可携性以及可以阅读平台上的图书数量。因此目前已经开始逐渐成形的"平板缩小化，手机放大化"可能会成为硬件设计的趋势，毕竟没有人喜欢在背包里放一堆功能重叠的电子产品，以目前全球市场占有率最高的 Android 市场而言，未来一年内 5~7 英寸的手机将会是主流设计尺寸。

- 百元以内的低价书将持续存在

虽然 Amazon 采用 9.99 元新台币的书价吸引读者，加上 APP Store 也充斥着各种纸刊售价 5 折至 7 折的电子书。但平心而论，这样的价格对于真正的电子书消费来说，还是少了一点吸引力，特别是那些不具特殊互动功能的电子书。对精明的读者来说，这种电子书少了印刷、装订与物流费用，更应该省下一半的费用，如果这些书不是出版印刷的原创品，而是二次回流的翻印品，售价更应该低于五折（当然某些绝版逸品例外，如蝙蝠侠或蜘蛛侠的原装漫画，DC Comic 采用数位复刻版的名义发行也得到很大的回报，但这毕竟属于小众专精的收藏市场，在此不列入讨论）。以台湾在 2012 年第四季做的数位阅读调查为例，超过七成的读者，每月电子书的花费是在 500 元新台币以下，而七成左右的比例是 1~4 本（见图 2 和表 1），换句话说，百元以内的价格是读者能够接受的终端消费，而当互动式的电子书为了抢占用户，推出的书籍都落在这个区间后，原本纸刊移植的书籍，数位化后的成品售价，对于出版社而言将更艰难，但对读者却可能更加快乐。

整体上说，您每个月花在购买电子书籍（包括电子杂志、电子书、电子漫画）的总金额约为多少（包含月租吃到饱）？

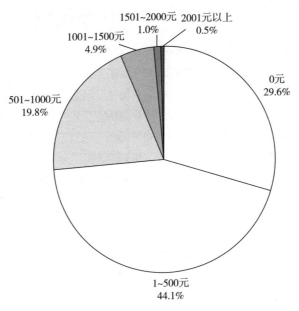

图2 电子书购买花费分布（新台币）

表1 电子书籍阅读行为比较

单位：%

最近一个月内阅读本数	电子杂志		电子书		电子漫画	
	本季	上季	本季	上季	本季	上季
0本	5.2	5.3	6.2	7.7	15.1	16.6
1~4本	69.7	70.3	70.6	74.9	53.7	58.1
5~8本	17	16.7	14.8	11.2	19	12.8
9~12本	4.7	4.8	4.3	3.6	6.5	6.3
13~16本	1.1	0.9	1.7	1.0	1.6	1.2
17本及以上	2.4	1.9	2.4	1.7	4.1	5.2

- 值得关注的情境销售模式

读者阅读时遇到无法解决的问题时，例如遇到某个无法解开的投资理财计算表，感到烦恼时希望可以链接到出版社，下载这个计算表的教学软件来解决问题。有类似问题的读者相当多，若出版社还能提供与作者进行线上沟通的平台，将会是一个有效率且有趣的商机，也是电子书拉近读者与出版社距离的重要桥梁，同样的，我们也在2012年第四季的台湾数位阅读调查报告中（见图3），证明了这一趋势。

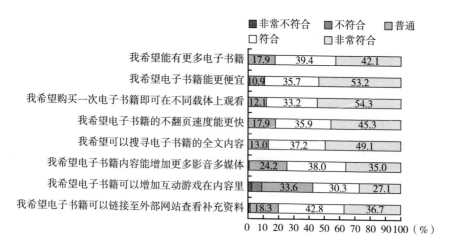

图3　读者对电子书籍的未来期待

- 出版社的商业模式转换。

面对个人就能直接完成电子书出版的威胁，出版平台需要扮演一个更重要的角色。它必须能够帮助读者更有效率地搜集与整理相关资料，并提供更精准的检索选项，再整合相关领域的知识与资源，建立电子书出版的新规则，因此，从某个方面来说，经营出版社的模式可能会更像经营网站一样，每家出版社必须找出自己的生存之道，而不能再用"只要发够多的书，总会有一套赚钱"的心态来面对市场。

观 光 篇

Tourism Industries

BLUE BOOK

B.8

从地底淘金导向观光客淘金

——以新北市黄金博物馆园区文创营销为例

林全洲 *

文创产业是近年来新兴的文化事业之一，本着文化的内涵来营造文化产业，以创造更多的文化依存空间，看起来简单，可在执行上，受到环境影响，这类的文创受到相当程度的挑战。

本文以大台北地区的地方产业博物馆为对象，但聚焦在创建于 2004 年的新北市瑞芳区黄金博物馆园区上，就黄金这个矿产的被发现到产业的没落，再到以博物馆的筹建来转型，并融入生态博物馆概念，建成特殊的黄金博物馆园区的过程展开研究。

为了营销文创商品，黄金博物馆园区自营金采卖店买卖文创商品，是希望让博物馆园区融入小区、提供生态环境共存的课题，更希望形成自己的风格，

---

* 林全洲，现任财团法人新北市文化基金会执行长、国立东华大学民间文学博士班三年级。

在瞬息万变的社会环境中，找到自己的定位。

黄金博物馆园区正因为"年纪轻"，所以有"改变、善变、应变"的本钱，虽然一切发展还在进展中，但也因为这样可以让本研究有更多元的角度。

一 博物馆的功能说

近年来大台北地区文创产业蓬勃发展，而孕育文创事业最大的奠基石，是与各类型博物馆的存在有绝对的依存关系，尤其博物馆内馆藏所提供的丰富文化宝库，更是文创的泉源之一。何谓博物馆？根据《牛津英语辞典》的定义，博物馆（Museum）一字的字源是希腊语，意思是礼拜缪斯神的地方（在希腊神话里，缪斯神是宙斯与记忆女神所生的九个女儿，分别掌管史诗、音乐、情诗、修辞、历史、喜剧、悲剧、舞蹈和天文）。可以想象，这时的博物馆里供奉着各类神像和圣物，举办仪式祭典，是一个民众带着朝圣的心情顶礼膜拜，并借此濡染人文艺术与自然科学的地方。① 历史上第一座博物馆即是埃及王苏特（Ptolemy Soter）为了祭祀九位缪斯女神，而于公元前 290 年在亚历山大城建的，馆内有供学者们研究、写作及教学用的房间，知名学者如阿基米德都曾驻馆研究过。也就是说最早期的博物馆，是一个研究学术及收藏图书的地方，而这个意义延续了两千年，直到文艺复兴时期，由于"大学"、"图书馆"、"实验室"等名词出现，使得博物馆原始意义中上述名词的意涵被抽离，成为"一座引起人们兴趣对象的储存场所"②。

文艺复兴过后的博物馆又是何种面貌？博物馆学专家张誉腾在《如何解读博物馆》中提到：

> 公众博物馆的出现，是在 18、19 世纪的事。十八世纪的启蒙运动以及十九世纪的民主思潮，逐渐对传统西方文化社会产生巨大的冲击。博物馆，未能例外的，也逐渐面对公众开放的压力。③

① 张誉腾：《如何解读博物馆》，台湾"行政院"文化建设委员会出版，2000 年 9 月，第 21 页。
② 林弘政、张沛华：《我国博物馆经营管理之探讨》，"教育部"1995 年 1 月出版，第 4 页。
③ 张誉腾：《如何解读博物馆》，台湾"行政院"文化建设委员会出版，2000 年 9 月，第 25 页。

所谓的面对开放压力，就是指早先被视为礼拜缪斯的地方，不再是贵族等特定人士所专用，在民主开放的思潮下，博物馆提供更多人使用是一种必然的趋势。张誉腾认为，"从一个由精英分子专享的小众文化场所，博物馆开始被赋予大众教育机构的功能。这是博物馆史上前所未有的变局"①。简言之，原始博物馆这样一个储存文物的场所，已经被引导走向能提供大众教育的功能目的。于是一方面收藏文物，另一方面提供大众教育功能，是被多数人所认同的博物馆功能所在。

台湾地区第一座博物馆，是1908年日本人在台北市二二八纪念公园所建立的台湾博物馆，直到20世纪70年代，台湾地区大型的博物馆仍然只有三处，除了台湾博物馆之外，最有名的是台北市士林区双溪的故宫博物院、台北市中正区南海路的历史博物馆，全都集中在台北市。这三大博物馆也有一个共同的特色，就是属于台湾地区级馆舍，各县市主管机构几乎没有博物馆的设置计划。从1978年起台湾加强推动文化建设方向，核定"建立县市文化中心计划"。这项计划揭示，各县市未必需要建设如故宫等大型的博物馆，但至少也要有博物馆内涵的地方特色馆存在。文化建设的动作再进展到1987年，除台北市以外，其他各县市陆续筹设一处属于硬件的文化中心大楼，文化推动的后续步骤，更明确导向各县市依据地方特色建立具有地方色彩的文化馆。

大台北地区是以台北市为中心，另外地域围绕台北市的台北县（从2011年起，台北县升格改制为新北市，为行文方便本文采用的地名仍以台北县为主要名称）为腹地。台北市因为有三座大型博物馆，动作没有其他县市积极，而台北县则相对地积极筹设具有台北县特色的产业博物馆为因应。清末民初，大台北地区对外输送的三大产品，分别是茶叶、樟脑与糖，码头以设在台北市的大稻埕为主，故台北市是早期贸易集中地而非产业生产地，筹设产业博物馆自然以台北县为主。1983年台湾当局研议在北台湾设置产茶的茶业博物馆时，由当时的台湾省主管机关主席李登辉核准，指定建于文山包种茶的产地台北县坪林乡，但也等了14年，才在1997年5月，建成坪林茶业博物馆并举办盛大开幕式。坪林茶业博物馆，是依照福建省安溪地区的闽式建筑形式兴建的，博物馆内包括一间综合展示馆、一间活动展示馆、一间多媒体放映室、一间茶艺

---

① 张誉腾：《如何解读博物馆》，台湾"行政院"文化建设委员会出版，2000年9月，第27页。

馆以及一个茶叶贩卖部，迄今坪林茶业博物馆仍是台湾茶业展示的一个重要据点。与坪林茶业博物馆一同列为产业博物馆一环的，在台北县还有有台湾景德镇之称的莺歌陶瓷博物馆；曾经是中国产金最密集的瑞芳九份、金瓜石，也设置了黄金博物馆。

莺歌陶瓷博物馆自 1988 年倡议兴建，耗时 12 年，到 2000 年 11 月 26 日才开馆启用，其至今仍是台湾地区以陶瓷为主题的专业博物馆。陶博馆除致力于展现台湾陶瓷文化、激发社会大众对陶瓷文化的兴趣与关怀、提升莺歌陶瓷产业及地方形象外，其对于推进现代陶艺创作，促进国际交流也十分重视。近年来更积极参与台湾陶瓷文化之调查、收藏、保存与维护工作，提供研究、典藏、展示及教育推广。黄金博物馆在 2001 年开始规划，不同于坪林茶业博物馆、莺歌陶瓷博物馆，它是利用旧有的矿场办公室更改为展场，所以整体计划与开馆时间，都可以得到有效控制，在 2004 年 10 月开馆，11 月 4 日正式开幕。黄金博物馆园区的主要功能在于推动地区矿业文化资产保存与活化，与早先设立的茶业博物馆、莺歌陶瓷博物馆不同的是，黄金博物馆在建馆之初即被要求导入小区与生态融合的博物馆新概念，所以黄金博物馆开馆之初，即定名为"黄金博物馆园区"，与其他两个产业类别的博物馆有所区别。

二　淘金路一页兴衰

自古以来，黄金就是中国人喜爱的对象。除了饰品以外，黄金的使用层面十分宽广，甚至于战争时期，携黄金逃难，更是必备之财物。故中国人所谓的"书中自有黄金屋"，甚至于汉武帝的"金屋藏娇"说，都是文人所自喜的比喻。中国人虽喜爱黄金，但中国的产金量并不是很高。以有统计数目字的1939 年为例，扣除台湾之外的黑龙江诸省，总产金量是十四万四千五百五十两；台湾在同年的产金量是八万四千八百两。台湾的产金量，相当于中国的五成五以上；更让人称奇的是台湾产金地点，主要集中在新北市瑞芳区之九份、金瓜石附近，这片不到 5 平方公里的狭小范围内。林朝棨所称的产金区域，以今日的行政区域来说，大约就在今天台北县瑞芳镇（新北市瑞芳区）的九份、金瓜石，还有紧邻的双溪区牡丹。九份、金瓜石与牡丹，也有人以"台湾三金山"来称呼。在地图上，台湾三金山是以基隆山为基准，山腹的福山宫为中心。如今这片地质特异山坡地，已经被规划为金瓜石地质公园①。

这片地质特异的山坡地，如地方文史工作者简照堃所称"约一百七十万年到八十万年前受火山侵入的石英体安山岩体"的影响，而有金矿脉的存在。地质专家林朝棨在研究九份、金瓜石的地质时，分析这三处矿脉差异是：

> 瑞芳型矿脉产自然金，金粒粗大，大致以肉眼即可辨别，二十两以上者不少。武丹坑型矿床介于瑞芳与金瓜石之间，西半接瑞芳之大粗坑，但无瑞芳之富矿体，且金粒较细，故日后被金瓜石合并。金瓜石之矿床，含金量平均，如本山之"大金瓜"即露天采出，为本矿型产金之主要来源。②

林朝棨所称的自然金，是指本地在黄金矿被发现的开始，在肉眼上容易被发现的，在实务上，林朝棨本人曾经在研究过程中，就找到一颗矿石含有六十两黄金的藏量。这种富矿体或风化为砂金，也常被民众在河中淘洗发现。研究黄金开采多年的作家唐羽，他在编纂《双溪乡志》时曾经提到：

> 砂金系指经由山崩、地震、风吹、雨打，流入溪谷就地二次化之自然金。境内三貂溪之有砂金，旧称"三朝溪"，凤已见康熙以来诸家纪述，嘉庆以后，作"三貂溪"。三貂溪自武丹山出流后，流经武丹坑、粗坑，进入顶双溪与平林溪合流。③

从溪流里淘金的形式，在很多古籍中也有记载，如郁永河在《裨海纪游》中也说：

---

① 林朝棨：《台湾特产丛刊第六种——台湾之金》，台湾银行金融研究室编，1950 年 10 月，第 21～22 页。

② 林朝棨：《台湾特产丛刊第六种——台湾之金》，台湾银行金融研究室编，1950 年 10 月，第 3～10 页。

③ 唐羽：《双溪乡志》，双溪乡公所，2001 年 9 月，第 389 页。

哆啰满产金,淘沙出之,与云南瓜子金相似;番人镕成条,藏巨瞶中,每开瞶自炫,然不知所用,近岁,始有携至鸡笼淡水易布者。①

盛清沂编纂的《台北县志·矿业志》,也特别引用,清乾隆十一年(1746)六十七著《番社采风图考》之淘金记,文称:

鸡笼毛少翁社,深涧沙中产金,其色高下不一。社番健壮者没水淘取,止一掬便起,不能瞬留,盖其水极寒也。或云久停则雷迅发,出水即向火,始无恙。②

这样的描述说明,可以到河里淘洗砂金,当然不止一地,不止一溪流而已。而本文所侧重的九份、金瓜石采金事业的源头,则始自基隆河流域。林朝棨在《台湾之金》中是这样记载的:

光绪十五年(1889)夏,刘铭传筑台北、基隆间铁路,至八堵车站附近架设铁桥,有奥籍工人偶然见挖掘之砂砾中,混有砂金,即将砂砾淘掉,获砂金不少,于是土民麇集,争相采取河床砂砾从事淘金事业。光绪十六年(1890),采金者已经超过三千人,淘洗区域逐渐延至三貂山麓。因采金人麇集,歹徒混入滋扰,河道及两岸田园均受损毁。光绪十七年(1891)九月,基隆同知黎景嵩奉台湾巡抚之命,发出谕示,禁止采金。③

也就是说,光绪十五年到十七年九月,九份、金瓜石的黄金开采日盛,单日聚集了三千人以上,因黄金产量大增而渐渐出现聚落的面貌。清政府为了管理这一片黄金产地,先设置金砂局,接着开放士绅申请设立商号来包揽采金事宜。其中淡水五大商社合组的"金宝泉",向清政府认缴二万两,再

---

① 郁永河:《裨海纪游》,台湾省文献会,1986年6月再版,第33页。
② 盛清沂编纂《台北县志·矿业志》,台北县政府,1960年11月,第64页。
③ 林朝棨:《台湾特产丛刊第六种——台湾之金》,台湾银行金融研究室编,1950年10月,第28页。

开放民众以每牌一钱半来申请淘金，每天都有 2000 人以上来申请，最高达到 4000 人，可见盛况空前。清光绪二十一年（1895），日人据台，旋即颁布《台湾矿业规则》，确定各产金矿区的划分，是以基隆山正南正北为界，划分为东、西两个矿厂。东区由藤田传山郎男爵取得（简称藤田组），以九份矿区为主；西区由田中长兵卫（简称田中组）负责，以金瓜石矿区为主。台湾矿业巨子颜云年在 1899 年组成"金裕丰"商号，向藤田组承包小矿区，因办事机敏而获得信任，待藤田组全面退出九份采金后，颜家筹组"台阳"公司深度挖矿而称霸一方。在金瓜山开矿的田中组，获得日本政府比较多的关照，从机器设备到人才的进用，都打造出不同于九份的风情，甚至于在金瓜石一带兴建火力发电厂；照顾日籍人士在开采过程中的殉难，筹设全台第一座火葬场；等等。甚至于第二次世界大战期间，日本在东南亚关押的战俘也遣送到金瓜石来采金。特别是田中组为巴结日本皇室，选在金瓜石最平坦处兴建一座太子宾馆，为迎接日本皇室来台时下榻使用。所以太子宾馆比照日本皇室，使用樱木、桧木等材料，营造出独特的日式庭园，迄今仍是台湾地区日式木造建筑的典范。

金瓜石、九份这处产金圣地，1898 年到 1987 年最后的产金日子，台湾金属矿业公司曾经统计过，从早期的每年产量仅 41.329 公斤，到末期的年产量为 229.87 公斤，[①] 将近 90 年的黄金开采时期，量最大的在 1938 年前后，年产量能突破 2000 公斤，1938 年达 2603.725 公斤，金矿产量大增，后来的说法是日本为了应付第二次世界大战的军需，而拼命派人开采，包括战俘都被送到这里来夜以继日加班所致，也因此造成战后黄金开采量下滑，到了 1980 年以后其产量只有数百公斤，黄金开采不到百年就面临枯竭窘境。1987 年停产的原因主要有以下几个。

（1）矿石的藏金量受限。林朝棨的地质研究证明，金瓜石、九份一带的矿场矿脉，早期普遍是含金量高的富矿体（矿石含金量在千分之五以上），在地质表层上就可以开采，但经过百年来的开采以后，表层已枯竭，工人必须往地底下深掘，使得人工成本不断上扬，即便顺利采得金矿矿脉，再用来提炼出

① 林全洲：《金瓜露头》，台北联经出版事业公司，2004 年 7 月出版，第 56～57 页。

黄金，以黄金售价与成本相比，人工价格偏高，致黄金开采不敷成本。百年开采过后，金九地区的矿脉藏金量被认定属于贫矿（矿石含金量在千分之三以下），使得企业主不得不放弃矿区持续采金的经营权。

（2）矿石的提炼方式待改进。早期黄金矿石的提炼，先把绝大部分矿石碎裂，淘洗黄金过程中，再使用大量的硫黄分产金、铜，而提炼过程中，容易产生有毒气体，这也一度造成金瓜石的山头寸草不生，引起环保团体的抗议，业者不愿意增加经营成本，加上富矿体有限，放弃开采是唯一的选择。

（3）时空的环境变化。当金矿产量日减时，台湾在1984年以后，不少矿区陆续发生重大灾变，尤其瑞芳区的煤山煤矿造成一百多人死亡，各界认为矿工是危险行业，加上开矿后的矿工尘肺病案例日多，致使民众持续当矿工的意愿低落，矿主招收不易，也萌生停止采矿意愿。金瓜石、九份地区的人口之所以能大量聚集，一开始是因为产金量大，让民众可以有更多的收益，才吸引各地工人来此讨生活，当产金行业没落后，人口外移就是一个必然的结果。因此，如何让金瓜石与九份再显生计，就成为地方人士所关心的议题。

三 博物馆园区计划

金九地区是从1987年起，金、煤全面停止采矿后，常住人口为了生计开始外移，以致减少一大半以上（参见表1）[①]。过去矿区原有的流动矿工人口，在这几年也大量消失，以至于外人到金九地区，触目所见孤寂的老人最多，年轻人都外出赚钱了。面对矿区人口的外流，金九地区的民众最先想到的是设置"艺术村"。地方上认为金瓜石与九份的地质特性，适合艺术家到这里发展。可是金瓜石与九份地区，每到冬天，东北季风强劲，加上潮湿的气候环境，这对于艺术品的保存极具杀伤力，于是艺术家虽迁到这里，但也只能在春、夏季到这里作画。

---

① 钟温清总主编《瑞芳镇志——住民篇》，台北县瑞芳镇公所印行，2002年1月，第15页。

表1　瑞芳区1980~1990年人口统计

年度	瑞芳全区人口	九份	金瓜石
1980	66902	6399	5531
1981	65736	6091	5321
1982	64706	5804	4953
1983	63136	5593	4531
1984	61527	5155	4117
1985	59819	4885	3817
1986	58662	4593	3527
1987	56837	4409	3089
1988	54828	4086	2824
1989	53964	3942	2578
1990	53505	3770	2496
外移比例（%）	20.02	41.08	54.87

数据来源：《瑞芳镇志·住民篇》。

　　让金瓜石与九份得到生机的关键时刻，是导演侯孝贤在1989年拍出的《悲情城市》，并在意大利威尼斯影展得到金狮奖，让影迷们来到影片拍摄地的九份寻踪，由九份开始燃烧一份对矿区的激情。紧接着日本动画片大师宫崎骏的"千与千寻"，也是取景于九份的蜿蜒民居，让日本观光客到这里来寻找一份亲切感。也因为这样九份的日本观光客长年居高不下。在观光客大量涌进九份的同时，位于基隆山另一侧的金瓜石，被地方找到新的出发视角，原因是日本人退出金瓜石后，田中组于金瓜石兴建的太子宾馆、炼金楼，还有日本人朝圣的神社、日式宿舍群都被完整保留下来，于是在金瓜石设置黄金博物馆的声浪高涨。台北县政府在2000年完成莺歌陶瓷博馆后，陶博馆馆长吴进风受命来到金瓜石规划黄金博物馆。

　　吴进风的建馆计划，先委托"中华民国"自然生态保育协会规划。保育协会找来研究地质的台大教授王鑫领军，相关草案的研究，就以王鑫专长的地质生态来融入。王鑫的想法，主要是20世纪60年代以后，博物馆单纯收藏文物与教育大众的功能受到挑战，原因是民众进入博物馆之后，已无法满足单一接受"看"这个动作，以至于有打破砂锅问到底的强烈知识需求。于是博物馆再升级，能够与小区、外围生态环境结合的大博物馆概念得到更多的讨论，同时也研究设置学习单等务实做法。研究博物馆学多年的张誉腾，在黄金博物馆园区开放后出版的《生态博物馆》一书中提到：

> 生态博物馆这个名词，是由法国博物馆学者西·瓦讷（Huguesde Varine‐Bohan）所创，首次出现在 1971 年格雷诺伯（Grenoble）举办的国际博物馆会议中，用以界定他和法国另一位博物馆学者希·维贺（Georges Henri Riviere），当时在博物馆馆界所共同推动的一个运动。这个运动的涵意代表了"一个批判和改革的运动，目的在吸纳社会和人文科学最新发展，改革博物馆陈列、展示和沟通的技术、从而彻底改造博物馆与社会大众的关系"。[1]

张誉腾又提到：

> 生态博物馆的概念，给博物馆界带来一股除旧布新的感受，掀起不断解放的意识，他的特点就是不受拘泥地开展足以容纳变迁的新思想。[2]

台大教授王鑫对于黄金博物馆园区是这样规划的。他以台湾三金山（金瓜石、九份、牡丹）所在的五平方公里所构成的地质公园为主体，设一座博物馆当轴心，民众到这里来参观时，有文物可看，也能够了解本地特殊地质。王鑫在规划上提到：

> 金瓜石地区的地质地形相当独特，侵入式石英安山带来的热水矿化作用，使金瓜石扇为台湾产金及产铜密集度最高地区，坚硬岩石所形成的自然地景形塑出特殊的自然地景，如基隆山、无耳茶壶山及本山等，成为当地重要地标。[3]

---

[1] 张誉腾：《生态博物馆》，台北：五观艺术管理公司，2004 年 1 月出版，第 14 页。
[2] 张誉腾：《生态博物馆》，台北：五观艺术管理公司，2004 年 1 月出版，第 224 页。
[3] 王鑫：《黄金博物园区解说系统规划》，"中华民国"自然生态保育协会 2003 年 6 月 10 日印行，第 2 页。

黄金博物馆园区的设计，一开始在寻找馆址时就比坪林茶业博物馆、莺歌陶瓷博物馆，更注意与外围生态环境的结合。黄金博物馆园区的规划，可以分成三馆二体验。所谓的三馆是环境馆、黄金博物馆与太子宾馆；二体验是淘金体验与矿坑体验。环境馆与黄金博物馆，是以昔日矿场的办公室为主。环境馆提供金瓜石的地质、植物等相关环境资料。主体的黄金博物馆分为三层楼，分别展出矿工的生活、采金的过程、必备的作业条件等。最主要的展出焦点，则是展场中一块重达220公斤的黄金块，可以让民众用手去接触这块价值上亿元新台币的财产。环境馆与黄金博物馆，这两个馆民众都可以自行参观。需要导览的是太子宾馆，园方采取定时解说，主要是太子宾馆全系木造，加上占地360坪，视野与拍照都是最佳景点，在目前无法提供内部参观时，通过导览志工的解说，可以得到最好的服务。至于二体验，其一的淘金体验是在黄金博物馆主馆的三楼，可以让民众从现场提供的矿石粉中，试着用古法来提炼金砂；另外则是利用矿场原本的五号坑，提供长约100公尺的坑道环境，让民众可以当短暂的矿工。当然园区外还有日据时代保存下来的日式建筑，包括四连栋等，也开放给艺术家进驻，给游客提供不一样的玩赏风情。

　　在黄金博物馆后方，通过日本神社与地质公园接轨，拾级而上可以看到整个金瓜石的风貌。如果从博物馆侧边走无耳茶壶山附近，可以到民众信仰的中心"劝济堂"，看一下全台湾最大的室外关公铜像，甚至于走到公园边的英军战俘营纪念碑凭吊一番。这种与小区、周边生态融合在一起的做法，是早期坪林茶业博物馆开馆时所没有想到的。后来莺歌陶瓷博物馆自2006年起扩大腹地，把邻近的大汉溪河床纳为陶瓷公园，提供民众赏陶之外的休闲功能，其作用都与黄金博物园区的意图相似，都希望提供民众更多的休闲教育功能。所以黄金博物馆园区在2004年10月开馆后，除第一年开馆月数不足外，其他年份所吸引的观光客人潮，可以说是新北市三大产业博物馆第一名（参见表2）①，甚至2012年的游客数还是最先设立的茶业博物馆的10倍。观光客人数的上升，说明到这里来的游客有潜在的购买能力，这会不会让瑞芳区的人口止跌回升呢？从新北市政府2012年10月公布的新北市各区人口数看，瑞芳区现住人

---

　　① 新北市政府主计处编印《新北市重要统计速报》，2013年9月发行，第2~67页。

口为 41566 人，比 1987 年金矿停采时的 56837 人少了 15271 人，减少了
26.87%。最近五年，瑞芳人口数从 2007 年的 43526 人，降到目前的 41566
人，减少比例约 4.5%。

表 2　新北市观光游近十年游客数

年度	黄金博物园区	莺歌陶瓷博物馆	茶业博物馆	备注
2004	170278	296542	39162	当年 10 月开馆
2005	930281	271124	43957	
2006	791794	238796	35205	
2007	688300	228702	33549	
2008	673652	279464	38614	
2009	871785	529693	34372	
2010	1020500	786209	37156	
2011	1248149	906274	78989	
2012	1774515	1064285	170921	
2013	1326947	868163	169012	只统计到当年 9 月

数据来源：新北市政府主计处。

看得出来，瑞芳外移的人口比例，在最近五年观光客增加下，外移的趋势
是稳定的。然而对于黄金博物馆园区来说，最大的致命伤是本地的气候。每年
10 月到次年 3 月，强烈的东北季风来袭，因金瓜石与九份都属迎风面，这段
时间最容易下雨，即使本地有最好的视野与地质公园，都可能因为下雨而游客
到不了，甚至无法从事户外活动，只能在室内参观。所以黄金博物馆园区内的
金采卖店，有一个特别商器，就是售卖雨具，这可是每年都可以派上用场的商
品，气候的特色是本园区不可控制的变量。黄金博物馆园区的发展，虽然游客
数渐多，但是还有一些发展瓶颈存在，笔者以为至少有以下数端。

（1）博物馆收费与否的迷思——观光客不上门是收费让民众却步，还是
不收费带来参观环境的恶化，甚至出现没有参观质量的恶评。

（2）典藏品来之不易——传统博物馆的主要功能之一，是在搜集文物，
但公共部门的预算编列方式致使各馆舍的经费有限，每年不足 1 亿元新台币，
扣除人事费用，便没有典藏品的购买经费。除非有民众捐输，但这种期待与现
实有落差。而黄金博物馆的典藏品更是缺乏新意。

（3）特色维系不易——台湾各地特色馆，彼此间文化抄袭严重，摆设内容，在其他民间的金矿博物馆也可以看到相似品，尤其公共部门文创商品特色的彰显与维护都比想象中困难，导致开发人员不愿意投入研究经费。

（4）营销人才难觅——没有活动就缺乏吸引人潮的吸引力，可是谁来设计活动？谁来营销？公共部门一人兼多职，如果委外办理，其经费更是难以估算与控制。

为了提升游客数量，从 2010 年起，新北市当局提出了博物馆家族，民众免费入园的想法，民众进入新北市公立博物馆都可以不必付门票费用，以此鼓励民众走进博物馆，其结果则不被上级单位所肯定。以新北市政府 2012 年度地方决算的上级审查意见为例，上级单位对文化单位的工作应变建议方案，就提出"允宜建立公有地方文化馆营销机制，以落实永续经营宗旨"。

上级单位的建议方案，具体说明如下：

> 文化局所属之文化馆舍均采开放自由免费参观入场之方式，虽可提高民众参观之意愿，惟因无适当财源收入，以致未能扩展馆藏之广度，又有关馆舍之资本支出及相关维护管理费用，均系政府部门编列预算支应，成为公有馆舍惟一之收入来源，造成公库负担。经建请考虑使用者付费原则，以利增加馆藏品之内容及其永续经营。[①]

"用户付费"虽然是各级单位所强调的一件事，可是在实务上却有其困难点。新北市政府对于上级单位的指示，其响应的改进计划，就只简明列出，未来发展会列入中长期改进计划，至于具体方案则没有下文说明。

四　博物园区金采卖店

黄金博物馆园区自 2004 年 11 月开馆之前，参考生态博物馆的内涵，设定

---

① "审计部"新北市审计处：《101 年度新北市地方总决算审查报告》，2013 年 7 月印制，第 54 页。

了淘金与矿坑经验的体验区活动。但实际运作后，在经营层面上，考虑到让民众记忆深刻，甚至于把黄金博物馆园区的印象带回家去，光靠这两个体验活动，仍有所不足。曾经担任台北县十三行博物馆馆长的林明美，在她所著的《博物馆有什么价值?》一书中提到：综观近年来国内外博物馆发展，可归纳为下列几大趋势①：

（1）地方参与认同：地方参与博物馆的规划与营运，以追求地方定位与认同。

（2）由外而内的经营：走向"由外而内"的经营方式，增加展示设计人员、教育人员、观众、小区工作者、义工的参与。

（3）尊重地方文化与弱势族群：规划与营运过程中，逐渐重视地方文化传统与弱势团体的声音。

（4）以人为主的营运基础：营运基础由"以物为主"走向"以人为主"，收藏品不再是博物馆的核心，逐渐强调将人民所在地域的文化资产以最佳方式诠释、呈现，关注小区人民的需要、观众的需要及互动的需要。

（5）积极参与社会变迁：转变为未来导向，积极参与社会变迁，作为社会发展的催化剂。

检视张誉腾的"生态博物馆"概念和林明美的"博物馆价值"说，再参考上级单位要求新北市文化单位要有"用户付费"构思，黄金博物馆园区从文创角度更新是一个必然的趋势。黄金博物馆园区自 2010 年起编列了所谓的文创商品设计费用，其平均每年约为 90 万元新台币（参见表 3)②，并自 2011 年 6 月 30 日开始自营金采卖店，协助文创商品寄卖，甚至于自行开发。新北市文化局要求各单位设计文创商品，当然不只是黄金博物馆园区，只是这个单项金额算是新北市政府博物馆里的最高额，相较之下坪林茶业博物馆并没有编列这笔费用，而莺歌陶瓷博物馆因为陶瓷创作者林立，尚不需要馆内自行研发，这方面的经费

---

① 林明美：《博物馆有什么价值?》，台北县十三行博物馆，2006 年 2 月出版，第 23 页。
② 参考新北市政府送交新北市议会审议之 2013 年度、2014 年度总预算案之文化局项目。

也只有象征性的列举。在新北市可对外提供的预算书中，文创商品的收入计在杂项列中，2013年、2014年的岁入预算概数，是参照2012年的决算金额2784731元，再减列部分金额。这样的作业模式，主要是政府单位对于岁入预算经常性要短估金额，这样公务员可以避免日后商品卖不好被究责的压力。

表3　黄金博物馆园区文创商品销售预算

单位：元新台币

年度	文教支出业务费	文创商品设计费	商品收入	杂项总收入
2013	43068000	900000	1620000	1929000
2014	39985000	900000	2249000	2249000

数据来源：新北市文化局2013年、2014年度预算书。

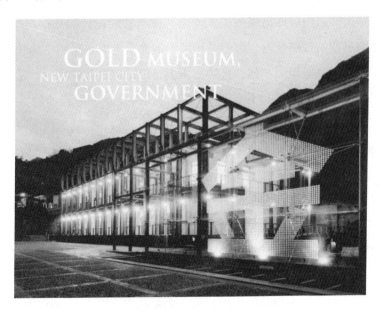

图1　黄金博物馆园区对外介绍的主照

从预算的编列方式来看，黄金博物馆园区是以文教业务活动为主，故每年编列的三四千万元（新台币）预算，扣除必要的人事费用外，实际上还要花费在活动的举办上，包括每年的金工比赛、馆庆等活动。故对于文创商品的投入，每年都不到100万元，所幸文创商品的收入都还有不错的成果，至少比文创的投入费用高。所以黄金博物馆园区虽以生态博物馆为师，可运作上，建馆时所标示的"以人为主的营运模式",其实并没有表现出来。相对的"以人为主的营运模式",可能变成一种虚应故事的作为罢了。编列文创经费后,加上自营的金采卖店开张,究竟黄金博物园区可以提供何种文创商品?

金采卖店自行评估的商品策略是:本馆典藏品并不适宜做成复制品销售,此外依据委托厂商提供的卖店销售表,平均客单约为250元新台币。故规划三大类商品,包括本馆出版品及衍生性商品、金工创作作品、在地艺术家衍生商品。①

真正属于金采卖店开发的商品,在2012年11月以前,约一年半的时间,共开发文具类、T恤、环保袋、马克杯等19项,单价都以250元新台币以下为原则。较受到各界注目的商品约有以下数项。

首先是园区启用后即出现的矿工便当,便当盒的设计与环保筷子的结合,是比照台湾早期的铁路便当,但不是用圆形的盒子,而是采用略为长方形的设计。矿工便当与一般便当相似,食物原则上是以矿工进入矿坑后,希望有力量可以开采矿石,所以传统排骨鲁肉是主菜,其次是萝卜等腌渍物,味道不特别,主要是民众吃完便当后,整个餐具都可以带回家。然后是以无身茶壶山为发想的杯具组,包括马克杯或传统的掀盖杯组。本套茶具也可以配合台北县出产的文山包种茶一同售卖。在商品的包装上,是以黄金博物馆内重点陈设,220公斤大金砖造型作为茶杯组的外包装,闪亮的黄金色泽,相当引人注目。再次是以220公斤的大金砖为模型,设计出的一系列金砖手机吊饰。最后则是近两年才推出的发财潮T,又称为发财衣,重点在于红、黑、白三色的潮T,印有烫金的"发财"二字,十分符合华人追求财富的欲望。

金采卖店这类文创商品的出现,最主要是从以下两个概念出发。

(1) 从特色出发。以黄金博物馆园区内的景点为特色,来开发衍生性的商品,尤其是民众喜爱的商品,如茶具、矿工便当等,都可以重复发想。

(2) 创造新话题。商品的开发,希望可以引导议题,通过媒体的采访与介入,让产品生发出意想不到的发烧景象。

---

① 王慧珍:《新北市黄金博物馆2013年学刊——公营博物馆文创卖店的设置与营运篇》,新北市黄金博物馆,2013年7月出版,第18页。

图 2　黄金博物馆园区推出的发烧文创商品"发财衣"

关于金采卖店的营运状况，王慧珍在《新北市黄金博物馆 2013 年学刊——公营博物馆文创卖店的设置与营运篇》中提到：

金采卖店自开幕至今（2012 年 11 月），寄卖厂商 31 家，寄卖商品 762 项，自营商品 19 项，营业额约为 593 万元新台币，其中金采卖店自行开发商品及出版品销售约占 16%。每月平均来客数约 1071 人，每人平均客单约 326 元，每人平均消费约 1.8 个产品，畅销商品大都跟大金砖或黄金意象有关。①

---

① 王慧珍：《新北市黄金博物馆 2013 年学刊——公营博物馆文创卖店的设置与营运篇》，新北市黄金博物馆，2013 年 7 月出版，第 25 页。

自营金采卖店成立只有一年多的时间，黄金博物馆园区也感受到公务机关经营零售商店，最困难的是缺少相关业务经验和人力，尤其是如何开发兼具市场性与教育性的商品。就经营的角度来看，黄金博物馆园区的卖店绩效仍有待提高。依游客数来核计，光是2012年就有1774515人，核算每月应有147876人，对比平均来客数的1071人，也就是参观人数进入卖店的只有千分之七，多数人根本会忽略掉卖店的存在，这当然也牵涉卖店的位置问题，这些都是专业上可以考虑的地方。

五　结论

笔者在研究本议题时，数次到园区参观。听到每一个来黄金博物馆园区参观的民众，都会向黄金博物馆园区的导览志工张贤迪询问："金瓜石还有没有淘金？"张贤迪则老实地说道："有。"他说，过去金瓜石是向地底下的矿脉淘金，如今是向观光客淘金，淘金的对象不同，但对地方民众带来创富行为却是不变的。张贤迪向观光客介绍淘金的说法，说明黄金博物馆园区一定要有自己的特色存在，才可以吸引络绎不绝的观光资源，如果没有了特色自然无法淘金。所以依卖店自行分析，最畅销的商品，也是与220公斤大金砖或黄金意象有关的商品。

百年来黄金博物馆园区，从民众聚集淘金、金瓜露头的出现到深入地底采矿，就文化的内涵来看，近百年的活动历程，其实给在地文创产业有很大的发展空间，可惜的是文创思维无法突破现实，让文创停留在半吊子的环境里，自然方向性选择不明确。公共部门既然强调"使用者付费"，加上要求强化"营销"，那么以下四点就足以让人深思。

（1）当局预算排挤文创。依新北市当局编列预算的原则，活动预算尤其是烟火式的各类活动仍然偏高，依2013年度、2014年度的总预算，文创约为文教活动项目中的1/40，这对文创从业者而言，其研发费用明显不足，如何来开创新局面？

（2）文创人才的短缺。以自有商品的掀杯盖组为例，金瓜石最著名的景点当然是无耳茶壶山，黄金博物馆园区都以此山为标记，可是设计出来的茶具，茶杯盖居然是使用佛陀的造型，而非茶壶山的本体，佛陀如何与黄金园区结合在一起，这样的造型设计基本上是缺乏黄金意象，会让看了美观外包装而买回去的客户，看到里面的商品后自然没有信心。

（3）市场营销人才不足。金采卖店的自我检讨列出了营销人才的不足，但要找到兼具市场性与教育性意义的商品更是不容易。能想出"发财"潮 T 营销，已经是很大的进步。

（4）卖店设置地点存疑。金采卖店设在黄金博物馆本馆的后面，属一处独立小屋，空间并不大，这与一般卖店设在馆内不同，是否因此使客人流失，是值得探讨的。

黄金自古以来就是民众喜爱的贵金属之一，如果公共部门的自行开发能力不足，寻求专业厂商的协助，乃至于以金属工艺为商品主轴，未必不是一个可以合作的模式。本研究仅以单一博物馆的文创商品营销为例，自然还有其他比评的空间，受到研究时间限制，无法纳入更多博物馆商品，是本次研究上的不足之处，期待后续的文创研究，可以补足这次的不足。

B.9

台北市自助旅游者之寻路工具
对寻路行为影响之研究

张轩瑄 *

多数人在海外旅游时，由于对文字与环境不熟悉，迷路导致寻路行为产生的可能性就高，一旦寻路过程不顺利，可能会导致行程的延后、旅游情绪的不高等。对于某些人来说在陌生环境下轻松自在的移动到达其目的地是困难的（Allen et al.，1996；Hegarty et al.，2002；Ishikawa & Montello，2006）。观光客在异地旅游时除了依赖本身的能力与过去的经验来寻路外，往往需要依赖其他导引辅助设施或工具来找到观光目的地（Munzer，et al.，2006）。

本研究之主要研究目的一：分析比较三种不同的寻路辅助设备（Navigation Aids）（包括 GPS 智能型手机、传统式地图、路标指示牌）对于外籍自助旅客之寻路行为与寻路焦虑感的影响。研究目的二：分析来台旅游之外籍旅客的寻路焦虑感、个人特质、寻路经验如何影响其旅游满意度。

研究对象为 86 位第一次来台的外籍学生，参与者必须自行搭乘捷运到最近的车站，然后根据研究单位所提供的寻路工具找到观光景点：台北 101 大楼与新北投温泉区。结果发现：（1）不同的寻路辅助工具在抵达观光景点所花费的寻路时间上并没有显著的差异；（2）不同的寻路辅助工具在寻路焦虑感与寻路困难度上有显著的差异；（3）不同寻路辅助工具在其认知地图的表现方式上有显著的差异；（4）采用旅游地图的参与者编号采用大量的地标；（5）采用当地指标的群则明显地对于路径与道路名称的记忆程度较高；（6）外籍旅客

---

* 张轩瑄，台湾铭传大学观光学院休闲游憩管理学系副教授。

对于台北 101 信义计划区的观光对象皆为高耸的建筑大楼与百货公司；（7）新北投温泉区则以公园为主要的观光对象。

一 前言

多数人在面对开阔宽广的环境，从未到过的陌生环境时，会产生迷失方向的感觉，而会产生寻路的需要，这样的情况不仅会发生在日常生活当中，在旅游时更容易产生，不论是在自己国家内进行旅游，或是前往从未拜访过的异国，由于文字与环境的不熟悉，迷路导致寻路行为产生的可能性很高，一旦旅客迷失方向时，会产生焦虑不安的感觉。Lynch（1960）所提及的迷失（Lost）并不仅指地理环境的不确定性，更具有可让人产生彻底无助感的弦外之音。相对于团体旅客，自助旅游者必须要自行安排交通、住宿、移动路线规划；因此，寻路能力对于旅游者而言，是非常重要的，不论是自助旅游或团体旅游、在户外旅游或城市旅游，抑或国家公园、主题乐园旅游等，或是在室内观光，例如博物馆、机场、美术馆等，旅客都必须面临"寻路"的挑战，一旦寻路的过程不顺利，可能会导致行程的延后、旅游情绪受干扰、个人自身安危受影响等。对于某些人来说在陌生环境下轻松自在地移动到达其目的地是困难的（Allen，et al.，1996；Hegarty，et al.，2002；Ishikawa & Montello，2006）。

根据 Ishikawa et al.（2008）所提出的寻路流程图，自助旅游者若是希望能够顺利前往其所设定的旅游目的地则要明白以下几点。第一，自助旅游者需要有能力知道自己身处何处（Where I am in terms of location）与要前往的地点在哪个方向（Which direction I am heading to），例如自助旅游者搭乘捷运后步出捷运场站后，必须要先知道"自己在哪个捷运车站"，也要知道"自己面对的方向之地理位置"。第二，自助旅游者需要开始计划从所处之地点前往旅游目的地之路线图（Plan the route），如"从台北市政府前往台北 101 大楼的路线图"。第三，开始执行其在心中所计划行走的路径图（Execute the route）。在这三个过程中，寻路者都会需要两种协助，自助旅客会通过脑中既有的知识（Stored knowledge）与外在的导航辅助工具（Navigation Aids）协助自己。其中既有的知识是属于内在的辅助信息来源（Internal representation），如过去的自助旅游经验（Kato & Takeuchi 2003；Kitchin，1994；Lawton & Kallai，2002；Prestopnik & Roskos－Ewoldsen，2000；Walmsley & Jenkins，1991）、儿童户外玩乐经验（Herman，Heins & Cohen，et al.，1987；Lawton &Kallai，2002；Newson&Newson，1987）等。从外部影响因素（External representation）来说，则要依靠自助旅游者寻路当时所采用的辅助设备（Allen，1999；Golledge，1999；Sorrows and Hirtle，1999；Xia et al.，2008），如地图、导航手机、GPS设备、路标指示牌、地标等。

除了旅游地点所设置的指示牌与路标以外，自助旅游者通常会在出行前开始进行准备，地图被视为很有帮助的信息来源（Lawton，1994；Passini，1984；Rovine & Weisman，1989），但随着科技的进步，各式各样的导航辅助设备被研发出来（Hightower & Borriello，2001；Loomis、Golledge & Klatzky，2001），例如从早期的 PDA（Loiterton & Bishop，2005），到手机追踪、到 GPS的运用（Zhou & Golledge，2000；Arrowsmith et al.，2005），从开车族群到行人走路都可应用（Baus，Cheverst & Kray，2005）。一系列的发展都持续提高资料搜集上的准确性与追踪记录大量的寻路经验。不论是地图或是智能型手机，都是由自助旅游者根据寻路需要自行准备，协助本身能够更顺畅地在另外的国度或陌生的城市中进行移动，以抵达观光目的地。但使用地图或 GPS 智能型手机对于自助旅客在旅游过程的帮助到底有多大？比起传统的路标或是指示牌更能够有效率地抵达观光目的地吗？有些研究认为通过地图来找路，对于某些人而言是具有难度与挑战性的，因为要把地图上的信息转换成现实的环境（Liben、Kastens & Stevenson，2002；Munzer，et al.，2006），但却有研究发现利用 GPS 导航的游客则必须转多次的弯，走的路程也较远（Ishikawa，et al.，2008）。

任何一种路径导引工具或设备，皆是希望寻路者可在最舒服、简单的情况下抵达其目的地，尤其是在陌生国家的观光客（Munzer，et al.，2006），相对于一般的行人或开车族群，观光客在旅游过程中，也希望能在找路的过程中认识其所行走的环境与城市，甚至将所看到的景象留存在其脑海中；更希望等到回到自己的国家后，仍可建构出其所旅游过的城市面貌（Munzer，et al.，2006）；此外，每次的寻路经验都会转化为知识提供下次海外寻路时使用

（Kato & Takeuchi，2003；Kitchin，1994；Lawton & Kallai，2002；Prestopnik & Roskos - Ewoldsen，2000；Walmsley & Jenkins，1991），通过适当的路径导引工具或设备可以训练并提升旅客的寻路能力。

二　研究目的

寻路是每个旅客在旅游过程中不可避免的体验，尤其是自助旅客，寻路行为旨在为了要前往所预定的观光地旅游，必须要详细计划旅游路径、路线，以减少迷路的产生与时间的浪费。寻路往往会牵涉到不同层次认知与信息转换（Allen，1999；Klippel，et al.，2005；Montello，2005；Timpf，2002；Winter，2003）。自助旅客为了能够顺利找到方向与旅游地点，会采用不同的方法来协助自己在陌生的空间找到正确的路径，如地图及他人的协助。近年来，智能型手机也都配置有 GPS 全球定位系统，让旅客可以更清楚地知道自己所在的地点，但对于观光自助旅客而言，哪种辅助信息对于寻路最有帮助，哪种设备更能够提升自助旅客之寻路能力，更加认识其所旅游之观光城市，根据研究背景与相关文献，对本研究的研究目的的说明如下。

（1）分析比较三种不同的寻路辅助信息设备（Navigation Aids）包括 GPS 智能型手机、传统式地图、路标指示牌对于外籍自助旅客的寻路行为（Wayfinding behavior）与寻路焦虑感（Wayfinding anxiety）的影响。

（2）"性别"、"国籍"、"寻路工具"、"方向感"、"寻路焦虑感"对于"旅游满意度"的影响程度。

三　文献探讨

（一）寻路

"寻路"一词最早是用在地理学上，泛指人们在不熟悉环境的行为，Evans（1980）从心理学的角度来解释"寻路"，其为一种复杂的"认知"性工作，除了心理学之外，还包括环境心理学、地理学与实验心理学都会探讨寻路这一议题。Arthur 和 Passini（1992）则指出最早提出寻路概念的学者为 Lynch（1960），Lynch 在其发表的著作 *The Image of The City* 中曾提及寻路的概念，可见寻路与城市意象的关系之紧密。Arthur 和 Passini（1992）则提出寻路的完整释义，寻路是寻求空间问题的解答，其中包括对环境感应和认知，将环境信息转变为寻路的决策和行动计划，然后通过适当的地点将计划付诸行为。简而言之，寻路是一种心理认知程序，此程序最主要的目的在于从起点到达另外一个地点，这样的程序会因为个人旅行的目的地的不同与其所处的外部环境条件不同而有所差异（Golledge，1999）。

寻路总是在一般人对于所前往的地点并不熟悉下发生，或是在到达了一个不熟悉的空间、建筑物、区域时发生。从旅游的角度来解释，寻路为一种有目的性、有方向性且有动机的一种行为，旅游者从某一地点通过不同的信息与方法移到另外一个地点，通过既有存在的网络，试图选择与遵循已经设计好的路径来前进（Allen，1999；Golledge，1999），而寻路所涉及的范围，包括旅游人如何利用既有的信息、如何知道自己身处何处、如何知道哪个方向是正确的、如何到达所前往的目的地、如何回到其来源地点等不同的议题，因此，寻路中最主要的两个元素则为移动（movement）与决策（decision - making），在国外旅游的旅客可能要思考要往哪个方向移动才能缩短旅游的时间，遇到转折点则需要进行决策，决策的对错都会影响其旅游时间的长短（Zhou & Golledge，2000）。

Dough 和 Erkip（2000）则指出寻路计划其实就像一套工具，可以帮助人们在不熟悉的环境中到达前往的目的地，当游客面对不熟悉的环境时，必须要在事前有完整的规划，使自己有能力去察觉、选择以及了解信息，才能到达其目的地（Passini，1996）。但不论寻路者对其旅程的熟悉程度如何，寻路者所面对的任务相同，每位参与者在寻路过程中都肩负四项任务：包括定位（Orientation）、选择路径（Choosing the route）、保持正确的路径（Keeping on the right track）、找到目的地（Discovering the destination）（Klippel，2003）。因此，当自助旅客在国外旅游时，其寻路计划步骤为：（1）决定旅游目的地与旅游计划；（2）决策执行——在适当的时间与地点将上述计划转换为现场行为；（3）信息处理——此信息由对于所旅游的环境的了解与认知组成，通过此信息做出相关的决策（Chen & Stanney，1999；Lovas，1998；Passini，1996）。

Darken 和 Sibert（1996）在其研究的文献中将寻路分成三种不同的形式，第一种形式为无知式的搜寻（Na？ve search），寻路者有搜寻的目标，但对于目标的所在位置，完全没有任何的相关知识，由于已经有了既定的目标，所以对于区域内的搜寻与寻找会较为仔细；第二种则为主题式搜寻（Primary search），寻路者对于所要前往的目的地有较为粗略的概念与了解，寻找的过程较为有计划；第三种则为探索式搜寻（Exploration search），寻路者完全不知道目标物，完全没有目标地寻找。Darken 和 Sibert（1996）进一步指出这三种寻路的情况是不会同时产生的，但到异地的旅游者却有可能会遇到此三种情况，例如自助旅客在出发前往旅游目标国之前，皆会针对当地著名的观光景点进行研究并规划旅游行程，为了到达其事先已规划前往的观光目的地会采用"无知式的搜寻"；对于具有冒险性格的自助旅客，其也会随处看看走走，更亲近在地生活，此为"探索式的搜寻"；当旅行者结束一天的旅游活动之后，则要开始寻找回饭店的路，但其对于正确的路径并不是十分熟稔，这可以视为"主题式搜寻"的寻路。

Lawton（1994）的研究发现女性比男性在寻路时更容易焦虑，尤其是在尝试新的快捷方式或是要从停车场转弯出来时，另有研究发现女性在寻路时比较容易焦虑，对于空间也会感到疑惑（La Grone，1969），同时也会认为寻路很困难且没有信心（O'Laughlin & Brubaker，1998），但事实上，该研究也发现女性的寻路表现并不比男性来得不好。但寻路者的情绪稳定程度亦会影响个体的寻路能力，若在陌生的环境，焦虑感越高，其认知能力、记忆力或回忆的能力就会越低，同时会容易产生挫折感与降低其忍耐性。而个体在寻路过程中的焦虑程度又会受到其对于环境的熟悉程度、性别、年龄、个性等因素的影响。

（二）寻路导引设备

当旅客来到陌生的旅游地点或是重返其过去曾经拜访过的旅游地点，不论是在陌生的观光建筑景点内或是在开放的观光景点，都会产生寻路行为，寻路的行为基本上会受到个人因素、空间环境的特征、个体的寻路策略的影响（Ingwerron，1982）。Eaton（1992）则认为影响因素包括环境的特性、需要的信息之种类与内容，以及个体处理信息的能力，其焦点在于个体如何运用、选择及处理信息来完成寻路之工作。部分学者则将影响寻路行为的因素归纳为个人内在因素与外在环境因素两种（Arthur & Passini，1992；O'Neill，1991）。

个人因素包括生理、心理、学习、认知、智力（Ingwerson，1982；Kato & Takeuchi，2003；Lawton，2002；Prestopnik & Roskos – Ewoldsen，2000；Walmsley & Jenkins，1992），也包括个体本身既有的知识（Stored knowledge），如过去的寻路经验、旅游经验（Kato & Takeuchi，2003；Kitchin1994；Lawton & Kallai2002；Prestopnik&Roskos – Ewoldsen，2000；Walmsley & Jenkins1991）、儿童户外玩乐经验（Herman，et al. ，1987；Lawton & Kallai，2002；Mattews，1986；Newson & Newson，1987）等都会影响个体寻路行为。除了内在因素外，外在因素也会影响个体之寻路行为与焦虑感，包括地标系统、旅游地图、导引系统与空间结构的复杂程度四大项目，因此寻路者也会通过外部辅助设备（External representation）来寻路（Allen，1999；Golledge，1999；Sorrows & Hirtle，1999；Xia et al. ，2008），如地图、导航手机、GPS设备、路标指示牌、地标等。

1. 标识系统

对于旅游者来说，标识系统是很重要的信息来源，Hart（1985）也提到标识系统对于旅游者来说应该具有三项功能：（1）方向性与方位性（Direction and orientation）；（2）地点之辩识性（Identification of locations）；（3）提供信息（Information）。根据"经济部"商业司（1997）的建议，标识必须具备"识别性、引导性、方位性、说明性、管制性与装饰性"，在实际应用的层面上，识别性标识、引导性标识与方位性标识通常都是互相搭配使用的，在行为程序上，旅游者大多会先利用方位性标识来掌握全盘情况，然后会按照引导性标识来判断该走哪条路，到达目的地则会用识别性标识来进行最后的确认（刘纯如，2001）。

标识的设计是通过文字、色彩、图案、箭头等，再加上硬件的材质、形式与不同的尺寸，将事物的具体内容，利用明确具体的造型和数据，再通过不同的视觉设计，来引导与帮助游客找到需要的信息，应用的场所包括博物馆、交通设施等，在交通场站则会通过解说牌来帮助游客完成寻路，对游客来说，解说牌的设计、信息内容的丰富与理解程度、设置的位置等都会影响其寻路的结果。Caves 和 Pickard（2001）更提到，完善的寻路系统能够节省旅游者移动的过程所需要花费的时间，以及消除旅客在行走间的不确定性，尤其是在建筑物内，标识系统更重要，旅客能够根据这样的引导系统移动（Fuller，2002）。对于使用者来说，标识系统不应该要用语言作为基础，应该多考虑图形与标识，才能解决寻路者的困难（Dogu & Erkip，2000）。

2. 地图

传统上，地图在协助个体于空间中移动与信息的提供上扮演着非常重要的角色，广义而言是试图让个体去了解整个空间的配置与关系，狭义而言则是让个体了解目的地（物）的所在。行为科学的研究发现，在一个复杂的空间中，当人们遇到寻路的困扰时，较多人首先想到的就是参考地图，其次是直接询问他人，然后是去找有关的标识物；这显示对大多数人而言，地图的设置和空间的标识是相当重要的，同一研究亦显示地图在寻路行为中是属于标识物的辅助性工具（Wright et al.，1993）。但过去也有研究发现地图对于寻路者的缺点，地图所提供的信息存留性短暂，因为地图所提供的信息在脑海中仅有短暂的存留性，人们通常也仅能记住几个相关或重要的信息，而难以记住全部的数据，有可能在看完地图后还需要依赖其他的寻路信息。地图会因为数据的过多而使人不易阅读，或数据的不够充分而受到责难，如何为特定的地点制作出适当的地图是很不容易的。地图的服务功效因人而异（Roskos – Ewoldsen，et al.，1998；Sholl，1988；Thorndyke & Hayes – Roth，1982），许多研究发现，人们对地图和标识物的理解会受到其阅读能力的影响（Nickerson，1981；Sharrock et al.，1979；Thornsyke et al.，1980），毕竟要把平面的地图信息转换成立体的空间环境是有难度的，尤其是小孩，对成年人也会有挑战（Liben & Downs，1993；Liben，et al.，2002）。

个体在阅读地图时，必须要靠自己本身的知识去了解自己的位置及与周边环境的关系，以及在地图上的相对位置，地图和"标识系统"有明显的不同，研究指出地图较能有效地解决因空间的复杂性与个人认知能力所造成的寻路问题，帮助使用者解决寻路（迷路）时的困惑。一般而言，地图的使用性通常会在寻路问题发生之前，意思是当使用者觉得不明了或不能肯定目的地（物）的位置时，常会主动地去看（寻找）地图，以确定走动的方向或方式；而标识系统则是用户在遇到寻路问题需要帮忙时重要的信息来源，其位置常安排在出现问题的地（前）方（决策点）。在解决寻路问题上，位置性地图有事前准备的意义，帮助使用者预筹其将要行进的路径，使寻路的困境减至最低。

3. GPS 导航设备

全球定位系统（GPS）是美国国防部于 20 世纪 70 年代为了军事用途而开始发展的，到了 2000 年才开始逐渐应用到民生生活，卫星定位原理是通过三角定量关系，应用后方交会法算出卫星接收仪所在之空间坐标值，但若要能精准计算地面测站位置，则需要四颗以上的卫星信号，才能成功定位。过去 GPS 运用在生活上会有限制与困难，因为 GPS 是依赖接收空中的卫星信号达到定位的功能，在都会区中众多的高楼大厦降低接收信息的功效，但随后发明了 A－GPS，A－GPS 是在移动电话上装设 GPS 接收器，接收到信号后只进行简单的处理，紧接着再将信号数据以移动电话的无线通信方式传达到移动电话的基地台，有了 A－GPS 后，即使 GPS 接收无效，也可通过手机收发，使用者随时都可以通过手机进行导航。GPS 接收器依照用途来分类可以分成导航、测量与其他应用（如定时）大类。市面上的导航产品种类繁多，不只是汽车专用的导航系统，目前也有机车导航，甚至还有根据不同族群、不同需求的行人所发展出来的导航，例如针对儿童的导航手机可以引导儿童正确的方向，也可以在其走错路时发出警讯；还有针对银发族的导航手机，也都有特殊的功能。

相对于传统的地图，寻路者若是利用 GPS 导航手机的话，寻路个体本身所处的位置会通过手机直接告知，寻路者不需要自己进行判断，但是若使用地图，寻路者需要自己判断在开放的空间下所处的位置与确认自己面对的方向，并且要把真实的空间环境转化与平面的地图环境信息互相整合。此外，GPS 智能型手机在使用上还有两个不同于一般地图的特点，第一，通过 GPS 手机导航，寻路者不需要自己进行判断，只需要遵循手机所给的指示去行走即可，但采用地图时，寻路者则要边走边结合地图与环境的信息；第二，GPS 手机导航的信息不断地变动与更新，因此没有提供面的信息，甚至不一定提供整个路径的信息，但地图则会提供起点与终点的信息，寻路者可以很清楚地知道整个路径的发展与变化，甚至可以了解到所行走的区域附近的建筑物与相关的配置，但通过 GPS 手机导航，使用者不需要进行判断，只需要听从指令，对于所行走的环境就不会特别留意，记忆度可能也较低。

相较于传统的地图所提供的平面导览信息，Montello，et al.（2004）则提到空间信息可以有很多不同的呈现方式，例如语音导览（应用在博物馆或是美术馆等室内观光景点）、3D 地图、动画地图或是虚拟环境等等，都是提供给个体环境的信息来源。Streeter et al.（1985）则比较了在陌生的寻路环境中，采用传统路径地图与语音导览地图的效果何者较佳，发现语音导览相对于传统的地图，有助于减短寻路的时间、行走的距离与犯错的次数。先进的导引设备也不一定代表效率，Coors et al.（2005）比较了地图与通过手机显示 3D 地图，发现利用地图的实验者更有效率地知晓自己所在的方位与地点，也比较能有效率地抵达目的地；Dillemuth（2005）比较了航空照的地图与一般性的地图，结果也发现一般性地图在寻路时间的花费上较短，寻路错误也较少。

Ishikawa et al.（2008）的研究所设定的实验是以 GPS 为基础的行动导航，然后比较与纸本地图还有跟对于路径的直接经验（由研究者带领参与实验者走过一次寻路区域）三种方式，这三种方式对于个体在寻路抵达旅游目的地的行为，与寻路过程中所获得的空间信息知识，所有参与研究者需要从六个路径中找到能够抵达终点的正确道路，不论采用哪种方式所有的参与者都可以顺利的抵达寻路目的地。但使用 GPS 导航的参与者却走了更多的路、犯的错误也较多、所绘制的认知地图正确性也较低，似乎代表着科技并没有让寻路变得更简单。Ishikawa et al（2008）则提到有可能的导致原因为多数的受测者在实验前没有使用过 GPS 的经验，但却有可能使用过纸本地图，因此可能会影响实验的结果。但该研究主要仍然是以本地人为研究对象，并不会特别留意身边的景色，但旅客则比较不同，旅游者对于其所行走过的城市都会特别留意，希望能够留住对于该城市的记忆。因此，本研究会采用初次来台湾的外籍学生参加寻路研究，因此，他们都是第一次接触台北市旅游地图、台北市地标系统。此外，为了降低因为手机导航系统操作的问题影响寻路的

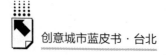

成效，将会由外籍旅客先行练习导航系统的操作，直到熟悉使用后才开始实验。

另外，Ishikawa et al（2008）的研究也指出该研究缺乏考虑寻路区域的困难度，该研究团队自我评估研究区域的寻路困难度较低且不复杂，因此，三种导航辅助设备的犯错率皆偏低且差异不大，与过去的研究有很大的差别（Allen et al.，1996；Hegarty et al.，2006；Ishikawa, et al.，1999；Sholl，1988；Thorndyke & Hayes - Roth，1982）。旅游者在寻路的过程中，通常会依靠设备来达到其目的地，在空间环境特性上，最主要的影响因素为"决策点"的数目，也就是在旅客行走的路径上会让他感到困惑的点有多少（Nicolas，1992），也就是说，旅客在到达其目的地之前，决策点越多，表示寻路的困难度越高，决策点即为寻路过程中的参考点，而决策点的多寡则取决于平面的复杂程度，复杂程度则会受空间大小、形式等影响，若旅客面对的为封闭式的建筑物则复杂程度还会受到动线规划影响，例如在意大利的威尼斯街道，彼此之间相互连接，密密麻麻且缺乏指引标识系统，导致游客需要决策的点就更多。

因此，通过此研究希望能分析比较三种不同的寻路辅助信息（Navigation Aids）来源（包括 GPS 智能型手机、传统式地图、路标指示系统）对于外籍自助旅客之寻路焦虑感（Wayfinding anxiety）、寻路行为（Wayfinding behavior）的影响和旅游满意度的影响。

四　研究方法

（一）研究设计

本研究着重的寻路行为在于外籍自助旅客在台北市旅行时，当他需要进行一整天的行程，需要在不同的点与点之间做移动之前提，所产生的寻路行为的研究，在台北市很多自助旅客以台北捷运为主要的搭乘工具，而台北捷运的诸多场站点的考虑也多与观光景点与逛街进行结合，通过捷运与观光景点都不断的强化这两者是高度结合的，因此，本研究希望通过实地研究法，邀请来台之外籍学生作为研究样本，通过研究人员追踪观察搜集其"路径知识"的数据，与研究样本旅程结束后的开放式问卷填写与地图绘制，用来了解寻路后留存在脑海中的内容有哪些？本研究将采用实地实验法，自然实际的环境下衡量自变量与因变量，但却不操弄变量的一种研究方法。比起实验室实验，此方法有些重要的特性，例如更能贴近受试者的真实情况，研究者希望参与者在台北市的寻路行为尽量符合其真实在海外自助旅游的行为。资料搜集方法有非参与式观察与寻路后问卷。

1. 研究对象

本研究招募 86 位外籍学生参与本次的寻路研究，每位参与者都需要参加两次的寻路计划，用来了解其寻路能力的进步程度。86 位参与者会分别被分派到不同的组别，采用不同的方式来进行寻路，第一群组则采用配置有 GPS 导航系统的智能型手机、第二群组则携带传统式台北市街道地图（英文版）、第三群组则会被要求直接参考街道上设置的英文指标。研究单位会采用随机指派，而不会让研究者自行选择，倘若研究参与者未曾使用过手机中的 GPS 导航系统，则会由研究单位先教导参与者熟悉操作，以降低因为不熟悉操作导致寻路时间的延长。过去有些研究发现男性比女性在寻路上更具有效率与表现（Astur et al ., 1998；Lawton and Kallai, 2002；Malinowski and Gillespie, 2001）；但也有研究提出不同的看法，认为男性与女性在寻路的效率与表现上并没有差异性存在（Lawton, et. al., 1996；Sandstrom *et al*. 1998）。

招募与遴选的程度与概估时程规划说明如下。（1）步骤一：联络台湾地区外籍生人数最多的四个学校（台湾大学、政治大学、师范大学与铭传大学），若可以在学生来台湾之前取得录取名单，则会通过 Email 先行联络外籍生是否愿意参与本研究（在每年的 6 月与 12 月）；若无法取得联络方式，则会在开学后（每年的 9 月与 2 月），前往授课进行寻觅志愿者的招募。（2）步骤二：确认是否符合本研究设定的条件，包括未曾来过台湾旅游、国籍与性别考虑。（3）步骤三：由研究助理联络寻路志愿参与者，面对面进行寻路实验说明与指定该名参与者寻路当天所使用的导引信息设备。寻路参与者则填写寻路行为问卷，题项包括有习惯采用之寻路策略、寻路焦虑感、空间方向感、过去的自助旅游经验与个人基本资料。（4）步骤四：寻路参与者在指定的时间独自进行寻路，并搭配有 Papago 系统以记录其所行走过的路径与时程。

（5）步骤五：寻路参与者结束其寻路活动后，则需要绘画认知地图，参与者所绘制的认知地图建议要包含五大元素——地标、路径、节点（node）、区域（district）与边缘（edge）。

2. 研究量表

（1）前测问卷（Pre-experiment questionnaire）：填写前测问卷最主要的目的在于了解外籍自助旅客寻路能力（空间方向感）与偏好的寻路策略（wayfinding strategy）。空间方向感：其内容参考 Kato 和 Takeuchi（2003）与Hegarty、Richardson、Montello、Lovelace、和 Subbiaha（2002）的 SOD 方向感（sense of direction）量表加以改写，测量方式亦采用李克特七点量表。寻路策略：其内容参考 Lawton（2002）所整合出针对概观策略（survey strategy）与路径策略（route strategy）使用程度的寻路策略（orientation or route strategy）量表，该量表共包含 20 题，测量方式是采用李克特七点量表，并非特别针对特地目的地之寻路策略，而是外籍旅客本身过去之习惯偏好采用的策略。第三部分包含个人属性、出国旅游经验。

（2）后测问卷（Post-experiment questionnaire）：当外籍自助旅客结束寻路后，除了绘制认知地图外，也会设计些许封闭式问题，包括此次寻路的困难度、寻路挑战原因与寻路焦虑感。其内容参考 Lawton（1994、1996）与Lawton 和 Kallai（2002）寻路焦虑感的相关题项加以改写，总共有十题，测量方式亦采用李克特七点量表，通过题项内容不同情境的迷路请外籍自助旅客来表达是否会因此产生焦虑感。

五　分析结果

本次研究总样本数为 86 位外籍旅客，所有的研究样本参与者都是第一次来到台湾地区来旅游，且都没有拜访过台北 101 景点，在参与此次实地研究前，所有的参与者皆被告知避免前往台北 101 附近地区的观光景点，并且前往学习使用台北捷运。此作法是希望实地研究的参与者在寻路进行时能够尽量与其首次拜访异地旅游之情境相仿。86 位参与者中有 51% 为来自亚洲地区的外籍人士，以东北亚与东南亚居多，此次的研究样本则排除大陆籍人士，主要的考虑原因为其对于中文的了解程度过高；另外有49%的样本则来自欧美洲地区，国别相当多元化，许多参与者的母语皆非英文，其自我认定的英文程度平均值只有2.4，中文程度也仅有2.4。整体来说，参与此次研究的样本的平均年龄为24岁。但受限于外籍生本身性别的差异，本研究样本群中有40%为男生，女生的部分则为60%（见表1）。

表 1　样本基本数据

变量名称		N （次数）	% （百分比）	变量名称	N （次数）	% （百分比）
				使用工具		
国籍	东方	44	51.2	GPS 导航	28	33.0
	西方	42	48.8	英文地图	32	37.0
平均年龄		24 岁		指标牌	26	30.0
				英文能力		
性别	男生	34	39.5	不好	45	32.6
	女生	52	60.5	好	93	67.4
中文能力				平均数	2.4	
不好		61	44.2			
好		77	55.8			
平均数			2.4			

注：＊语言程度的测量方法为0～10，0代表完全不懂，10代表相当熟悉。
＊语言程度当中的"不好"的分数为0～5，"好"的分数为6～10。

（一）样本海外旅游经验数据分析

在86位研究样本里面，其过去海外旅游经验并不多，首先，询问其每年平均出国旅游次数，平均值为1～2次（最大值为10、最小值为0）；其过往曾经在海外自助旅游的经验更低，只有1.31（最大值为6、最小值为0）。其中有21位研究样本从来没有过海外自助旅游经验，来台湾参与交换学习是其第一次的。虽然有24%的研究样本并没有海外自助旅游经验，但仍有在其国家内进行自助旅游的经验，针对其过往在自助旅游时，所偏好采用的寻路辅助工具，三种方式的偏好程度都相当平均，约有30%的样本群表示其偏好采用GPS导航设备，33%的样本则偏好采用英文地图来找路，另外有38%的样本则喜欢采用当地的旅游指标牌。另外，接着询问其往后在台北市旅游时，会偏好采用的辅助寻路工具之偏好程度，有41%的样本都选择会采用旅游指标、26%则会采用GPS导航，剩下的26%则会采用英文地图（见表2）。

表2　样本海外旅游经验分析

变量名称		变量名称	n	%
海外旅游经验		过往惯用寻路工具		
平均年海外旅游次数	1.86	GPS导航	17	29.3
过往自助旅游经验	1.31	英文地图	19	32.8
		指标牌	22	37.9

（二）寻路时间分析

外籍研究参与者在寻路时间计算上，从其抵达先利用平均数分析得知其平均值，针对第一个实验地点——台北101大楼，参与者搭乘捷运到市政府站后，开始自行寻路前往台北101大楼，平均花费时间约为32分钟；第二个实验景点为新北投温泉区，从新北站自行寻路到新北投地区所指定的地点，平均所花费的时间约为31分钟。其中第一个景点寻路时间落差较大，新北投则差异较小（见表3）。从台北市政府捷运站步行到台北101大楼有多种行走路线，中间需要决策的点甚多，但路程距离约为15分钟内可以抵达，参与者为第一次拜访台北101大楼，因此行走时间则较长；反观，新北投观光景点并非棋盘式的方格设计，属于开放式的设计，所以没有太多的决策点，平均来说从新北投捷运站行走到指定的观光景点约为20分钟。通过表3的数据不难发现参与者在第二次的寻路上，表现得更自在与较为熟悉台北市的寻路环境。

表3　寻路时间之平均数分析

	最小值	最大值	平均值	标准偏差
101大楼景点	10	150	31.72	19.53
新北投景点	13	80	31.02	17.22

接着，通过单因子变异数分析来探讨不同的寻路工具对于其所花费的寻路时间上是否有差异性存在，通过表4的结果发现三种寻路工具的参与者在寻路上总共花费的时间也有显著的差异性存在（F值分别为5.477和4.780），在第一个寻路挑战地点台北101大楼的结果，采用传统英文地图的群组平均寻路时间为26分钟，显著性则比另外两个群组（采用手机式地图与旅游地标）寻路时间短，更能较快地抵达指定的台北101观光景点，大约快了6分钟。同样，针对第二个寻路地点——新北投观光景点区的寻路时间，采用英文地图的寻路者平均花费在寻路时间约为24分钟，显著性则比起其他两组来得更快，且快了10分钟之多。整体来说，纸本版的英文地图是最传统的寻路信息来源，在没有手机式的地图或是在公共设施不足的国家中旅游时，地图可能是唯一的寻路工具，但通过此研究可以得知地图仍然比其他两种工具更有助于外籍旅客进行异地旅游。

本研究也进一步分析不同性别与不同国籍背景的外籍旅客于寻路时间是否有显著的差异性存在，根据分析的结果得知，不管男生还是女生的外籍旅客在寻路时间的长短上并没有显著的差异性存在，根据独立样本T检定可以发现女生与男生在寻路时间上都是相同的。但是独立样本T检定也另外发现，不同国籍的外籍旅客则在寻路时间上存在着显著的差异，在台北101大楼的寻路，来自西方的外籍旅客平均的寻路时间比起来自东方的外籍旅客较为有效率，所花费的时间较短，但在新北投地区则是相反的结果，来自东方背景的外籍旅客在新北投地点的寻路则比起西方背景的旅客来得较有效率。

表4　寻路时间的差异性分析

		平均寻路时间		T/F - value	
		101大楼	新北投	101大楼	新北投
性别	男性	30	31	-0.587	0.140
	女性	33	31		
国籍	东方	39	35	4.630*	4.168*
	西方	35	39		
寻路工具	GPS	32	35	5.447*	4.780*
	MAP	26	24		
	SIGN	32	36		

注：* p < 0.05。

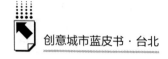

（三）寻路焦虑感分析

此次的研究设计了一连串的题目来衡量因为寻路导致个体产生焦虑感，在八个寻路情境下（见表5），让研究样本来根据同意程度进行填答，量表衡量尺度为 1~7 的李克特量表，分数越高，代表同意程度越高，也代表参与者会因为该寻路情境感到焦虑。根据数据的分析结果得知，研究样本群并不会因为寻路而产生焦虑，焦虑程度不明显，平均值都低于"4"。也就代表题项中的情况都不太会对其造成负面的情绪产生，比较会有焦虑情况在于需要寻找新的快捷方式，另外，就是在迷路后，再找回原本的正确路径也会让寻路者感到相当的焦虑。本研究利用 8 个寻路焦虑感进行因素分析，用以简化变项及了解外籍旅客在异地旅游所产生的寻路焦虑感。KMO 值 0.895，显著性为 0.000，小于 0.05，因此显著性存在，得以进行因素分析。通过主成分分析法计算所有测量变量问项间之共同解释变异量，并通过最大变异法之因素转轴方式来萃取出主要因素的构面，针对因素负荷量大于 0.5 之有效测量题目进行分析，共萃取出 1 个因素，特征值为 5.140，解释变异量为 64.249%，信度为 0.920、共有 8 个变项，命名为寻路焦虑感因素，其平均值为 3.46，代表在台北内寻路并不会让自身感到过度焦虑。

通过单因子变异数分析的结果不难发现，不论采用哪种寻路工具的参与者，其所产生的焦虑程度并没有显著的差异性存在，也就是都能够维持着稳定的情绪在台北市旅游。但这并不表示参与者认为在台北市独立旅游找路是件相当容易的事情，根据表 6 的数据显示平均困难度为 4.37，仍有些许程度的挑战与困难，但或许因为整体的寻路环境相当健全，因此参与者都能维持稳定的心情，在陌生的国度或异地享受旅游的乐趣。

（四）寻路行为差异性分析

在寻路行为上，本研究设计了五个题项来分别量测，包括：（1）寻路过程中是否有感觉到困难？（2）寻路过程中是否有迷路的感觉？（3）研究单位所提供的寻路辅助工具对参与者的帮助程度；（4）寻路的过程中，曾经询问路人行走路线的次数？（5）寻路的过程中，曾经走错路的次数？每个题项都

表5　寻路焦虑感的分析

变量名称	平均数	非常不同意	不同意	不太同意	普通	同意	很同意	非常同意
在陌生的城市中,从车站出来要找正确的方向,让我很焦虑	3.47	3.6	7.2	19.6	15.9	23.2	16.7	13.8
在陌生的城市中,要自己前往跟别人相约的地点,让我很焦虑	3.59	4.3	8.7	18.8	15.9	23.2	19.6	9.4
从首次拜访的商店离开后,要决定方向前往他地,让我很焦虑	3.25	0.7	9.4	7.2	23.9	24.6	23.9	10.1
当我已经迷路后,还要找回正确的路径,让我很焦虑	3.70	4.3	9.4	18.8	23.2	20.3	10.9	13.0
在不熟悉的百货公司、卖场或医院内移动,让我觉得很焦虑	3.18	2.2	3.6	13.0	21.0	25.4	21.0	13.8
从陌生不熟的大型卖场或办公大楼要找到出口,让我很焦虑	3.15	0.7	5.1	13.0	17.4	31.9	17.4	14.5
在无地图辅助的情况下,若要我尝试新的快捷方式,让我很焦虑	3.76	4.3	13.0	16.7	23.9	15.2	15.9	10.9
在室内空间中,若有人询问我大楼外的路径方向,会觉得很困难	3.62	0.7	6.5	19.6	33.3	15.9	15.2	8.7

是采用1~10的方式请参与者进行填答,分数越高,代表参与者在寻路的过程中,觉得非常的困难、常常觉得自己迷路了、寻路辅助工具对于寻路有相当大的帮助,常常询问路人正确的路径,以及常常走错路。除了"寻路工具的帮助程度"之题项为正向设计外,其他四个题项则是分数越高,寻路经验越负面。

寻路行为的部分首先探讨参与者主观认定在台北市寻路所感受到的困难度,外籍旅客对于在台北市自助旅游时所感受到的寻路挑战度看法持中立,平均数为4.37(1为完全不困难、10为非常困难,分数越高,代表参与者认为越加困难)，但仍有21%的样本群认为是很困难的。接着再通过交叉分析或是单因子变异数分析来探讨采用不同寻路工具的游客对于其在寻路上所遭遇到的困难度是否有所差异，抑或在其在台北之旅游满意度上是否有所差异性存在，分析结果显示并没有显著的差异性存在，不论是采用旅游地图、导引指标或是GPS地图在台北市旅游中，对于所经历的寻路困难度并没有差异存在。

研究参与者认为在台北市寻路并不会有高的迷路感觉，虽然行走间偶尔会犯错，但频率也不高，多多少少也会去询问路人正确的路径，平均次数约为3次，每位研究对象的参与者都会采用被指定的方式来进行寻路，此辅助工具是随机安排，对其帮助程度只有6分。但通过资料分析，半数的研究参与者仍然认为在海外旅游时，最有效率与较佳的寻路辅助工具为"当地路标"，另外有30%的参与者认为旅游地图最有帮助，仅有20%的参与者认为GPS地图的帮助程度最高。通过单因子变异数分析来分析其寻路行为是否有所差异，结果发现并没有任何显著的差异性存在，通过现代科技GPS手机式地图并没有让整个寻路更有效率，另外，传统的路线指标对于外籍旅客的帮助则相当明显。过去的研究发现利用GPS导航的游客则必须转比较多次的弯，走的路程也较远（Ishikawa，et al.，2008），但本研究的结果则是完全没有差异性存在。

表6　寻路时间的差异性分析

	最小值	最大值	平均值	标准偏差
寻路困难度	1	10	4.37	2.001
迷路的感觉	1	9	3.27	2.017
寻路工具的帮助程度	1	10	6.12	2.297
询问路人的次数	1	10	2.97	2.327
犯错的次数	1	10	3.25	2.068

（五）满意度回归分析

接着询问此次研究对象关于在这两个景点旅游后的满意度感受，此题项的衡量方式为1~10，其中1为非常不满意，10为非常满意，分数越高，代表参与者的旅游满意度越高，根据分析结果发现整体样本的值则为 7.64，表示参与者针对这两个景点的满意度还算不错，但是仍然有 6% 的参与者觉得非常不满意，认为交通场站节点的复杂度过高，认为在户外景点区的寻路难度较低，且可以通过寻路工具顺利的抵达所要前往的景点，但是在捷运内则移动上较有挑战。接着仍是利用简单回归方法（OLS）来检定"性别"、"国籍"、"寻路工具"、"方向感"、"寻路焦虑感"对于"旅游满意度"的影响程度为何，而"旅游满意度"则是结果变量，也就是要检验消费者整体旅游满意度是否会受到其性别、国籍、寻路工具、方向感、寻路焦虑感所影响，若有显著性的影响，则进一步分析其为正向影响或是负向影响。

此模型调整过后的决定系数值为 0.168（Adjusted R^2），显示出此模式具有 17% 以上的解释能力，F 值达 75.384（P < 0.000）。表 12 的结果显示出"寻路焦虑感"与"国籍"对于"旅游满意"最具有显著的预测能力。寻路焦虑感越高，其旅游满意度则越低，对于寻路焦虑感较低的游客，其较有轻松的心情来观赏体验旅游，则满意度较高；相对于东方国籍背景的游客，西方国籍背景的游客其旅游满意度则比较高，其可能的原因可能也是因为东方国籍背景的旅客在寻路过程中较为担忧，也就没有办法好好享受在陌生环境中旅游。

表 7　旅游满意度回归分析

研究变项	未标准化回归系数		标准化回归系数	t 值
	β 之估计值	标准误差	β 分配	
（常数）	5.887	1.639		3.593 **
焦虑感	− 0.421	0.180	− 0.290	− 2.334 **
国籍	0.903	0.375	0.264	2.407 **
模型 $R^2 = 0.401$, Adjusted $R^2 = 0.168$, F = 75.384 **				

注：** p < .000

六　讨论与结论

美国网站 BuzzFeed 2014 年选出了 26 个全球适合独自旅行的城市，台北市高居全球第 1 名；此外，Uromonitor 国际市调公司发布"全球前 100 名旅游目的地城市"（Top100 City Destinations Ranking），台北市得到第18名，比去年的21名进步3个名次，这些信息说明美丽的台湾，已越来越受到国际观光客的瞩目。BuzzFeed网站指出，台北市除了丰富多元的自然人文景点之外，交通相当的便捷，包括良好的交通规划、便利的公路网、旅游专车，让旅游者能随时惬意走访台北的各个角落，另外，台北的治安情况良好，是个友善的城市，让游客特别是自助旅行的背包客，来到台北都能感到安心与放心，可说是独自旅行者的天堂，因此将台北列为单独旅游者的首选城市。通过此信息，未来到台北市自助旅游者将会越来越多，寻路的友善环境的重要度则显得更加重要。

寻路友善环境的提供是观光景点规划重要的工作项目之一，从观光目的地管理规划单位的角度来思考，路标或指示牌是旅游地点一定会提供的路径导览设施，地标在过去许多的研究都被认定是人们在寻路过程中的重要参考线索（Allen，1999；Golledge，1999；Sorrows & Hirtle，1999；Xia, et al.，2008），地标是由旅游管理规划单位，或是城市规划单位所提供，旅客必须到了寻路现场才决定是否有助于其寻路。但通过本研究发现，采用台北市之旅游路标来寻路的族群在寻路时间上表现较差，这部分与过往的研究相当吻合（Darken & Sibert，1996；Jansen–Osmann，2002；Parush & Berman，2004），但这不表示台北市旅游地标在规划上有问题，因为地标的使用会受到众多因素影响，例如旅游者对于地标的熟悉程度、地标的可见度、整体呈现度、个人的差异等（Sorrows & Hirtle，1999；Winter，Raubal & Nothegger，2005）。

除了旅游地点所设置的指示牌与路标，自助旅游者通常会在出国前开始进行准备，地图被视为很有帮助的信息来源（Lawton，1994；Passini，1984；Rovine & Weisman，1989），但随着科技的进步，各式各样的导航辅助设备被研发出来（Hightower & Borriello，2001；Loomis，Golledge & Klatzky，2001），例如早期的PDA（Loiterton & Bishop，2005），到GPS的运用（Zhou & Golledge，2000；Arrowsmith et al.，2005），从开车族群到行人走路都可应用（Baus，Cheverst & Kray，2005）。一连串的发展都持续提高资料搜集上的准确性与追踪记录大量的寻路经验。不论是地图或是智能型手机，都是由自助旅游者根据寻路需要自行准备，协助本身能够更顺畅的在另外的国度或陌生的城市中进行移动，以抵达观光目的地。但使用地图或 GPS 智能型手机对于自助旅客在旅游过程的帮助到底有多大，比起传统的路标或是指示牌更能够有效率的抵达观光目的地吗？有些研究认为通过地图来找路，对于某些人是具有难度与挑战的，因为要把地图上的信息转换成现实的环境（Liben，Kastens & Stevenson，2002；Munzer，et al.，2006），但本研究的结果显示，采用传统式的旅游地图之群组在整体的寻路时间表现最为优异，寻路时间最短，其所采用的地图都是观光局或是台北市旅游局所置作的英文版旅游地图。至于与科技结合的手机式地图，该群组表现并非最优秀，此部分与过去的研究相当的吻合，过去有研究发现利用 GPS 导航的游客则必须转比较多次的弯，走的路程也较远（Ishikawa et al.，2008）。

针对寻路时间，通过单因子变异数分来探讨不同寻路工具的游客其所花费的寻路时间是否有长短的差异性存在，结果发现寻路时间的长短会因为其所采用的寻路辅助工具与其国籍属性而有所差异性存在，不论是在台北 101 大楼还是新北投区域都是一样的结果，但男生与女生则在其寻路时间上则没有任何差异性存在，不论是哪个旅游景点皆没有差异性存在。东、西方旅客的平均寻路时间则差异不大。相对于外籍旅客，虽然是第一次拜访台北市，但由于语言与环境上的熟悉程度较高，寻路上也较为有效率。另外一方面，不同寻路工具采用者，在寻路时间上也有所差别，采用旅游地图的群组在寻路上相对较有效率，不论是在 101 区域还是新北投区域内的寻路，其所花费的时间都明显低于其他两个群组，而采用 GPS 与利用指标的两群组，其平均所花费的时间差异不大。

针对寻路行为（犯错次数/焦虑感），单因子变异数分析来得知其寻路行为是否有所差异，结果发现并没有任何显著的差异性存在，通过现代科技 GPS 手机式地图并没有让整个寻路更有效率。进一步分析不同国籍的外籍旅客在其寻路行为上是否有差异性存在，东、西方外籍旅客在两个题项有显著的差异性存在，包括"寻路的过程让我产生迷路的感觉"与"在台北市寻路让觉得很有焦虑感"，相对于来自欧美的外籍旅客，来自亚洲地区的外籍旅客，有较高的迷路感觉，伴随着迷路的感觉则会产生较高的焦虑感与紧张的程度，此差异具有显著性。此外，不同性别的外籍旅客亦在其寻路行为上有差异性存在，包括"在台北市寻路让觉得很有焦虑感"与"在台北市寻路过程中，走错误的次数"，根据表15的结果可以发现到女生的外籍旅客，会因为在陌生的城市旅游产生较高的焦虑感，同时，也会犯较多的错误，另外，男性外籍旅客的焦虑感，犯错的次数也比女生少。

任何一种路径导引工具或设备，皆是希望寻路者可在最舒服、简单的情况下抵达其目的地，尤其是在陌生国家的观光客（Munzer, et al., 2006），相对于一般的行人或开车族群，观光客在旅游过程中，也希望能在找路的过程认识其所行走的环境与城市，甚至将所看的景象留存在其脑海中；更希望等到回到自己的国家后，仍可建构出其所旅游过的城市面貌（Munzer, et al., 2006）；此外，每次的寻路经验都会转化为知识提供下次海外寻路时所使用（Kato & Takeuchi, 2003；Kitchin, 1994；Lawton & Kallai, 2002；Prestopnik & Roskos - Ewoldsen, 2000；Walmsley & Jenkins, 1991），通过适当的路径导引工具或设备是可以训练并提升旅客的寻路能力。通过本研究也发现外籍旅客在第二次的寻路任务就比第一次表现得更自然与更迅速，而传统式的旅游地图对于外籍旅客的帮助仍然是最出色的。

蜕变与新思维——观光工厂新势力窜起

罗健文　林莉萍*

观光工厂是制造业走向文化观光休闲的过程，它让老产业找到了生存或发展的新契机，也提供游客创造回忆、收集记忆、丰富旅游休闲体验的好机会。它是集产业文化的呈现、专业生产知识的教育、参与创作的体验、试吃试用的亲身感受、亲子友善的游乐环境、鲜活可爱的企业公仔、购物的满足和享受等于一体的一个重要的休闲游憩场所，它也是成人、亲子、国际旅客、散客、校外教学、主妇聚会、长青旅游等都可以参访的旅游据点。本文通过台湾观光工厂的发展历程、辅导和评鉴与未来之展望，让读者了解台湾观光工厂的现况以及为产业带来的新思维，一方面可以提供游客了解产业的发展历程与产品制程，另一方面也可以带动产业的新产值。最重要的是，台湾的观光工厂未来更希望能推展国际，通过国际旅游与展览场合整合行销，让观光工厂成为近年来台湾旅游市场上一个不容小觑的新亮点。

一 转型与蜕变

19世纪工业化时代，工厂主要为制造功能，为个人与国家追求经济产值，但随着时代潮流的转变，许多工厂已试图寻求改变以维持市场竞争力，开始部分开放给一般访客参观及购买，结合以服务为主的产业观光成为今日的"观光工厂"的先驱，美国、英国、日本等工厂观光化早在20世纪就已经由制造兼营观光服务进行产业转型，朝向国际观光发展。台湾的观光工厂发展历程是不同的，是由政府部门（"经济部"）有计划地主导推动。从20世纪末开始，

---

* 罗健文，台湾国立台北大学都市计划研究所博士，铭传大学休闲游憩管理学系助理教授，研究专业：休闲园区规划与设计、观光工厂产业发展；林莉萍，美国德州农工大学都市与区域科学博士，铭传大学休闲游憩管理学系助理教授，研究专业：休闲旅游与环境保育、观光工厂解说导览。

台湾的制造业面临大陆的强大竞争压力，许多仍留在台湾的企业饱受谷底的挣扎，这样的背景促使当时的"经济部"在部长施颜祥带领下，开始思索如何通过产业转型来协助厂商重新拥抱新天地，于是在2003年开始了第一波的辅导工作，刚开始时因为宣传不足，政府动作不够积极，厂商也多持观望态度，成效并不好，一直到2008年"经济部"开始了以"企业主题、厂区规划、展示设施、服务品质及营运模式"为主轴的明确评鉴和辅导机制，在这样的积极作为下才逐渐产生效果，一批批的工厂转型并涉足观光产业，经过10年的努力，截至2013年7月，已经有高达109家厂商通过"经济部"的观光工厂辅导，台北地区拥有14家，数量最多，其次为桃园县与南投县皆有11家，宜兰县也有8家。辅导的目的就是要确保工厂经过再造转型后，能够提供安全、教育、娱乐体验、美学创意等产业附加值与服务，"经济部"则通过共同推广行销、路标设置、国旅卡特约店、观光巴士与行程整合等方式，协助这些观光工厂提升其于旅游市场的能见度，进而通过旅游效益的提升而增加工厂的整体收益。

此外，自2009年起开始朝向优质化发展，例如建立优良观光工厂的评选机制，通过工厂主题特色呈现、厂区空间规划、厂区设施展示、工厂服务品质、工厂营运模式、企业社会责任等六大核心机制选出优良观光工厂，为这个产业建立学习的典范，"经济部"也通过此举共同宣传和行销。近两年则朝向国际化，自2013年起则有国际亮点的展现。下文将分别对台湾观光工厂辅导、评鉴与优良观光工厂之评选项目与重点做介绍，并且以台北地区之优良观光工厂——手信坊创意和果子文化馆作为案例，最后点出台湾观光工厂之未来与展望。

二 观光工厂辅导与评鉴

根据台湾"经济部""观光工厂计划辅导作业要点"，为因应参与观光工厂辅导计划之厂商不同程度经营与运作现况，以区别其观光推展与实际施作之工作项目差异性，依据观光工厂辅导指标建议项目，分为"观光工厂辅导"与"观光工厂评鉴"两种。由厂商依指标项目完成之多寡，自行选择辅导种类，说明如下。

（一）观光工厂辅导

凡从事制造加工且具有观光教育或产业文化价值，其产品、制程或厂地厂房适宜发展观光并经核准工厂登记者，须由辅导团队协助规划，一年中以接受辅导一次为限，表1为观光工厂辅导指标项目建议说明。

表1 观光工厂辅导指标项目建议说明

指标	项目	细项内容
厂区空间规划	参观路线规划	• 厂区景观及制程参观路线规划 • 参观路线公共安全
	展售区	• 展售相关产品与纪念品场所之设计及硬件施工
	展览区	• 展示生产与制造流程、历史沿革介绍、旧时代工具展示场所之设计及硬件施工 • 陈列工厂产品或国内外相关商品与介绍使用功能展览场所之设计及硬件施工
	停车场	• 小客车、游览车停车空间
	游客洗手间	• 游客洗手间设计及硬件施工
	简报场所	• 简报室及相关软硬件设施
景观布局规划	厂区建筑	• 厂房内、外观建议硬件施工 • 解说空间设计
	厂区户外景观	• 户外建筑外观设计 • 户外休憩空间设计及植栽
导览体验活动设计	DIY 场所规划	• DIY 教室规划
	DIY 活动设计	• 因应客层属性不同而设计活动方案,提供游客亲自体验活动
	解说看板设计	• 解说看板设计稿、指标设计稿
	导览题材设计	• 导览故事设计搜集
	影片制作	• 观光工厂影片制作(5～10分钟)
企业形象识别系统	企业识别系统设计	• CIS 系统设计、企业识别事务用品、纪念商品、吉祥物设计及呈现
	包装设计规划	• 产品包装纸、外包装盒、手提袋
行销文宣	导览手册	• 导览手册或 DM 导览折页设计
	网站制作	• 网页内容撰稿、拍摄及架设
产业联动性	社区与联结	• 与地方性节庆活动联结 • 异业结盟计划及经验 • 与社区连动 (结合附近景点、餐饮、旅宿业做一完整观光路线)
参与相关活动	课程活动	• 借由专业课程安排,让企业有经验分享及交流的机会,并可获得更多思考及成长的观念启发
	广宣活动	• 借由平面媒体及专业旅游期刊广宣活动,强化广告行销的效果

注：本表所列工作项目为工厂转型观光建议辅导项目，各厂家将依现况需求进行辅导。

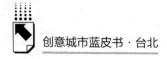

（二）观光工厂评鉴

厂商已自力完成工厂观光化所必需评鉴项目，经审查委员依观光工厂评鉴评分表项目进行评分，评鉴五大重点项目：企业主题、厂区规划与服务设施、设施展示、顾客服务、经营管理，如表2所示。

表2　观光工厂评鉴评分项目说明

项目	评分细项
企业主题	具备明确的产业观光教育主题
	入口意象契合观光工厂主题
	厂区设计风格具特色并契合观光工厂主题
	识别系统具美学概念并相互搭配（例如品牌标识、吉祥物、产品包装、周边商品等）
	具鲜明企业形象（如企业历史、企业文化、故事行销、环保概念、社会回馈等）
厂区规划与服务设施	无异味及粉尘、高热或噪声造成参访者不适因素或已排除，具备消防、安全、逃生指标设置
	厕所、停车场地及参观区具备适当质与量
	完善的休憩设施（休息座椅及饮用水设备等）、环境景观及绿化美化程度
	具备简报室、DIY教室、产品展览或展售区
	参观路线流畅，能够完整呈现产品之生产过程且可于1~2小时内完成
	观光区域内具备无障碍与性别平等设施
设施展示	设置全厂区示意图、区域标识及指示设施（鼓励多国文字规划）
	完善的产业知识、文化导览解说系统（含多国语言规划）
	良好的观光服务网站建置、影片制作及观光导览折页印制
	工厂制程的开放程度与观光价值呈现
	具备与游客互动的体验设施或文物
顾客服务	服务人员（接待、导览、销售等）亲切性、反应性
	服务人员（接待、导览、销售及语文等）专业性
	服务人员装备完善、整洁（如服饰、麦克风等）
	有良好的危机处理能力及客诉服务
经营管理	体验课程设计适合不同客群需求，并符合工厂的制造核心价值
	具备健全的观光工厂经营组织
	提供完善参观资讯与联络窗口
	提供公共意外责任险
	与政府部门、地方组织互动良好且能与地方产业异业结盟
	收费方式与价格的合理性

（三）观光工厂辅导与评鉴程序

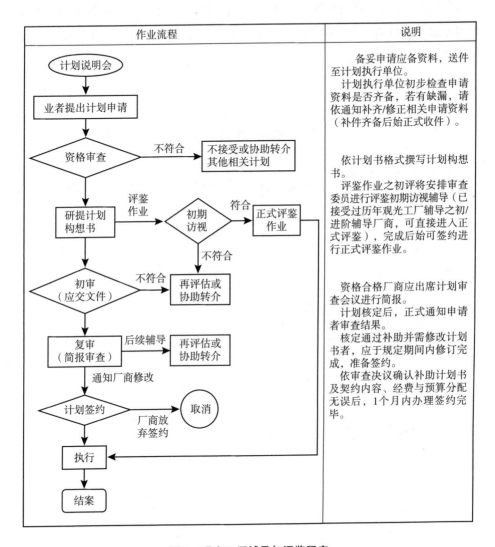

作业流程	说明
	备妥申请应备资料，送件至计划执行单位。 计划执行单位初步检查申请资料是否齐备，若有缺漏，请依通知补齐/修正相关申请资料（补件齐备后始正式收件）。 依计划书格式撰写计划构想书。 评鉴作业之初评将安排审查委员进行评鉴初期访视辅导（已接受过历年观光工厂辅导之初/进阶辅导厂商，可直接进入正式评鉴），完成后始可签约进行正式评鉴作业。 资格合格厂商应出席计划审查会议进行简报。 计划核定后，正式通知申请者审查结果。 核定通过补助并需修改计划书者，应于规定期间内修订完成，准备签约。 依审查决议确认补助计划书及契约内容、经费与预算分配无误后，1个月内办理签约完毕。

图1　观光工厂辅导与评鉴程序

（四）观光工厂辅导与评鉴现状

从地理分布来看，到 2013 年为止已经通过经济部辅导的 109 家厂商，最多的是在台北地区（共 14 家），其次为桃园县、南投县，皆有 11 家，台中 10 家。所以，观光工厂筹设的主要集中地在北部地区（含新北市、桃园县、宜兰县三地），通过优良观光工厂评鉴最多的也是北部地区，例如 2010 年 10 家中的 6 家、2011 年 10 家中的 4 家、2012 年 9 家中的 7 家都位于北部地区，这与北部地区为台湾都会区人口集中地、休憩活动（都会地区短程 1 日休闲）市场需求较高有关。

三 优良观光工厂

台湾"经济部"为树立模范标杆，鼓励观光工厂发展特色，持续创造顾客价值，故评选优良之观光工厂。

（一）优良观光工厂评选

评分项目除上述观光工厂评鉴项目外，还增加了"企业责任与价值"为加分项目，主要包含以下五项。

（1）符合安全卫生之设施与管理制度，如各项有关之认证（例如 ISO、HACCP、GMP）等。

（2）产业文化资产的保存及活化，如产业历程和旧有文物之保存与展示等。

（3）环保永续之强化做法，如绿建筑、节能省碳、废水及废弃物处理等。

（4）企业社会责任，请说明对于社会关怀、弱势族群保护等案例。

（5）具备观光行销能力。

（二）优良观光工厂现状

2010 年有金车威士忌酒厂、雅闻魅力博物馆、茶山房肥皂、腊艺彩绘馆等 10 家厂商获选；2011 年有宜兰饼发明馆、台湾卤味博物馆、大同酱油、丽婴房、兴隆毛巾、张连昌萨克斯风、宏洲陶瓷等 10 家通过优良观光工厂评鉴；而 2012 年则有宏亚巧克力、白木屋、维格食品、手信坊创意和果子文化馆、郭元益食品、台盐盐来馆等 9 家通过优良观光工厂评鉴，其特性如下。

（1）以美食类为多。在29家优良观光工厂中有15家为与食用产品相关之产业；其次为"居家生活型"的观光工厂，如肥皂、瓷器、毛巾、美容等产品，除观光工厂走向多元化外，仍可见与民众日常生活有关、传统产业型厂商较倾向建立观光工厂。

（2）以台北地区、宜兰、桃园为主要集中地。在29家优良观光工厂中有14家位于这三个县市，这当然与北部地区人口占全台湾一半以上、拥有的观光休憩市场广大有关。

（3）以预约参观制为主。除博物馆/故事馆外，大部分的观光工厂采取预约或凑团制，达到一定的规模始能导览，否则只能自行参观，教育效果不佳。

（4）DIY逐渐多样化及差别定价制。许多优良工厂DIY内容已经多样化并采取不同定价方式，以便能提高访客参与度。

（5）将知性转换成趣味性。观光工厂近几年来除了成为平日中小学生校外教学的重要选项，更是假日亲子游的场所，其主要参观者还是以孩童为主，许多极为知性的工厂生产内容必须被转换成以趣味和简易的语言来呈现，因此各工厂都尽可能在导览员口述和导览陈列或设计上纳入趣味性的内涵，或者在DIY时尽量考虑适合全家大小的玩性，这些元素对参访游客的印象和感动显然都已超过制程的参观。

（6）将商品变为观光服务之附加价值。这些观光工厂普遍有将产品以主题公仔重新包装的趋势，例如，"巧克力共和国"的Chotty–Cotty相关产品及包装袋、茶山房的肥皂神猪及肥皂爷爷卡通造型，或是设置美观专业的商品销售专区，陈设工厂产品或观光工厂单行版的产品，这些都大大增加观光工厂的附加收益和自家商品的曝光度与行销。

（7）观光工厂空间规划和陈设专业化与整体性。许多优良观光工厂有的成立博物馆或故事馆（例如"巧克力共和国"和白木屋）、有的采取主题馆（类似theme park）结合室内外空间（例如手信坊、雅闻、郭元益杨梅馆），使单一观光工厂空间能塑造出园区化特性，并在空间设计上采用主题元素及软件元素来串联各区（入口区、停车场、陈设区、DIY区、商品区、用餐区、户外

游憩区）突显品牌主体性和整体感，参观路线的硬件装置活泼化等，使访客的参访停留时间延长，增加消费机会。

四 台北地区之观光工厂

（一）现状

截至 2013 年，台北地区之观光工厂共有 14 家通过"经济部"工业局辅导，并完成通过评鉴工作，其中以"美食"为主打（14 家中的 7 家），包括"三峡农特产文化馆"、"大黑松小两口牛轧糖博物馆"、"工研醋益寿多文化馆"、"几分甜幸福城堡"、"登峰鱼丸博物馆"，其中"手信坊创意和果子文化馆"与"维格饼家——凤梨酥梦工厂"两家通过优良观光工厂评鉴。此外，值得一提的是"光淙金工艺术馆"，为台湾珠宝饰品产业工厂，通过开放珠宝饰品制造流程让民众更亲近并了解相关细节，且进一步结合时下流行的手作饰品 DIY 活动，提供民众全新的体验和创作环境；"茶山房肥皂文化体验馆"有详细的肥皂制程的导览解说和有趣的手工皂 DIY 和打印，现场也销售清洁肥皂，特别是在 DIY 方面主题丰富和过程趣味颇高；"宏洲瓷砖观光工厂"，其 DIY 内容多样化，并制订不同定价方式，包括四种内容可以选，分别是瓷砖彩绘（NT＄250）、瓷砖拼贴（NT＄400）、数位热转印（NT＄500）及测温环的彩绘及加工（NT＄80）以便能提高访客参与度。

（二）优良观光工厂案例介绍——手信坊创意和果子文化馆

坐落于台北地区的手信坊创意和果子文化馆，其品牌故事缘于日本和果子老师傅一句"残念"（日语：可惜）感叹樱花凋谢，创办人陈世洋先生心念一起，"如果能将这短暂美丽的心境，转化为创意和果子，致赠亲朋好友，将这份心意成为永远的感动"，世代传承的创意和果子，开始生发了全新生命。以下以照片介绍并展示"手信坊创意和果子文化馆"园区之规划设计、解说与设施（见 186～189 页图片）。

图2　台北地区观光工厂一览

资料来源："经济部"观光工厂自在游。

五　观光工厂的未来与展望

"经济部"2013年的统计资料显示，全台湾的观光工厂的参观人次在2011年和2012年分别达到800万及1000万人次，预期2013年则会增长至1200万人次，总营业收入也可从2012的20亿元台币增加至2013年的23亿元台币，甚至可能上升到25亿元台币。因此，一个成功转型的观光工厂，除了能重新找到自己企业的未来外，将会为地方带来经济发展效益，许多地方政府因而更愿意在这方面积极推动。2013年"经济部"又因应台湾推动国际观光的

入口意象

入口意象

吉祥物展示

吉祥物展示

园区设计风格	园区设计风格

园区地图导览	产业知识、文化导览解说系统

户外设施展示	园区设计与户外设施展示

园区内厕所

厕所外休憩空间

室内展示入口意象

产品制程区展示

产品制程区展示

影片展示空间

导览解说人员互动

室内设施展示

室内设施展示

商品制造区

游客互动的体验设施或文物

商品展售区

DIY 教室

顶楼户外休憩空间

大趋势，提出另一个优质化重点："国际亮点"。"经济部"根据能代表台湾主题特色及文化元素，具有优良的厂区和设施空间之规划与设计、国际访客服务设施与接待的能力等相关评估内容，获选为最具国际行销潜力的优良工厂，将来政府会有配套措施来协助观光工厂在国际观光推广的机会中增加曝光率。

在各观光工厂纷纷认同转型成服务业可以带来重大的收益时，在可预见的将来，会投入更多的资源于产业观光化上，当然，观光工厂的数量增加或许会渐渐趋缓，但既有厂商会在软件和硬件上充实，行销通路上更活泼有弹性，以保持访客对观光工厂的新鲜度不降。同时，观光工厂的"企业社会责任"在将来应更会被强调，未来观光工厂在发展成熟之余更会走向企业形象、睦邻、社会责任等的提升，是非常值得注重与思考的。

附录 2013 年台北地区优良观光工厂介绍

观光工厂名称	地址	经营内容服务项目	导览解说内容概述	DIY 内容概述	到访人数	网站 Blog 上的游客讨论
手信坊创意和果子文化馆(2012)	台北县土城市国际路 55 号 3 楼	果子(麻糬)的导览解说、制作及销售	为自由参观制，介绍手信坊的历史沿革和果子文化，介绍果子如何制作	制作绿豆糕及果子，需事先预约报名，每场约 80 人，费用为 150 元/人，总时间约为 50 至 60 分钟	单日最高入场数为 3000 人	不只是伴手礼专卖店，还融入了日式元素，环境整顿得十分完善，可以说好吃又好玩
光淙金工艺术馆(2012)	新北市林口区粉寮路一段 104 号	金工的解说导览、DIY 制作及商品售卖	可团体预约导览或自行参观，介绍金工的材质、制程及各式知识，多媒体的互动及金工体验	需事先预约报名，分为三种:1. 金工体验 200 元/人，约为 50 分钟;2. 手做银饰(坠饰)1200 元起/人，约 160 分钟;3.手做银饰(戒指)1700 元起/人，约 160 分钟		光淙金工艺术馆也太值回票价了，除了可以参观展区，还可以互动体验亲手做吊饰，有机会会再来!
维格饼家——凤梨酥梦工场(2012)	新北市成泰路 1 段 87 号	凤梨酥销售、生产流程参访、凤梨酥 DIY	介绍凤梨的生长过程、凤梨酥的制造程序	采取预约制，费用约 200 元/人		对年纪较小的小孩而言也很有趣、DIY 趣味性十足、馆内装潢设计有创意、吉祥物设计更拉近与旅客的距离
宏洲瓷砖观光工厂(2012)	新北市莺歌区中正三路 230 巷 16 号	导览解说、DIY、精品区、展示区	介绍工厂的简史、瓷砖相关常识介绍、生产线解说	时间 30 分钟到 1 小时不等，价格为 250～500 元/人		导览解说富含知识性、DIY 适合大人小孩全家一起同乐

动物展示的传播魔力

——以台北市立动物园的大熊猫宝宝为例

李明颖*

一 前言

2014年1月6日，台北市立动物园大熊猫宝宝"圆仔"于大熊猫馆正式公开亮相，民众不分老少竞相争睹它呆憨、可爱的迷人风采，引发参观热潮。尤其春节期间，"圆仔"更发挥磁吸效应，造成台北市立动物园整体参观人数屡创新高。根据报载，光是大年初三（2月2日）一天，台北市立动物园即涌进近7万人，创下近十年来单日入园人数新高，上午10时许，熊猫馆24000张参观券即发完。

事实上，自2013年7月6日"圆仔"诞生后，它的一举一动早就掳获全台甚至全球的目光。台北市立动物园大量发布新闻稿、照片或动态影像记录，而新闻媒体（例如《苹果日报》）也配合报道"圆仔"的每日成长状态，吸睛程度可见一斑。通过全球知名网络影音平台YouTube的播送，"圆仔"无论卷舌、开眼、投降等超萌模样，以及与母亲"圆圆"之间的种种互动情形，吸引国际媒体（例如CNN、BBC）争相报道。正如Croke① 所说："几乎没有什么能比新生的动物宝宝更令人着迷了。"

在许多人的成长过程中，动物园是鲜明记忆的一环，它是大多数小朋友第一次亲眼见到活生生的野生动物，满足其好奇心的场所。而对父母而言，亲子同游动物园则是融合教育与维系亲子关系的家庭活动。随着时代的不同，动物

---

* 李明颖，静宜大学大众传播学系副教授。

① Croke，V.（2003）:《新动物园：在荒野与城市口漂泊的现代方舟》(*The Modern Ark*：*The Story of Zoo*：*Past*，*Present and Future*），林秀梅译，台北：胡桃木，第120页。

园也主动或被动地改变自己的角色与定位。近年来，由于生态保育意识的觉醒，动物园已经由过去的圈养珍禽异兽，提供娱乐赏玩的功能，逐渐演变成为兼具保育、教育、研究、游憩等功能的公众场所。

在古埃及、希腊与罗马时代，王公贵族豢养动物是一种"财富"与"权力"的宣示，而在地理大发现之后，他们赏玩珍稀的野生动物，就如同拥有奇珍异宝一样，再次彰显人类支配动物的欲望。随着后来生物学、生态学、兽医学、动物营养学知识的进展，动物园的动物展示方式也有了极大的转变。栅栏、牢笼式的动物展示方式慢慢消失，取而代之的是无围篱、自然化的动物展示方式①。这种动物展示方式的变化，改变了现在许多动物园声明所具有的研究、娱乐、教育这三项存在的功能，赋予了其以现代方舟自许的"保育"意义。

展示必须具有信息的内涵，借由实物、形态、图表、文字、模型、影像及声光等媒体技术，于特定的时间、空间，进行完整的传达与沟通②。动物园本身就是一种动物展示，可以带领游客认识动物的生物知识，也可以引导他们从动物身上认识到生态环境等议题的重要，因此落实动物保育成为现代动物园努力的目标。

一所完善的动物园，除了适宜的环境设施展示野生动物以外，还需规划多样化的活动，并通过出版品、多媒体与解说员的解说服务，满足游客的求知欲与好奇心，借此传达动物保育的观念③。不同于其他曝光率较低的保育机构，动物园不仅知名度高，而且最容易为社会大众所亲近。作为台湾官方的重要保育单位，台北市立动物园采用怎样的传播策略与传播工具推广动物保育？本文旨在探究台北市立动物园以大熊猫宝宝"圆仔"为例，通过多样化的展示方式，向社会大众传达动物保育的信息。

二 动物园的发展演进

根据世界动物园暨水族馆保育策略④的定义，"动物园"是指任何圈养或

① Baratay, E. and Hardouin - Fugier, E. (2007)：《动物园的历史》（*Zoo*：*A History of Zoological Gardens in the West*），乔江涛译，台中：好读。
② 吴淑华：《博物馆展示浅论》，《科技博物》2001 年第 5（3）期，第 5～13 页。
③ 杨健仁、曾淑珠：《动物园的动物展示》，《动物园杂志》1992 年第 46 期，第 30～46 页。
④ 世界动物园暨水族馆协会：《为野生动物开创未来：世界动物园暨水族馆保育方略》，台北：台北市立动物园，2006。

管理一种或多种野生动物之处，其目的为展示或研究之用，并在一年内至少有部分时间让民众参观。动物园泛指一切饲养野生动物的封闭地点，范围涵盖了不同时期与场所，包括狩猎保护区、竞技场、斗兽馆、私人饲养园、野生动物公园等①。

大致上，动物园的演进可以分为三种不同形态，分别是 18 世纪前的"贵族动物园"、19 世纪的"科学动物园"以及 20 世纪的"保育动物园"②。动物园的存在，始终与人类社会的发展有着密切关系。人类对待野生动物的方式，例如猎捕、食用、献祭、解剖、改造、收藏、圈养等，都反映出他们如何看待自然、诸神以及己身在宇宙中的位置。

虽然"动物园"一词到了 19 世纪才为人使用，但是人类拥有动物园的历史久远，最早可以上溯到新石器时代，人类把捕获的猎物安置而开始了豢养野生动物的行为。根据历史学家 Gustave Loisel 的考察，动物园肇始于公元前一千多年前的古埃及，人们除了会将狮子、公牛、蛇、鳄鱼等动物奉为神祇，也会派遣远征队到处搜罗奇特动物③。

在古代帝国中，动物园是人类借着征服、控制、拥有珍禽异兽以及圈养动物来炫耀自己的财富、权力与社会地位，也通过控制动物的生存场所来表现人类支配动物的欲望。公元前 1490 年，埃及第十九王朝皇后 Hatshepsut 为了收藏珍贵的长颈鹿、猎豹等动物，在皇宫打造了人类历史记录上首座的动物园。公元前 4 世纪，搜集动物是古希腊人用来展示权力与财富的方式，亚历山大大帝曾经派远征队到处搜寻奇珍异兽，并为其建造园舍，但当时希腊人对大自然也怀有科学兴趣，动物研究成了一项专门学问。到了公元前 186 年，罗马人开始引进野生动物作为竞技之用，为的是让竞技场中人兽格斗具有可看性，同时宣示征服者的力量。

至于在中国古代，也有相似的场景。《诗经·大雅》曾经描述周文王建造

① Baratay，E. and Hardouin‑Fugier，E.：《动物园的历史》（*Zoo：A History of Zoological Gardens in the West*），乔江涛译，台中：好读，第 8 页。

② 陈宝忠：《动物园的故事》，台北：《时报文化》，2004，第 184 页。

③ Croke，V.：《新动物园：在荒野与城市口漂泊的现代方舟》（*The Modern Ark：The Story of Zoo：Past，Present and Future*），林秀梅译，台北：胡桃木，2003，第 163 页。

一座广大的园囿，里面饲养鹿、山羊、羚羊、鸟类与鱼类供其狩猎，并相信这些动物有助于人类与灵魂世界的沟通，因此将之称为"灵囿"；而《汉书·旧仪》也记载着汉武帝建造规模宏伟、宫室众多、兼具多种娱乐休憩功能的"上林苑"，内设有观赏各种动物的宫台以及圈养百兽的场所，专门提供皇帝于春秋之际的射猎游乐所用。

13 世纪时，英国皇室把动物关进特制笼子，提供其他王公贵族参观。到了 15、16 世纪，拥有奇异动物成为一种高级的消遣活动。地理大发现之后，探险队从世界各地搜罗而来的奇异动物，王公贵族将其当作私人珍贵物品来收藏，借此炫耀身份的高贵。17 世纪时，法王路易十六兴建豪华壮观的凡尔赛宫，并在其中设置动物园。虽然动物园历史悠久，但大多属于皇室贵族的财产，并不对外开放。1752 年，神圣罗马帝国君王弗朗西斯一世建立一座皇家动物园，并于 1765 年对外开放给民众参观，自此动物园成为公共场所，这座位于今日奥地利的维也纳动物园，是现存最古老的动物园。

随着 18 世纪后贵族阶级的没落，中产阶级的兴起，动物园渐渐不再是少数人的专利。动物园的功能开始从私人把玩、消遣娱乐逐渐转为教育、研究与保育取向。1826 年，由动物学家们组成的伦敦动物学会成立，主张动物园成立的目的在于振兴"动物科学与哲学"的研究。两年后，伦敦动物公园（London Zoological Gardens）开幕，很快便大受欢迎。

在伦敦动物公园的成功示范下，基于城市的荣耀加上科学的兴趣，能够提供庶民娱乐，又能促进大众教育的动物园成了市民首选，于是 20 世纪初期全球许多大城市（例如柏林、阿姆斯特丹、纽约、莫斯科、东京等）设立城市动物园渐成趋势，其考虑的是娱乐大众而带来的庞大潜在财源。

20 世纪 60 年代，随着动物福利与生态保育概念抬头，动物园摇身一变成为走私动物、救伤动物的收容所，部分动物园也转向重视保存与复育濒绝物种。国际性与地方性的动物园网络也开始发展起来，陆续推动保育计划，有计划地繁殖被选定的"旗舰物种"。到了 20 世纪 90 年代，动物园的保育教育及物种保存计划结合野外保育，正式确认了动物园的经营方向由科学研究走向保育，也由园内走向野外。因此，动物园持续发展的关键，就在于动物园能否满足当时社会的需求，结合相关资源，并发挥其应用的角色功能①。

三 现代动物园的动物展示

动物园最重要的传播方式就是动物展示，展示要有内涵，且能透露信息，除了融合动植物与自然背景外，还需利用图表及其他解说设施，以传达完整的动物生态②。无论是利用视觉再现还是活体展示动物的真实景况，人类与动物的关系起了不同变化。

展示场是动物园中展示动物的人为设计空间，也是动物园重要的构成。展示场的形式不一，许多动物园的展示场都企图使得人类与野生动物维持着一定的距离或是某种隔离的状态，以防肇事。19 世纪动物园开幕之初，动物园一开始是以栅栏牢笼圈养动物、展示动物，反映着人类对动物既吸引又排斥、既好奇又恐惧的矛盾情绪。进入 20 世纪，动物园的动物展示方式出现了极大的转变。栅栏牢笼的动物展示方式消失，取而代之的是无围篱、自然化的动物展示方式。

1907 年，德国人 Carl Hargenbeck 创造了第一个无栅栏的动物园。他舍弃传统的以动物分类作为展示方法，采用动物地理学方式，将不同的动物放在一起展示，例如把非洲动物放在一起。他还利用壕沟、围篱、假山与蜿蜒的步道扩大视觉空间，设计出动植物混合的自然开放空间，如实地呈现动物的社会结构与生活方式。这种动物展示方式的转变，重新建构出人类与动物的关系，深刻地影响了后来世上许多动物园的设置理念。

20 世纪 60 年代，这种模拟自然环境的动物展示方式被带到美洲大陆，一时之间蔚为风潮，美国动物园至少有一个自然化的围栏③。愈来愈多的动物园

---

① 陈宝忠：《动物园的故事》。台北：《时报文化》，2004，第 200 页。

② 林宜君、陈建志：《台北市立动物园昆虫馆展示设施分析》，《环境教育学刊》2007 年第 7 期，第 81～94 页。

③ Croke, V.：《新动物园：在荒野与城市口漂泊的现代方舟》（*The Modern ark: The Story of Zoo: Past, Present and Future*），林秀梅译，台北：胡桃木，2003，第 189 页。

朝向这个理念设计，于是纽约布朗动物园中近七英亩、几可乱真的刚果热带雨林，以及仿佛身临其境，让游客从事野外探险的迪士尼动物王国，皆是这种自然化的产物。

相较于过去的栅栏牢笼，尽管这些动物受惠于模拟自然环境而使得活动空间变大，事实上，它让游客与动物之间有一种看似完全没有阻隔、共处一室的视觉感受，只不过是种错觉而已。例如用直立岩石构建而成的展示区用高度弥补表面积的不足，让游客从下方仰视动物，就像仰视舞台上的演员一样，动物展示仿佛是个剧场表演。这种让动物在模拟天然环境中生息的"自由兽园"，并非全然还原动物的真实生存环境，仍然只是种"半自由、半豢养"的空间展示。动物园所能提供保育的功能非常有限①。

在有些国家中，社会大众还是将动物园视为娱乐用途的"动物大观园"，以至于园内充斥着野生动物观赏展演活动。Mekoff② 指出，游客在每个动物展示空间平均逗留半分钟到两分钟，常常只看几眼动物、动物标识牌就走。那么社会大众在动物园中真的能够认识到野生动物的真实样貌？世界动物园暨水族馆协会③也指出，大多数游客造访动物园的目的，仍然是为了缅怀过去的美好时光，这可能导致社会大众对于动物园所扮演角色的混淆。如果动物园是娱乐场所，又要如何期望他们同时做出具有保育价值的事情？

人类应该用什么态度和动物相处，人工豢养野生动物是好是坏，一直是争论不休的话题。明明应该在荒野草原自由奔跑的野生动物，现在却被迫安置在有限空间之中，不乏出现行为异常、懒散、厌倦等现象，例如黑熊会来回走动，刺猬会不断绕圈。因此不少关注动物权、动物福利的团体强烈质疑动物园从野外捕捉动物来圈养展示的正当性，批评这是一种"动物的伪自由"。虽然现代动物园的空间设计朝向自然化，野生动物表面上看似并非被"监禁"，这

---

① Fraser, D. , Assessing animal welfare at the farm and group level: The interplay of science and values, *Animal welfare*, 2003 (12): 433 – 443.

② Mekoff, M. （编）《动物权与动物福利小百科》 （*Encyclopedia of Animal Rights and Animal Welfare*），钱永祥、彭淮栋、陈真译，台北：桂冠，2002。

③ 世界动物园暨水族馆协会：《为野生动物开创未来：世界动物园暨水族馆保育方略》，台北：台北市立动物园，2006。

种动物展示方式除了视觉美观外，却模糊了野生动物不该属于这个圈养环境的焦点。真正受益的只是享受到自然氛围的游客感官而已①。

动物园的圈养空间越接近动物的自然生态环境或习性需求，动物行为就能越自然化，所能传达的动物生态教育价值就越高；反之，如果是单调且无法满足或刺激动物自然行为的兽笼，展场的沉闷空间与动物的刻板行为，不仅造成游憩质量的低下，更导致负面的生态教育呈现②。因此，动物园试图通过观察动物本能与习性，发展出更符合动物天性的生存空间，采取改善动物活动空间、增加活动设施、改变管理模式等措施，让它们能够自在地活动，表现出自然的行为模式。

有些动物园会把动物放置于类似自然栖息地的围栏内生活，而有些动物园也会针对夜间活动的动物提供特别设施，例如在白天用暗淡的照明系统，因此游客参观时，这类动物依然能在"仿夜间"情境下活动，甚至有些动物园会专门为某些濒临生存危机的保育动物（例如企鹅或熊猫），在控制特定的气候与环境条件下，提供它们"仿真实"的生活空间。甚至有些动物园也会安排游客与动物有近距离接触的机会，例如允许游客触摸或喂食，或是徒步穿越，让游客可以进入一些非攻击性强的动物围栏内，像猴类、鸟类等，但动物园同时会要求游客遵守园内规则，以免发生意外。

因此，现代动物园的展示方式应该是朝向空间自然化与多样化发展，让动物可以在"近自然"的空间活动，并改善它们在动物园的居住环境。同时，如何帮助游客了解他们的到访与动物园所从事的保育工作之间的关联，以及向游客保证动物园正在增进动物福利的质量，并提升动物保育的目的都是挑战。

四 台北市立动物园的明星动物之展示

坐落于台北市木栅区的台北市立动物园是台湾历史最为悠久的动物保育的

---

① 彭仁隆：《圈养野生动物的伦理争议——从动物园的存在价值谈起》，2005，http：//www. lca. org. tw/column/node/15。

② 谢欣怡、张明雄：《打造动物丰富的生活环境——行为丰富化》，《科学月刊》2009 年第 470 期。

官方机构。1914 年，日本人大江氏在台北圆山创设私人动植物园，次年为日本台北厅收购，改为公营动物园，是为台北市立动物园之滥觞。开园之初，动物展示是以哺乳类、鸟类及爬虫类为主。有关数据显示，开幕之初展出动物共有 70 种 148 只，周日的参观人数可达 800 人，以当时台北市仅 17 万人口来看，算是非常热闹①。

第二次世界大战初期，战火并未严重损及动物栏舍，但动物数量少，建物空间大致沿袭过去的规模。20 世纪 50 年代，动物园大量引进新动物，并新增兽栏园区。1951 年，动物园开始以动物表演与动物展览会等方式吸引游客。由于当时动物表演广受欢迎，后来成为每逢假日演出的固定节目，包括狗、猴、狮、熊与鹦鹉等动物，陆续成为动物表演的要角。在当时休闲活动贫乏的年代，这种以娱乐观赏为取向的动物表演持续了近 30 年，直到 1979 年才结束。

随着园内的动物数量日益增加，它们的活动空间渐渐不堪负荷，不少动物陆续出现异常的行为。在园山原址空间不敷使用无法扩建的情况下，台北市立动物园遂于 1986 年搬迁至木栅地区。当时这起"动物大搬家"轰动全台湾地区，不仅滚石唱片公司动员旗下歌手，制作《快乐天堂》歌曲献上祝福，而且在 9 月 14 日搬迁当日，动物园的动物们在数十万民众的夹道欢送与警车开道下，浩浩荡荡地一路游行至新园区，沿途几个地点也有动物园明星动物的表演活动，动物园的搬迁成为一场"动物嘉年华"。

目前木栅动物园区的总面积达 182 公顷，包括 8 个户外展示区、6 个室内展示馆、5 个环境教育教学场所，现有动物数量 457 种约 3154 只（不含昆虫）。整个园区由自然次生林地围绕，最大的特色是采用"地理生态展示法"，依照动物原先的生存环境布置新的环境，使动物脱离铁笼的束缚，有自由的活动空间，并创造出最接近原始栖地的生活环境，使动物不必去改变其生活习性。游客不再只是单纯看看动物，还能观察到不同气候区及环境条件对动物的影响②。

---

① 台北市立动物园：《历史沿革》，台北市立动物园，2009，http：//www. zoo. taipei. gov. tw/ct. asp? xItem＝22160559&ctNode＝52330&mp＝104031。

② 吴淑华：《博物馆展示浅论》，《科技博物》2001 年第 5（3）期，第 5～13 页。

动物是动物园的主角，在台北市立动物园的百年发展史中，"明星动物"从来不曾间断过。不同年代皆有明星动物，这已成为许多民众成长的共同回忆。台北市立动物园明星动物是 20 世纪 40 年代由婆罗洲引进的红毛猩猩"一郎君"。战后随着孙立人将军辗转来台的大象"林旺"，伴随许多台湾民众成长，跨越了好几个世代，成为许多人口中昵称的"林旺爷爷"，其毋庸置疑是台北市立动物园的镇园之宝与台湾家喻户晓的明星动物。园方在每年 10 月的最后一个星期日也会为林旺举办生日派对，与众多的游客一同为林旺"祝寿"。当林旺 2003 年以 86 岁高龄去世后，园区涌入了成千上万的游客，并且留下鲜花及卡片，向林旺做最后的道别。2004 年 10 月，林旺被制作成全世界最大的亚洲象标本，置放在园内的教育中心，供游客参观纪念。

从 1961 年起，台北市动物园和日本动物园界开始了较多的动物交换、赠予或购进等活动，其中以引进长颈鹿最为轰动。1972 年，母鹿"长春"首次成功产子，两年内顺利产下"长寿"、"长青"两兄弟，成为当红的新闻话题。1999 年，历经千辛万苦从澳洲远渡重洋来台的无尾熊"哈雷"和"帕特里克"，以及 2000 年南极国王企鹅在全民企盼下孵蛋成功，经过媒体持续数天的报道，兴起全民抱蛋、全民孵蛋的运动，而当时"到台北搭捷运看国王企鹅"也成为中南部民众观光旅游的响亮招牌①。这些新一代的动物明星除了展现了园内多样化生物形态外，也屡屡成为媒体关注、民众瞩目的焦点，并在 2000 年创下百年以来单年游园人数的最高峰，游园达 579.4384 万人次②。

2008 年，由中国大陆迎来的大熊猫"团团"与"圆圆"，却因为这起两岸互赠动物涉及"中国"而引起了泛政治的争议。最后历经波折来台的熊猫，慵懒可爱的模样，随即在台造成一股旋风。2013 年 7 月 6 日，"团团"与"圆圆"产下爱的结晶——"圆仔"，再度掀起另一波的观赏热潮。从无尾熊来台开始，台北市立动物园越来越重视动物营销，把所有与无尾熊相关的信息，转化成为能够吸引民众到动物园的诱因，例如命名竞赛、展场周围的解说牌等，都是以互动方式设计，提高民众参与的情绪。而且"活用媒体"是最有效、最经济的宣传

---

① 陈宝忠：《动物园的故事》，台北：时报文化，2004，第 55 页。
② 石文南：《动物明星接力 台北动物园 100 岁啰》，《中国时报》2013 年 10 月 26 日。

工具，当时台北市立动物园推广组组长徐玉龄说："当时一天发布一则经过精心设计的新闻，让社会充满了对无尾熊的期待，很多合作便自然上门。"①

无尾熊或是国王企鹅的媒体操作模式，开启了"动物营销"的魅力。在这股明星动物的热潮中，动物园也接着推动"无尾熊牵成无尾一族"及"企鹅认养鲸豚与水族"的保育计划。由于这些明星动物的超人气，使得不少大企业也开始愿意投资到野生动物的教育活动上。诚如台北市动物园前园长陈宝忠所说："如果能将保育做某种程度的包装，只要原则与策略拿捏得好，在政府部门财政日渐恶化的情况下，这种方式对野生动物保育是一个突破，是少有其他类似机构所能做的。"②

五　台北市立动物园的熊猫宝宝"圆仔"的多重展示

1. 近自然的展示场

在台北市立动物园六个室内展示馆中，最新的一个是"大熊猫馆"，又称为"新光特展馆"。当初是为了因应 2008 年从中国大陆来的两只熊猫"团团"与"圆圆"，由新光集团捐赠资金为其量身打造的栖所。开放初期，深受民众欢迎，天天挤爆成为最多人参观的展馆，媒体亦争相报道，连捷运站及动物园大门口都要显示当天还有多少剩余名额。

馆内包括一个户外展示场、两个室内展示场、三间室内居室、户外运动场、产房、竹库等，提供多样的活动空间及攀爬、遮阴设施，还有大小石块及流瀑水池。户外展示场则模拟大熊猫野外栖息地，草坪宽阔，并以浓绿乔木构成背景。部分空间亦介绍熊猫整体概况等，提供学童、家长与老师共同体验与学习的空间。同时，馆内设有温、湿度控制，架有摄影机与监视设备，以利研究、搜集动态影像与教育解说使用。

大熊猫宝宝"圆仔"于 2013 年 7 月 6 日出生后，一开始是放置于保温箱中，由保育员悉心照料，2014 年 1 月 6 日，才与妈妈"圆圆"一同亮相。"圆

---

① 林正文：《开启动物营销魅力》，《数字时代》2004 年 6 月 1 日。
② 陈宝忠：《动物园的故事》，台北：时报文化，2004，第 207 页。

仔"开放参观初期，比照2009年参观"团团"、"圆圆"的方式，民众在入园时索取大熊猫馆入场券，依照入场时间凭券排队入馆。民众也可以随时上网查看剩余的入场券数量。

为了提高参观"圆仔"的质量，动物园精心替游客预设安排了观赏路线。首先，动物园特地大兴土木改建大熊猫馆内参观坡道，向前延伸至入口大厅，使游客可以在展示面折返2次参观。游客从凭券入场开始，慢慢经过户外的"团团"展示场，进入馆内沿着"之"字形的缓坡前进，到最后离开展示面，大约花费25分钟。同时，动物园内增设许多拍照背板，有的是固定位置，也有每天更换位置提供给游客惊喜，让他们随时随地留下与动物合影的纪念照。

2. 生物知识的影像观赏

在2008年大熊猫"团团"与"圆圆"来台时，台北市政府特地设置"Ya！大猫熊——台北大熊猫保育网"（http：//www. zoo. gov. tw/panda/），引导民众上网认识大熊猫，内容包括大熊猫的百科、基本生物数据、保育的观念与做法、相关的活动报道、未来参观大熊猫的相关信息，以及国际各动物园大熊猫相关网站链接等。尤其特别设置"影音专区"，提供大熊猫"团团"、"圆圆"和"圆仔"的生活影片。民众除了看影片外，还可以下载学习单或挑战在线游戏，考查自己对大熊猫的了解程度。不过，这个网站并不是专为"圆仔"而设立，只是既有信息的延续补充。所以，当"圆仔"诞生后，网站中的影音专区直接将最新的生活影片导引至台北市立动物园YouTube频道观赏。

在YouTube频道中，台北市立动物园于2009年8月1日上传第一部短片《台北市立动物园——诺亚方舟的秘密》，到2014年7月31日止，已累积了743部影片。每部影片长度不一，短则约30秒，长则8分钟左右，大部分是5分钟以内的短片，记录的内容是动物园内不同动物的生活样貌，但是以"圆仔"为主题的相关影片数量高达270部。

台北市立动物园YouTube频道播出的第一部关于"圆仔"的影片是2013年7月6日《大熊猫圆圆产子》，记录"圆圆"从阵痛、羊水破开到"圆仔"诞生后发出洪亮叫声的过程，而2013年8月12日播出的《圆仔回到妈妈怀抱》则是将"圆仔"推上国际版面，不到三周时间，全球观看人次就突破200万，并吸引国际新闻媒体争相报道。

"圆仔"的相关影片忠实记录下它的生命成长历程。例如，2013 年 7 月 6 日《圆仔卷舌喝ㄋㄟㄋㄟ》①、2013 年 11 月 27 日《圆仔自己便便了》、2014 年 2 月 18 日《圆仔学习咬竹叶》、2014 年 3 月 2 日《圆仔换牙》等。动物园也会结合时节，搭配"圆仔"的生活习性，提供关于大熊猫的生物知识。例如，2014 年 1 月 6 日《冬至圆圆与圆仔搓汤圆》、2014 年 2 月 8 日《圆仔：快开学啰!》、2014 年 2 月 1 日《大熊猫圆仔初三睡到饱》、2014 年 6 月 1 日《圆仔品尝端午节大餐　爸妈日常食物被当宝》等。

尽管大部分影片的主题是"圆仔"的日常生活，通过"圆仔"的拟人化口吻，塑造出其他"朋友"角色，顺势带出动物园内其他稀有动物，"圆仔"俨然成了动物园的保育大使。例如：2013 年 9 月 19 日《圆仔与餐桌上的好朋友——白条斑荫蝶》、2013 年 11 月 6 日《圆仔的新朋友——犀牛鬣蜥宝宝》、2013 年 11 月 12 日《圆仔与金刚猩猩》、2014 年 1 月 9 日《保育大使圆仔：请支持黑宝!》、2014 年 4 月 3 日《圆仔首度儿童节、关怀救伤水獭宝宝》、2014 年 6 月 22 日《圆仔推绿保田笀白笋——助复育珍稀台湾白鱼》。

3. 拟人化的媒体操作

由于生物知识容易让民众有距离感，拟人化是最常用的传播策略。为了引起更大的社会关注，台北市立动物园除了大量发布新闻稿、照片或动态影像外，也举办网络命名投票活动，增加民众参与"圆仔"成长的机会。当大熊猫宝宝出生时，一开始没有任何名字，保育员仅以"圆仔"昵称，而新闻媒体报道时也以此称呼它。随着"圆仔"登上国际版面，引起越来越多人的关注，"圆仔"就如同新生儿一样需要取名，并取得多数人的认可。

台北市立动物园在 2013 年 9 月 14 日推出大熊猫宝宝"作伙选好名"网络命名活动（http://www.taipeitravel.net/panda/），邀请民众从"粉圆"、"汤圆"、"圆仔"、"圆仔花"、"圆宝"、"团圆"等 6 个由初选出的候选名字中，选出自己最喜欢以及最适合作为大熊猫宝宝的名字。最后网络票选活动于 10 月 15 日截止，共有超过 75000 位民众参与票选，在先入为主的印象影响下，票选结果一如预期，由"圆仔"得到最高票，共获得 45000 多票，超过全部

---

① ㄋㄟㄋㄟ是牛奶的儿童用语。

票数的六成。

在众多新闻媒体中，以《苹果日报》获得关注度最高，可能来自于它以轻松娱乐的方式包装新闻，并适时搭配"动新闻"。从 2013 年 7 月 7 日刊出第一则《熊猫圆圆终于生宝宝了》新闻到 2014 年 7 月 31 日，共刊登了 250 则文章，平均每 1~2 天就会有一则"小熊猫圆仔"新闻露出。自 2013 年 8 月 5 日起，除了一般的图文报道外，网络版《苹果日报》亦开始加入约一分半钟的动新闻。自 2014 年 1 月 28 日起，"小熊猫圆仔"更名为"熊猫圆仔"，采取图文报道与动新闻双轨并行的形式见报。但是从 2014 年 5 月 8 日起，除了"熊猫圆仔"外，网络版《苹果日报》另外推出"熊猫圆仔：每天一圆仔"，仅保留新闻标题，但内容则是动新闻。

无论是"小熊猫圆仔"、"熊猫圆仔"或"熊猫圆仔：每天一圆仔"，《苹果日报》的用字遣词或标题叙述，远较台北市立动物园 YouTube 频道的影片标题来得生动活泼。例如，同样是描述"圆仔"开始自行排便，《苹果日报》即以《圆仔自己便便了 妈妈又来舔光光》作为新闻标题，顺势带出"圆仔"与妈妈"圆圆"的互动情形；而描述"圆仔"换牙情形时，《苹果日报》则以《圆仔咬竹笋换牙转大人》下标，比喻成人类成年，将动物行为展现得活灵活现。

台北市立动物园 YouTube 频道偶尔会利用"圆仔"挟带介绍动物园其他稀有动物，然而《苹果日报》呈现出的新闻则完全不同，只有"圆仔"才是新闻焦点，全然不见其他动物搭配。也就是说，新闻媒体在勾勒"圆仔"的成长故事时，"圆仔"是永远的主角，而妈妈"圆圆"是配角，甚至连爸爸也只不过是个跑龙套的小角色而已，鲜见其踪影。

4. 集体观看的明星动物

随着"圆仔"人气高涨，一举一动备受关注，台北市政府一度希望动物园可以比照"团团"、"圆圆"刚来台湾时，利用监视摄影系统，24 小时网络直播"圆仔"动态。不过，后来限于带宽、人力、经费等，再加上不少动物福利团体纷纷质疑 24 小时直播的必要性，并严词批评此举根本是消费"圆仔"、炒作商业价值而已，希望市政府不要哗众取宠，给动物们一点隐私。经过一番折中后，台北市立动物园从 2013 年 11 月 1 日起每天下午 4 点至 5 点直播一小时，民众可以在中华电信的 MOD、Hinet 首页、Hami 电机手机/平收看

《天天厂尢圆仔》直播。

2013 年 11 月 8 日，台北市观光传播局与台北市立动物园共同合作推出影片《圆仔超萌成长日记》，一连三天在台北捷运月台电视播放。这部影片长 8 分钟，内容包含"圆仔"从出生到三个月大的精彩成长过程，包括它四脚朝天的睡姿、与妈妈"圆圆"首次重逢的感人画面，以及跨出第一步的可爱模样。而《圆仔超萌成长日记第 2 集》则直接进入校园，2014 年 3 月，台北市政府教育局发函至台北市的国中小学，鼓励学校老师们运用影片资源融入生命教育课程，并附上相关影片链接网址，包括台北旅游网（http：//www. taipeitravel. net）和台北美好新视界（http：//taipeino1. taipei. gov. tw/）。

除了影像记录外，台北市立动物园 2014 年 1 月出版《超萌圆仔成长全纪录》图文书，翔实记录了"圆仔"出生后六个月的成长过程，还有一线保育员现身说法，分享照顾"圆仔"的幕后趣事，并收录大熊猫的相关知识和动物保育常识。

六　讨论与结论

由于森林砍伐、垦荒耕种、交通开发等人为活动的干扰，大熊猫的天然栖所早在 20 世纪 60 年代就呈现大幅缩减与破碎化，数量也急剧下降，大熊猫是国际自然保护联盟濒危物种（IUCN）红色名录上列名濒危物种保护最重要的对象。面对野生动物天然栖地频频失守的现状，动物园界所起到的移地复育、保育繁殖功能更显重要。当来自中国四川的大熊猫"团团"、"圆圆"顺利产下"圆仔"，在台落地生根后，台北市立动物园如何通过多重的动物展示方式，打造大熊猫宝宝"圆仔"成为明星动物，进而向社会大众传达出动物保育的信息，成为本研究的旨趣。

一个良好的动物展示，除了要考虑到动物之外，还要兼顾游客、管理及教育上的需求，并在其间取得一个平衡点。现代动物园并不是一个即兴随意展示动物的场所，而是通过有主题的安排，辅以自然的背景，有系统地介绍园内动物，使得教科书上演化适应、地理景观及食物链等分散的单元整合成具体的生态系，强化人类对环境的了解[1]。动物园已不再只是单纯地将动物直接暴露陈

---

① 杨健仁、曾淑珠：《动物园的动物展示》，《动物园杂志》1992 年第 46 期，第 30～46 页。

列，动物必须与空间相互配合，才能进一步创造游客对动物真实环境的想象与感受。

本研究发现，台北市立动物园在近自然的展示场，提供了游客对动物生活环境的真实想象，并利用网络延伸塑造他们对动物生活的真实"感受"。网络作为新形态的传播工具，不只是动物园推广动物保育的新通路，也成为民众参与动物生活的替代式媒介。台北市立动物园在 YouTube 频道开设自己账号，利用影音短片转译生物知识，虽然当初开设目的是在记录动物园内不同动物的生活样貌，推广动物保育的观念，但是以"圆仔"为主题的相关影片比例偏高，似乎刻意地操作"圆仔"成为动物园内的新一代的明星动物。影片故事环绕着圆仔的日常生活动态展开，拟人化的"圆仔"被赋予"动物园保育大使"角色，也顺势挟带介绍动物园其他稀有动物上场。

本研究也发现，这种拟人化的传播策略在媒体配合操作上格外明显。当"圆仔"于 2013 年 7 月出生后，当时台湾全区新闻报道聚焦在陆军下士洪仲丘虐死案上面，台湾社会笼罩在一股愤怒、怨恨却无处宣泄的不满氛围之中。但是随着 8 月初洪案暂告一段落，再加上 8 月中《圆仔回到妈妈怀抱》受到国际媒体青睐，于是新闻媒体引导社会大众转向投注在这个温馨可爱又充满希望的动物身上，而造成一股热潮。

当台北市立动物园于 9 月中旬举办网络命名投票时，"圆仔"昵称早已经累积了高知名度，因此后续的命名投票活动除了维持新闻曝光度外，更重要的是激起全民参与感，仿佛"圆仔"是自己的新生儿，借由取名再次获得全民的认可。而在商业媒体的活泼包装下，"圆仔"的生命历程更显得活灵活现。尤其是《苹果日报》的拟人化的传播策略，适时搭配"动新闻"，加上轻松幽默的旁白与配乐，创造出娱乐价值。虽然"圆仔"的成长故事没有什么配角，但无须像动物园 YouTube 频道得背负介绍其他保育动物的教育责任，整体显得轻巧许多。观看"圆仔"的生活动态，极富娱乐性。

不论是网络直播"圆仔"动态、北捷月台电视播放《圆仔超萌成长日记》、中小学教学使用《圆仔超萌成长日记（第 2 集）》，还是出版《超萌圆仔成长全纪录》图文书，台北市立动物园试图通过不同的展示平台与流通渠道，让大熊猫宝宝"圆仔"的成长故事一再地被观看，持续建构出真实明星动物的商品化想象，但是只可惜削弱了保育的价值。尽管明星动物能为动物园带来观光人潮，甚至带动周边商品大卖，但同时遭来过度商业化或消费动物的批评。究竟动物园满足了社会的什么需求？动物园对于主要产品"动物保育"做了怎样的营销，而实质的绩效又在哪里？动物园在打造明星动物吸睛（金）之余，如何唤起社会大众的生态保育意识至为重要。

时至今日，明星动物的保育已渐为生物多性保育所取代①。动物明星的展示所带来的长期效益，并不仅止于旗舰物种本身，而应该延伸到本土物种及环境保护的议题上。因此，借由多重展示引导民众对于大熊猫这类物种的关心与爱护，进而投射到对于本土保育目标物种生存环境之关注与保护，远比打造新一代明星动物来得重要。

---

① 陈宝忠：《动物园的故事》，台北：时报文化，2004，第202页。

数位内容篇

Digital Content Industries

B.12

台湾广告主扩增实境行销应用研究

黄羽麒　邱琪瑄*

近几年，由于经济危机的影响，企业之间的竞争越来越激烈，加上科技的发展，数位革命已经席卷全球。在行销方面，单纯传递信息的传统广告与千篇一律的行销手段已经不能再如从前一样打动消费者。在各国，行销手段变得更加多元化，且受到数位科技发展的影响，社群网络行销、APP 行销、AR 扩增实境、QR Code 等行销方式迅速成长，成为重新吸引消费者目光的一大亮点。随着现代消费者的注意力被各种新兴媒体切割得零零碎碎，能引起他们兴趣的，早就不只有电视荧幕，这也使得近年来有越来越多品牌行销人，不只要求行销广度，而且更聪明地串联不同新媒体的特性，来创造互动性，并加深行销深度。不少广告主选择互动科技来进行品牌行销或产品销售，扩增实境是其中较为新颖且与产品结合较为密切的互动科技之一。扩增实境是由虚拟实境发展而来的，该技术在 1990 年前后提出，后来经过不断的研究发展，从 2003 年开

* 黄羽麒，台湾铭传大学传播管理学系研究所研究生；邱琪瑄，台湾铭传大学广告学系助理教授。

始在全球及台湾地区不断升温，近些年讨论的热度更加强烈。结合行动通信的发展，根据英国 Juniper Research 2012 年研究机构报告，行动扩增实境应用与服务的年营收增长速度相当惊人，预估将从 2010 年的少于 200 万美元，增长至 2015 年的近 15 亿美元。扩增实境作为娱乐性互动体验，逐渐被广告主和行销人员所关注，运用恰当不仅能吸引大量目光，同时能带来巨大的利益，让这项科技拥有一定的研究价值。

一　前言

台湾 Starcom MediaVest Group 星传媒体董事经理石佳音认为，不管是否使用数位媒体，所有媒体策略的目的都在于：通过"对的媒体"传播"对的信息"，与"对的目标对象"达成"对的沟通"；而如何让每个信息的沟通都涵括 Simple、Meaningful、In real – time 三要素，就是成功沟通的关键①。在进行传播沟通之前，我们要先了解"对的目标对象"的特点。步入 21 世纪，科技在生活中的应用在逐年上升，人们开始慢慢学会将高科技以简单的形式恰当地运用到生活当中。近些年来，随着资讯科技的快速发展，与传统生活形态相比，出现了一种新的生活形态。因此 Forrester Research 副总裁 Mary Modahl 结合消费心理学以及人口统计学的观点，首次提出了科技消费学（Technographics），通过调查研究，如著名的东方线上（Eastern Integrated Consumer Profile，E – ICP），也整理出一个新的生活形态族群——科技生活形态族群。该族群具有专业证照、中高收入、喜欢科技类产品等特点②。《动脑杂志》在 2011 年就曾在全球行销趋势中提到，利用科技维持健康不再是一件苦差事，截止到 2010 年，已有近 17000 个健康医疗应用可以在 iPhone 的 App Store 下载。可见如此专业的医疗领域都与科技进行紧密的结合，人们的生活逐渐与科技不可分割。

不少调查显示，现在的年轻人具有行动上网、时间零碎、喜欢读图的特

① 《2012 年全球五大行销趋势》，《动脑杂志》2012 年 1 月第 429 期，第 79 页。
② 龚俊霖：《我国网络族群分析》，《资策会资讯工业透析——电子商务》3 月号，2001，第 2 ~ 19 页。

点。在手机——尤其是智慧型手机已经基本普及的现在，根据 IDC（国际数据资讯）2013 年第二季亚太区手机市场季度调查报告，2013 年第二季台湾地区手机市场总量为 210 万部，与 2012 年第二季相比则有 6% 的增长。其中，智慧型手机（Smart Phone）到货共 170 万部，虽较第一季下滑 8%，但仍维持 20% 的年增长率。至于智慧型手机荧幕尺寸的表现上，厂商持续往大荧幕机种位移的态势不变，五英寸以上机种出货量亦呈现倍数增长。统计显示，由 2013 年第一季的 24% 占比，扩大到 2013 年第二季的 37%，相当于市场每三部新手机到货，其中便有一部为大于五英寸的机型。台湾智慧型手机市场更是已高达 93% 为四英寸以上的机型。以上数据，告诉我们一个事实，现在的年轻消费者甚至是中年消费者行动上网已经变成生活的习惯之一。根据美国手机广告公司 Mobext 研究，人们的习惯也在发生变化，如习惯多荧幕，手机搜索信息，相对于电视，用手机的时间更久以及展售效应（即指消费者到店里看到想买的东西，会上网找便宜的卖家购买）等。因此，选择"对的媒体"至关重要。随着现代消费者的注意力被各种新兴媒体切割得零零碎碎，能引起他们兴趣的，早就不只是电视荧幕，这也使得近年来有越来越多品牌行销人，不只要求行销广度，而且更聪明地串联不同新媒体的特性，来创造互动性，并加深行销深度。

根据《福布斯》（Forbes）杂志预测，2014 年将会有 7 项科技趋势并且衍生相关的商机，它们分别是：（1）智慧型电视可望普及；（2）智慧型手表将更有智慧；（3）谷歌眼镜有机会销售达到数百万副；（4）iPhone 5S 采用的 Touch ID（指纹辨识）被整合至苹果平板电脑及 NB 等产品中；（5）2013 年底开卖的微软 Xbox One 和索尼 PS4 家庭游戏机将更加社群化；（6）3D 列印成本降低将提升民众购买意愿，使少量多样的产品将重回美国等劳工工资偏高地区生产；（7）自然语言搜寻将持续发展。其中谷歌眼镜在 2013 年也得到全球消费者的关注，该产品包含很多技术，其中扩增实境技术是其重要技术之一①。

扩增实境（Augmented Reality，AR）是一种即时地计算摄影机影像的位

---

① 《明年七大科技趋势衍生哪些新商机新黑马？》，《非凡商业周刊》2013 年第 2 期。

置及角度并加上相应图像的技术，这种技术的目标是在荧幕上把虚拟世界套在现实世界并进行互动。Azuma（1997）指出，扩增实境必须包括三个属性：一是在同一个空间结合真实与虚拟物件；二是须为即时性的互动；三是资讯的展现须在三度空间内且和使用者互动。综上所述，扩增实境即是一种虚拟实境的延伸，把虚拟的物件或景物与现实生活的场景结合在一起，而其技术包含了创意与多媒体 3D 立体影像，是一种即时性互动的技术。Milgram 等（1994）[1] 把现实环境与虚拟环境视为一个连续区域，如图 1 所示，图的左边代表纯粹的现实环境（Real Environment），而右边则代表纯粹虚拟环境（Virtual Environment），两端点间的区域则表示现实环境与虚拟环境中的物件同时呈现，并以混合实境（Mixed Reality，MR）的概念来表示整个连续区域。

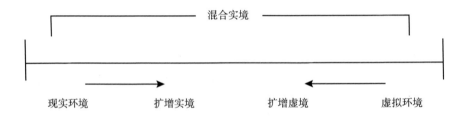

图 1　真实 – 虚拟连续区域（Milgram's Reality – Virtuality Continuum）

资料来源：Paul Milgram & Fumio Kishino（1994）。

随着技术不断发展，2012 年，德国一家科技公司 Printrchnologies，把扩增实境（AR）编成码，隐藏在印刷刊物上，就可以像 QR 一样用手机解码。Printrchnologies 执行长 Sascha Voigt 说，未来的大多数印刷品，都会内含电子资料的载具，可以储存更多的资料，可以与外界环境进行沟通[2]。由于技术的发展，扩增实境技术不仅能与数位媒体结合，更将其带入传统媒体世界，一定程度上，减少了数位媒体对传统媒体的冲击。首先扩增实境满足了人们的读图需要，在短时间内，通过模拟让人们形象地理解产品以及所表现的内容。同时

---

[1]　Milgram, P., Kishino, F., A Taxonomy of Mixed Reality Visual Displays, *IEICE Transactions on Information Systems*, 1994：1321 – 1329.

[2]　《2012 年六大微趋势引爆商机》，《动脑杂志》2012 年 1 月第 429 期，第 88 页。

扩增实境可以通过手机、电脑、大小不同的荧幕实现互动，满足个人以及互动的需求。让每个信息的沟通都涵括 Simple、Meaningful、In real – time 三要素。扩增实境（AR）借助设备进行实体互动，增强使用者的沉浸体验和情绪体验，同时因其新奇性更能引起话题，广泛引起讨论，如滚雪球般在一定程度上引起热议，达到很好的宣传效果，且此类实体互动更加体现娱乐互动，更加容易走进消费者。

目前很多广告主在行销中不同程度上运用了扩增实境进行宣传，比如 Samsung、统一超商、麦当劳等。同时随着行动通信的不断发展，3G、4G 技术的发展与手机应用 APP 层出不穷，行动扩增实境也具有非常大的潜力。根据英国 Juniper Research 2012 年研究机构报告，行动扩增实境应用与服务的年营收增长速度相当惊人，预估将从 2010 年的少于 200 万美元，增长至 2015 年的近 15 亿美元。目前根据不同荧幕，可以将扩增实境分为三大部分：行动 APP、PC/WEB 版、大型互动。根据相关学者研究，扩增实境等技术已经运用到了军事、医药、设计、制造、维修、心理治疗等多个领域[①]。扩增实境应用于行销中，对于体验行销来说，是一个新的商机。虽然体验行销随着 1998 年体验经济概念的提出，开始在各国升温，比如 IKEA 宜家提供让人们体验各类家具的空间，Nike 推出行动体验馆，不少文创园区为了促销其手工产品，也提供体验制作过程的方式，让消费者对产品产生认同与兴趣。但是有些情况还困扰着人们，比如一些产品并不能真正亲自体验，比如适合的发型；或者在这个生活节奏较快的社会，实物体验起来比较费时间，花费大量精力，比如试衣服、手表等；或者不方便亲身前去体验，比如距离遥远的某家商店。而互动科技中扩增实境技术，就为这个难题带来了解决方案。从创新传播的角度来看，扩增实境是一项较新发展起来的娱乐互动技术，因其科技感、娱乐性、互动性、图像化的特点，吸引消费者对品牌或者产品产生好感，并在国际上得到成熟的运用。但其并不完全属于单独的媒体，而是需要与不同的媒体结合，如手机、电脑、电视、书籍等，也因其与不同媒体的不排他性，所以拥有很大的发展空间。

---

① Azuma, R., Baillot, Y., Behringer, R., Feiner, S., Julier, S., & MacIntyre, B., Recent advanced in augmented reality, *IEEE Computer Graphics and Applications*, 2001, 21（6），34 – 47.

二 次级资料分析法（Secondary Data Analysis）

本文引用先前研究者的次级资料作为研究的基础，对既有的资料加以解释及阐述，这给自身的研究也增加了便利性。次级资料又称为二手资讯，是对初级资料加以分析、比较汇整后的综合性资料（周文钦，2000）。其优点是节省资源、取得速度快、能提供完整且具有比较性的资料、资料的永久性等。次级资料的类型分为书面资料和非书面资料。书面资料包括公告、信件、会议记录、股东会报、日记、演讲稿、书籍、期刊、报纸；非书面资料包括录音、录像、图片、图画、电影、电视节目、光碟、资料库①。本研究对《动脑杂志》2011～2013年相关资料，以及一些关于扩增实境设备厂商和相关内容的网页进行分析整理。

三 台湾扩增实境案例分析

在2012年全球五大行销趋势中，其中趋势之一则为视觉化的讯息。对于事事讲究效率的现代人来说，又臭又长的宣传文案让他们失去了耐心，取而代之的是图像化思考，一眼能掌握重点的资讯，因此越来越多的品牌开始用QR码讲故事，开发AR增强临场感，让消费者可以直接从"注意"到"了解"，进而"购买"②。在台湾，便利商店龙头7-11为了庆祝OPEN小将5岁生日，在2010年7月到8月间推出"惊! open小将变了!"的活动。消费者只要拿着活动期间的发票，凭借发票上方的"AR Code"，就可以到7-Eleven官网上玩扩增实境互动游戏。7-11利用全台超过4700家门市的优势，成功地宣传了这次活动。在活动期间有超过66万人次访问网页，而网页浏览数量也超过250万次。

不少企业广告主已经开始涉足该领域，初步探索新科技在行销上的运

---

① 王荣祖：《次级资料的搜集与运用》（无日期）。
② 《2012年全球五大行销趋势》，《动脑杂志》2012年1月第429期，第79页。

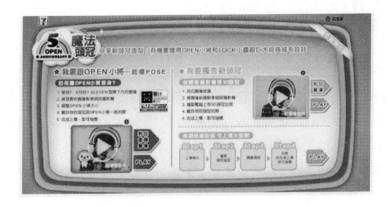

图 2　AR 扩增实境实例——7 – 11 互动活动

资料来源：http：//www. openopen. com. tw/event/10party/index. asp。

用。比如 2013 年 4 月麦当劳推出星光旗舰餐厅，让消费者在用餐的同时，也能通过行动 APP 扩增实境的软件，从用餐环境中感受不同的乐趣，如图 3 所示。

图 3　麦当劳星光旗舰店

资料来源：麦当劳官网，http：//www. mcdonalds. com. tw/tw/ch/about_ us/newsroom/news_ pages/news2013 – 04 – 17. html。

再如，2013 年宇萌数位与 TOYOTA 合作，再度展现有别于以往的 AR 互动游戏，首创人与车互动的 AR 游戏，TOYOTA Priusc 化身为足球运动员和民众一同竞技足球！民众除了能和 TOYOTA Priusc 一同 PK 足球外，还能与 TOYOTA Priusc 合影，并同时分享上传至社群网站，此次活动成功吸引了许多大朋友小朋友来共襄盛举。2013 年金曲音乐节在华山艺文中心"开跑"了，这次华研国际音乐与宇萌数位首次将 AR 扩增实境的创意应用于金曲音乐节音乐市集中，来参观的民众只要通过手机下载"marq"APP，并辨识华研国际音乐摊位之"专辑墙"，就可以看到明星的专辑上有 MV 跑出来哦！让一张普通的专辑不在只有平面图文的资讯传达，而通过扩增实境能带给大家听觉及视觉上的惊喜。除此之外，将扩增实境互动与社群网络相结合，也是一个创造话题的大好机会，比如 2013 年与知名品牌 Playboy 合作，首创以结合真实、创意与多媒体之创新科技"扩增实境"，打造英伦主题扩增实境 APP 行销策略，现在只要通过手机下载专属 APP 扫描活动海报，丰富的英伦假期游戏地图即会呈现在眼前，还可以和英国六大著名地标合影上传到 Facebook 上与亲朋好友们分享，如图 4 所示。

图 4　Playboy 英伦游戏地图

资料来源：https：//www.youtube.com/watch？v＝OlaKZNVLmxw&feature＝youtu.be。

2013 年 8 月上市的宜家家居 2014 年新目录，首度结合了数位技术，将目录的内容延伸，消费者只要下载"IKEA 产品目录"APP 到行动装置上，扫描目录上有橘色"＋"号的页面，就能看到更多的照片、影片，甚至还可以加入有 3D 与 360 度全景观赏的扩增实境功能，让目录上的家具通过手机虚拟呈现在消费者家中。

图 5　IKEA 产品目录

资料来源：ETtoday 东森新闻云 2013 年 8 月 20 日报道。

目前根据不同荧幕，可以将扩增实境分为三大部分：行动 APP、Pc/Web 版、大型互动三种。三种模型并不冲突，只是根据不同荧幕、不同媒体使用习惯区分。但就成本来说，行动 APP 和网页版的开发，由于其载体来源于消费者本身，故成本相对较低。根据 IDC（国际数据资讯）① 最新亚太区资讯软件半年度追踪报告（IDC's Asia/Pacific Semiannual Software Tracker，1H13），台湾地区 2013 年上半年的企业应用开发与部署（Enterprise Application Development and Deployment，EADD）软件市场营收为 1.965 亿美元（约为 32.6498 亿台币），因此行动 APP 是企业可以重点开发的部分。从数位媒体和传统媒体的角度来看，扩增实境只是单一应用在数位媒体上，即大型互动形式，对于使用者使用的时间与地点有相对较大的限制，但因其规模较大，可以吸引众人的眼球；而扩增实境结合行动设备与传统纸质媒介，则可不受时间、地点的限制，部分应用方便人们将互动资源随身携带。根据时间、地点受限的特点，单一运用数位媒体的扩增实境行销更适合一些产品与服务品牌理念宣传

---

① IDC 国际数据资讯机构，http：//www.idc.com.tw/about/420.html（2013 年 11 月 28 日摘录）。

和以游戏为主的互动，同时配合社群网络行销，达到宣传的最好效果。而结合了传统纸质媒介的扩增实境，则可以应用到或介绍具体产品和服务本身，如杂志绘本的应用。

数位媒体结合纸质媒介的应用适合年龄较长、相对成熟、不习惯在公开场所惹人注意的人群，而数位媒体则比较适合有个性、外向的年轻人。数位媒体的使用大多属于公共场合，互动过程中可能有人围观；而结合传统纸质媒介的应用，一定程度上处于个人比较私密的互动。

表1 2010~2013年台湾主要扩增实境应用一览

企业/ 政府	广告 主类型	类别 细分	广告主	内容	设备厂商 （代理商）	应用 类型
企业	文创	电影	福斯电影	《金刚狼:武士之战》体验互动战斗	艺次元互动科技	大型互动
			龙祥	电影《骸骨之城》宣传卡片	李怡宽团队	Pc/Web
		游戏	台湾竞舞	英雄联盟加入扩增实境	宇萌数位科技股份有限公司	Pc/Web
		音乐	华研国际音乐	金曲音乐节专辑墙有MV跑出来	宇萌数位科技股份有限公司	行动APP
			禾广	拷秋勤乐团唱片《发生了什么事?》	不详	行动APP
		展览	时艺多媒体	普立兹新闻摄影奖70年大展	宇萌数位科技股份有限公司	大型互动
		书籍/ 杂志	格林文化	妈咪有多好互动绘本	宇萌数位科技股份有限公司	行动APP
			GQ	杂志图片	桦舍公关	行动APP
	电子资讯	手机	Samsung	Samsung Galaxy S4就4爱跳舞	宇萌数位科技股份有限公司	大型互动
			Moto	MILESTONE 3 Dance with 李毓芬扩增实境体验秀	宇萌数位科技股份有限公司	大型互动
			LG	LG Optimus 3D 户外扩增实境体验魔法秀	宇萌数位科技股份有限公司	大型互动
		电脑	华硕ASUS	推广ZENBOOK的极致坚韧性和极致天籁技术	宇萌数位科技股份有限公司	Pc/Web

续表

企业/政府	广告主类型	类别细分	广告主	内容	设备厂商（代理商）	应用类型
企业	电子资讯	电器/电动用品	菲利浦	菲利浦 Sonicare 电动牙刷扩增实境体验	宇萌数位科技股份有限公司	Pc/Web
			安丽益之源	纯粹靓技球星粉丝见面会	宇萌数位科技股份有限公司	大型互动
			Samsung	互动洗衣机体验	迈尔肯互动科技有限公司	大型互动
	食品饮料	酒类	海尼根	想要一站成名吗?	Adv. Media	大型互动
		食品	台湾留兰香	Airwaves 嚼对精神,放手一击:全垒打大赛	艺次元互动科技	大型互动
			台湾留兰香	Airwaves 新口味"劲动冰柚"打造全台首座单车体验屋	艺次元互动科技	大型互动
		快餐	麦当劳	星光旗舰餐厅	不详	行动 App
	交通工具	汽车	NISSAN	台北车站体验试车	宇萌数位科技股份有限公司	大型互动
			Toyota	Toyota Priusc 和你 PK 踢足球	宇萌数位科技股份有限公司	大型互动
			BMW	BMW Expo 未来车展:互动赏车系统	艺次元互动科技	大型互动
	金融保险	银行	渣打国际银行	渣打银行全球性专案互动拍照装置	艺次元互动科技	Pc/Web
		理财	摩根富林明	时刻用心,点时成金	宇萌数位科技股份有限公司	大型互动
		保险	国泰人寿	让员工强心体验东京之旅,再创业绩高峰	宇萌数位科技股份有限公司	行动 APP
	服装	服装	Playboy	英伦主题 AR 游戏地图	宇萌数位科技股份有限公司	行动 APP
	通路	超商	7-11 便利超商	"惊! open 小将变了!"(官网上玩起扩增实境互动游戏)	宇萌数位科技股份有限公司	Pc/Web
			7-11 便利超商	户外设看板,路过行人个个变成 OPEN 小将的模样	宇萌数位科技股份有限公司	大型互动
	教育	教育	布克学堂	小康轩 AR 互动教材与小朋友快乐学、学快乐	宇萌数位科技股份有限公司	Pc/Web

续表

企业/ 政府	广告 主类型	类别 细分	广告主	内容	设备厂商 （代理商）	应用 类型
政府	基隆 市政府			鸡笼中元祭（扩增实境结 合大师书法）	远扬科技	大型互动
	台湾 高铁			便利超商高铁购票优惠活 动	艺次元互动科 技	大型互动
	新竹 市政府			2013 年台湾灯会	不详	行动 APP
	台北 市政府			2011 年台北世界设计大展	不详	大型互动
	工业局			西门印象 3D 魔幻卡	大型互动	大型互动

由表 1 可以看出，目前运用该科技包括企业与政府两个主体。企业按应用多寡又可细分为文创产业、电子资讯类、食品饮料、交通工具、金融保险、通路、服装以及教育。其中文创产业运用扩增实境的案例较为丰富，有 8 个较为突出的案例，包括电影、音乐、杂志、绘本、展览等，且应用方式并不局限于大型互动一种形式。手机厂商应用的情况在统计中也较为突出，且均为大型互动活动。而台湾留兰香、7－11 便利超商、Samsung 等品牌多次运用扩增实境，故推测扩增实境的应用的确给这些品牌带来良好的效益。

四 应用于扩增实境的内容及其效果分析

不难看出，目前台湾对于扩增实境的应用比较广泛，涉及音乐唱片、杂志、产品推广、餐饮、电影、化妆品、饮料、游戏、教育、文化宣传等各个方面，而广告主也遍布各个领域包括各行各业的企业以及政府，但总体数量还有很多发展的空间。从媒介上看，由于扩增实境技术的发展，目前应用载体没有停留在数位媒体上，同时包括了传统媒体，包括书籍和杂志，如格林文化将扩增实境运用到绘本中，让书籍会说话。

根据其官网上展示的案例，主要且比较有名的设备公司依其成果从多到少依次为宇萌数位科技股份公司、艺次元互动科技、迈尔肯互动科技有限公司、远扬科技、点子科技有限公司、中华扩增实境（目前资料不明）等。从应用扩增实境的内容上看，多种多样。对于企业，有对外向消费者宣传的，同时也有对企业内部员工激励的扩增实境应用，如国泰人寿。对外向消费者宣传的内容，也可细分为三种：第一种为和产品与服务有密切的关系，作为产品与服务的体验，如 Samsung 互动洗衣机展示；第二种为与产品无关，与品牌有关，宣传品牌理念，内容多为与品牌理念有关的游戏或展示，如 Playboy 英伦互动游戏地图；第三种为与品牌和产品关系均不密切，单纯是推出互动活动，吸引消费者目光。如 MILESTONE3 Dance with 李毓芬扩增实境体感秀。

表 2　按应用扩增实境内容分类一览

广告主	应用方向	应用内容	举例
企　业	对内激励	体验旅游，刺激业务	国泰人寿
	对外宣传	与产品紧密相关	Samsung、格林文化等
		与品牌紧密相关	Playboy、麦当劳
		与品牌、产品关系不紧密	MOTO、Toyota
政　府	文化宣传	节日、庆典等	基隆市政府

不同广告主运用扩增实境宣传的效果，大致可以分为三类。

（1）利用扩增实境增加讨论话题，增加品牌曝光率。由于扩增实境可以应用在大型互动游戏和活动上，故很容易在商圈引起消费者的注意，如果本身宣传内容有趣，加上群体效应，便会引起广泛讨论，并结合社群网络，将话题扩散，达到品牌的讨论程度。

（2）增加品牌附加价值，拉近品牌与消费者距离，进行品牌行销。品牌只有持续管理，才能慢慢深入消费者内心，并让品牌潜移默化培养消费者的忠诚度，影响消费者的购买行为。如麦当劳等一些国际大品牌，注重消费者对品牌忠诚度的维持。但同样的宣传方式，或许消费者已经麻木，因此一些大品牌也使出浑身解数对消费者进行品牌沟通，维护与增进消费者对品牌的认知。应用扩增实境行销即属于新兴宣传的方式之一。由于其富有科技感，且与目前兴盛的行动科技相结合，会给消费者带来新鲜感，增加企业品牌的时尚感，对于传统企业年轻化，也有很大帮助。

（3）推广新产品，进行娱乐性产品行销。由于 21 世纪进入体验的时代，消费者都想在购买之前体验产品与服务，故在新产品上市时提供此类服务成为企业的策略之一，一定程度上，这也解除了消费者的后顾之忧，同时为产品也进行了宣传造势。

五　扩增实境解决网络通路难题

从行销的角度看，扩增实境的应用为行销提供新的机会与可能。从通路上看，扩增实境则在一定程度上解决了网络通路的难题。2012年六大微趋势引爆商机，其中之一为虚实结合力量。实体店与网络或是数位宣传相结合。实体通路优势是消费者可以亲身体验试用，较能体会品牌的个性，涉入性较高的产品因需要提供更多信息给消费者，故常安排专人解说。网络通路的优势在于展示空间无上限，不受时间、地点的约束，与智能型手机结合，缩短消费流程，降低经营成本。而扩增实境的出现，大大弥补了网络通路的不足，虽不可亲身真切体验，但是可以进行几乎真实的体验，同时可通过技术对产品进行真人解说或对品牌进行深入介绍，增加消费者的涉入程度。其技术的应用，也为企业带来新的商机与利益。

六　发展与建议

自1998年起，国际上由IEEE（Institution of Electrical and Electronics Engineers）、ACM（Association for Computing Machinery）与EUROGRAPUICS等组织每年定期举办Augmented Reality国际研讨会ISMAR，全球除了扩增实境技术发源地美国拥有为数最多的研究机构与研究成果外，欧洲的德国已成为第二大扩增实境发展国家，此外英国、日本、新加坡、奥地利、中国台湾以及中国大陆，近些年都慢慢开始研究相关领域[①]。该技术在省外的运用比台湾本地运用更加多样与成熟，因此还有很大的发展空间。首先应用的载体可以更加丰

---

① 郭其纲、郑泰升：《扩增实境定位技术应用于建筑与城市户外导览之研究——以"古迹导览系统"与"隐形招牌"应用为例》，《建筑学报》2008年第66期，2008年12月，第145~166页。

富。如"牛奶盒原来还活着"的 Tine Melk APP 应用。Tine Melk AR 是一个充满创意和乐趣的多媒体互动体验，可以应用声音和语音，将手机对准牛奶纸盒包装。牛奶盒可以是 1 升或 1.75 升的 Tine Melk，会有意想不到的"内容跑出来"。Tine Melk AR 提供消费者体验奶牛的秘密世界，在桌子上的牛奶纸盒使用扩增实境（AR）技术和牛奶盒的背面作为 AR 标记。

图 6　Tine Melk APP 的"牛奶盒原来还活着"

资料来源：http：//www. wretch. cc/blog/leeyikuan/26056758。

扩增实境的应用，首先，除了可以以数位媒体的形式呈现，也可以将扩增实境墨水的研发运用到传统纸张上，如产品的包装、DM 单、户外看板、广告等。其次，该技术可以和不同领域、不同通路、不同技术相结合。据《动脑杂志》报道，《日经 Trendy》搜集了 2012 年上市的商品、服务，并预测了 2013 年的走向，其中第二名则为扩增实境游戏机。大龙头任天堂与 Play Station 也有新的计划，两个品牌都强调新机种的扩增实境功能，开发商表示，AR 类游戏将是日后主流。游戏是扩增实境发展的一个很好方向，故企业可以利用扩增实境与行动 App 做属于企业自己的游戏来吸引消费者关注。同时在内容上，扩增实境的运用可不局限于体验方向，可将主体替换，不是消费者本身，而是消费者希望看到的形象，如一些扩增实境唱片，通过特殊设备可以看到整首歌曲的 MV，这也是扩增实境发展的一个方向。同时，扩增实境并不是

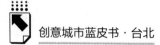

排他性的科技，可以与其他技术相结合，如与体感互动科技相结合，Gap 的虚拟试穿镜便应运而生。

但没有一种技术是万能的，它并不能一概适应所有产品或服务。故还需行销人员仔细研究，将最适当的内容配合一门技术的应用。有了科技工具的协助，品牌能深入了解使用者，描绘出使用者的轮廓，并让使用者的体验更顺畅。同时也要懂得把品牌内容打造成顾客导向，而不是公司销售导向，让顾客觉得品牌提供的资讯和自己高度相关且有价值，增加对品牌的好感度。不过科技再进步，消费者需要的并不是一个华丽却冷冰冰的机器。任何行销策略的核心之一，都在于对消费者有深入的洞察。行销的关键不是强大的程式演算技术，而是创造吸引人的内容，并更注重顾客的情绪反应①。

---

① 《Geo-fencing 让品牌猜中消费者的心》，《动脑杂志》2013 年 6 月第 446 期，第 47 页。

台湾 3D 动画产业行销推广策略之研究

——以顽石创意《卡滋帮》为例

谢贺洁　杨宜蓁*

本研究拟探讨分析《卡滋帮》电视动画之依据行销理论与传播理论之学理基础，即《卡滋帮》动画可能的行销模式是什么，并研究建议其建构之模式应用于台湾动画产业，作为政府推动文化创意产业决策之参考。本研究为个案研究，借由个案分析以观台湾 3D 动画产业动向与趋势。一方面从制片商"顽石创意"角度了解《卡滋帮》电视 3D 动画影集的行销策略手法；另一方面与动画产业专业人士深入访谈了解台湾 3D 动画产业在全球化下的定位及主要行销手法，拟探讨台湾 3D 动画产业如何面对全球化的竞争力。

一　台湾的 3D 动画产业

截至 2013 年 10 月，Box Office Mojo 所统计的全球百大卖座电影中，前 50 名内动画片就超过五分之一（见表 1），而且发行年份集中在 2003～2010 年，这说明动画电影慢慢成为电影市场的主流。

但上榜动画电影几乎是凭借着好莱坞强势的电影工业背景、全球化产制及行销效果，票房表现才如此亮眼，而台湾地区至今仍未有成功走上国际的动画电影的案例，显示出不是动画电影不受欢迎，而是台湾所制作的品质或是宣传效果不足，仍未能让世界接受台湾的动画作品。另外，也要观摩其他国家是如

---

* 谢贺洁，台湾铭传大学广告学系学生；杨宜蓁，台湾铭传大学广告学系学生。

表1　全球百大卖座动画电影前 50 名

排名	电影名称	全球票房	发行年份
1	阿凡达（*Avatar*）	$2782.3	2009
11	玩具总动员 3（*Toy Story 3*）	$1063.2	2010
15	爱丽丝梦游仙境（*Alice in Wonderland*）	$1024.3	2010
20	狮子王（*The Lion King*）	$961.5	1994
25	海底总动员（*Finding Nemo*）	$921.7	2003
26	史瑞克 2（*Shrek 2*）	$919.8	2004
29	冰河世纪 3：恐龙现身（*Ice Age 3：Dawn of the Dinosaurs*）	$886.7	2009
32	冰河世纪 4：板块漂移（*Ice Age 4：Continental Drift*）	$877.2	2012
40	史瑞克三世（*Shrek the Third*）	$799.0	2007
49	史瑞克快乐 4 神仙（*Shrek Forever After*）	$752.6	2010

资料来源：整理自 Box Office Mojo。

何以动画电影获利。现今全球动画产业的获利来源主要是播映权及售卖相关商品，包括戏院、电视台、网络公司、HomeVideo、唱片公司等影片放映。赞助厂商、异业合作厂商等合作行销，以及玩具厂商、文具厂商、游戏厂商、服饰厂商、食品厂商等的相关商品。但是播映权的授权所占比例不大，主要是以商品授权、售卖相关商品等方式获利，主要是由授权商与通路商合作，由通路商负责商品的设计与行销，所以动画片中的角色以及形象塑造是一个很重要环节，借由动画片的穿透力，在动画作品成功、具备知名度之后，肖像权能够授权到游戏或者产品上面。以角色为主的获利模式使用上，最经典且最成功的当属迪士尼（Disney）。迪士尼在 1922 年以迪士尼兄弟工作室（Disney Brothers Studio）开始发展，旗下 IP（Intellectual Property）角色有米老鼠、唐老鸭、白雪公主等动画角色与皮克斯、MARVEL、卢卡斯影业角色等。

1930 年，当迪士尼还只是一家小动画公司时，就开始用米老鼠的肖像权叫卖权利金，发展至今，迪士尼持续将其创造的角色的价值延伸到各种产业上，包括餐厅、电视和电影（录影带、DVD、票房收入）、主题乐园、出版社等。不过迪士尼主张只经营擅长的品牌环节，把制造和营销交给专业的授权商，共 3000 多家授权商在全球各地销售超过 10 万种的商品，各种相关的收入就占总营收的 40% 以上。2012 年迪士尼并购卢卡斯影业（Lucas Film），其收益模式也与迪士尼类似，如经典作品星际大战系列票房收益约为36亿美元，但授权商品的收益却高达90亿美元。目前全球动画产业，3D动画重要性逐渐显现，但2D产业从2005年开始有复苏迹象。而欧洲、美国、日本、韩国为主要的3D动画强国，其中美国与日本则是全球动画产业的领导者。动画产业的重要性日增，2007年全美电影排行总冠军，前三名均为动画片。日本则拥有非常结构化的动画产业链，以及成熟的运作机制。美、日同为全球动画产业主要的输出国家，韩国动画产业的产值已成为国家经济体第六大支柱。整体而言，北美约占全球50%的市场，但这个市场趋于饱和，亚洲与欧洲是比较有潜力的市场，亚洲、欧洲与其他国家总计约为50%，其中欧洲有很大的成长空间，而亚洲在发行、版权保护与授权等层面，均欠缺成熟的法令规章。不过目前印度、新加坡、韩国等国政府都积极发展动画产业，未来成果是值得认真关注的。

根据台湾动画纪录片《逐格造梦》的历史描述，台湾动画从70年代开始，一开始帮美国、日本代工，从中吸取经验，逐渐培养出第一批动画人才，不过在日系代工时期台湾并没有学到整套的动画技术，是后来代工美系迪士尼动画后才跟上，所以台湾制作纯2D动画的公司偏美系制程。随着科技进步与电脑普及，在美国几乎没有人再使用2D进行动画制作，台湾的动画公司也因为这样纷纷转而投入3D动画制作中，导致投入2D原动画人才变少。目前台湾较大的动画公司是以代工为主，但1995年至今，台湾学生的3D动画作品屡获国际奖项肯定，包括2004年由当时实践大学时尚与媒体设计研究所学生陈明和的作品《壳》（Shell）入围德国柏林国际短片影展。2005年，由台科大工商业设计系副教授孙春望指导及编剧，硕士一年级学生全明远导演的作品《立体悲剧》（Cubic Tragedy）入选全球电脑动画界最顶尖的ACM SIGGRAPH动画展，在"电子剧院"播映后，几万名观众票选为第一名。另外，曾经以作品《光之塔》（The Ligh thouse）入围美国影艺学院主办、重要性仅次于奥斯卡奖的"学生奥斯卡"和拿下全球28项国际影展大奖的纪柏舟，2013年的作品《急救时刻》（Rescue）连续两年入选法国坎城影展"短片角落单元"。以上成果显示台湾原创动画的能量仍是相当充沛的，只是台湾未将创作动画人才放在对的位置，而是将人才用于代工中。另外一点则是，台湾地区动画在国外许多比赛中都有不错的成绩，不过这些表现亮眼的动画片，在台湾的消息却是少之又少，通常只是一小则新闻带过罢了。显示台湾动画界在埋头苦作之余，却忘记行销自己的品牌，或许这也是台湾对于原创3D动画漠视的原因之一。

目前台湾3D动画有两种不同发展方向：一是技术已相当成熟的代工，二是原创故事，虽然原创难于技术，但却是台湾产业能做大的唯一选择。台湾最早的3D动画公司西基，主要帮好莱坞代工制作，最知名的作品为乔治·卢卡斯编剧监制的《星际大战：复制人之战》，这部原本规划为电视卡通影集，后来因为制作出来的技术品质很好，乔治·卢卡斯决定额外剪辑成一部电影上映，证明台湾技术方面相当成熟。西基董事长施文祥认为，原创动画的先决条件就是国际制作能力，西基虽不走原创，但却因为加入星际大战产业链，可以看到国际动画电影的制作能力和专案管理能力，在当时他大概发包了5000万新台币给几家规模10～30人的小型动画公司，让其他小型动画工作室的技术也能跟国际接轨。

不过因为台湾动画制片商规模普遍不大，在作品的题材上仍不够精致，美国通常以故事优先，日本则有大量漫画题材为后盾，至于台湾地区的故事内容则有点自我设限在过度在地化或民俗传统上。动画片成功的关键之一是挑选出好故事，如果台湾动画真的想扩大市场走向国际，唯一的办法是必须加强自身文化与外来文化的融合，像是经典动画片《花木兰》一般，巧妙融合东西方元素，如此才能激发创意思考。一部动画长片的制作时间大约为六年，这当中需要大量的资金投入，若朝着与其他国家合制的方向前进，除了能够填补资金的不足，在编写剧本、动画技术等制作层面上，也可以与不同的合作对象相互学习、增长能力。另外，回归问题的本质，有好的故事才能发展成好的剧本，有好的剧本才能够吸引资金投入。再则，也必须加强"动画创作者"的培养与整合，政府或学校机关对于从事动画创作的人员或学习的学生，必须加强他们的文化专业知识和国际潮流的素养，美国与日本皆有许多学院扮演着培育人才与前瞻性研究的角色，台湾地区却只有少数学院、大专院校与传播科系开设动画制作课程，而且多半学习的只是美术设计与制作、技术制作，只让台湾拥有"代工"的能力而已。整合不同学系专长、加强国际合作、参与国际研讨会，才是台湾动画产业走向国际最迫切的需求。

二 研究设计

（一）个案研究法

本研究借由个案分析观察台湾 3D 动画产业的动向与趋势，个案研究常使用在研究者需要了解或是解释某一现象时，简单来说，是使用大量资料来源，并系统化地研究个人、团体、组织或是事件。Merriam 列出特殊性、描述性、启发性、归纳性等四种个案研究的特性。本研究依据《卡滋帮》3D 动画影集归纳出四种个案研究的特性：特殊性、描述性、启发性、归纳性。

（1）特殊性

《卡滋帮》是顽石创意推出的第一部 3D 高画质 FULL HD 电视动画影集，也属于台湾原创动画。在 2010 年时，美洲地区播出第二季《卡滋帮》，播映范围包括全美 17 州 2500 万收视户，这是台湾地区原创动画首次在美国大范围的播映。另外，在 2012 年时，更拿下年度最佳电视动画金钟奖，《卡滋帮》简化的东方元素风格，不仅具有童趣，而且与欧、美、日其他国家风格具有明显区别。

（2）描述性

为探讨《卡滋帮》动画行销策略，本研究拟深入访问动画产业中的专业人士分析台湾 3D 动画产业如何运用行销策略推广台湾 3D 动画产业，建立自身品牌及竞争优势。

（3）启发性

台湾动画产业早期属于外包代工，而台湾动画制作代工成功的关键在于成本、品质以及效率。从 20 世纪 80 年代至今，国外动画业者陆续在亚洲各地寻找更低廉的动画代工来源，目前中国大陆、韩国、菲律宾等地，都已成为台湾地区的竞争对手，在激烈竞争下，原本附加价值就不高的台湾动画代工市场，已面临重大危机。因此，如何将台湾地区数字产业发展至国际的大舞台上，并将 3D 动画产业做行销推广是本研究所具有的启发性。

（4）归纳性

《卡滋帮》为台湾原创3D动画影集，不仅成功打入美国市场，也进入了中东市场，在卡塔尔航空与印度尼西亚电视台播映。《卡滋帮》主要融合了数字动画、儿童育乐、互动科技等三大领域。顽石创意思考如何延续品牌效应，并集中在行销推广上，进一步打造儿童数字文创多元内容。但林芳吟指出，和欧美国家相比，目前台湾地区的动画保护政策仍不够完善，在民间业者努力之余，最重要的是政策的持续性支持。

（二）深度访谈法

深度访谈法是研究者借由正式和非正式面对面及有目的的交谈中，了解受访者对于某事件或某事物的认知、诠释及看法，并了解该事件或事物如何影响受访者的认知、诠释及看法，以及了解受访者的经验或与他人的关系，是一种可以弥补次级资料分析法的研究方式。Wimmer 与 Dominick 指出深度访谈具有五个特点：样本数较小、具个案经验或相关背景、访问长度要适宜、受访情境的影响、观察非语言反应。本研究采取半结构式访谈，以访谈大纲的问题为主，依据受访者的回答弹性提出问题。一方面能够获取更多有价值的意见与详细资讯，另一方面对于较为敏感的问题可以通过深入访谈得到较为精确的回答。再者，可搜集、分析次级资料之真实性。本研究以《卡滋帮》电视动画的行销推广策略进行次级资料搜集、整理及分析。本研究访谈对象之筛选以动画、行销专长或相关产业之业界的学者专家为深度访谈对象，共三位。受访者分别为顽石创意总经理林芳吟、台湾动漫创作协会荣誉理事长邓有立、文澜资讯总经理翁文信。林芳吟是顽石创意公司的高级主管，对《卡滋帮》的创作过程与推广行销策略非常清楚。邓有立1971年首创台湾第一家动画公司中华卡通，制作台湾第一部卡通电影《封神榜》，他20年来致力于海峡两岸动漫文创产业互动交流合作，原创高校研究生人才培训。翁文信则有多年的制作电视动画经验，2006年，翁文信以幼儿教育为主题的 POPA Family 电视动画影集，成功打造出台湾本土电视动画。

表2　访谈时间一览

姓　名	公司单位职称	访问日期
邓有立	台湾动漫创作协会荣誉理事	2013年10月4日
翁文信	文澜资讯总经理	2013年10月5日
林芳吟	顽石创意总经理	2013年10月16日

三　《卡滋帮》电视动画行销模式

（一）《卡滋帮》产品行销

1. 产品来源

《卡滋帮》电视动画是先从有公仔再有2D动画，逐步发展成3D电视动画，这个想法是从角色开始，主要灵感来自故宫博物院的"婴戏图"。从设计公仔开始，后来发现这个公仔角色很受欢迎，所以将这个产品的生命周期延长，并开始帮故事里的角色注入个性，并将《卡滋帮》放在公车上用2D动画播映，大众反映很好。

2. 寓教于乐

顽石创意公司希望动画不仅可以对现在的儿童有正面的品格教育，还可以增强其想象力与创造力，让父母觉得孩子们不只通过动画模拟真实世界，而是去创造一个想象的世界。这些角色的潜能代表认为每个孩子都有可以被激发的潜能。起初设定跟国外定义不一样，因为是东方人所以不形塑为超能力，而是借由彼此之间的团体合作激发孩童的潜能，所以《卡滋帮》每一集故事都有这样的品牌精神延续在这个脉络里头。

3. 设计原创

从国际视野来看，《卡滋帮》的设计感很强，一开始就考虑角色是可以被授权的，所以也特别做过设计。角色除了个性，整部动画包含卷竹村里的植物或是动物都是经过设计的，所以在这个动画世界里创造是有逻辑的。因此可以说，《卡滋帮》的设计是很有吸引力的。《卡滋帮》具有独创性和原创性，而

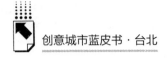
且带点东方国际化的风格，在国际上具有鲜明东方风格的动画不多，几乎都是欧美的，而"卡滋帮"是代表东方又有国际化的动画。

4. 政府补助

顽石创意以《卡滋帮》动画雏形申请"经济部"工业局"数位内容产业发展补助计划"主导性产品计划，并获得补助，因此才有机会进行后续研发。"经济部"工业局的补助与鼓励原创，加上信保基金搭配的研发性贷款奖助原创，这些都是台湾发展原创动画的重要助力。因此，在建构《卡滋帮》的电视动画行销模式时，就产品部分来说，在角色图像鲜明、原创性与独创性高的条件下，以走向授权的方式，授权给代理商，让产品的生命周期无限延长，并以本身的品牌理念，带给儿童正面品格教育，让《卡滋帮》有着守护孩童的深刻形象。

（二）通路行销

1. 异业合作

顽石创意通过康轩出版社进入校园通路、与金石国际合作进入手机通路，通过 Cartoon Network 的合作进入电视通路，顽石创意亦通过与文创园区的合作，让《卡滋帮》变成儿童的代言人。在通路上，顽石创意当初做电视动画的时候，有一个重要的策略，就是他们在研发时，就已经预想了 5 年后的影片规格应该是 HD（FULL HD）也就是高画质，所以他们一开始就做了高画质动画，也让飞机频道成为《卡滋帮》的播放平台。

2. 国际通路拓展困难

虽然当初制作《卡滋帮》动画时，已预想到五年后的规格，但后来美国历经经济风暴，而原本《卡滋帮》的设定比较偏向欧美，因此其遭遇了相当大的困难。国际通路行销最大的困难与不确定因素是行销国的经济状况；当行销国的经济不好时，投资的资源相对减少，相关通路资源也变得更少。因为在有限的资源下，美国会优先考虑自己国内的动画，相对来说台湾动画的机会也会变得比较少。另外，制作前期预期有进入大陆市场的机会，但是两岸的ECFA 尚未谈妥，所以台湾的数位内容进不了大陆，这也是台湾动画进入国际的最大障碍：一个是国际的经济风暴；另一个即是大陆市场的未开放。

（三）促销行销

在动画经营中，必须不断地与观众沟通，不是硬灌输，而是用熟悉的方式、最生活化的方式慢慢去互动，去累积观众的喜好度。比如说，你诉求的品牌是正向的，那么在动画的播映里结合公益活动，让动画肖像与公益做联结，就像是将肖像注入血肉，从认识到认同再到忠诚度，这个过程是逐渐建立的。《卡滋帮》主要通过架设网站、脸书、展览、台北动漫展览促销，也通过授权给相关厂商，让角色不断地出现，提升知名度。整体促销应该分为两个部分，一部分是先前提过的异业合作，另一部分则是通过展览，让大众认识这个原创产品的价值和体验《卡滋帮》的世界观。

《卡滋帮》之前也曾与康轩出版社合作到校园说故事或是将卡通变成乡土教材。《卡滋帮》也与游戏公司进行网站合作，也架设《卡滋帮》的专属网站，用比较动态的方式呈现，让别人觉得在视觉上比较吸引人。

动画与媒体的相互合作还是相当重要的，尤其是网络及平面媒体。但平时媒体广告的播映费用确实很贵，所以在宣传形象上，《卡滋帮》一开始使用公车车内电视播映的方式，反响很大，所以人潮聚集及比较公众的场合，媒体的宣传效果也是比较大的。今后《卡滋帮》将与活动结合，尤其以亲子互动的方式，用《卡滋帮》的角色陪伴孩童成长，可能会更有效果。另外，《卡滋帮》帮新竹动物园做代言，也做一些其他的代言活动。《卡滋帮》的相关商品并不算多，唯一是以"授权"的方式运作，希望授权能与儿童生命历程相结合。例如，顽石创意从2012年就开始酝酿一个卡滋迷宫或是一个探索的迷宫，结合亲子互动，让儿童学习、体验这个卡通的品牌精神，希望在2014年能够落实。在附加的经济价值效益上，希望可以以《卡滋帮》为一个概念带给台湾后来发展原创动画的一些方向。

四 《卡滋帮》成功关键因素

根据以上深度访谈与次级资料，台湾动画产业大多以中小企业为主，从原创、跨业合作、广告到代工均有其开发模式，营收来源多半以广告及代工收益为主，少部分靠原创产品授权获益。而《卡滋帮》电视动画主要以儿童为市场，人物造型色彩鲜明，故事内容富有教育意义，激发儿童潜能，卡通世界里也有足以培养儿童的想象力与逻辑推理能力，故事内容每集都依据品牌精神，以正面的品格教育教导儿童，并与展览会建造动画的卡通世界，营造亲子的世界。先以公仔角色发展，延续产品的生命周期，推出3D高画质电视动画，不只强调品牌精神，也成功显示，跨界与动画产业的结合。其归纳《卡滋帮》电视动画成功因素，共下列四点：原创性、行销手法、衍生商品、政府政策扶植。

（一）原创性

台湾过去一直帮欧美和日本公司做外包服务，这类工作对基础人才的技术培训是有好处的，但对原创的帮助很小。从优势来说，台湾拥有长期的动画加工经验，使目前以创作为主的动画公司有非常好的制作团队。另外，因为早期电影业的发展，台湾的后期制作培养了很多配音、录音的人才，因此整个产业就联结起来了。而且，台湾近年来积极发展原创动画，在动漫辅助电脑应用软件开发方面都累积了足够的经验（台湾动漫创作协会荣誉理事长，邓有立）。

（二）行销手法

1. 广告

《卡滋帮》大多采取传统媒体宣传，像平面媒体、记者会、电视媒体、网络媒体。网络媒体又包含官方网站，其也会利用专业媒体，如杂志，或大众交通工具（如公车、飞机），在一段路程中，让动画反复不断出现。

2. 话题行销

台湾动画产业也尝试与漫画界或其他产业进行整合，像制作虚拟歌手。日本的初音未来和欧洲的街头霸王是比较有名的虚拟歌手，台湾如果针对类似概念进行虚拟歌手的塑造，其实是应该由动漫圈推出的。其中音乐固然重要，但虚拟歌手的肖像收入很高，靠着虚拟偶像才有可能将动画的投资成本收回。文澜资讯在《梦见》这一部动画长片中即推出了一名虚拟歌手Mida，文澜资讯运用浮空投影的技术，使 Mida 在 2013 年的开拓动漫季，以 3D 方式与乐团合作演出。这种模式不但可以增加电影的曝光度，也可以话题式行销方式引起消费者大众与媒体的注意力（文澜资讯总经理，翁文信）。

3. 公关活动

将动画人物与展览相结合，让目标族群亲身体验动画的世界，也借由亲子互动达到动画带给儿童的启发性与教育的目的。

4. 跨界合作

台湾动画产业积极与异业合作，上述的《卡滋帮》运用授权、肖像权等智慧财产权的方式与出版社、网络游戏、展览活动进行合作，另外，台湾动画产业也尝试与漫画界或其他产业做整合，像制作虚拟歌手，让动画人物本身生命周期延续。

（三）衍生商品

动画产业注重市场开拓与营销，动漫产品是多种多样的，但产品类型差别很大，所以动漫产业要顺利发展，必须有特殊的市场策略和营销方式（台湾动漫创作协会荣誉理事长，邓有立）。动画需通过创意核心，以动画及漫画形式呈现，产出图书、报刊、电影、电视、手机、电脑、影音制品、舞台剧及新媒体传播技术，其开发、生产、出版、播出、演出及销售与动漫形象有关的服装、玩具、电子游戏等衍生产品。

（四）政府政策扶植

台湾动画产业主要分为电视动画、电影动画、新媒体动画及肖像授权与衍生商品四大产业结构，2011 年台湾电脑动画产值约 44.8 亿元新台币，较 2009 年增长约 4.19%。电视动画方面，原创电视动画数量持续增加，并授权海外频道播映，但培育雏形的电视动画尚在发展阶段。"经济部"工业局有"数位内容产业发展补助计划"与"行政院"新闻局提出了漫画产业辅导计划，希望能奖励、发掘漫画人才，并提供漫画家发表作品的平台，以提高漫画的市场占有率。顽石创意总经理林芳吟表示，文化创意产业在企业成长的过程中，有时会遇到许多融资问题，她建议企业主平时就要多与银行互动，建立起信任的基础，此外，也可以通过政府辅导单位，收集政策资源或申请奖励计划。

根据以上深入访谈结果，针对台湾动画产业在政府辅助与国际通路上的现状，邓有立建议，政府两岸经济合作架构协议（ECFA）需加快审核通过，中国大陆有市场、有资金，每个国家都想进入中国大陆市场，所以未来两岸可以加强合作。动漫产业是一个有品牌价值的、由文化所形成的产业，文化能表现地方色彩，也要有世界共同的价值，才能造就产业规模。台湾发展动漫产业，唯一的机会是中华文化，如果过度强调台湾文化，是走不进世界市场的。翁文信说，台湾地区在美国、日本这两个不同的市场风格冲击下，尚未产生属于自己的风格。另外，由于动画产业与漫画产业之间的鸿沟，在日本有所谓的制作委员会，日本的发展模式通常是漫画先出，漫画红了再跟着电影出来，而在美国要开发一个卡通，初期就有长时间的测试，不会马上进入后期制作，光前期制作就做很多市场调查和分析，所以政府与企业需要相辅相成才能发展出属于中华文化的动画产业。

五 结论

深入访谈与次级资料显示，归纳与分析台湾动画产业，其问题主要表现在人才断层、国际化、政府政策三大领域。

（一）人才断层

台湾动画产业创意人才缺少，这也是两岸存在的共同问题。邓有立建议，先从教育做起，让学术与业界实务合作，才能让学生毕业后进入职场没有落差。林芳吟说，台湾过去长期接受的是与代工制作、委托制作有关的形态，但缺少说故事的能力，创作与说故事的能力是需要培养的，故事要说得生动，台湾的弱势在于教育的体制是背诵式的，而不是勇于发表的教育风格，产业大部分是帮别人做技术工作，因此，当做创意产业时发觉人才不足，不是缺少技术人员而是缺乏创意的人才。邓有立说，一部动画能否成功，关键是看讲故事的能力，发展动漫产业，需要培养会说、会写、会画故事的人，人才培育是成败的关键。

4 年前宏碁电脑的董事长施振荣和著名漫画家蔡志忠及台湾动漫创作协会

理事长邓有立三个人带头，在台湾师范大学美术系和台湾科技大学开办了产学结合的数位内容硕士班。台湾师范大学的硕士班专班专门培养创作、企划、编辑、形象等方面的人才。另外，台湾地区的160多所高校中，近80所开设了动漫或与其相关的课程，以及美术设计、视听应用专业系所。动画产业需要美术、创意、策划、技术、经营管理、市场分析与营销等各个方面的专门人才，以迪斯尼乐园的动画创作为例，其任何一部作品都是由15～20个各类人才组成团队来共同完成的。台湾要改变过去自行其是的发展方式，取而代之的应该是整合的、高素质的团队生产。台湾的很多动画产业其生产能力、制作能力、绘制技术等是国际上认同的，但最薄弱的就是创新能力、创造能力，所以这应该是台湾下一步要着重努力和改进提高的地方。

（二）国际化

台湾本身市场小，加上长期受美国与日本动画风格的冲击，没有形成台湾地区自己的风格，这些年来，市场放开了，消费者却沉浸在日本、欧美动画作品中。台湾与大陆的人口数差非常大，而好莱坞是以全球为市场，造成两大影响，第一个用很高的成本去制作，因为预期市场大，第二个可以产出非常多元的作品，即使只有百分之一的消费者，只要将作品放到足够大的市场，成本也是有可能收回来的，所以好莱坞会有更多的作品出来，甚至用更高的制作成本，这是台湾一直在品牌上遇到的困境，既然台湾地区本土市场需求小，那么应与大陆两岸经济合作架构协议（ECFA）谈定合作。过去大陆是招商引资，台商进入大陆，现在改变形式了。邓有立建议，这两三年要招台湾的创作人才，借鉴台湾的经验，这样可以让两岸彼此成长得更快。如果两岸的动画产业创作人才能够互补，相信两岸的动画产业能走得更快。

在行销方面也可以学习美国与日本动画产业的运作模式，美国产业精密度很高，分工很细，一部动画成功的投资比例，前期占30%、中期占40%、后期占30%，但大陆多半把成本放在中期制作上，前期创意构思含研究只占10%、后期行销占20%，两者相差甚异。日本的动漫产业有完整的上下游产业链是其产业化过程非常重要的关键成功因素，不只有日本制作委员会的产业整合，日本政府的大力扶持也是动漫产业发达的主要原因之一。

（三）政府政策

中国大陆、日本、韩国动画产业发展皆有政府的强力辅助，而台湾"经济部"为促进数位内容一源多用及智财权共享，正积极通过推动"数位内容产业发展补助计划"，鼓励厂商与企业共同制作专案，并进行跨业合作，奖励多元内容、创新研发，促进异业投资与整合结盟。邓有立在第九届两岸经贸文化论坛上提出六项具体建议：动漫作品审批、产业结合、动漫产业人才培养、加强动漫产业智慧财产权保护、奖励具创新创意的动漫作品、奖励发展"中华文化题材"之作品。邓有立表示，动漫产业超过70%的利润营收源自衍生商品，大陆业界应与台湾合作，引进台湾超商自制衍生商品授权连锁经营管理方式，并与台湾原创人才的实务经验结合，积极推动"中华民族与中华文化认同""促进文化大发展大繁荣"和"中华文化的传承与创新"，在文化创意产业中推进具有文化与经济价值的原创动漫产业发展。呼吁两岸动漫产业"共同推进两岸动漫文化产业交流合作"与"拓展两岸动漫技术教育交流合作"，共同为两岸动漫产业成长做出贡献。

另外，台湾当局也应该积极培育台湾的动画产业，中国大陆和韩国过去也是以代工为主的，与台湾地区相类似，近年来靠着政府的扶植渐渐走出一条路来，提供资金与良好的创作环境，3D动画产业开始有了良好发展。

宅经济企业"线上游戏"之品牌研究

——以"游戏橘子"为例

单培毓 *

  "宅经济"是在全球金融风暴袭击时所出现的新名词,目前不管在台湾地区或在日本都常常被拿出来讨论。经济不景气导致民众不想出门花钱,反而选择留在家里从事休闲活动。网络的运用也提供了许多的选择来消遣时间或方便生活,不管是网络购物、收看影集、社群使用或是线上游戏,都成了现今热门的活动,"宅经济"的发展也就因此而越来越受到注目。品牌形象是市场行销中的重要观念,品牌形象与具联想性的网络记忆模式一致,是记忆中与品牌结合点相连的资讯性联结点,也包含消费者所知晓的品牌涵义,塑造良好的品牌形象,使消费者在众多类似产品中可以轻易做出选择,具有品牌认知的消费者看到某品牌时,能正确无误地指出先前看过或听过的品牌,所以,企业须先创造良好的品牌形象,并入消费者心中,如此能增加消费者的购买率或使用率,以达到高营业额及高绩效。锁定本次研究欲探讨的"宅经济"品牌形象意涵之后,本研究挑选台湾一家线上游戏公司"游戏橘子",针对本次研究的"宅经济"品牌形象,利用问卷调查法,通过品牌形象中"功能性"、"经验性"、"象征性"及"企业形象"作为衡量品牌形象的构面,探讨游戏橘子品牌企业形象成功的关键因素。

一 台湾的宅经济与线上游戏

  台湾所称的"宅经济",也就是大陆所谓的"闲人经济","宅"一词系

---

* 单培毓,台湾铭传大学广告学系学生。

由日本御宅族而来，于2005年8月在批踢踢实业坊的版面中大量讨论日本剧作"电车男"的内容，连带剧中男主角对热衷动漫、不出门、穿着邋遢、讲话迟钝的形象也移植到"宅男"一词上。延伸使用至今，常听到或看到新闻或其他媒体使用"宅男"、"宅女"作为此族群的代名词，在年轻族群中，常听到"阿宅"的称谓，普遍联想成不善言辞跟他人沟通、缺乏吸引异性优点、上网时间超越一般人标准、穿着打扮随便等较负面形象，这样的现象又延伸出"宅经济"的说法，实际上是在称呼网络购物、线上消费或线上娱乐等行为。根据瑞士信贷的研究报告预测，在2015年中国电子商务市场的总规模将达到人民币4.51万亿元，与2010年相比增长800%。这是一个恐怖的数字，这是一个巨大的市场，所以网络购物不仅仅是宅经济的一个亮点，也是"宅一族"宅生活不可或缺的一部分，也将成为未来经济的支柱。

除了网络视频、网络游戏和网络交易三大亮点之外，宅经济还有更多的亮点等待发掘，例如SNS社交网站、微博营销、创意产业、低碳生活、服务产业等。可以肯定的是，"宅经济"因危机而繁盛，却绝不会因危机的平复而逝去。"宅经济"产业的逆势悄然崛起，将推动未来一波又一波经济生态的良性回圈：网购平台运用价格优势和快速调货来刺激人气，成功提升营业额，第三方支付平台负责结算；网购经营者竞相提供限时宅急送，使消费者在经济不景气中获得更省心贴心的服务，快递产业因而备受瞩目；同理，保持"宅经济"产业链畅通活跃的软件设施如网络通信软件、橱窗推荐软件等；硬件设备如宽频网络以及电脑设备制造商等也将随"宅经济"而兴起。

御宅族的市场，共分12类：漫画御宅族、动画御宅族、艺人御宅族、游戏御宅族、电脑组装御宅族、汽车御宅族、影音设备御宅族、小型资讯产品御宅族、旅行御宅族、时尚御宅族、相机御宅族及铁路御宅族。本研究所要探讨的线上游戏产业就属于游戏御宅族此一分类。所谓的线上游戏（online game）指的是由网络伺服器和使用者端个人电脑共同完成的游戏架构；而游戏本身包含一个虚拟世界，可以创造一个角色、人物，或是在游戏中控制既有设定之人物，并随着时间成长、变化甚至死亡。同时由于虚拟世界难以掌控，线上游戏也具备难以设计、难以建造、难以测试及难以服务等特性。线上游戏与单机游戏的差别在于玩家必须事先准备宽频网络和游戏点数。玩家首先购买游戏点数，通过宽频网络与游戏公司的伺服器相联结，上网建构属于自己的虚拟世界，伺服器会随时记录玩家在游戏世界中所扮演的角色经历。这类游戏通常没有固定的游戏模式，而是让玩家自行发展，游戏开发商也可以随时加入新的游戏剧情。线上游戏属于数位游戏产业的一环，系指通过网络进行互动娱乐之游戏，包含客户下载的 MMOG（Massively Multiplayer Online Game，大型多人线上游戏）、网页即开即玩的 Web 网页游戏、SNS 社群游戏等。一般来说，线上游戏大致上可区分为四类，即多人连线角色扮演（Massively Multiplayer Online Role Playing Game，MMORPG）、线上休闲式游戏（Casual Online Game）、网页游戏（Web Game）、行动游戏（Mobile Game）。分别介绍如下。

（一）MMORPG

台湾著名的 MMORPG 游戏，如中华网龙推出的自制游戏"黄易二"、红心辣椒代理的韩国热门游戏"七龙珠 online"，游戏橘子代理的"龙之谷"、"枫之谷"等，制作成本和平均每人营收贡献均最高，属于大成本大卡司游戏。

（二）线上休闲式游戏

台湾最有名的线上休闲式游戏就是橘子代理的"跑跑卡丁车"与"CS"、钰像自行开发的"麻将"与"德州扑克"、红心辣椒代理的"全民打棒球"等，这些属于回合制的游戏，玩家可以在零碎的空闲时间玩，一天玩几个回合，因不易像 MMORPG 令人沉迷，因此平均每人营收贡献较 MMORPG 低，制作成本也较低。

（三）网页游戏

台湾最有名的网页游戏为 Facebook 上的"小小战争"、"开心农场"，以及最近非常受小朋友喜欢的"摩尔庄园与弹弹堂"、欧买尬代理的热门游戏"宠物森林"等。顾名思义，网页游戏只要开个浏览器分页即可进行游戏，玩家可以一边上网聊天、浏览网页、听音乐，一边进行游戏，这类游戏的制作成本和平均每人营收贡献都较线上休闲式游戏低一些。

（四）行动游戏

行动游戏则是最近随着 App Store 的壮大而兴起的，最著名的非"愤怒的小鸟"莫属了，台湾的线上游戏业者纷纷跟进开发，如鈊像最近推出的体感游戏"史莱姆斗勇者"等。受惠于近年来智慧型手机以及平板电脑的兴起，此类小成本、平均每人营收贡献低的游戏越来越受到瞩目。

二 台湾线上游戏现况调查

根据 2012Pollster 波仕特线上市场调查，超过 73% 的民众玩过线上游戏。调查结果显示，高达 73.5% 的受访者表示曾经玩过线上游戏，18.8% 的受访者没玩过线上游戏，另有 7.6% 的受访者从来不打电玩（见图 1）。从数据得知，绝大多数的人玩过线上游戏，通过网络可以跟不同身份的网友对战或者合作闯关，比起自己一个人打电动来得真实且有趣①。

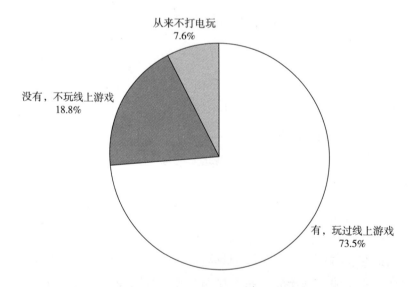

图1 是否玩过线上游戏调查示意图

① Pollster 波仕特在线市调，2012，http：//www. pollster. com. tw。

从年龄进一步分析可以发现，年纪越小的族群玩过线上游戏的比例越高，19 岁及以下甚至将近 95% 的比例玩过线上游戏（19 岁以下 93.8%，20～29 岁 78.7%，30～39 岁 74.9%，40～49 岁 64.9%，50 岁及以上 50.9%）。值得注意的是，50 岁以上也有超过半数以上玩过线上游戏[①]（见图 2）。

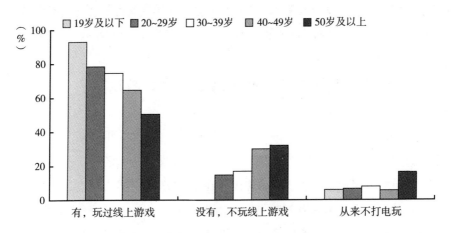

图 2　年龄与是否玩过线上游戏交叉分析

三　台湾线上游戏热销现象与未来发展

从 2008 年下半年开始，全球经济低迷，几乎所有的科技产业都遭到重击，而"宅经济"却顺势崛起，成为火红产业，而近年呈现稳定的成长趋势，加上社群平台及智慧型手机的蓬勃发展，线上游戏更成为生活中不可或缺的休闲娱乐。根据各上市游戏公司公告的 2008 年营收，几乎全数呈现正成长，就算是寒风刺骨的冬季，依旧淡季不淡，打破暑假过完营收就下滑的惯例。以 2007 年为例，游戏业者第四季营收平均较第三季衰退 6%，但在景气指数下降的 2008 年，第四季却较第三季增长一成以上。游戏业者解释，民众或因失业、休无薪假，或因撙节开支，减少出门休闲机会，但并非没有休闲娱乐需求，台湾现行免费游戏营运模式，玩家不花一毛钱一样可以玩游戏，虚拟道具单价

---

① Pollster 波仕特线上市调，2012，http：//www. pollster. com. tw。

低，是相对低价的休闲娱乐，也是"宅经济"的代表性产业。台湾大型多人线上游戏产值在 2011 年首度下滑，2012 年仍难挽回，除受到网页游戏瓜分游戏市场外，App 游戏等智慧型装置普及，使得大型多人线上游戏人数与时间转向其他平台；而免费游戏兴起，也对大型多人线上游戏造成冲击。2009 年 Facebook 社群兴起，带动线上游戏新风潮，成功开发上班族、年轻女性等轻度玩家市场，中国大陆网页游戏更是趁机进入台湾，加速台湾网页游戏及社群游戏的发展。

四　台湾龙头的线上游戏公司：游戏橘子

属于数位休闲娱乐产业的游戏橘子网络公司，自 1995 年成立，以"天生爱玩"为品牌核心精神，2001 年台湾总公司全年营收达 9.4 亿元新台币，成为台湾最大的游戏公司。游戏橘子的品牌优势在于 2007 年它成为台湾最具知名度的线上游戏品牌，更被票选为 2008 年台湾百大网站的第 35 名，亦于同年荣获台湾十大优良品牌奖项，而游戏橘子的产品优势在于致力创新研发自制游戏及代理多样化线上游戏。东方快线在 2011 年 5 月进行的"线上游戏厂商品牌形象调查"中发现，在众多线上游戏制作厂商/发行公司品牌当中，"游戏橘子"知名度达 96% 最高，其在新游戏兴趣度上也位居第一。此外，游戏橘子 2012 年合并营业收入为 71.20 亿元新台币，与 2011 年合并营收 70.54 亿元新台币，维持相当水准，比起 2010 年的 58.6 亿元新台币营收，足足增长了 20%。

五　研究设计

（一）问卷编制结构

本研究以问卷作为衡量工具，将研究变数分为六大部分：第一部分为人口统计变量；第二部分为线上游戏使用行为；第三部分为品牌形象中"功能性"变项；第四部分为品牌形象中"经验性"构面变项；第五部分为品牌形象中"象征性"构面变项；第六部分为品牌形象中"企业形象"构面变项。本研究以 Aaker（1991）、Keller（1993）及 Park、Jqworski 和 Mac Lnnis（1986）所提出的概念为基础，并参考台湾学者王德刚（1997）的概念，将品牌形象发展为功能性品牌形象、象征性品牌形象、经验性品牌形象及企业形象四个构面，作为衡量品牌形象的构面，衡量题项方面则参考 Aaker（1991）、Keller（1993）及 Park、Jqworski 和 Mac Lnnis（1986）等学者研究修订而成。人口统计变项及线上游戏使用行为以名目尺度予以衡量；至于品牌形象中"功能性"、"经验性"、"象征性"、"企业形象"等构面变项则以李克特（Likert）七点尺度进行计分，分数越高，表示消费者对此问项的认同度越高（见图3、表1）。

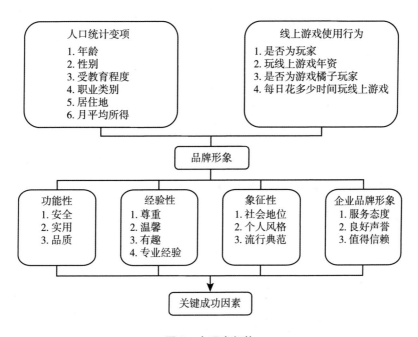

图3　本研究架构

表1　研究变项与其衡量构面、操作型定义

研究构面	变项	操作型定义	衡量问项
品牌形象	功能性	满足顾客外部衍生的消费性需求，如顾客需求或为解决顾客消费时所产生的相关问题	1. 游戏橘子给予安全性 2. 游戏橘子销售的产品实用 3. 游戏橘子销售的产品可信赖 4. 游戏橘子销售的产品种类符合需求 5. 游戏橘子不断推出新产品 6. 游戏橘子的产品品质良好

续表

研究构面	变项	操作型定义	衡量问项
品牌形象	经验性	强调满足顾客期望的产品并同时提供知觉乐趣、多样化及认知上的需求,此类产品通常设计用来满足顾客内在追求刺激和多样化的需求	1. 购买游戏橘子产品给予被尊重的感觉 2. 游戏橘子给予温馨的感觉 3. 游戏橘子给予舒服的感觉 4. 游戏橘子给予有趣的感觉 5. 游戏橘子给予专业性的感觉 6. 游戏橘子给予欢乐的感觉购买
	象征性	满足顾客内在需求产品品牌,如自我价值提升、角色定位、群体的融入及自我认同等,此类产品经常设计用来联结个人与特定群体、角色或自我的形象	1. 使用游戏橘子商品能代表社会地位 2. 使用游戏橘子商品能促进人际关系 3. 游戏橘子商品能反映个人风格 4. 游戏橘子商品赶上流行
	企业品牌形象	消费者从企业机构、活动中,所获得的主观感受	1. 游戏橘子的服务态度很好 2. 游戏橘子是善尽公益活动的 3. 游戏橘子是具有良好声誉的 4. 游戏橘子的公司形象增加消费者的信心 5. 游戏橘子是值得信赖的 6. 游戏橘子的整体服务非常良好

六　线上游戏使用行为分析

本研究以台北地区曾经或现在为游戏橘子玩家者为研究母体来进行研究。在铭传大学及竹林高中进行问卷发放,试图将母体年龄控制在 11～30 岁。本问卷以纸本问卷方式进行发放,总计回收 111 份,有效问卷（现在或曾经为游戏橘子玩家者）为 54 份。回收样本的人口统计变项当中,以男性（28 份,占 51.9%）居多,女性（26 份,占 48.1%）,教育程度集中于高中与大学,年龄集中在 11～30 岁,而收入或可支配零用钱以 10000 元新台币以下居多,详细结果如表 2 所示。

线上游戏使用行为方面,现在或曾经为线上游戏玩家者占总母体数的 64%。现在或曾经为线上游戏玩家（71 人）当中,年资以 1 年以上 3 年以下为最多（21 人）（详见表 3）。

表2　人口统计变量

性别变项	分组别	样本数	百分比(%)	有效百分比(%)
性别	男	28	51.9	51.9
	女	26	48.1	48.1
	总和	54	100.0	100.0
	遗漏值	0		
	总　计	54		
年龄	10岁(含)以下	0	0	0
	11~20岁	32	59.3	59.3
	21~30岁	21	38.9	38.9
	31~40岁	1	1.9	1.9
	41~50岁	0	0	0
	51岁(含)以上	0	0	0
	总和	54	100.0	100.0
	遗漏值	0		
	总　计	54		
收入或可支配零用金	10000元新台币及以下	43	79.6	79.6
	10001~20000元新台币	9	16.7	16.7
	20001~40000元新台币	2	3.7	3.7
	40001~60000元新台币	0	0	0
	60001元新台币以上	0	0	0
	总和	54	100.0	100.0
	遗漏值	0		
	总　计	54		
受教育程度	初中(含)以下	0	0	0
	高中	18	33.3	33.3
	专科	0	0	0
	大学	36	66.7	66.7
	研究所(以上)	0	0	0
	总和	54	100.0	100.0
	遗漏值	0		
	总　计	54		

续表

性别变项	分组别	样本数	百分比(%)	有效百分比(%)
职业	军、公、教	0	0	0
	学生	54	100	100
	商业、服务业	0	0	0
	工业、制造业	0	0	0
	家管	0	0	0
	自由业	0	0	0
	其他	0	0	0
	总和	54	100.0	100.0
	遗漏值	0		
总　计		54		
婚姻状况	未婚	54	100	100
	已婚	0	0	0
	总和	54	100.0	100.0
	遗漏值	0		
总　计		54		

表3　使用线上游戏年资变项统计

线上游戏使用行为变项	选　项	人数	百分比(%)	有效百分比(%)	累计百分比(%)
使用线上游戏年资	1 年以下	18	25.4	25.4	25.4
	1 年以上 3 年(含)以下	21	29.6	29.6	54.9
	3 年以上 5 年(含)以下	10	14.1	14.1	69.0
	5 年以上 7 年(含)以下	9	12.7	12.7	81.7
	7 年以上 9 年(含)以下	7	9.9	9.9	91.5
	9 年以上	6	8.5	8.5	100.0
总　和		71	100.0	100.0	

　　线上游戏玩家（71 人）当中，游戏橘子玩家者为 54 人，占总母体中现在或曾经为线上游戏玩家者的 76.1%。游戏橘子的玩家中，50% 的玩家每天玩游戏橘子线上游戏不超过 1 个小时。现在或曾经不是线上游戏玩家（40 人）当中，有 65% 的人没有听说过游戏橘子品牌或旗下游戏产品。

七 关键成功因素各构面分析

（一）"功能性"构面

在"功能性"构面重要性当中，受访者认为"游戏橘子不断推出新的产品"最为重要（Mean = 5.13），而最不重要的题项是"游戏橘子销售的产品是非常实用的"（Mean = 4.44）（见表4）。

表4 "功能性"构面重要性量表填答排序

题号	题目	平均数	标准差	排序
1	游戏橘子给予消费者安全的印象	5.06	1.607	2
2	游戏橘子销售的产品是非常实用的	4.44	1.562	6
3	游戏橘子销售的产品是可信赖的	4.67	1.505	4
4	游戏橘子销售的产品种类都能符合消费者的需求	4.70	1.475	3
5	游戏橘子不断推出新的产品	5.13	1.245	1
6	游戏橘子的商品品质良好	4.46	1.599	5

在"功能性"构面完成度（意即各构面以玩家角度检视完成，达成比率，以下皆相同）当中，受访者认为"游戏橘子不断推出新的产品"完成度最高（Mean = 4.78），而完成度最低的题项是"游戏橘子销售的产品是非常实用的"和"游戏橘子的商品品质良好"（Mean = 3.94）（见表5）。

表5 "功能性"构面完成度量表填答排序

题号	题目	平均数	标准差	排序
1	游戏橘子给予消费者安全的印象	4.26	1.772	2
2	游戏橘子销售的产品是非常实用的	3.94	1.547	5
3	游戏橘子销售的产品是可信赖的	4.20	1.534	4
4	游戏橘子销售的产品种类都能符合消费者的需求	4.24	1.427	3
5	游戏橘子不断推出新的产品	4.78	1.369	1
6	游戏橘子的商品品质良好	3.94	1.559	5

（二）"经验性"构面

在"经验性"构面重要性当中，受访者认为"游戏橘子给予消费者欢乐的感觉"最为重要（Mean = 5.30），而最不重要的题项是"游戏橘子给予消费者温馨的感觉"（Mean = 4.30）（见表6）。

表6　"经验性"构面重要性量表填答排序

题号	题目	平均数	标准差	排序
1	游戏橘子购买产品给予消费者被尊重的感觉	4.61	1.446	4
2	游戏橘子给予消费者温馨的感觉	4.30	1.449	6
3	游戏橘子给予消费者舒服的感觉	4.46	1.476	5
4	游戏橘子给予消费者有趣的感觉	5.19	1.591	2
5	游戏橘子给予消费者专业的感觉	4.67	1.505	3
6	游戏橘子给予消费者欢乐的感觉	5.30	1.423	1

在"经验性"构面完成度当中，受访者认为"游戏橘子给予消费者有趣的感觉"完成度最高（Mean = 5.02），而完成度最低的题项是"游戏橘子给予消费者温馨的感觉"（Mean = 4.04）（见表7）。

表7　"经验性"构面完成度量表填答排序

题号	题目	平均数	标准差	排序
1	游戏橘子购买产品给予消费者被尊重的感觉	4.07	1.358	5
2	游戏橘子给予消费者温馨的感觉	4.04	1.317	6
3	游戏橘子给予消费者舒服的感觉	4.31	1.357	3
4	游戏橘子给予消费者有趣的感觉	5.02	1.434	1
5	游戏橘子给予消费者专业的感觉	4.30	1.487	4
6	游戏橘子给予消费者欢乐的感觉	5.00	1.492	2

（三）"象征性"构面

在"象征性"构面重要性当中，受访者认为"消费者觉得游戏橘子商品能反映个人风格"最为重要（Mean = 4.22），而最不重要的题项是"使用游戏橘子商品能代表消费者的社会地位"（Mean = 3.59）（见表8）。

表8 "象征性"构面重要性量表填答排序

题号	题目	平均数	标准差	排序
1	使用游戏橘子商品能代表消费者的社会地位	3.59	1.460	4
2	消费者觉得使用游戏橘子商品能促进人际关系	4.11	1.513	2
3	消费者觉得游戏橘子商品能反映个人风格	4.22	1.550	1
4	消费者觉得游戏橘子商品能让我赶上流行	3.93	1.528	3

在"象征性"构面完成度当中,受访者认为"消费者觉得游戏橘子商品能反映个人风格"完成度最高(Mean = 4.09),而完成度最低的题项是"使用游戏橘子商品能代表消费者的社会地位"(Mean = 3.52)(见表9)。

表9 "象征性"构面完成度量表填答排序

题号	题目	平均数	标准差	排序
1	使用游戏橘子商品能代表消费者的社会地位	3.52	1.384	4
2	消费者觉得使用游戏橘子商品能促进人际关系	4.06	1.472	2
3	消费者觉得游戏橘子商品能反映个人风格	4.09	1.533	1
4	消费者觉得游戏橘子商品能让我赶上流行	3.93	1.478	3

(四)"企业品牌形象"构面

在"企业品牌形象"构面重要性当中,受访者认为"游戏橘子公司是值得信赖的"最为重要(Mean = 4.61),而最不重要的题项是"游戏橘子是善尽公益的"(Mean = 4.02)(见表10)。

表10 "企业品牌形象"构面重要性量表填答排序

题号	题目	平均数	标准差	排序
1	游戏橘子的服务态度很好	4.48	1.539	3
2	游戏橘子是善尽公益的	4.02	1.486	6
3	游戏橘子是具有良好声誉的	4.46	1.645	4
4	游戏橘子的公司形象增加了消费者的信心	4.33	1.625	5
5	游戏橘子公司是值得信赖的	4.61	1.571	1
6	游戏橘子的整体服务非常好	4.52	1.622	2

在"企业品牌形象"构面完成度当中，受访者认为"游戏橘子的服务态度很好"和"游戏橘子的整体服务非常好"完成度最高（Mean = 4.15），而完成度最低的题项是"游戏橘子是善尽公益的"（Mean = 3.72）（见表11）。

表11   "企业品牌形象"构面完成度量表填答排序

题号	题目	平均数	标准差	排序
1	游戏橘子的服务态度很好	4.15	1.352	1
2	游戏橘子是善尽公益的	3.72	1.220	5
3	游戏橘子是具有良好声誉的	4.07	1.552	4
4	游戏橘子的公司形象增加消费者的信心	4.09	1.557	3
5	游戏橘子公司是值得信赖的	4.13	1.480	2
6	游戏橘子的整体服务非常好	4.15	1.485	1

本研究从游戏橘子品牌形象"功能性"、"经验性"、"象征性"、"企业品牌形象"四大构面分析中发现，"游戏橘子给予消费者安全的印象"、"游戏橘子不断推出新的产品"、"游戏橘子给予消费者有趣的感觉"、"游戏橘子给予消费者欢乐的感觉"四个选项对于线上游戏品牌形象来说较为重要，而受访者认为游戏橘子实际上完成度较高的则是"游戏橘子给予消费者有趣的感觉"、"游戏橘子给予消费者欢乐的感觉"。因此，本研究将"游戏橘子给予消费者有趣的感觉"及"游戏橘子给予消费者欢乐的感觉"两个选项视为游戏橘子企业品牌形象关键成功因素，与游戏橘子"天生爱玩"的品牌核心价值相符合，且与游戏橘子整体核心价值FAMILY的F（Fun创造欢乐）相一致。

附件   游戏橘子发展重要里程碑

年份	事　迹
1995	成立"富峰群企业有限公司"
1998	制作《电玩大观园》节目
1999	1. 原创游戏"便利商店"，于台湾推出中文版"速食店" 2. 富峰群资讯正式更名为"Gamania 游戏橘子"

续表

年份	事　迹
2000	1. 进军韩国市场,成立"韩国游戏橘子"(Gamania Korea)海外分公司,并推出"便利商店"韩文版 2. 台湾代理发行"天堂"线上游戏 3. 台湾总部建置亚洲最大线上游戏机房 4. 成立"香港游戏橘子"(Gamania Hong Kong)海外分公司 5. 中国台湾、中国香港、韩国同时上市"便利商店2"
2001	1. 在东京成立"日本游戏橘子"(Gamania Japan)海外分公司 2. Gamania 企业识别获选台湾"十大设计"金奖
2002	游戏橘子正式在台湾挂牌上柜
2003	1. Gamania 企业识别荣获创作金奖 2. "水火:108"荣获"2003 年国际级数位内容雏形奖"的动画雏形奖
2004	1. 台湾易吉网成为游戏橘子集团一员(2010 更名为"东游玩子") 2. 在台湾完成手机付费机制,成为台湾第一个整合虚拟付费管道的游戏厂商
2005	台湾代理发行"枫之谷",成为台湾第一款免费线上游戏
2006	首度进军东京电玩展(Tokyo Game Show),公开"星辰"等五款自制线上游戏
2007	1. 成立"放电人文"媒体子公司,开拓电玩娱乐媒体事业 2. 台湾代理"跑跑卡丁车",成为规模最大的休闲游戏 3. "星辰"荣获台湾 2006 年数位内容系列竞赛"国际级数位内容雏形奖" 4. 游戏橘子涉足动画,首部代表作"水火:108"与英国 Cartoon Network 完成签约
2008	1. 成立"游戏橘子关怀基金会",鼓励青少年"用力做梦、用力做自己" 2. 日本游戏橘子推出集团自制产品"Bright Shadow"(封魔猎人)和"Lucent Heart"(星辰),营收创新高,正式转亏为盈 3. "星辰"荣获日本 2008 年最佳游戏奖 4. 游戏橘子荣获 2008 年台湾十大品牌 5. 游戏橘子成立电竞代表队伍"橘子熊",正式投入电子竞技职业运动行列
2009	1. 成立"玩酷"(Playcoo)、"红门"(RedGate)等研发子公司 2. "美国游戏橘子"(Gamania US)海外分公司于美国洛杉矶成立 3. 游戏橘子荣获 2009 年台湾品牌优良奖
2010	1. "HERO:108"动画在全球 160 个地区 Cartoon Network 频道播出 2. "挥军 2010"东京电玩展(Tokyo Game Show),展出"Core Blaze"、"DIVINA"(幻月之歌)等 8 款自制游戏作品 3. 全方位数位娱乐平台"beanfun!"正式公开,中国台湾、美国、欧洲、中国大陆、中国香港陆续上线 4. 在荷兰阿姆斯特丹成立欧洲游戏橘子(Gamania EU)总部
2011	1. 成立"乐点卡"数位科技股份有限公司,以及全新的"GASH +"平台。推出 Facebook 专用卡,同时支援多国货币金流服务系统 2. 与首映创意携手成立"两只老虎"动画公司,致力于打造国际级数位娱乐

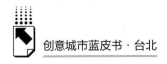

续表

年份	事　迹
2012	1. 在台湾成立幼橘园 2. 橘子熊荣获台湾电竞五年台湾总冠军 3. "beanfun!"全球会员数突破1400万人 4. "beanfun! 台湾乐豆"访客数达600万人次
2013	"beanfun!"全球会员数突破2000万人

资料来源：游戏橘子官方网站，http：//tw. gamania. com/。

B.15
台湾消费者数字影院感知之研究

黄羽麒 *

一 研究背景与问题

2012 年，对于台湾电影界来说是一个值得肯定的时代。年初，九把刀执导的《那些年，我们一起追的女孩》在两岸三地大放异彩，获得第三十一届金像奖最佳两岸华语电影。年末，李安导演的《少年 Pi 的奇幻漂流》（*Life of Pi*）获得奥斯卡青睐，《纽约日报》盛赞此片是"数字电影的伟大成就之一"。也是在 2012 年，曾经战绩辉煌，曾经是各国所熟知的柯达胶卷宣布破产。至此，人类从胶片电影向数字电影迈进了一大步。

2005 年，似乎是一个不太清晰的分水岭。2004 年，柯达宣布将停止在美国、加拿大、西欧生产传统胶片相机，也停止了对电影胶片的推陈出新。2005 年，数字电影传输和播放标准诞生。似乎暗示着，这个古老而巨大的胶片产业危在旦夕。

随着 2012 年柯达申请破产，《一九四二》成为大陆著名导演冯小刚最后一部胶片电影。而第八十四届奥斯卡颁奖礼上，"*Hugo*"夺下了"最佳摄影"、"最佳艺术指导"、"最佳音效剪辑"、"最佳视觉效果"几项大奖，11 项提名领跑。在传统胶片电影遭遇数字技术冲击、电影学者惊呼"电影已死"的时刻，斯科塞斯以时髦的数字 3D 技术与计算机特技技术向传统电影的辉煌过去致敬，意味深长。这是一部写给胶片电影的立体情书，故事情节上，其精心设计带人们回到最初探索电影的那个时代，而具有讽刺意味的是这部电影完全是采用 3D 数字技术拍摄，似乎在宣告着电影时代的交替，那些经典的片段难以忘怀，却也不能阻止电影技术发展的飞快脚步。

---

* 黄羽麒，台湾铭传大学传播管理学系研究生。

2013 年获奥斯卡"最佳影片"奖提名的 9 部影片中，7 部采用胶片拍摄，只是在后期才使用了数码编辑和发行技术。不过，电影业告别胶片、拥抱数字是大势所趋。在胶片时代的高峰时期，全球电影业每年使用的胶片长度超过 365 万千米，相当于地球与月球之间距离的 10 倍。然而，2013 年全世界使用的胶片长度估计只有 121 万千米，全球约有一半的商业银幕已实现数字化放映。

数字影片的革命同时颠覆着影院产业，世界各地的影院纷纷引进数字放映机，而消费者被动地被卷入整个浪潮，享受数字带来的新刺激，也要面对数字带来的新问题。

然而，随着数字电影院的发展，以及数字 3D 电影慢慢成为一种趋势，消费者对此的需求与意见一直无人问津。被称为台湾首善之都市的台北，对于数字电影院的采用状况，更是台湾影院数字化的重要指标，因此本研究主要针对台北地区消费者对于电影院数字化的感知与喜好做相关研究。

研究问题分为六部分：

（一）消费大众对电影类型的认知；

（二）消费大众选择不同类型影片的原因；

（三）消费大众进影院观看电影的频率以及不同类型影片的观看频率；

（四）消费大众选择影院的原因；

（五）消费大众对目前影院设备的意见；

（六）消费大众对胶片电影的态度。

二　从胶片到数字的电影院

胶片电影院，顾名思义，就是播放胶片电影的电影院。胶片电影是用胶片摄影机拍摄、制作、传输和放映的电影。胶片电影院使用的胶片电影放映设备，按使用拷贝来划分，可分为 8mm 放映机、16mm 放映机、35mm 放映机和70mm 放映机，其中 8mm 放映机和 16mm 放映机已经被淘汰。

胶片放映机相对于数字放映机的优势为：色彩好，成像稳定，但可能会出现抖动现象，出现放映事故（断胶片），且放映成本较高。

"目前，数字放映机正逐步取代胶片放映机，"京都大学电影研究院麦谷满2012年接受采访时曾说，"2018年底，全球的商业电影院都将被数字电影放映机所覆盖。"

所谓电影院数字化，是电影院根据DCI所公布的《数字影院系统规范》（*DCI D Cinema System Spec* V1.1），并以此为标准，进行放映系统、服务器设备的数字升级，也就是所谓的D-cinema。D-cinema指能够放映如同35mm胶片般电影质量的高质量放映设备，分辨率至少2K（2048×1080），核心技术大多采用德州仪器公司（Texas Instruments，TI）所开发的数字光学处理投影（DLP）[①]。

（一）影院数字化成本

目前来看，姑且不考虑座椅等设备的调换，根据2012年物价水平，传统影院数字升级的成本并不是一笔小数目（见表1）。

表1　数字设备成本（以2012年物价水平为标准）

设备项目	品牌	备注（单厅）	单价
2K数字放映机	NEC2000C	DLP芯片，10000流明，1920×1080分辨率、银幕宽度12~15米、数字氙灯使用寿命900小时	175万元新台币左右
2K数字播放器	GDC	数字影片的拷贝、存储、播放控制	55万元新台币
Dolby 3D设备	Dolby	一个3D影厅	787500元新台币
Dolby 3D眼镜	Dolby	150副	1200元新台币
主声道扬声器	南京音霸	银幕后一个	2.8万元新台币
超（次）低音扬声器	南京音霸	左墙、右墙、后墙各4个	3万元新台币
杜比译码器	Dolby（CP750）	放映室：将服务器里的影片声音以Dolby 5.1的形式输出到功效	17.5万元新台币
数字分频监听器	QSC（DCM-1）	放映室：监听并调整影厅内声音大小及效果	1.5万元新台币
银幕架	芜湖银幕厂	每厅一个	10万元新台币
银幕	芜湖银幕厂	按平方米计算，28平方米/厅	1200元新台币

---

① 李俊逸：《台湾数字电影院发展研究》，"国立"台湾师范大学国文传播学系硕士学位论文，2008。

除此之外，数字影院还有一些外部要求，包括数字影院的外面、停车场、放映机房、门厅和休息厅区域、餐饮区域、卫生间以及其他部分的增值区等。总体来说，对数字影院的要求多且较为严格，所以不管是硬件还是软件，所花的成本都不会是一笔小数目。

（二）电影院数字化的原因

从宏观角度来看，电影院数字化来自计算机技术的不断发展以及工作者对电影产业的不断追求。随着计算机慢慢融入人类生活工作的方方面面，人们开始希望通过计算机来控制更多的数据，比如像素数据。通过了解如何操控计算机，来使影像符号撰写难度降低，开启数字电影的制作模式。

电影院数字化是工业换机发展升级的必然趋势。目前技术已经可以达到用相对较小的成本，将数字影像拷贝、转储存及放映，并且保证影像质量，减少传统胶片的花费，经济又实惠。

从微观角度看，影院数字化具有成本优势。首先，发行成本降低。传统的电影发行方式是"拷贝"，一部电影冲洗一个拷贝就要5万元新台币，大片一般要700个拷贝，那么发行成本就高达3500万元新台币。数字化电影的发行则简单得多，但之后每压一张碟只需5000元新台币，按700张碟来算，发行成本才350万元新台币。

其次，保存成本降低。胶片的化学活性很强，在保存过程中会逐渐变质，并且易受环境温度、湿度、有害气体及放射性物质的影响而加速老化。而数字电影只需存储在硬盘或盘片中，不仅体积小巧，储存受环境影响也不大。

最后，使用成本降低。把常规胶片电影转换成数字格式，电影的质量不但不再会因为播放次数增加而降低，而且电影公司每年可以节约上亿美元的胶片洗印及影片发行费用。目前洗印一份电影胶片，拷贝的费用为1200美元，而把胶片电影转化成数字格式，每份费用仅为300美元左右，这一费用最终将变得更低。

虽然，更换数字放映机的价格较高，也成为很多影院更换数字化设备的门槛，但是从长远的角度来看，数字电影在成本上远远低于传统胶片电影①。

---

① 王健：《4K分辨率渐流行　揭商业影院数字化之谜》，2011年7月29日，http：//projector.zol.com.cn/241/2415201.html。

（三）对比 2008 年台湾电影数字化情况

1. 数量方面

研究学者李俊逸研究发现，2008 年戏院名册中所列之 128 家戏院，其中有 3 家共计 10 厅歇业，分别为基隆市新乐戏院、云林县白宫戏院及台南市统一戏院。此外，有些电影院在名册中分为很多家，但是实际上经营者相同，处于同一建筑中，而且以同一名称对外营运。例如，高雄市十全二路 21 号便登记有四家戏院（未来、博爱、锦元、威尼斯），但对外都称"十全影城"，这些情况共有 26 家 58 厅。根据《2012 影视产业趋势研究调查报告》，台湾共有 392 个电影片制作商，214 个电影发行商，处于运营状态的电影映演业者共 95 家[①]。

2. 设备方面

对映演业者而言，换装数字放映设备除了数字放映机（projector）本身和传统放映机不同之外，数字放映设备还增加了服务器（server）的考虑。

2008 年各影院数字设备见表 2。

表 2　2008 年各影院数字设备一览

	电影院名称	数位放映机厂牌	数字伺服器厂牌	数字 3D 放映设备
威秀系列	日新威秀	Barco	GDC	无
国宾系列	台北国宾大戏院	Barco	Dolby	有（Dolby）
	中和国宾	Barco	GDC	无
	台南国宾戏院	Barco	GDC	无
喜满客系列	喜满客京华城戏院	Christie	GDC	有（Real D）
	喜满客梦时代影城	Christie	GDC	有（Real D）
新光系列	台中新光影城	Christie	Doremi	无
秀泰系列	欣欣晶华戏院	Christie	Doremi	有（Materimage）
	今日大戏院	Christie	Doremi	有（Materimage）
	环球影城	Christie	Doremi	有（Materimage）
独立经营	绝色电影城	NEC	Dolby	无
	东南亚戏院	Christie	Doremi	有（未回答厂牌）
	豪华大戏院	Christie	GDC	无
	乐声大戏院	Christie	GDC	无
	奥斯卡影城	Barco 及 Christie	GDC	无

资料来源：李俊逸：《台湾数字电影院发展研究》，"国立"台湾师范大学国文传播学系硕士学位论文，2008，第 87 页。

---

① 《2012 影视产业趋势研究调查报告》（影视及广播产业），台湾"文化部"编印，2014。

截至 2013 年，上述影院除了威秀影城将数字放映机更换为 Christie 外，其余均无变化。而是否有数字 3D 放映设备一栏，以上影院均为"有"。且 in89 豪华数位影城（前身为豪华大戏院），于 2012 年 10 月引进了 NEC NC3240S 4K 数字放映机，同时装设在大厅与二厅，成为台北电影院中率先升级 4K DLP 超高画质放映的电影院①。

三 台北电影院数字化 STEEP 分析

STEEP 分析是指通过对企业所处的社会文化环境（Social）、技术环境（Technological）、经济环境（Economic）、生态环境（Ecological）和政治法律环境（Political – legal）五个方面环境的分析和扫描，判断企业所处的大环境，从这些环境的发展变化来预见和判断市场发展带给企业的机会和威胁，为企业进一步的战略发展提供有力的依据。

（一）社会文化环境

在社会文化的层面上，主要讨论台湾人的观影习惯，又分成观影途径及观影内容两方面。

1. 观影途径

随着技术的发展和人们消费能力的提升，台湾人观影的途径慢慢增多起来。根据"中华民国"统计信息网，2013 年家庭收支调查报告"家庭主要设备普及率"表格，家庭计算机的普及率由 2000 年的 46.49% 增长到 2013 年的 72.21%，有线电视频道设备从 71.94% 增长到 2013 年的 84.37%②。私人所拥有的视听设备增加，台湾观众看电影的方式也会随之改变。2005 年，萧伊雯针对台湾人在家观赏电影与上电影院观赏电影动机的调查发现，较常在家观影的人数是较常去电影院观影人数的 10 倍，而主要原因，则是家中观影选择性较多，且不受时间限制，以及付出的金钱成本较低。这是 2005 年的数据，随

---

① 以上资料均来源于台北各大影城官方网站。
② "中华民国"统计信息网，http：//win. dgbas. gov. tw/fies/a11. asp？year = 102。

着 3D、IMAX 电影的崛起，这一情况有所改变，依据"文化部"统计，2012年，台湾电影生产达 76 部，较 2011 年增加 11 部，台湾电影观影人次达 2832万人次，台湾电影票房 36 亿元新台币。台北市 2012 年台湾电影票房表现较2011 年下滑 39.59%，其他外片票房收入微幅增长 0.95%，港陆影片则增长达 51.70%①。其在家观影的视听效果远不及影院效果，所以从某种程度上说，数字立体及大屏幕电影类型的风行，带给影院产业新的生命。

2. 观影内容

虽然最近几年，台湾电影有慢慢复苏的趋势，但是，相比好莱坞电影来说，还是有一定差距。根据台湾"文化部"《2012 影视产业趋势研究调查报告》，台湾电影观影人次约为 364.8 万人次，总观影人次为 2832 万人次。2012年每人每年约观看 1.21 部次电影，其中台湾生产影片人均观影 0.16 部次、港陆影片 0.05 部次，外国影片 1 部次②（见表 3）。

表 3　2011 年及 2012 年台湾观影人次估算

		总计	台湾影片	港陆影片	外国影片
2011 年（人口数 23162123 人）	观影人次	32019170	5988200	2887863	23143107
	人均观影次数	1.38	0.26	0.12	1.00
2012 年（人口数 23315822 人）	观影人次	28265452	3648270	1229384	23387798
	人均观影次数	1.21	0.16	0.05	1.00

资料来源：台北市影片商业同业公会，台湾经济研究院估算。

但是随着国际影院数字化的趋势，台湾地区电影院也随之数字化，以便跟上欧美等电影大国影片的要求。

（二）技术环境

电影院数字升级本质上就是源于技术的发展，因此，全球数字放映科技的趋势，对台湾数字电影院的未来自然有重大影响。本研究主要讨论 3D 和 4D科技。

---

① 《2012 影视产业趋势研究调查报告》（影视及广播产业），台湾"文化部"编印，2014。
② 《2012 影视产业趋势研究调查报告》（影视及广播产业），台湾"文化部"编印，2014。

3D 和 4D 的发展不仅带给阅听人更好的视觉体验，同时有效地打击了盗版，使得进电影院成为唯一可以观赏到三维效果电影的途径。传统胶片的 3D 立体电影其实已经有 70 多年历史，1936 年纳粹德国时期已经成功拍摄两部三维电影，但是因为制作成本高昂，过程复杂，且容易造成观影者眼睛疲劳，所以一直发展缓慢。

3D 技术的发展，让人们重新重视立体电影带给人们的震撼和惊喜。就技术而言，传统 3D 电影会受到一秒 24Hz（即每秒 96 格）播放的局限，如此通过合适的播放系统，实时将左右眼影像穿插输出，便能以一台放映机播放 3D 电影。在制作方面，传统拍摄的两台摄影机定位难以精准，使得拍摄成本高涨，也影响成品的三维效果与观影者左右眼的舒适度，但数字 3D 拍摄能精确地采用计算机定位、合成，更可以将计算机动画产生的 2D 影片直接进行图像处理，转换成 3D 影片，这样不仅可以降低制作成本和发行成本，改善 3D 电影播放的质量和效果，还可以大幅扩大内容的来源和选择性①。

自进入 21 世纪开始，3D 电影开始慢慢发展，2000～2009 年这十年，比较有名的 3D 电影共有 27 部，其中最著名的是卡梅隆的《阿凡达》。此后发展更为迅速，2010 年就有 28 部，2011 年有 31 部。3D 电影可以分为真人电影与动画电影两种。截至 2010 年 12 月 31 日，2010 年票房前十名，3D 电影就进榜五部，占了半数比例，其中票房最高的为排名第二位的《玩具总动员 3》，总票房为 415004880 美元，但比起 2009 年的《阿凡达》（全球总票房 760507625 美元）还是略逊一筹。由此看来，3D 电影颇受观影者喜爱。

由于 3D 电影的大好前景，影院业者不惜高额成本，引进 3D 数字放映机。根据学者李俊逸调查，台湾 2008 年数字 3D 电影放映设备主要有 Dolby 3D、Real D、Master Image、Xpand 3D、True 3D，每种厂商机器的运作方式都迥异。经过 5 年的发展，目前主要的 3D 放映设备为 Dolby 3D、Christie 数字放映系统、比利时 Barco DP－2000。

2013 年 6 月，台北信义威秀宣布引进 4DX 影厅，首部可观赏电影为《超

---

① 李俊逸：《台湾数字电影院发展研究》，"国立"台湾师范大学国文传播学系硕士学位论文，2008，第 80～81 页。

人：钢铁英雄》。至此，台北似乎预示将要开始新一轮数字升级的浪潮，与世界数字电影及影院共同迈进一个更加身临其境的新世界。

在4D影院技术出现之前，台北已经有一种版本的电影类似4D，是3D电影画面配合D－BOX动感座椅，这种电影俗称D－BOX电影。但是由于经费问题，D－BOX影厅非常少，而且一般影院只是改动一两排座椅作为动感版，效果当然不如4D影厅座椅那么逼真。

4D影院技术的主要构成，分为四部分：4D动感影院的银幕、立体眼镜、4D动感座椅、数字音响系统。其中，银幕、座椅、音响系统都与3D电影有不同之处。

4D动感影院的银幕部分，从视觉角度讲，采用180度的柱面环幕立体影像——它是指银幕保持在有相同圆心的一段弧度上，而不是一个平面。高宽比例为16∶9，具有开阔视野的作用，亮度、彩色还原和对比度，都有相应的提高。

4D动感座椅，根据影片的故事情节由计算器控制做出五种特技效果，分别是坠落、振动、喷风、喷水、拍腿。再配以精心设计出的烟雾、雨、光电、气泡、气味、布景、人物表演等引入4D影视，从而调动了人的所有感知系统，使人真正走进影片情节。

4D影院的多声道环绕声系统在设计和制作时充分考虑到柱面4D影院能够使3D物体产生环绕运动的特点，可以对运动物体进行精确的定位，使声音听起来更加真实。4D影院的均衡点声源扬声器技术利用五个分立的音频通道播放声音，使观众能够听出每个声音的声源所在[1][2]。

目前台北第一家4DX影厅位于台北松寿路的信义威秀影城，该影厅有目前全球影院中最新颖的观影体验，其使用3－DOF动态座椅以及环境特效（见图1）。3－DOF这个专有名词是依据Degrees of Freedom而来，代表影院这组3－DOF座椅会接受程序指令，与片中特效情节零秒差同步表现，并且搭配影院特效环境[3]。

---

[1] 传统的5.1分散音响系统通过多个扬声器播放声音，会使听众无法辨别声源所在。

[2] 陈砚池：《4D数字电影技术的发展》，《数字技术与应用》2011年第5期。

[3] 参考数据：台湾信义威秀4DX官方网站，http：//www.vscinemas.com.tw/4DX/。

图1 台北信义威秀 4DX 影厅

图片来源：信义威秀官方网站。

（三）经济环境

台湾的总体经济环境影响着民众进电影院消费的意愿。台湾"行政院"主计总处"国民所得统计常用资料"显示，2011年经济增长为4.07%，平均每人每年所得523317元新台币；2012年经济增长为1.32%，平均每人每年所得525213元新台币；2013年经济增长为2.40%，平均每人每年所得543437元新台币。同时根据"中华民国"统计信息网计算，以平减指数（2006年＝100）的计价方式，国民消费2010年增长0.69%，2011年增长0.82%，2012年增长1.42%。根据台湾"行政院"主计总处统计"受雇员工薪资调查"，2013年3月，各行各业平均薪资为41652元新台币，较上个月减少33.19%，较2012年同月增长0.63%。根据以上数据，虽然台湾目前经济处于疲软状态，经济增长减缓，但是从小幅度角度观察，还是保持了一个稳步小幅度复苏的态势。

根据台湾"行政院"主计总处统计，2011年物价指数增长4.1%（17个项目平均），2012年增长0.7%，截至2013年5月，五个月的物价指数增长了

1.8%。而比较不乐观的，还有根据台湾"行政院"主计总处"家庭消费支出结构按消费形态分类"调查，休闲、文化及教育消费占总支出的百分比从2008年开始逐年下滑，从2008年的11.29%下降到2011年的10.39%[①]。

表4　台北地区影院一般价位

单位：元新台币

大台北地区影院一般价位	
影厅类型	价位
普通 2D 电影	260 ~ 320
数字 IMAX 影厅巨型屏幕版	360 ~ 380
数字 3D 版	320 ~ 380
数字 IMAX 影厅立体 3D 版	410 ~ 440
数字 4DX 影厅	430 ~ 480
数字 4DX 3D 影厅	500 ~ 550

注：1. 不同影院价位有微弱之差别；2. 有早场、全票、优待之分。
资料来源：台湾五大影院官网。

（四）生态环境

面对全球污染状况，环境因素也是人们关注的焦点，同时它也制约影响了经济的发展进步。

电影产业从几年前就开始讨论环保问题，好莱坞对于环保议题的反映可以分为两部分，一部分是电影的议题，另一部分则是电影的生产流程。前者有《不顾面对的真相》（2006）、《第11个小时》（2007）等关于环保议题的影片；后者则表现在对电影冲印流程中所构成的污染的检讨。

电影的胶卷冲印拷贝过程要消耗大量的水资源，并产生大量冲印废水，污染环境。在冲印生产过程中，曝光后的胶片通过冲片机的物理和化学作用形成稳定的画面。在这个过程中，需要使用化学药液和大量的水，胶片在冲片机药

---

① 台湾"行政院"主计总处，http：//www.dgbas.gov.tw/ct.asp? xItem = 13213&CtNode = 3504& mp = 1。

液中发生化学反应——主要是氧化还原和酸碱中和反应，而冲印后的废水中含有大量的 COD（化学耗氧量）值高的药品，各种药液产生的污染如表 5 所示①。

表 5　胶片冲洗药液种类与污染物

药液种类	主要成分	污染物
显影剂	显影液（CD－2）、亚硫酸盐、碳酸盐、氢氧化钠、溴化钾	COD 值、pH 值
停显液	硫酸	pH 值
定影液	硫代硫酸铵、亚硫酸盐	COD 值、银
漂白剂	铁氰化钾、溴化钾	氰化物

这些大量的显影剂、停显液、漂白剂、定影液的化学液体若任意配制、废弃、倾倒，渗入地下，会严重污染地下水水质。

不论是处于环保的考虑还是为了节省成本，目前全球数字拷贝正在慢慢代替传统的拷贝方式，目前台湾"环保署"仍没有电影方面污染的相关报告和调查。

（五）政治法律环境

1. 政府辅助

台湾当局从 2003 年开始对电影产业的数字升级进行辅导补助。至今，每年都公布辅导电影产业数字升级辅助金额与业者回馈计划。超过 20 多家业者接受了政府的补助，其中一些企业不止接受过一次。

在辅助的对象及范围方面，2012 年 2 月 29 日新影一字第 1010520251Z 号令修正发布的《辅导电影产业数字升级办理要点》（2008）中规定，只要是"依法设立之电影事业，于 2012 年度购置之数字放映器材、电影数字制作（前、后制）有关之摄影、音效、特效、场景、模型、道具及其他数字制作设备器材，或是于申请年度 1 月 1 日至 12 月 31 日期间订购之数字放映设备器

---

① 李俊逸：《台湾数字电影院发展研究》，"国立"台湾师范大学国文传播学系硕士学位论文，2008，第 84 页。

材，都有资格申请"。

根据2008年调查，超过五成的数字电影院业者认为政府补助金额不足，但此补助款仍算是不无小补。

2. 赋税方面

在"挑战2008国家发展重点计划"电影产业振兴计划《针对既有相关策略、政策及方案执行检讨》中，第一条就提出"应积极研修电影相关法规：现行电影赋税减免措施，包括门票收入、减免营业税、娱乐税、购置器材减免关税及适用促产条例之投资抵减等，均较偏重在电影事业购置硬设备器材、后期制作及下游门票收入，而对于有关电影前期制作及资金筹措方面，较显欠缺，故有必要于'电影法'中增列投资抵减条文，以积极鼓励电影事业之发展"①。

2012年3月30日，台湾"行政院文化部"颁布"影视媒体专用器材设备或车辆进口免缴关税"计划。

四　消费者感知

数字化电影院层出不穷，并以极快的速度打败胶片电影院。但是作为文化产业，除了要考虑本身产业的发展，也要考虑消费者对于这一变化的知觉与需求程度。

知觉是个人通过其感官（味觉、听觉、嗅觉、触觉、视觉等）将环境中的刺激物或信息加以吸收、辨识、了解及解析的过程。我们在面临某种环境时，会以我们的感官获得经验，然后将这些经验加以筛选，以使得这些经验对我们有意义。知觉的产生涉及三个连续的过程：选择、分类及解释。

（一）选择

知觉产生的第一步就是选择这个过程。选择可以分为自愿性选择与非自愿

---

① 目前台湾"电影法"修正案已将投资抵减列入，并已于2003年10月20日经"立法院"教育暨文化审议委员会一读通过。

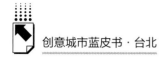

性选择。环境给我们的信息刺激很多，我们想要注意每一件信息是不可能的事情，因此我们必须决定该注意哪些信息，不该理会哪些信息。

在选择过程中，第一个影响因素是自然的限制，比如我们无法听到每秒20万或者超过2万的音频，也不能看到1/70的光谱。

第二个影响因素是"心理上的舒适"。我们会选择那些支持我们既有看法（或观点）的信息，对那些不能支持我们既有看法的信息，我们会听而不闻，这个原因似乎与"自信"、"自尊"有关。

第三个影响因素是兴趣。我们总喜欢选择我们感兴趣的事情，因为那些事情对我们很重要。同时，经验与刺激性事物对我们的选择也有影响。

（二）分类

在我们决定了要不要注意那些刺激之后，就会进行第二个阶段——分类。我们并不把事情看成是随机而不相关的事件。相反地，我们会把所知觉到的东西组织成有条理的形式。我们常会把实体相近、相似性高、在同一方向移动的事物联系在一起。

（三）解释

知觉的第三个阶段就是解释。我们会将所感受到的事物理出头绪。我们常以人们的意图来解释他们的行为，除非我们观察到的行为很明显毫无意图。影响解释的一个因素是投射。我们倾向于把自己的特性投射到别人身上。"古典式投射"包括两个过程：将我们所不喜欢的特性归因到别人身上，并且拒绝承认我们有这种特性；我们会把有利的特性归因到我们所喜欢的人身上。比方说，一个买了不该买的东西的消费者会对自己的购买能力感到沮丧，会把这个购买失败的原因归因到销售人员身上。另一个影响解释的因素就是标记。通常我们所遇见的人或事物都是模糊的；如果我们给予标记的话，其模糊性就会消失。同样，熟悉度也会影响我们对事物进行解释①。

---

① 荣泰生：《消费者行为》第2版，台北：五南图书出版有限公司，2007，第160~164页。

五 研究设计

本文采用调查问卷的量化研究方法，主要内容涉及台北消费者对于影院一些基本概念的了解，以及去看数字电影的原因和对观看传统影院播放胶片影片的意愿程度。

六 结果分析

该问卷通过网络发放和实体问卷发放，一共收集 106 份，其中 66.98% 为女性，33.02% 为男性；63.21% 为 23～35 岁年轻且有一定经济实力的人群，另外有 25.47% 来自中学生和大学生（年龄为 23 岁以下），11.32% 来自 36～50 岁人群；职业方面，学生占 57.55%，媒体出版业者占 10.38%，教育研究业者和待业者各占 5.66%，金融保险业者占 4.72%，其余的几乎平均分布在制造业、政府机关、交通旅游、房地产、建筑、医疗、艺术、经商领域。

（一）台北消费大众对电影类型的认知

新技术的出现，推广是一个任重道远的路程，但研究发现，现在影院多数为数字电影，除了 3D、IMAX 这些特点明显的电影之外，2D 的普通数字电影占了大多数，所以问卷前两道题，旨在研究大众在概念方面对于数字影院的认知。台北消费大众对传统影院和数字影院的区分结果如图 2 所示。

从结果看，我们能发现，超过一半的台北消费者是可以区分传统胶片影院和数字影院的，有 26.42% 的人不能区分传统影院和数字影院，而有 19.81% 的人对此不确定。说明在传统影院和数字影院的概念上，大众比较模糊。

由于传统影院和数字影院对台北消费者实际的影响不是很大，故很多消费者并没有把过多的目光放在影院类型上面，而 3D 电影、IMAX 电影的特征相对较为明显，且宣传较为广泛，我们能看出台北大众对电影类型的分辨明显高于对影院类型的分辨（见图 3）。但在 106 人中仍有 23.58% 的人不能或者不确定影片的类型。

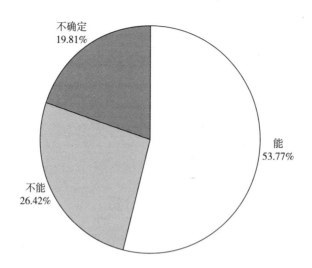

图2　台北消费大众对传统影院和数字影院的区分结果

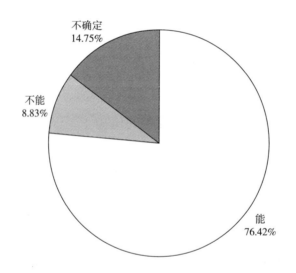

图3　台北消费大众对2D电影、3D电影和
IMAX电影的区分结果

　　根据创新扩散理论，感知包括五个阶段：了解阶段、兴趣阶段、评估阶段、试验阶段和采纳阶段。而消费者感知又分为三个过程：选择、分类、解释。对概念的认知与了解程度很可能会影响他们的兴趣，从而影响消费大众对影片类型的选择与分类，将新进的3D电影与IMAX电影视为与自己无关的事情。

（二）台北消费大众选择不同类型影片的原因

不论是 2D 普通影片还是 3D、IMAX，它们各有自己的优势和劣势，台北消费大众会结合自己的实际需求来选择不同类型的影片。台北消费大众选择 2D 影片的原因如图 4 所示。

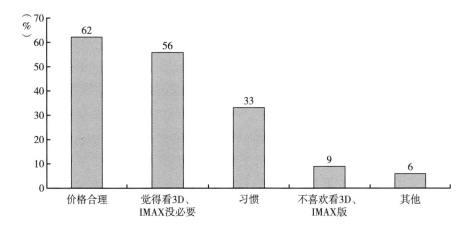

图4 台北消费大众选择观看 2D 影片原因的调查结果

从图 4 可以看出，价格和影片特技内容是决定因素，由于 3D 和 IMAX 电影几乎比普通 2D 影片高出 150 元新台币，4DX 的票价甚至是 2D 票价的 2 倍，因此价格成为消费者决定是否观看的因素之一。而 56% 的人觉得没必要看 3D 和 IMAX，则是要视影片故事内容而定。在"其他"选项中，有样本补充道："不少大片就没必要看"，说明电影制作人不能一味追求 3D、IMAX 的名号，更要注重影片 3D 效果，这样消费者才能对 3D、IMAX、4DX 高技术影片有信心。同时，也有 2 个样本表示"3D 眼镜不舒服不方便"。

民众选择 3D 影片原因如图 5 所示。

结果毋庸置疑，台北消费者多看重影片画面的三维效果，同时画面质量、音效、流行趋势也是选择 3D 数字版的主要原因。在"其他"选项里，也有消费者补充，选择观看 3D 电影是一种尝试以及"较能融入剧情"。

另外，台北民众选择 IMAX 影片的理由如图 6 所示。

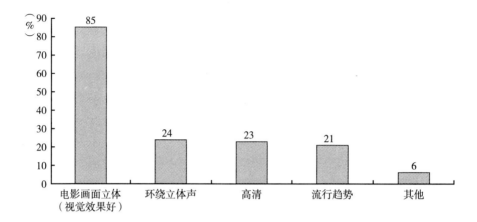

图5 台北消费大众选择观看3D影片原因的调查结果

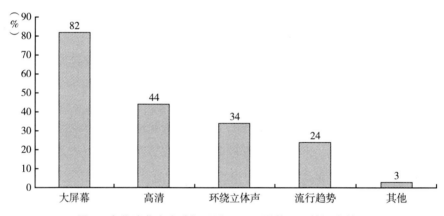

图6 台北消费大众选择观看IMAX影片原因的调查结果

从结果可以明显看出，IMAX的主要特色——大屏幕——是人们选择的主要原因。声音、画质与流行度也是重要因素。另外在"其他"选项中，也有两名消费者表示从没考虑过看IMAX。

调查问卷中设计了一道关于李安导演最红的影片《少年Pi的奇幻漂流》的假设问题。众所周知，该影片是知名特效制作公司Rhythm & Hues协助李安导演拍摄的，里面有大量壮观的立体3D特效镜头，获得4项奥斯卡大奖，其中包括最佳摄影和最佳视觉效果。该影片在台湾上映分为3D版和2D普通版，根据调查，台北消费者对于选择观看《少年Pi的奇幻漂流》的影片类型呈现以下分布：有45.28%的人选择IMAX版本，有36.79%选择3D版本，只有17.92%的人选择普通数字版（见图7）。但很遗憾的是，由于档期问题，在台北《少年Pi的奇幻漂流》错失了IMAX影厅上映的机会。但我们也可以发现，人们对这种特效多、制作精美的影片普遍还是偏爱立体大屏幕的3D和IMAX版本。

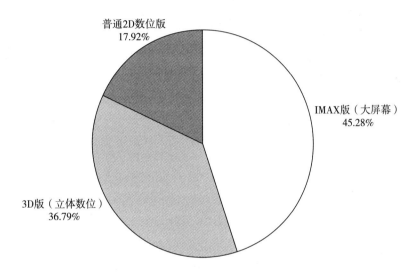

**图7　台北消费大众对观看《少年Pi的奇幻漂流》的
影片类型意愿调查结果**

（三）台北消费大众进影院观看电影的频率以及不同类型影片的观看频率

在调查去影院观看电影的频率方面，我们可以看到，有30.19%的台北民众一个月去2~3次，有23.58%的民众半年去2~3次，而有16.98%的民众两三个月去2~3次，有15.09%的民众一个月会进电影院1次，只有3.77%的民众一个月会进电影院4次以上，相当于每星期看一部电影。在"其他"选项中，有6个样本补充"一年2~3次"（见图8）。可见，在抽样调查的人群中，进影院观影的频率并不那么理想，台北的文化创意产业一直比较领先，而形成自己独特风格的台湾电影，随着经济危机的影响和违法视频网站的猖狂，受到了较大冲击。

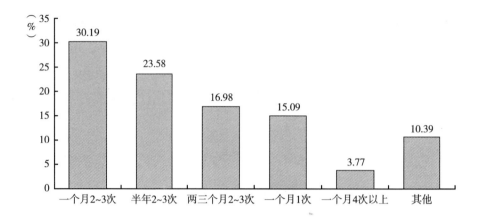

图8　台北消费大众进影院观看电影的频率

在研究当中，我们同样调查了观看 3D 和 IMAX 电影的频率。观看 3D 电影的频率如图 9 所示。

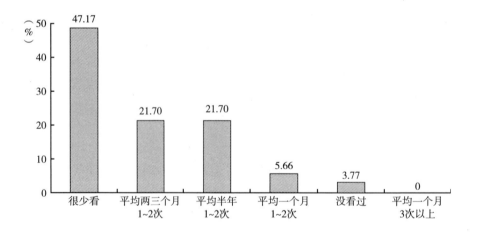

图9　台北消费大众进影院观看 3D 电影的频率

根据台北民众进影院观看 3D 电影的频率，我们可以看出有 47.17% 的人表示很少观看 3D 电影，而有 21.70% 的人表示两三个月看 1~2 次，21.70%的人表示平均半年看 1~2 次，有 3.77% 的人表示没看过。以目前 3D 影片的数量，观看率并不是很高。

观看 IMAX 电影频率如图 10 所示。

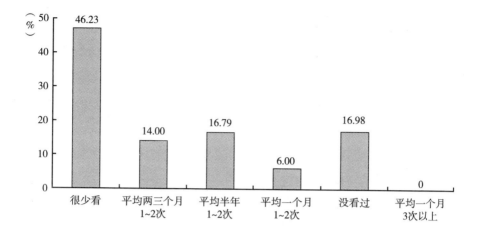

图10 台北消费大众进影院观看IMAX电影的频率

由调查可知，虽然用"很少看"的观看频率来比较，观看3D影片（47.17%）和IMAX影片（46.23%）的百分比几乎一样，但我们可以清楚地看到IMAX影片"没看过"（16.98%）的比例明显高于3D影片"没看过"的百分比（3.77%）。首先比较客观的原因是IMAX影厅的屏幕要求比较严格，所以IMAX影厅明显少于3D影厅。同时，研究人员分析发现，3D电影的特点较IMAX更为明显，视觉效果与普通2D的影片差别更大。而IMAX宣传力度稍微薄弱且比3D晚进入市场，对于IMAX的理解不如3D深刻，所以导致很多人因为不熟悉IMAX而选择不观看。

（四）台北消费大众选择影院的原因

由问卷结果可以看出，环境设施好（如座椅、屏幕）是人们最在乎的，其次是离家近或交通方便，而价格便宜合理、会员卡的优惠政策和朋友推荐依顺序排名三、四、五位，在"其他"选项中，有样本显示为"习惯"和"有影展片"（见图11）。由此可见，影院的硬件软件的发展都至关重要。

在台北几大影城里，经问卷调查，大家最喜欢去的是威秀影城，占50.94%，美丽华影城、国宾影城、秀泰影城、喜满客影城按顺序排名其后，同时在"其他"选项中，in98、新光影城、绝色影城也纷纷上榜（见图12）。

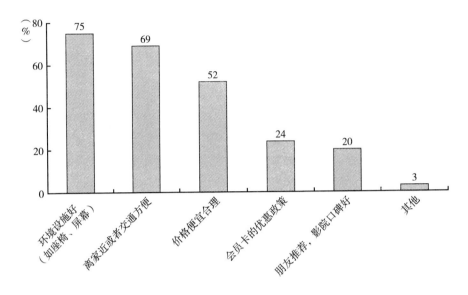

图 11　台北消费大众选择影院原因调查结果

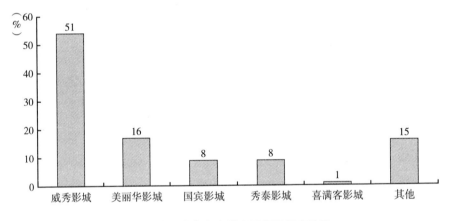

图 12　台北消费大众最喜爱影院调查结果

　　威秀影城是台湾最大的影城，共有 11 个放映点，一共 109 个影厅，在台北市、台中市、新竹市、新北市、台南市和高雄市均有影城。而在 2013 年 6 月，信义威秀影城率先引进 4DX 影厅，动感的 4DX 影厅更加成为影院产业的焦点，虽然价格不菲，但是 4DX 影厅售票口总是人潮拥挤。

　　美丽华影城主要分布在台北地区，共有 3 家影城。其主要优势是拥有全亚洲最大的商业电影银幕，IMAX 银幕尺寸为：高 21.16 公尺，宽 28.80 公尺。

可达到七八层楼高，是一般播放 35mm 影片银幕的 10 倍，拥有全球 IMAX、3D 最棒的体验。

（五）台北消费大众对目前影院设备的意见

在这场电影与影院的革命浪潮中，消费者几乎是无法抗拒地被推到了新技术领导下的新世界，外表看似所有人对立体大屏幕的电影和新型影院都欣喜不已，但实际上，各种的变化到底是不是消费者想要的，还有待考证。

问卷调查中，发现目前各大影城升级后，还是有一些不如人意的问题（见图 13）。

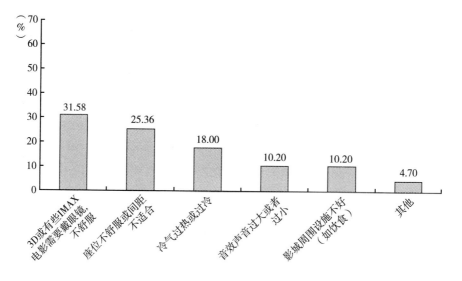

图 13　台北民众对影院意见调查结果

由图 13 可知，虽然人们追求立体高画质的影片效果，但同时饱受 3D 眼镜不舒服之苦。有 31.58% 的台北民众不喜欢或者不习惯佩戴 3D 眼镜，而有 25.36% 的人，认为影院的座位距离或舒适度还需要进一步改进，冷气、音效声音以及周围设施（如饮食、停车场、售票处系统）还需要调整和改善。另外在"其他"选项中，有 5 个样本显示，"票价越来越贵"是不满意的部分，其中因为调查对象至少有 1/4 为学生，所以价格方面是其考虑的重要因素之一。

（六）台北消费大众对胶片电影的态度

目前，全球影院纷纷在数字化，但是这是否意味着胶片电影该退出市场，仍是一个值得思考的问题，有48.11%的人愿意观看胶片电影，而有36.79%的台北消费大众不确定对胶片影片的态度，处于观望状态，只有15.09%的人选择不愿意（见图14）。

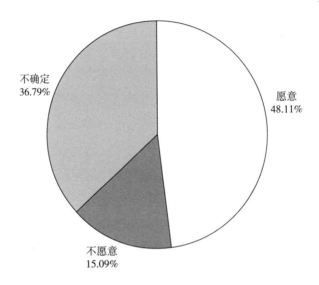

图14 台北消费大众对胶片电影观看意愿调查结果

另外，由于调查问卷已发放之后，4DX影厅才出现，故没有将其纳入选项中，但对于4DX影院，台北消费者正处于尝试观望中，纷纷去信义威秀影城买票观看，并在自己的网志中分享观影感言，比如"上山下海王阿边"在自己的日志里说：

> 座位是四个四个连在一起的，很好坐，高低差控制得不错，不太会被前面挡到。椅子整张都会动，比如说在飞机上，或是超人在飞行，椅子都会跟着摆动，摆动的力道还蛮大的，不过幅度还不至于把人甩下来，椅背有点像按摩座椅；里面会随着剧情，有敲打的效果，像主角被揍的时候，你就会感觉到有人在背后揍你，比一般遇到后面的人踢你椅子还要再重一

点。当遇到枪林弹雨的时候，头两边的洞会有喷射气流射出，就好像子弹在你旁边飞过一样。遇到场景需要，整个影厅还会有闪电的闪光效果。座椅左边是气味产生器，最明显的就是在超人老家的稻田，会释放出类似青草的味道，我在影片中还有闻到模拟烧焦的味道，挺酷的。右边是喷水孔，遇到掉到水里的这种场景，会有喷水出来，有时候是雾状的，有时候是比较集中的水花，喷到得擦眼镜的那种。整场超人看下来，除了椅子摆动，椅背捶打外，感受最深的就是四周的大风机模拟的风吹效果。有大风，有微风，反正只要在飞就有风，剧情需要就会有，其实吹久了有点冷。风机就在两旁墙上。

在观影的时候，我一直很怕前面又突然喷水出来。因为觉得突然被喷水很讨厌，不过还好，我想片商应该也知道大家不喜欢被喷水，所以正片中只有勉强有雾状的喷洒而已，不会有快速喷到脸上的水柱。比较可惜的是这些感官的刺激，一开始会很明显，后来很认真在看电影后，反而没有注意到这些东西了，而且电影毕竟是里面的主角在演戏，并不是在跟观众互动，所以实际上感受的临场效果又差了这么一点，我觉得4DX这种设备更适合在环球影城、迪士尼乐园里面那种专门设计来跟观众互动的影片中使用。

（七）未来发展方向

台北是一个创意无限、以人为本的地区，台湾电影早已凭借其细腻的镜头与色彩和充满青春抑或是人生哲理的故事情节，在大陆以及东南亚各地区而闻名。所以台湾当局对电影及其相关产业极其重视，对于该产业的扶植仍在不断加强，从这一点上看，有利于台北影院数字化的发展。经过多年努力，台北数字影院已经几乎达到100%普及，且台北紧跟世界的步伐，创新引进4DX影厅，成为世界上为数不多拥有4DX影厅的地区。

而数字化并不等于只是更新设备，服务与周围的基础设施都要同步进行升级，比如影厅座位的距离、室内停车位以及周边的饮食等，更好地为消费者服务。

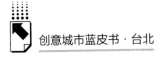

3D 影片带来的佩戴眼镜不舒适的问题，是全球电影产业共同面临的问题，影院需要继续关注产业内技术的发展，一旦有更好的选择，可以考虑引进。

同时，在 3D 影片和 IMAX 影片上的宣传力度还可以再加大一些，除了每个大的影城官网推出类似知识库的版块，为民众解释何为 3D 影片和 IMAX 影片，还可以利用新媒体来加强这方面的宣传，鼓励大家多多选择此类影片。

另外，调查问卷中的一项，特别标出了人们对胶片电影的意愿。总体来说，大家并不排斥，故在有财力的基础上，衡量成本，可以考虑专门设立一个影厅播放胶片电影，适当的时候组织一些胶片影片展，这样也会吸引很多怀旧的观众前来观看，体现多元化影片播放的影城特色。

七　结论

影院作为文化创意产业的一部分，近年来引起了各国的重视。随着全球数字化的浪潮，高画质低成本的数字电影及相应而生的数字影院，已在各个国家和地区站稳脚跟。本研究通过分析胶片影片概念、数字影片的成本、数字化的原因，以及台湾该产业从政治、经济到文化、社会的现况，总结提出了目前台湾该产业的客观发展环境，同时通过调查问卷的形式，分析整理了目前台北消费大众对于数字影院，尤其是对 3D、IMAX 电影的概念区分与接受程度，结合前面大的产业背景，探讨台湾地区数字化影院的发展空间。

但由于调查问卷的数量有限，访谈的人员难以确定，该研究也存在很多局限，有些问题难以分析透彻，故日后还需有更多内容补充，以期对影院产业进行完整全面的研究。

艺术设计篇

Art Design Industries

B.16

新媒体艺术展览之宣传营销

李长斌　洪采羚 *

本文主要探讨新媒体艺术展览与历史文物进行结合，策展者如何运用平面媒体宣传营销交互式展览的主题以吸引大众。近年来台湾结合新媒体艺术之展览蓬勃发展，不少展览主题也积极地朝着艺术与科技的趋势规划，期望转换虚拟博物馆到未来博物馆的概念。从台湾"未来媒体艺术节"可以发现，新媒体艺术作品由实验性质逐渐汇入为主流。由台湾 ICCA 国际会议协会近年举办的资料发现，文化领域上发展比例有逐渐增加的趋势，并且台湾"文化创意产业发展法"重视新媒体艺术的未来发展。文化通常是历史的表征，将历史有形化通过古文物的展示了解，而避免单调呆板的展览形式，用不同方式去吸引大众，提升展览的总体评价已成为一项重要的议题。

媒体艺术已经由原本实作作品式转变为一种观念艺术作品之表达方式，而"新媒体艺术"源于 20 世纪 90 年代后期，随着科技与数字媒体的进步、计算

* 李长斌，台湾铭传大学观光事业学系助理教授；洪采羚，台湾铭传大学观光研究所研究生。

机及互联网的成熟，以及电子数字影音产品的普及化，新媒体艺术不仅提供了新的创作工具，同时提供了全新的艺术作品存在方式和规则，艺术家也将技术手段的掌握和应用变成艺术创造极为重要的构成部分。另外，在文化全球化与商业化下艺术团体引进企业化经营，通过营销手法强调展览交互式概念，让参展者产生共鸣与更多参与。

本文讨论的新媒体艺术展览，分别为2012年在台北举办的"会动的清明上河图"、"秦始皇：地宫与兵马俑大揭秘"与"故宫亲子数字艺术展"三个历史文物展。使用质性方法进行数据收集，包括文献分析、次级数据、参与观察与半结构式访谈的数据分析。

研究发现，"会动的清明上河图"主办单位金传媒集团拥有强大的平面媒体优势，广邀各界名人参展，举办艺文讲座打开知名度并强调"动"字，发布新闻信息增强讨论性。"秦始皇：地宫与兵马俑大揭秘"策展公司强调原创性及细致度，欲建立一座"活"的美术馆，举办讲座增加民众熟识度，希望支持后续其原创性展览。"故宫亲子数字艺术展"主办单位"国立"故宫博物院运用本身口碑与展场优势，并设置DIY坊，吸引亲子属性的参展者。三个历史文物策展者皆认为，在信息爆炸的时代交互式展览仍需要新闻媒体适度的曝光与口碑的建立，而口碑除了创造展览价值外，更能为策展者商誉带来正面影响，有助于策展者后续发展。另一项研究发现，三个不同性质的交互式展览通过不同的营销方式，包括网站合作举办抽奖与赠票活动、举办展览相关竞赛、设置DIY活动以及开发专属小游戏更能吸引参展大众。

期望本文研究结果，对于学术理论上的讨论、未来台湾新媒体艺术与文物结合交互式展览的宣传营销做法，能够提供参考价值。

一　前言

在经济成长与个人化服务风行、民众生活水平提升的同时民众想增加休闲娱乐的空间，故对休闲观光以及文艺活动更加关注。而智能手机与iPad的使用蔚为风潮，显示民众对于科技的使用熟悉，在享受科技带来的便利下，对于展览用科技创作的接受度相对较高。

科技运用使得艺术作品的表现方式更加多元化，"新媒体艺术"与"互动艺术"等不断涌现。在2012年台湾第一届"未来媒体艺术节"上，艺术家把电子、数码科技变成画笔，奉上新型艺术样本，可见新媒体作品从实验性的前卫艺术逐渐显示其重要性。深圳公共艺术中心艺术总监孙振华认为，相较于传统艺术有约定俗成的东西，新媒体成为一个高度个性化的商品，使每个艺术家与创作者之间的差异被放大到极致，这种差异化将成为未来艺术的关键词。而2002年宏碁公司在历史博物馆的无线网络热点布建，呈现艺术与科技整合的虚拟博物馆到未来博物馆的概念，同时应用在线交互式创意学习，让数字典藏内容有活泼的展示方式。

随着科技与数字媒体的进步、计算机及互联网的成熟，以及电子数字影音产品的普及化，新媒体艺术的时代来临，世界各个国家和地区已如火如荼地展开新媒体艺术的运用，台湾地区也积极地在此趋势中运作，源自台湾当局推动"挑战2008发展计划"所提出的"数字艺术创作计划"，点燃台湾新媒体潮流，也让科技与艺术之种种合作更趋缤纷。例如台湾"故宫博物院"2008年施政计划中提出数字化博物馆的建置，提供数字教学、数字学习、数字典藏及UNS科技应用等信息服务，并通过数字化安全监控系统的整合，加强对文物安全的维护。借由经常举办相关讲座及加深展览深度以增加对文化或文物之参展者更深入的了解且可促进经济发展和不同文化或文物之间产生交流。

文化通常是历史的表征，将历史有形化无非通过古文物的展示了解避免单调、呆板的展览形式，用不同方式去吸引参展者，提升展览的总体评价。由ICCA国际会议协会的数据发现，2007～2010年期间台湾地区举办的国际会议，发现医学、科技、科学领域仍占了大部分，但文化领域上发展的比例有逐渐增加的趋势[①]。近几年大型活动展览，例如"台北国际花博会"、"上海世博会"造成的话题，使新媒体艺术的发展与数字内容产业的势力在发展文化领域方面的展览具有潜力。

从台湾当局推动《文创法》的内容来看，法令扮演支持的角色，即未来发展受保护较具优势，包括促进文化创意产业的发展，建构具有丰富文化及创

---

① "经济部"国际贸易局：《台湾会展产业发展概述》，台北："经济部国贸局"，2011。

意内涵的社会环境，运用科技与创新研发，健全文化创意产业人才培育体系，并积极开发国内外市场，特制定此法。台湾当局为推动文化创意产业，应加强艺术创作和文化保存，以及文化与科技结合，提升民众文化素养及促进文化艺术普及，以符合国际潮流①。

二 新媒体艺术与展览

"媒体艺术"（Media Art）并不仅仅是形成艺术作品的具体成分，例如颜料，也呈现出大众传播媒体的形态。此一艺术形态采用广泛流行的传播媒介，包括报纸、电视、宣传海报，以及广告告示板，使"媒体艺术"已经由原本实作作品转变为一种"观念艺术"（Conceptual Art），作品表达方式和呈现方法与过去大不相同②。这种新的科技导向之艺术领域，分别冠上了所应用的技术之名称，而出现了计算机艺术以及录像艺术的新名称，而其总称在欧美称为"科学艺术"（Science Art），亦称为"媒体艺术"（Media Art），或称为"艺术与科技"（Art and Technology）③。一般而言，科技与艺术的结合是科学思想或科学精神成为艺术表现的内容，而数字作品本身并不是应用科技手段创作的，这是一种美学与哲学层面的结合，可称之为科技之美，而科技作品本身应用了科技的方法手段进行创作，这种形态被称为科技艺术④。1960 年后艺术界进入了后现代主义时代，电子媒材与相关技术已被大量使用。

而"新媒体艺术"起源于 20 世纪 90 年代后期。随着科技与数字媒体的进步与兴盛、计算机及因特网的成熟，以及电子数字影音产品的普及化，"新媒体艺术"的词语正式出现。它可以被视为"媒体艺术"的延伸发展，亦代表着艺术与最新科技进一步的联结与运用⑤。新媒体艺术最鲜明的特质为联结性与互动性，需要经过融入与互动，并全身心融入其中而非仅仅在远距离观

---

① 台湾"行政院""文化部"：《文化创意产业发展法》，台北："行政院"，2010。
② 方雯玲：《视觉艺术从在地到全球的人文产业思考》，台北：典藏艺术家庭出版社，2004。
③ 谢素贞：《馆长序：桃之夭夭，灼灼其华》，《媒体城市·数字升华》，2004，第 5 页。
④ 陈玲：《新媒体艺术史纲：走向整合的旅程》，北京：清华大学出版社，2007。
⑤ 苏衍如：《访艺科中心主任许素朱教授》，2011 年 10 月 23 日，http：//elife. tnua. edu. tw/web/report - 20070525. html。

看，与系统产生互动将导致作品对人的意识产生转化，最后会出现全新的影像思维与经验①。

美术基础在新媒体艺术创作中的地位不再像它在传统艺术中那么重要，新媒体艺术家不是使用画笔，而是借助新科技之力量完成作品。在传统的艺术形式中，造型和色彩等观赏性的方面是极为重要的因素，而且传统的绘画雕塑一旦被艺术家创作完成之后，其作品本身将不再发生变化②。随着科技手段深入地介入艺术，艺术作品能够带给观众魔幻般的动态的视觉体验，同时很多艺术作品不再一成不变，它会随着观众的参与而变化或生长，不时地与观众进行互动，观众与这样的艺术作品互动就像是面对一个有趣的生物③。

新媒体艺术作品往往也是一个复杂的系统，单独靠一个人的力量是难以实现的，因此团队协力创作也是新媒体艺术的创作方式。当代科技艺术创作对科学技术的依赖还造成另外一个现状：经济因素对艺术的创作将会产生更直接的制约，这是由于对科技手段的应用往往离不开昂贵的高科技设备④。

近年来，台湾地区民众的生活与科技相连，手机持有率高使生活中更是不乏触控交互式产品。"新媒体艺术"与"交互式展览"跳脱绘画、雕塑、现成物而结合各种媒体应用的展览及作品，让民众感到更亲近也更有兴趣。例如2001年台北当代艺术馆的成立，即是试图对当前的纯艺术处境与社会发展的问题提出解决方案，它以"当代艺术"为馆名宣告定位，展览内容亦着重在"新媒体艺术"或"科技艺术"上，并致力于改造旧有的古建筑空间成为科技与艺术的文化地标，促进中国大陆、香港及国际展览作品与本地交流。

展览的任务可协助文化艺术在市场上运作的功能，且对于文化的政治力同

① 周正阳：《多媒体告诉你：未来艺术长什么样》，2012年11月3日，http://news.sina.com.tw/article/20120225/5969184.html。

② 蒋勋：《城市美学"上河图"》，2012年9月17日，http://udn.com/NEWS/OPINION/OPI4/6441078.shtml。

③ 陈玲：《新媒体艺术史纲：走向整合的旅程》，北京：清华大学出版社，2007。

④ 谢素贞：《馆长序：桃之夭夭，灼灼其华》，《媒体城市·数字升华》，2004，第5页。

样可以产生影响，将重点放在批判、刺激台湾的文化①。通过新媒体艺术、戏剧、电影等手法的展览，由不同角度和观点试图将文化艺术所呈现的信息传递给大众，这可能是一个平常观察不到或是很难发现的现象，通过展览或许才能更了解一个国家文化艺术的重点。

台湾地区国际会议类型之举办情况由 ICCA 国际会议协会的数据说明。近十年 ICCA 数据库登录台湾协会型会议类别当中，医学（19.84%）、科技（19.19%）、科学领域（11.57%）占了大部分，而文化领域则明显较少②。文化以艺术状态呈现，被视为一种代表总体形象、精神生活水平的指标，有鉴于其重要性，台湾地区在文化艺术领域上仍有很大的发展空间。在 2007 年至 2010 年期间，台湾地区近四年举办的国际会议虽然医学、科技、科学领域仍占了大部分，但文化领域上发展的比例有逐渐增加的趋势③。台湾公协会申请赴中国大陆（香港）参展补助案件，从 2008 年到 2009年间文化领域申请参展补助的案件由 0 件增长为 1 件④。两者虽然在整体比例上较低，但显示出文化领域从会议到参展，逐渐受到重视。从台湾医学与科技领域的成就发展来说，若是会议展览促进交流带来进步，文化领域在会议或展览的比例将会增加，并推广营销文化的机会增加，那么势必是台湾发展的机会。

三　文化的全球化与商业

全球化是一个同质化的过程，也是一个区别化的过程，通过文化价值的传播散布与接受，可能引发自身传统的回归检视，做一个当代的调适或是更加认清本质⑤。文化记录民族存在，包括流传已久的生活方式与特殊的风俗民情、建筑与艺术，如何让文化在全球化的风潮下成为发展优势，可借由会议与展览的效果

---

① 李嘉祥：《"故宫"古画动漫萧垄开展》，2012 年 10 月 23 日，http://tw.news.yahoo.com/-145641743.html。
② "经济部"国际贸易局：《台湾会展产业发展概述》，台北："经济部"国际贸易局，2011。
③ "经济部"国际贸易局：《台湾会展产业发展概述》，台北："经济部"国际贸易局，2011。
④ "经济部"国际贸易局：《台湾会展产业发展概述》，台北："经济部"国际贸易局，2011。
⑤ 张婉贞：《论博物馆学》，台北：典藏艺术家庭出版社，2005。

达成①。

在文化思想中，艺术品的真正价值，在于它拥有美学与文化价值的内在特质。美学价值可将作品的和谐美与具有的形象美学特征，视为该作品公认的文化价值②。创新价值在艺术与文化组织常被用户归纳为正面积极的声望价值，这些文化组织保存并推广地区或国家认同的情感，艺术活动的演练为社会带来实质上的贡献，积极影响大部分美感的提升与创造③。不论是哪一类型的艺术品展览都可以结合文化或文物，都有其象征的意涵及所想要传达的意念，想带给参展者什么样的感受或文化价值。

文化逐渐被全球所影响，由于文化的移动，或其他原因使文化认同越来越困难，观念必须由共享跨国文化的建立，让文化兴趣与关注为基础而联系在一起④。融合新的文化可在社会中流通，使得多元性可能因而增加，而不会因为文化商品与科技的扩展而导致同质化或文化一致化⑤。摒除文化一致化的风险，更能确定文化全球化不管是和艺术还是和展览结合，都将有正面影响。

消费会成为重复或习惯的模式，重复消费是资本主义的商品文化特质⑥。在当代资本主义体系中，文化创意产业带来特定的经济效益，创造利润提高竞争力，以及创造产值与提供就业机会⑦。文化创意产业在现今发展中，已经不只是着重在艺术、历史的演化发展，不管是新媒体还是所讨论的展览，其背后的商业价值更有发展的意涵。美术馆展览收入仿百货公司经营模式，不仅空间加大与位置显著，也包括内部动线清楚与销售产品多元化⑧。文化艺术在商业化下带来的利益，对文化艺术可能会有正面或负面的评价。

现代文化创意趋于精致而发展成一种产业，并通过商业营销和宣传手法

① 郑义恺：《消失的现代性：全球化的文化向度》，台北：群学出版社，2009。
② 廖佩君：《文化产业》，台北：韦柏出版社，2006。
③ 连俐俐：《大美术馆时代》，台北：典藏艺术家庭出版社，2010。
④ 张婉贞：《论博物馆学》，台北：典藏艺术家庭出版社，2005。
⑤ 潘东杰：《Mind Set！奈思比11个未来定见》，台北：天下远见出版社，2006。
⑥ 刘新圆：《国政研究报告：什么是文化创意产业》，台北：财团法人国家政策研究基金会，2009。
⑦ 方雯玲：《视觉艺术从在地到全球的人文产业思考》，台北：典藏艺术家庭出版社，2004。
⑧ 连俐俐：《大美术馆时代》，台北：典藏艺术家庭出版社，2010。

刺激艺文消费，使精致文化普及于一般大众。多数传统方式展演的艺术须仰赖补助，但有些艺术展演活动却可以跳脱这个框架，以及一些博物馆吸引数以万计参观者的"爆炸性"特展[1]。借由公开的赞助式展览提高媒体曝光率来增加知名度，参展者心里也可能因为对展览的喜好进而对赞助商产生好感。与一般的广告相比，虽然都达成了宣传目的，但此方式更能在参展者心中留下正面的深刻印象。由于大众生活水平提高，娱乐质量需求相对提高，而艺术团体引进商业化经营，并通过营销手法，吸引了更多民众的参与[2]。当这些艺术展览被重新包装，创造足够的诱惑条件，使大众愿意主动花钱来观赏创造收入。商业化经营需要产生消费的动作，一个交易市场，让文化艺术展览成为一种产业。

四 会动的清明上河图

由于展览本身较具政治敏感度，对于大陆官方策展者来说并非单纯的文化交流，派遣巡展人员驻点巡视以达文化宣扬之意。对于台湾南部与北部的参展者来说，更考虑到承办展览主办单位的政治立场。承办巡展过程中须注意策展者与参展者之间开放与接受程度的高低。主办单位金传媒集团表示，"此展为上海世博会中国馆上最为知名的展览，非单纯艺文交流或民间活动，因为政治背景及两岸因素较具敏感性，因此营销概念除了延续展览本身在世博会上的人气顾及质量外，在许多活动、典礼、仪式的设计上也须要考虑周全"[3]。而这项两岸文化交流的展览除了在北台湾获得广大回响，各县市也积极邀请增办，但由于展览本身政治敏感度高，主办单位金传媒集团表示，"希望借由区域取代县市层级划分，增办中台湾与南台湾的场次"。打破台湾政治疆域邀请县市首长及各党派官员参加开幕活动，降低参展者政治敏感

---

① 谢素贞：《馆长序：桃之夭夭，灼灼其华》，《媒体城市·数字升华》，2004，第5页。
② 刘新圆：《"国政"研究报告：什么是文化创意产业》，台北：财团法人"国家"政策研究基金会，2009。
③ 陈洛薇：《"清明上河图"活起来　吴揆赞叹》，2012年9月17日，http://udn.com/NEWS/CULTURE/REA8/6441138.shtml。

度，提高参展者参展意愿，并引用好评作为铺陈对其作大篇幅的报道以扩大媒体版面，包括吴敦义、周美青、郝龙斌、胡志强、邵晓铃及李朝卿等政治名人皆应邀参展①②。

主办单位金传媒集团表示，"站在策展者的角度，古文物展览多半是隔着玻璃不能触碰的形式，交互式展览又因机器操作上的限制并不能同时供庞大参展者使用，而这次承办的展览却打破这个缺点，让所有参展者可以同时欣赏，不同的角度不同喜好，提供参展者多元选择满足个人化需求，让外界了解集团办展的实力；而在南台湾订购年报即赠送门票的优惠中发现，虽然政治立场不相同，不认同你的报社却肯定这场展览，我们认为一样是打响名号的关键"③。一场成功的展览除了能为主办单位带来声誉，背后的赞助厂商同样能赢得声誉，在参展者或一般民众心中留下好印象。合作金库发言人周叔璋表示，"合库赞助该展出，主要认为取之于社会、用之于社会，让台湾民众不用到上海，都有机会目睹其风貌。尤其此展，使历史赋予生命力，结合文化与科技；强调合库过去对文坛、体坛一直有赞助，未来也会持续赞助两岸文化盛事"④。

承办展览的限制和创新取得平衡，让展览比在上海世博会中国馆展出时更吸引参展者。主办单位金传媒集团表示，"虽然创意总监为台湾人，但作品实属大陆团队，在承办展览的过程中不能有太大更动，再加上展览只有单件作品—百米长卷会动的清明上河图，恐怕无法得到台湾参展者的认同。因此我们加进许多文化的元素，如增添序经、历史背景与相关信息，另外特别找来另外两个版本的清明上河图复制品，让民众比较画作中不同的时空；从平台信息到会动的屏幕，用 wow 的戏剧张力，营造最后柳暗花明又一村的感受"⑤。

---

① 《联合日报》2012 年 7 月 6 日。

② 赖淑祯：《南投县长带 320 名学童参观会"动"的清明上河图》，2012 年 9 月 17 日，http：// news. cts. com. tw/nownews/society/201111/201111290880083. html。

③ 受访资料，2013 年。

④ 《经济日报》2011 年 5 月 29 日。

⑤ 侯雅燕：《看清明上河图合库：赋予历史生命力》，2012 年 9 月 17 日，http：//tcb－bank. blogspot. tw/2011/05/20110529. html。

平面媒体宣传方面，除了清楚标识展览特色外更举办各项活动并积极发布信息以提高讨论性①。从官方网站与展览手册上字样发现其延续"上海世博会"的名气，以会"动"的清明上河图为特色②。例如，上海世博会中国馆镇馆之宝、放大30倍原作的震撼飨宴、蜿蜒一百一十公尺长的声光效果、仰头六公尺高的巨大屏幕及体验白天到夜晚九百年前北宋首都汴京风华③。网站上举办抽奖活动、赠票活动、时段性县市门票的优惠及周边商品优惠，希望增加话题性之余更提高参展者参展兴趣④。

五　秦始皇：地宫与兵马俑大揭秘

策展团队运用强有力的营销概念，让原创性展览带来新鲜的展览手法并推向台湾参展者。主办单位祥泷股份有限公司表示，"营销概念考虑到展览的主题性和协调性，目标是跳脱传统展品建立一座'活'的美术馆。这种展览上的转型，内容强调原创性，就算是旧有的展品，通过全新的包装手法，仍然具有足够的吸引力"⑤。尽管大陆西安兵马俑博物馆的成立，千禧年兵马俑真品第一次来台展出吸引165万次人涌入参观，创下当时单一个展参观人次的世界纪录，却因保存不易影响展期⑥，借由不同的展览手法，除了克服展品保存障碍更吸引参展者目光。

在参展者固有观念限制下融入策展新思维，运用不同营销手法符合市场需求，以期塑造出成功的展览。主办单位祥泷股份有限公司表示，"对台湾参展者而言，看展习惯诉求于传统展品，对于'活'的美术馆这种概念并不深入，因此宣传主轴强调地宫与兵马俑重现的艺文展，其次才是新媒

---

①　黄仁谦：《清明上河图余光中：拉近历史距离》，2012 年 9 月 17 日，http：//udn. com/NEWS/READING/REA8/6502441. shtml。

②　"会动的清明上河图"，其为2010年于上海世博会展场里的单件展品，于2012年至台湾展出；主办单位金传媒集团便以展品名称作为展览名称，并作为展览手册之标语。

③　"会动的清明上河图"，2012。

④　City Talk，2012 年。

⑤　受访资料，2013 年。

⑥　《台湾立报》2007 年 5 月 8 日。

体艺术的应用"①。导览手册主标语便为"一窥史上最神秘的地下宫殿，解开尘封已久的千古谜团"，副标语为"问问秦始皇"；网站主标语为"首次为您揭开从未曝光谜样皇陵地宫"，副标语为"秦始皇亲自导览壮阔兵马俑军团传奇"②，从平面媒体宣传上的字样便不难发现其策展者理念（参照图1及图2）。

举办三次特展讲座让参展者参与，增加整个策展过程与历史发展熟识度，希望从不同角度提高参展者参展意愿。邀请策展人何传坤博士主讲展览筹备过程及如何和文创结合，考古学家段清波分析秦帝国文化及秦始皇的精神追求，秦始皇陵兵马俑博物馆馆长吴永琪与参展者分享守护秦俑30年的历程③。另外也举办活动"秦皇KUSO舞蹈"、"彩绘Q版秦始皇"，让参展者参与创造话题，借由活动的举办增加媒体新闻版面的曝光，提高知名度；针对展览设计计算机游戏软件"寻秦传系列游戏"让参展者参与互动身临其境④（参照图3、图4及图5）。

策展团队重视原创精神，周边商品的生产也持同样理念，用创意让客制化服务成为公司独一无二的品牌优势，让每个展览都别具特色。主办单位祥泷股份有限公司主张"Art of Life Style"，并以"艺术创新·文化加值"理念打造国际文创新舞台；核心业务为"文创商品设计开发"，发展"台湾礼品馆"及"art-mall"两个自有品牌，接受客制化商品设计开发，并于特展中设计许多兵马俑系列商品⑤，造成另一股商机。商业型策展单位期盼公司永续经营，重视每一场展览创造的口碑。主办单位祥泷股份有限公司表示，"我们以'活'的美术馆为概念，形成一系列的展览主题，希望参展者对参展的热度不只局限在一个展览里，而是可以继续延续下去，而且对我们所办的展览有信心；因此秦始皇这个展览除了在台北科博馆作展出，也计划进行巡展"⑥。

① 受访资料，2013年。
② 秦始皇：地宫与兵马俑大揭秘网站，2012年。
③ 秦始皇：地宫与兵马俑大揭秘网站，2012年。
④ 秦始皇：地宫与兵马俑大揭秘网站，2012年。
⑤ 台湾礼品馆，2012年。
⑥ 受访资料，2013年。

图1　兵马俑军团

图2　秦始皇地宫

图3　彩绘秦始皇

图4　Q版秦始皇

图5　"秦始皇"计算机游戏

图1~图5　资料来源：笔者拍摄。

六 "故宫"亲子数字艺术展

信息科技不仅为人类带来便利生活，更让艺文活动蓬勃发展。主办单位"国立""故宫博物院"教育展资处表示，"由于过去的展览走向，给人们的印象都是举办传统式平面展览，但信息时代来临与新兴的博物馆展览手法，开始将展览往新媒体艺术方向发展；去年故宫首次主办艺术展——富春山居图，便是对新媒体艺术展很大的尝试"[①]。主办单位展资处表示，"参展者普遍喜欢交互式的展览方式，数字形态更是一大优势，此次挑选坤舆全图作为展览作品，也是因为过去故宫在数字作品上比较缺少书画或文献类的部分，借由这个机会将这类作品介绍给参展者"[②]。这类有趣的数字互动，拉近了参展民众与"故宫"的距离（参照图6及图7）。

图6 坤舆全图互动

图7 坤舆全图亲子互动

信息社会文化全球化时代，发展台湾科技计划期盼数字典藏与数字学习通过国际整体性合作的运作，并在积极推动国际合作交流下，将台湾的文化智慧

---

① 郭政隆：《文物互动新体验"故宫"亲子数字艺术展》，2012 年 11 月 27 日，http：//tw. news. yahoo. com/~145522653. html。

② 受访资料，2013 年。

经济推向世界各地。主办单位展资处表示，"台湾的数字典藏计划主要是用数字数据详细记录文物，另一方面因为展览品如果要做巡回展览，须考虑展览移动对于文物的伤害和保存等因素。数字典藏为主的展览，可使展览更生动有趣、不易失真，也降低展览本身对文物所造成的负担"①。亲子展便是将数字典藏数据进一步运用，除了典藏保存与学术性研究价值，更扩大了参展者接触范围，提高一份数字数据的价值。

国宝娃娃灵感取材自"故宫"经典藏品，代表"故宫"典藏的玉器、铜器、陶瓷、珍玩、绘画、书法和图书文献等项目，将经典文物拟人化，让大小朋友们以活泼趣味的方式，认识艺术典藏的分类②。展资处表示，"我们设计七个宝贝娃娃代表'故宫'八种典藏项目，让严肃的收藏架构卡通化、娱乐化介绍给参展者。宝贝娃娃让家长将文物趣味性地介绍给自己的孩子，用孩童的语言介绍给孩童，孩童在接收这些讯息时也较不易排斥提升教育价值"③。相较于传统展示法更可避免拥挤人潮或场地限制因素导致孩童无法充分吸收知识的缺点，应运而生的周边商品未来发展方向，"仅是授权图像供厂商开发，配合展览做运用，商品会否正式成为卖店商品尚未确定，但'故宫'珍惜这些图像，未来希望能够有更多方面的应用"④，可见"故宫"尚未做出周边商品大量生产并商业化的打算。

宣传方面无论是导览手册或是网站标语，皆主打"故宫亲子"⑤与"数字艺术展"的字样⑥，主办单位展资处表示，"以儿童为目标群众，用人文与科技内涵结合为主轴，主要运用着'故宫'本身的口碑与展场地理优势，如在台北展区利用华山艺文特区亲子观众的人潮与市集活动，而在嘉义展区（'故宫'南区分院）则是让嘉义市政府做宣传及场务，让展览发挥最大效益"⑦。针对参展者设计学习参与网站并将展品信息融入计算机游戏软件，寓教于乐以

① 受访资料，2013 年。
② 《台湾新快报》2012 年 11 月 1 日。
③ 受访资料，2013 年。
④ 受访资料，2013 年。
⑤ "'故宫'亲子"：2012 年"国立""故宫博物院"为其主办的"故宫"亲子数字艺术展于展览手册上所作的展览标语。
⑥ "'故宫'亲子数字艺术展"，2012 年。
⑦ 受访资料，2013 年。

达数字学习之目标（参照图8）。展场内设置"手作的温度——DIY 工作坊"主要让参展者有空间作即兴发挥、建立互动，平面媒体报道的版面重要性反而次之，符合教育性策展理念（参照图9）。台南市市长赖清德与"故宫博物院"院长周功鑫联合揭幕，"资政"黄正雄，"立委"黄伟哲、叶宜津，"行政院"秘书长林益世，议员侯澄财、赖惠员、蔡秋兰、蔡苏秋金，"文化局"局长叶泽山，"故宫"教育展资处处长林国平均出席①，期许展览成功展出。

图8　亲子展计算机游戏

图9　亲子展 DIY 坊

图6~图9　资料来源：笔者拍摄。

---

① 《台湾新生报》2012 年 3 月 31 日。

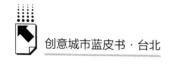

七　结论

策展者皆肯定新媒体艺术结合成交互式展览的新兴展览手法可以使历史文化与文物生动有趣，增加参展者产生共鸣的机会，而随着个人化服务时代的来临，皆肯定满足参展者不同需求为策展时重要的一环。另外，肯定信息时代下运用策展者本身优势适度地曝光作展览宣传的必要性，并且肯定参展者口碑除了创造展览价值，更能为策展者商誉或信誉带来正面影响，促进策展者今后策展发展。

在宣传上，以新媒体艺术的体验与文化历史背景凸显主题以吸引参展者的部分，通常会放大强调展览本身特色的历史文物，在文宣或广告及网页上作为曝光重点。如"会动的清明上河图"强调的是"动"字，借由"新媒体艺术"的操作技术结合，赋予大家耳熟能详的名作更多生命力与话题性；贴近现实生活的人物细节栩栩如生，让参展者更能从每个细部发现个中趣味。"千古一帝秦始皇：地宫与兵马俑大揭秘"个展则是着重于地宫与兵马俑重现的艺文部分，秦始皇投影问答的部分则次之。"故宫亲子数字艺术展"则以坤舆全图为发想设计室内大型互动地板，在体验乐趣互动之余也能学习古今地理知识。

另外，各展览也会利用本身能获得的优势进行再次宣传。"会动的清明上河图"由《联合报》担任主办单位，因此更利于使用报章版面曝光。"千古一帝秦始皇：地宫与兵马俑大揭秘"展览选择举办特展讲座，增加民众对展览的熟悉感。"'故宫'亲子数字艺术展"本身拥有"故宫"的声誉，更进一步地利用在场地附近设立特殊布景以吸引展览场地本身众多的人潮。其他营销部分包括：与网站合作举办抽奖与赠票活动，举办展览相关竞赛、设置 DIY 活动，以及开发专属小游戏等等，均为策展者广泛采用且参展者接受度高的方式。

商业型展览与教育型展览专业与理念不同，因此希望得到的效益也有所不同。"会动的清明上河图"着重创造展览价值及背后策展的能力。"千古一帝秦始皇：地宫与兵马俑大揭密"着重经营公司未来发展效益。"'故宫'亲子数字艺术展"着重教育与社会回馈。不论从哪个方面切入效益层面，运用新媒体艺术的交互式展览结合历史文化或文物，能够带给参展者效益的就是好的展览。

三个展览在平面广告和媒体的宣传上，立场角度有所不同，所以在做法上各有不同。"会动的清明上河图"因为是从上海世博会接手，在宣传上会比较受到局限和控制。"千古一帝秦始皇：地宫与兵马俑大揭密"是由策展人内部研发的展览，所以是以"活的美术馆"概念去包装营销。"'故宫'亲子数字艺术展"因为政府有数字典藏的相关政策，经馆方考虑之后，将展览与资源相互结合运用而成。在信息爆炸的时代，仍需要有媒体适度的曝光与口碑的建立，才能成就一场好的展览。

B.17

从工艺复兴到设计文创产业，探讨台湾设计类文化创意产业的发展与趋势

陈炫助*

文化创意产业是世界各国和地区正在进行的文化产业化活动，可以看到从各国和地区出色的文化特色，发展出成功的文化创意产业，与其说是文化特色倒不如说是文化品牌的发展。本文由台湾文化环境背景来进行历史文本回顾与归纳，由传统的工艺产业、设计产业到文化创意产业中的设计类领域，来探讨台湾工艺设计产业的脉络。

首先，有"台湾工艺之父"之称的颜水龙先生（1903～1997），从生活美学的期望到生活工艺的落实、工艺产业推导，奠定了台湾工艺重要的基石，也影响到日后工艺学校的教育；接着在工艺产业部分，工艺中心在台湾不同经济时期扮演的角色也随时代在变更，由培训辅导到产业转型、工艺美术推广，后续以工艺、设计跨界整合模式，与时尚设计接轨，近年以台湾文化为出发点，以 Yii 品牌的行销模式，进军国际时尚设计品牌行列，打开国际知名度，这都是相当突出的创意方式。

在文化创意产业发展之下，还需有绿色环保的概念，工艺是为了生活而用，设计是为了改善生活，产业是为了生活，因此在新时代产业趋势下，应融入环保概念。而工艺设计正是取之于自然、还之于自然的绿色永续概念，因此，绿色工艺概念，将有助于提升生活美学、带动工艺设计、推动文化创意产业。

一　前言

"工艺"与"设计"这两个领域，近年来经常在展览、竞赛中成为并置讨

---

* 陈炫助，亚太创意技术学院视觉传达设计系讲师。

论的主题，而又交融成一个新的主题趋势。但工艺与设计并非截然不同的领域，工艺是由生活中产生，设计是为了改善生活，两者的共通之处是为了满足人类对生活的感受，近年来两者频频接触的意义，可能是在工艺顺着生活轴、设计向着文化轴，而生活就是文化缩时，两者彼此靠近合并，工艺可以现代，设计可以呈现生活，因此，工艺与设计开始与生活美感进行联结。工艺世界原本就与人们的日常生活世界相联，生活中所需的任何工具器物，皆是取自自然，通过人们的双手制作出，支撑着我们的生活日用，在制作的同时产生了美感，因此"用与美"的结合，从手工艺用品中最能感受得到。日本宫崎清教授说明"设计"的意涵，采用明治时期文人"意匠"一词，认为"意匠就是仔细听人们'心'中的声'音'，然后用工具，为人们制作用品"。所以设计或意匠需要成为人们"心声"的反映①。工业化环境促使人们怀念简朴的传统工艺。相对于工业化之量产品，传统工艺最吸引人们的特质就是"手感"。手感是改变一件事情的过程，那种感觉、那种获得，是无可取代的。越来越多"手工"强调有触感、温度的产品，在市场上备受注目。"手感"成为一个新的行销元素，手感经济其实是一种感情经济。手感经济就是深度经济。因为手感经济不只是手工，更是对生活的深刻体验，提出一种生活主张。用深度的技艺设计产品，可以帮助加深对生命的体验②。

二 台湾工艺之滥觞

（一）美术工艺

在人类艺术文化的发展历史上，一向存在着"为艺术而艺术"或"为人生而艺术"的论点，一般有模仿冲动说、游戏冲动说、自我表现冲动说、装饰说、劳动说、宗教说等六种。古代初民的艺术行为，乃多是有其一定"目

---

① 黄世辉、李宜欣：《从摩里斯、柳宗悦到颜水龙——生活工艺的先驱与生活工艺的振兴》，《台湾工艺》2005 年第 20 期，第 4～25 页。
② 官政能、李仁芳：《推荐序：在手感产品里寻找自由》，载吴昭怡《手感经济——感觉的时尚》，台北：《天下杂志》2006 年第 2 期。

的"者，乃是"为人生而艺术"。实际"为艺术而艺术"的观念与行为产生，一直到文艺复兴时期后，"艺术"才真正地"脱离"其他文化的束缚而逐渐独立成为一门学科。在东方的中国社会中，要到"五四"新文化运动之后，才有艺术独立发展的空间，但也多停留在知识分子或达官贵族之类阶层中，民间的艺术活动仍以传统的"工艺"为主。"工艺"一词最早即是源自《考工记》，最简单的解释是指"百工技艺之作也"，攸关生业、生计及生活。工艺发生的初始源自工具，工具用以支持人过着有效率与便利的生活，在生理上获得舒适，能合理地工作与作息，甚或在心理上有所慰藉，移转情绪，满足了精神生活。真正的工艺沿袭了这项功能：实用或者适用；因此所谓"工艺"乃是以"工具"的本质为基础，再加上精巧的制作技术（工）以及适当、有节制的美的增饰（艺）建构而成。

台湾在日治时期（1895~1945），日本殖民政府大量引进西方文化，使得原本迁移来的汉族、客家与原民族群之工艺技术渐渐被遗忘，接着第二次世界大战后（1945年），随着西方科学技术的发展，传统工艺也因为机械化商品的倾销而随之没落消失，"工艺"的本质也因此而转变，其中的转变即是走向精致化、艺术化，而成为另一种"造型艺术"的工艺存在，基本上这俨然已使工艺脱离了其原有为生活、生计或生业而存在的本质。以时间序列的观点来看，文化变迁在当代全球工业、资讯化风潮的演进之下，总会湮没一些传统技艺，有新的科学技术取代，就有旧的被淘汰或失传，似乎也是无可奈何的时代趋势。在20世纪90年代后期，台湾因为本土文化运动而带动乡土艺术逐渐受到重视，对于传统民间工艺美术而言，虽然在许多文化界有识之士的振臂疾呼之下，民间也多少领会到本土艺术的可贵之处，而官方也开始从事保存、传承的工作；然而传统民间工艺美术的衰微趋势，似乎是不可避免的，只能走入博物馆成为"文物"来保存。然而"逝者已矣，来者可追"，这全要看当代民众对如何保存传统工艺与文化的意识，或者说是如何适应文化变迁而能让传统工艺有转型的机会，从而发展出另一条出路。提升民众的审美观，配合工业生产而设计、发展出适合现代化生活环境的产品，将文化产业化，这样的发展模式或许是因应时代的双赢方式，既可以保存传统工艺又可以发展现代设计。这也许是人类文化发展的演进趋势！

（二）台湾工艺复兴运动的推手——颜水龙先生

在传统技艺逐渐凋零之际，有心人士开始担心台湾工艺即将失传，于是积极提倡台湾工艺振兴运动，其中最值得一提的，就是被尊称为"台湾工艺之父"的颜水龙先生。颜水龙先生毕业于东京美术学校洋画科，曾留学巴黎，受到法国后期印象派与野兽派艺术家的影响，是台湾本土第一代接受西式美术专业教育的画家之一。生前除不断地绘画创作之外，更投身于本土工艺的发展事业，在诸位前辈美术家之中，呈现出与众不同的艺术生命。对投身工艺的动机，颜先生在谢里法[1]访问说明中表示[2]：

> 今天推展"美术运动"，由于时空条件的未克成熟，则将欲速而不达。依我的看法是：为促进纯粹美术之发展，首先应推行生活工艺，即对于生活用具及居住空间的美化，来培养高雅朴素的趣味，生活才能导入纯粹美术之境地。这一段启蒙的推行工作谁来负起？是不是美术界或艺术家应负起这份工作？

颜先生反对象牙塔里的艺术，他不能忍受"台展"的绘画成为殿堂里的珍品，和社会群众脱节。因此，他才提出美育普及的方案，先寻找美的普遍性和实用性，使大众的审美能力从日常生活中做起以求提高，然后才追求美的纯粹性。颜水龙先生的生活工艺理念，是它并非只是"纸上谈兵"式的坐而论道，而是有一套可实践的方针。

首先，颜先生认为需从美术工艺教育着手以培养工艺人才，这是推展和普及的首要步骤。于是颜先生开始搜集有关的资料并调查教育设施，先后参观了日本的美术工艺学校多所，如东京美术学校工艺科、高等工艺科、市立工艺职业学校、京都市立工艺专科等，并参考德国 Bauhaus 的系统以资创办一所台湾的工艺专科学校。

---

[1] 谢里法：《日据时期台湾美术运动史》，台北：艺术家出版社，1992。
[2] 谢宗荣：《纪念颜水龙先生逝世五周年台湾传统工艺的现在与未来——从颜水龙先生的工艺思想谈起》，《台湾工艺》2002 年第 13 期，第 18～29 页。

颜先生的工艺美学观深受柳宗悦及日本工艺理论家前田泰治的影响，而根据柳宗悦的观点和他自己的体验，归纳"民艺"的特色有六个。

（1）没有落款。由街上、乡下的工匠制作出来的作品，就不是美术家有计划的作品，而是实实在在以"用"为目的；这些作品当然是无须题名或落款，所以是无名工匠的作品。

（2）这些器物因以实用为目的，所以没有过分的装饰；它们都简素、朴实、坚固、耐用，做法诚实自然；并为承袭传统制作出来的器物，绝不偷工减料。

（3）不像一般所谓的艺术品，而是工匠贯注精神，以熟能生巧的手法制作出来的实用品，生产较多量，所以也较便宜。

（4）没有畸形或奇怪的形状，具有自然的姿态，流露出自然的"健康之美"。

（5）是为民众生活而生产、给平常百姓使用的杂器，具有乡土性和民族性的风格和特色。

（6）以手工为主要制作方式。

颜水龙先生对于他生活工艺思想以及日后台湾美术工艺教育推手，造成深远影响的主要因素，可以归纳成后续几点。①颜水龙先生于1933～1936年在日本担任广告设计工作，这种统合文案、插画、行销的设计经验，在美术创作领域上扩增多元的创意想法，也是他从美术创作领域扩展到工艺范畴的重要关键时期。②日本工艺思想家柳宗悦的"民艺"美学。对于能有与柳宗悦等人切磋的机会，颜水龙感觉受到鼓舞并且十分兴奋，从而坚定了之后积极推展工艺美术的信念。1943年柳宗悦、滨田庄司来台湾地区考察民艺时，颜先生全程陪同到台湾各地访问，并热烈讨论台湾民艺特色，交换推展民艺的经验，随后也促成邀请十二位竹家具师傅到日本指导与示范。③受西渐文化影响，日本在进行现代化改革时期，参考许多欧洲先进国家的建设，因此当时德国包浩斯学校（Bauhaus，1919～1933）结合建筑、工艺与艺术，现代设计教育结合艺术与技术，将艺术家、工匠与工业之间的界限抹除，提升了德国的工业水准。包浩斯的教学理论知识与实务技术方面同样重视，基本上是以艺术家、工艺家为中心所建构的工作坊教学形式，因此包浩斯在初期都采取双轨教学制；当时所开创的现代教学方式，世界各国的工业工艺教育相继学习与模仿之。所以笔者推测，对学艺术本身的他，对于民间艺术的关切与现代设计教育，都有一定程度的影响与启发，进而形成对台湾工艺发展深远的影响。颜先生一直秉持着"用即是美"的生活美学观，唯有在使用中才能获得真正的美感经验；而民艺的制作，不仅是一种劳作，在制作过程中更能体验美的感动。本文汇整多方资料，对台湾美术工艺运动——美术工艺家颜水龙先生之美术工艺教育、工艺研发推展、产业设计、环境景观设计等多方位的事迹如文后附件所述。

（三）台湾工艺复兴运动与南投县工艺研究班

综上所述，我们可以了解到颜水龙先生当时在美术绘画的熏陶、广告设计的多元应用与柳宗悦"民艺"美学的影响之下，奠定了日后在艺术设计与工艺振兴活动上以及对台湾本土工艺文化的热情投射下，展现对台湾工艺与设计承先启后的影响。在颜先生的诸多抱负与理想中，亦潜藏着一股强大的热爱本土生活文化与传承民族工艺的思想教育宏愿。台湾工艺自明清以来有着丰富的竹、木、藤、草、角、贝等天然资源，开发出特有的传统民间工艺，并融合了原住民工艺，成就出台湾本土精致的工艺文化特质。台湾当时工艺的时代背景，可以由日治时期记录起，当时台湾因供应日本所需物资，农业与轻工业产品的输出，因此传统的师徒制的工艺，也因工业化时代的来临，出现了集体训练的工艺传承模式，日本人在台湾各地因地制宜，由地方政府或企业设立各种工艺传习所与工厂，招收学徒，施以技艺训练，再加入生产作业。打破了台湾传统工艺师徒相授的传承模式，建立了新的工艺教育模式，奠定了台湾产业工艺的基础。当时颜水龙先生 1937 年受聘到台湾总督府殖产局调查台湾当时的工艺基础；1939 年完成了台湾工艺基础之调查研究工作后，因太平洋战事吃紧，导致创设美术工艺学校计划搁置，转而从事工艺品的实际设计工作。1940年开始深入台湾民间学习竹编、草编工艺，前后组立"南亚工艺社"（1940）、"台南州蔺草产品产销合作社"（1941）、"台湾造形美术协会"（1941）、"关庙竹细工产销合作社"（1943）等，运用当地的材料，从工艺品的设计、示范、制作以至于推展工作，让当时盐分地区的民众在战争期间获得不少生活上的帮助；身体力行致力于台湾工艺文化的振兴活动。

1945 年台湾光复初期，政府积极推动经济建设及外销贸易产业，从 1953

年起实施四年经济计划，手工业发展也是项目之一；1956 年由美援资助成立的 "台湾手工业推广中心"，为发展农村经济并拓展外销，在关庙、布袋、鹿港、南投等地，展开竹、木、藤手工艺训练生产与销售的产业工艺活动。1949 年任职台湾省工艺品生产推行委员会委员兼设计组组长（1949）；1951 年担任省政府建设厅技术顾问，负责推广台湾各地手工业，并在各县市举行手工艺讲习会；1952 年 9 月出版《台湾工艺》一书；因此，颜水龙先生宏伟的理想蓝图，就在 1954 年至 1958 年他主持 "南投县工艺研究班" 时，得到短暂的实现。1952～1953 年在南投举办三次工艺训练活动，自此开始全心投入推动台湾地方工艺产业的发展，因而促成了 1954～1958 年 "南投县工艺研究班" 的设立。1956 年 3 月，当局在美援的资助下成立 "台湾手工业推广中心"，并聘请美国设计专家组 "莱特技术顾问团" 来台指导台湾手工艺外销推广，当时该顾问团聘请葛利（C. Ronaldo Garry）、裴特森（Richard B. Petterson）等美国专家驻台指导，委托颜水龙先生担任接待窗口顾问。1959 年南投县正式将 "南投县工艺研究班" 改组为 "南投县工艺研习所"。改组后的研习所以训练中高级的工艺人才为主，训练课程与科别仍延续研究班的体制。

综观台湾工艺文化振兴活动的脉络，可以发现颜水龙先生主持的 "南投县工艺研究班"，虽然是仅为振兴南投地方工艺产业而设立的工艺训练机构，却在短短的六七年间完整实现了其对台湾本土工艺教育的扎根以及建构工艺产销机制的使命。1960 年至 20 世纪 80 年代，他转任国艺专（1960～1966）、台南家专（1965～1968）、实践家专（1971～1984）美术工艺科教书并担任科主任多年，培育工艺育人才。因此，颜水龙先生在改朝换代的时代中，扮演着工艺史上承先启后的角色，承接着日渐失传的原艺技术，开启多元融合应用的设计应用概念，将技艺转换成产业与教育传承等多项台湾工艺。因此，归纳颜先生对台湾美术工艺的贡献，有三个重要时期。早年留学日法所习得的美术绘画的美感养成，完成台湾工艺基础之调查研究工作，并设计美术工艺学校的具体方案。中期，在产业及工艺方面，颜先生担任农复会经济组、省政府建设厅设计顾问，研发、计划、考察、调查、辅导手工业发展与讲习，创设 "南投县工艺研究班"（即 "国立" 台湾工艺研究所前身）及台湾手工业推广中心，并担任设计组首席组长。晚年时期，致力于美术工艺教育、工艺研发推展、产业设计、环境景观设计等多方位的工作，在美术与工艺教育方面，先后受聘于多所学校，培育许多设计中坚及教师，这些受业于颜先生门下者，迄今都是台湾工艺美术发展的主要种子教师。其诸般贡献对于台湾近代工艺的发展影响，可谓既深且远，对于台湾近代工艺发展的贡献而言，他堪称当代第一人。

三　工艺中心对台湾工艺设计的影响发展

由上文可知，颜水龙先生除在"南投县工艺研究班"传承技艺外，更立基台湾手工艺业，因此在工艺研究发展上，引领后续台湾工艺与设计跨界的结合，站上国际工艺与设计舞台。所以我们来了解各个时期的"台湾工艺研究发展中心"在台湾发展改革过程中肩负的任务与经历①。

"南投县工艺研究班"（1954~1972）——台湾手工业立基之外发性需求导向阶段，学员认真学习情形。光复初期，政府面临台湾地区国际收支巨额逆差、技术欠缺、资本不足的产经环境，"以农业培养工业，以工业发展台湾"为建设策略，以"技术上比较容易，资金需要较少，而收效则较快"之劳力密集轻工业为发展重点。1954年成立"南投县工艺研究班"，以手工业立基外发性需求为导向，至1959年，将"南投县工艺研究班"改制为"南投县工艺研习所"。

"台湾省手工业研究所"（1973~1998）——台湾手工业转型之研究创造及推广产销阶段。经过光复初期政府有计划地积极推广辅导手工业，台湾外销工艺市场日渐扩展，创造了台湾外销工艺产业的鼎盛期。唯有感于手工业欠缺研究改良、创新设计，而仅限于代工生产，以廉价劳力赚取微薄利润的产业发展危机，"南投县工艺研习所"于1973年改制为"台湾省手工业研究所"，担负起协助业者加强研究发展、改进品质、增进外销竞争力之任务。

"台湾工艺研究所"（1999~2009年）——从文化创意视野为台湾工艺产业觅新机。从20世纪80年代中期开始，随着台湾产经环境发展，实施汇率自由化政策，台币大幅升值，人工成本急剧升高，手工业产品出口成长趋缓，并

---

① 台湾工艺研究发展中心，http://www.ntcri.gov.tw。

逐渐开始外移，产业规模急剧萎缩，过去曾为支持台湾经济发展重要生产力之外销工艺产业，在20世纪80年代后期渐趋没落。

台湾省手工业研究所自20世纪90年代起，旋即调整其业务目标：举办工艺设计竞赛、生活用品评选展、原住民工艺展、文化产业研讨会等，皆是从文化层次推动工艺产业之发展。至1999年，更名为"台湾工艺研究所"，隶属行政主管部门"文化建设委员会"，更确立以"文化"为核心，定位台湾工艺之价值与方向。台湾近年来为推广文化创意产业的发展，自2002年开始提出"挑战2008：发展重点计划"，目的是希望保有台湾既有的制造实力与优势，并持续发展，更进一步地加强创新设计能力，扩展局面以创造新的契机。2007年"台湾工艺研究所"与"台湾创意设计中心"① 合作成立策略联盟，跨领域创新共同研发机制，以时尚设计转化传统工艺。以当代时尚设计思维结合传统工艺技法，以台湾在地产物材料与台湾文化内涵为基础，跨界合作激荡出新世代创新工艺，展现出台湾独特设计观点，这是台湾工艺与设计跨域整合模式的开始。从2008年起台湾工艺发展方向为"绿工艺"，为结合现代生活美学工艺的时代价值的工艺设计新趋势。

"台湾工艺研究发展中心"（2010年迄今）——台湾工艺研究所，近年来以推动台湾工艺现代化创意产业发展及工艺文化美学推广为重点工作，适值工艺产业朝向创意加值产业转型之际，为因应台湾工艺文化与产业发展，自2010年起，改制为"台湾工艺研究发展中心"，简称"工艺中心"。因此，"工艺中心"从台湾手工业对外发展需求基础（1954~1972年），转型为研究创造及推广产销阶段（1973~1998年），到从文化创意视野为台湾工艺产业觅新机（1999~2009年），推动台湾工艺现代化创意产业发展及以工艺文化美学推广为重点工作，因应台湾工艺文化与产业发展（2010年至今），在全球化、数位化、知识经济等时代趋势中，在文化公民权、文化创意产业、文化多样性、永续地球环境等全球共通议题下，发挥工艺的手工、自然、人文感性、独

---

① 2003年成立设计中心"财团法人台湾创意设计中心"，简称"台创"，并于2004年正式启动营运。台湾创意设计中心之定位为台湾创意设计发展的整合服务平台，其主要任务为提升设计人才原创能力、促进国际设计交流、加强产业市场竞争力并奠定企业发展自有品牌基础，提高产业附加价值，并借此向世界宣言，"Designed in Taiwan"的时代已经来临。

特、多样化等特质，工艺中心在不同的时代背景下，扮演着不同的角色。预见其将在 21 世纪民众生活中扮演关键性的角色。

四　台湾文化创意产业政策发展与实践

（一）台湾文化创意产业政策发展

1997 年英国是最早将文化创意产业正式纳入重点政策，也是目前国际上拥有最完整产业架构与文化政策的国家。英国将创意产业范畴分类为广告、建筑、艺术与古物市场、工艺、设计、时尚、影片与电视业、互动休闲软件、音乐、表演艺术、出版、软体与电脑服务、电视与广播等 13 个大类。从 20 世纪 80 年代后期开始，在全球经济重建与去工业化的背景之下，促进文化活动的活跃，成为许多国家复兴都市衰退的方法，在国际上盛行于许多城市当中。全球许多国家为寻求经济与文化的再复兴、重整都市意象与都市再定位，致力于文化政策发展[①]。联合国教育、科学及文化组织（UNESCO）于 2005 年提出，"文化产业"也可被称作"创意产业"（Creative Industries），而从经济术语上可被称为"朝阳产业"（Sunrise Industries）或"未来导向产业"（Future-oriented Industries），或者从科技术语上被称作"内容产业"（Content Industries）。台湾于 2002 年提出"挑战 2008：发展重点计划"，将文化创意产业正式纳入发展重点，并在十大重点投资计划之一"文化创意产业发展计划"中提出五大策略，致力于发展台湾文化创意产业，这是台湾首次将具有文化创意概念的产业政策纳入重点计划中，"文化创意产业"一词即于此政策中正式确名。台湾文化创意产业之定义，主要也是依循英国创意产业之发展概念，其主要目的在于建构富有多元文化及创意的社会环境，从产业面向来看，文化创意产业彰显在文化的基础上，应用科技与创新进行研发，达到产业升级的价值；从经济面向来看，以升级的产品，开发市场，扩大台湾整体产值为目标。2010 年为促进

---

① 曾宪娴、蔡依珊：《台北市文化创意产业群聚现象之研究——兼论华山创意文化园区执行机制》，《环境与艺术学刊》2011 年第 9 期，第 91~108 页。

文化创意产业发展，制定并颁布"文化创意产业发展法"。2012 年文化管理部门成立，代表着台湾把文化的发展放到上位，无论是政府还是人民，只要秉持着对文化的使命感和真诚的态度，文化就是通往世界最好的桥梁。"文化创意产业发展法"将文化创意产业定义为"源自创意或文化积累，通过智慧财产之形成及运用，具有创造财富与就业机会之潜力，并促进全民美学素养，使国民生活环境提升之产业"，而在此定义下，文化创意产业的次产业类别为 15 + 1 类。将艺文类、媒体类、设计类，以及数位内容等四大领域，区分成 15 类相关产业，如表 1 所示。

表 1　台湾文化创意产业分类

领域	产业
艺文类	视觉艺术产业、音乐及表演艺术产业、文化资产应用及展演设施产业、工艺产业
媒体类	电影产业、广播电视产业、出版产业、广告产业、流行音乐及文化内容产业
设计类	产品设计产业、视觉传达设计产业、设计品牌时尚产业、建筑设计产业、创意生活产业
数位内容	数位内容产业
其他	经主管机关指定之产业

资料来源：《台湾文化创意产业发展年报（2013）》，2014。

（二）台湾设计文创产业的实践

1. 时代背景

台湾传统工艺产业早期为代工制造模式，工艺产业外销盛行时期，台湾手工业制造在全球占有一席之地，也曾享有"代工制造王国"之美誉；随着台湾经济形态的改变，受贸易自由化与东南亚其他国家低价竞争的影响，台湾传统工艺产业已从"制造台湾"转变为"风格台湾"，产业发展由以往的 OEM（代工制造）转型为 OBM（自有品牌），朝向创意设计与产品开发路线发展，随着台湾推广文化创意产业政策，传统工艺产业则朝向精致工艺产业发展，目的是建立工艺文化的艺术新价值。1990 年后，在当时台湾的传统工艺产业时空环境背景下，大众对工艺的印象大多停留在精雕细琢以及精工巧艺的工艺师技艺表现上，认知上多为制式传统工艺品，欠缺现代时尚设计风格的新造型，在过去十年中传统工艺产业相继外移大陆后，造成人力与制造材料成本提高，难敌大陆制造倾销到台湾的产品，传统工艺产业与民众生活用品缺乏供需联结，工艺产业走向艺术化难以量产，国际行销能力薄弱，无建立专业分工的模式。台湾于2002年提出"挑战2008：发展重点计划"，将文化创意产业正式纳入发展重点，推广文化创意产业政策，工艺中心结合时尚设计领域转化传统工艺，寻找不同专业领域伙伴共同开创新局面，在2007年工艺中心与台湾创意设计中心合作，让工艺师与设计师协同开发，以台湾文化内涵为基础，用时尚设计转化传统工艺，结合传统工艺材料技法与当代时尚设计构思，为工艺界与设计界建立跨域合作机制，激荡出新世代的工艺设计创作模式，打破传统工艺与当代流行趋势的樊篱，使工艺创作跨出一大步，为台湾工艺创作找到新的方向，并创立台湾工艺品牌，使之行销国际，为台湾工艺注入新契机、开启新视野。

2. 工艺中心阶段性任务

"工艺中心"由早期的"南投工艺研究班"发展演变而来，早期工艺研究班的主要工作，是协助推动全民手工艺产业制造生产与工艺产业外销，对于促进台湾经济发展很有贡献。随着台湾经济发展与全球自由化贸易竞争，台湾手工艺产业逐渐没落，为因应环境变迁，工艺中心遂将发展重点转为推广工艺文化与培育工艺人才，推动台湾工艺现代化，配合政府文化产业政策，发展工艺创意产业，并提升工艺文化环境，加强全民艺术美学素养。因此，工艺中心规划符合产业转型升级需要的各项策略措施，强化工艺产业的设计地位，为商品导入国际设计观点，建立以台湾为主体的独特设计意识，建立跨领域创新研发机制为重点策略，工艺文化传承及工艺产业升级的重大任务。2007年第一期计划由"工艺中心"与"台创"成立策略联盟；2008年第二期以"Yii"为品牌名称行销国际；2009年第三期计划由工艺中心主办，并邀请国际品牌总监参与。这几年工艺时尚"Yii"品牌被台湾地区、中国大陆及国外各媒体争相报道，作品获多项国际奖项，在国际展览中大放异彩，着实累积了令人惊讶的人气与知名度，表明计划的方向及模式是成功的。2010年工艺时尚"Yii"参加意大利米兰国际家具展览时，其精湛的工艺技术与深厚的创作能量，除获得专业人士肯定以及国际媒体争相报道外，更获评为米兰展览会场表现"No. 1"。

3. Yii 品牌意涵

"Yii"音同于中文字"易",所指即是事物的易变与转化。Yii 也是"意"及"艺"的谐音,具有创意、工艺及艺术之意涵。基于以上理念,"国立"台湾工艺研究发展中心推动 Yii 品牌,目的在于通过当代设计转化传统台湾工艺,为之注入新观点及新生命,并将精致的工艺作品带进日常生活。在物质现象中,事物易变与转化实为常态。东方哲学视"易"为宇宙的基本原则,缺乏此一因素,我们的世界将呈现停滞不前、缺乏动力的状态。[①] Yii 品牌融合了先民的生活智慧,以当代先进设计观点,通过精湛工艺及产品制作的最高水平,完美呈现产品的细节及品质;希望在使用者和制造者、设计者之间建立更具意义、情感及深度的联结,并为当代环境构筑富含美感的聪慧生活方式。Yii 以人文及自然之间的和谐关系为出发点,多数产品采用手工适量或限量制作,并于制造流程中摒除造成环境负担的因子,以示尊重环境与大自然的决心。工艺时尚"Yii"媒合工艺界与设计界跨域合作,共同研发具台湾文化内涵之原创工艺设计精品,以"Yii"为品牌名称,代表台湾生活美学价值及与国际接轨及对话之思想。计划进行之步骤依序为:①征选;②媒合;③设计提案;④确认设计;⑤试作样品;⑥生产准备;⑦产销准备;⑧推广展售。工艺时尚"Yii"计划第一年(2007)的作品涵盖了木雕、细银、陶瓷、染织、竹编及竹器六大工艺领域,由 8 位工艺师与 8 位设计师共同配对创作。第二年(2008)则增加漆器、玻璃、十字绣等领域,包含 15 位工艺师及 15 位设计师。第一年及第二年在专案创意总监石大宇先生丰富的设计精品的操作经验下,进行密集的设计观念和工艺技术探讨,开发出设计和工艺品质兼具的 38 组原创作品。第三年(2009)为强化"Yii"品牌进入全球市场之发展策略,委托台创中心执行"工艺时尚国际行销与设计顾问服务案",聘请荷兰籍国际设计总监海斯·贝克(Gijs Bakker)及胡佑宗总监加入合作团队,并为工艺及设计之跨领域研发开创拟定出进军国际之新方向。第四年(2010)计划执行以推动发扬台湾文化原创精神,与国际设计趋势并重为主,计划重点为量产化、具国际水准之优质工艺产品的设计研发,在国际设计顾问团队的带领下,与

---

① Yii 工艺时尚网,http://www.yiidesign.com。

台湾设计量产、产品规划、品牌行销专家进行工艺时尚计划之创新研发工作，以期加速提升台湾工艺创作之国际视野，与量产化、品牌化、产业化的后续商业效益。2008 年"工艺新貌跨领域创作应用计划第二期"，除了延续开发工艺设计作品外，还积极参与国际文化交流活动与国际商展，以期借由吸收国际文化创意视野与行销机制，以带动台湾工艺设计形象发展，增加产值，朝具国际化之行销市场积极准备及发展，相关国际展览与作品如表 2、图 1 所示。

表 2　"Yii"国际展览

展览日期	展览场地	展览日期	展览场地
2008/5/14 ~ 6/30	台湾工艺时尚美国巡回展	2010/4/14 ~ 4/19	意大利米兰国际家具展
2008/9/2 ~ 9/5	日本东京国际礼品展	2010/9/3 ~ 9/7	法国巴黎家饰用品展
2008/9/5 ~ 9/9	法国巴黎家饰用品展	2010/12/2 ~ 12/5	美国迈阿密设计展
2009/4/22 ~ 4/27	意大利米兰国际家具展	2011/2/11 ~ 2/15	德国法兰克福消费用品展
2009/9/4 ~ 9/8	法国巴黎家饰用品展	2013/2/15 ~ 19	德国法兰克福消费用品展

• 2008 年 5 月"2008 台湾工艺时尚美国巡回展"，于美国纽约台北文化中心展出。

• 2008 年 9 月"Yii"首次参与 2008 年法国巴黎家饰用品展，于展览的精品设计馆"Now! Design a Vivre"展出 38 组件作品。高竹椅凳《Bambool》从会场几百万件产品中被媒体选出，获得"最令人心动的作品"之殊荣，当时只有 23 件产品当选；另外《43》获得媒体大幅报道及买家高度洽询。

• 2009 年 4 月"Yii"与文建会、"故宫"及台湾文创业者共同组成"台湾馆"，首次参加 2009 意大利米兰国际家具展。

• 2009 年 9 月"Yii"再度参与"2009 年法国巴黎家饰用品展"，洽询总产值为新台币 1.18 亿万多元，其中《43》洽询订单计约 3300 万元。洽询买家中知名品牌包括欧洲著名家饰用品连锁店 HABITAT、RENAULT 汽车设计师、Cartier 珠宝设计师、LV 设计师，媒体如 ELLE Decoration、Wallpaper、Marie Clair、L' Express 等都表现出高度兴趣。

图1　工艺时尚"Yii"作品

● 2010年4月参加2010年意大利米兰国际家具展，本次展览在米兰三年展中心（La Triennale di Milano）为米兰设计周期间最有人气的焦点展场，台湾是继日本外能获得进入该中心展出的亚洲国家和地区。展览主题设定为"自然"、"人文"与"永续"三大主题，以建立中国台湾地区富含文化创意的新国际形象，一举进入全球最高设计展会殿堂。

● 2011年"Yii"再次于"米兰三年展设计博物馆"展出并优先保留绝佳展出空间"Saloned'Onore"。

● 2013年"Yii"以"TAIWAN CONTEMPORARY CHAIRS"（台湾当代

椅）为展览名称第三度于"米兰三年展设计博物馆"核心场地"Impluvium"展出，成为亚洲国家和地区唯一于米兰设计周期间登入米兰三年展设计博物馆展出三次的地区。

• 2013 年再次带领工艺品牌业者八方新气与筌美术，参加"2013 法兰克福消费用品展"（2013 Ambiente，2/15~19），以"台湾工艺时尚馆"（CRAFT & DESIGN from TAIWAN）形式展现台湾最棒的工艺设计。2013 年"台湾工艺时尚馆"的主题为"和谐"（Harmony），以人文及自然之间、设计者与制造者之间、使用者与创作者之间、传统与现代之间、东方与西方之间的和谐关系为出发点，传达台湾以精湛技法对工艺品制作品质的追求。

工艺时尚"Yii"的作品魅力，成功地吸引了国际各界媒体的目光，使得更多人认识了台湾工艺，让传统工艺通过设计美学风格的呈现与国际接轨，提高台湾工艺设计在国际的知名度，塑造出台湾工艺新印象，并推动台湾文化创意产业及工艺美学产业发展，走出未来工艺产业的希望。代表台湾工艺的"Yii"品牌担负了形塑台湾品牌形象、开启国际精品市场的任务，品牌发展之路任重而道远。工艺研发中心创新研发组赖怡利组长认为该品牌成功的最重要之关键因素有三项。①设定目标远大，执行方向正确；②研发团队顶尖专业、全心投入；③工作团队使命感，戮力耕耘与无私投入。"Yii"品牌未来之路经营终归要回到商业机制，相信不久后台湾地区、中国大陆及国外爱好者就能够买到"Yii"品牌产品①。"Yii"品牌以创新研发为本质，以整体性、系统性、焦点性的策略进军国际，打响台湾品牌形象，提高台湾产业国际优质形象，推介台湾地区拓展国际市场。国际市场反映了经济与整个国际设计的趋势，现代人强调设计感、精致度、美感、环保、低污染等，因此台湾工艺产业在全球化竞争潮流之下，唯有转型以"设计"、"创意"、"时尚"和"绿材料"等元素导入工艺产业研发创作，提升工艺附加价值，才能建构完整蓬勃的台湾特色工艺产业，使其长远立足于国际市场中②。

---

① 赖怡利：《开启台湾工艺新视野"工艺新貌跨领域创作应用计划——工艺时尚 Yii 品牌"纪实》，《台湾工艺》2010 年第 37 期，第 12~17 页。
② 赖怡利：《台湾工艺在欧洲国家品牌 Yii 的国际之路》，《台湾工艺》2013 年第 50 期，第 11~22 页。

五 结论

台湾工艺之父颜水龙先生定义工艺价值为："如何创造这些器物以达到'用'与'美'的功能来满足更舒服、更美好的生活。"将工艺价值定义为其需具备"用"与"美"二维价值。2003 年"生活工艺运动"推行工艺四大精神"顶真精神"、"工作伦理"、"愉悦劳动"和"生活美学"，将工艺价值进一步提升至生活态度层面。从 2008 年起台湾工艺发展方向定调为"绿工艺"。绿工艺无须取代所有的工业或科技产品，而是让现代人在生活中，在追求美感与个人风格时，有其他更好的选择，或是与工业科技产品做更好的结合。"绿工艺"价值，强调的不在于物，而在于如何通过绿工艺的物创造出绿生活。绿生活是一种具有文化内涵、环保手感与创意设计之生活方式，这种生活方式引领现代人产生一种聪慧、有品位且简约自然的生活价值。这与颜水龙先生对工艺之美的信念不谋而合，或许可说这就是工艺生活的精神。综观台湾工艺设计与文创产业的历史，在初期以生活工艺为基础，进行工商社会下的设计发展与世界趋势及文化产业政策的奠定，台湾文化创意产业仍处于成长茁壮阶段；当时颜水龙先生奠定了美术、工艺、设计等教育基础，才造就今日台湾工艺设计界的根基。此外，工艺中心在台湾一直扮演着工艺传承、工艺产业推广与文化资产保存等重要角色，从竹山郡竹材工艺传习所（1938）、南投县工艺研究班（1954）、南投县工艺研习所（1959）、台湾省手工业研究所（1973）、台湾工艺研究所（1999）到目前的台湾工艺研究发展中心（2010），从工艺所的历史脉络，我们可以归纳出台湾当时的社会经济状况，工艺、设计与产业间的发展变化。如表 3 所示。

表 3 台湾社会经济工艺、设计与产业的发展时期

发展领域	时间	时期	叙述
美术、工艺	1895 ~ 1945 年	日据殖民时期	"去中国风"工艺设计风格
美术、工艺、手工艺产业	1945 ~ 1970 年	手工业推广时期；农村经济	本地材质与大中华风格工艺设计；台湾硬件基础建设时期

续表

发展领域	时间	时期	叙述
美术、工艺、手工艺产业	1970～1987 年	工艺产业鼎盛时期	外销经济政策、工商业起步发展；无自有品牌、OEM 制造代工
工艺、设计	1988～2000 年	工艺产业衰退期	汇率升值、台湾精品、工业设计、外销贸易；ODM 设计代工、电脑、网络、移动通信兴起；艺术创作兴起工艺设计；世界绿色环保意识兴起——绿工艺概念
工艺、设计、文化创意产业	2001～2008 年	重视文化、创意、环保与品牌的工艺设计	文化创意产业萌芽与发展时期；ODM 设计代工、OBM 自创品牌；美术、工艺、设计磨合时期
文化创意产业	2009 年迄今	文化品牌经营与管理	文化创意产业发展与苗壮时期；OBM 自创品牌经营管理；文化创意产业发展法、文化主管部门成立

从表 3 可以看出台湾工艺、设计历史演进与国际趋势，由此笔者观察到一个产业生命周期可以三十年来区分，可分为导入期、成长期、成熟期与衰退期四个阶段；当一个产业没落后就会有复兴或转型意识出现，台湾工艺在 1945 年至 20 世纪 80 年代，随着时代的变迁有着兴衰交替，随后而起的是台湾工业设计产业（1970～2000 年时期），当发展中国家和地区经历过农业、工业、商业与资讯业的时期后，开始去工业化，焦点以服务与文化、观光为主；进入所谓已开发国家（地区）行列时，反思自身文化的价值，出现了"文化也是一种品牌"的概念。因此，目前许多欧美先进国家，无不把文化政策摆第一，而台湾文创已经迈入第二个十年，在第一个十年中，已经成功地将品牌"Yii"名声打开，在下一个进程中，应该建立产业供应链。根据《台湾文化创意产业发展年报（2013）》的叙述，台湾文化创意产业进入"价值产值化文创产业价值链建构与创新"阶段，提出泥土化、国际化、产值化与云端化共四个部分落实，叙述分别如下。

（1）泥土化：培育在地文化人才、盘整村落文化资源、发展村落微型文化产业、改善村落文化据点，发展具在地美学之生活空间。

（2）国际化：建构台湾全球文化交流网络，传播台湾人文思想，建立各

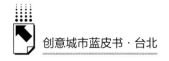

类艺文团体之跨域联结，推展多语文台湾文化"工具箱"。

（3）产值化：推动文化内容开放（Open Data）与加值应用，促进一源多用与强化中介体系，促成跨界与跨业整合，提升文创产业价值。

（4）云端化：提供文化资源与艺文活动整合行动服务、提供艺文网络直播与视讯服务、促进文化云资源共享、建置国民记忆资料库与推动社区云端创新。

此外，说明另一种趋势发展，人类因为在工业化过程中，造成环境污染的结果，以及工业化开发中，促使人们反思与怀念简朴、思法自然的传统工艺。布朗嘉（Michael Braungart）在 2002 年《从摇篮到摇篮》（*Cradle to Cradle*）一书中提出了绿色经济的概念，新的工业系统必须谦卑地向大自然学习，在大自然里，根本没有废弃物这个概念，所有东西基本上都是养料，都可以回归土壤。所以在绿色环保潮流趋势下，绿色工艺、绿色设计、绿色产业的概念，将不再只是一点一滴弥补工业革命的伤害，而是迈向"下一波工业革命"（Next Industrial Revolution），世界将不分种族、国别（地区），为共同的改革目标方向努力，也许这是下一个里程趋势。

附件一

颜水龙先生的美术工艺教育、工艺研发推展、产业设计、环境景观设计事迹列举：

1903 年　出生于台南下营红厝村。后于台南州教员养成所毕业。

1918 年　回母校下营公学校服务。

1920 年　赴日学习美术。

1922 年　留学于日本国立东京美术学校（今东京艺术大学美术学部）学习西画与油画，其间受教于藤岛武二（1867～1943）与冈田三郎助（1869～1939）。其中藤岛武二的严谨画风与冈田家中的工艺收藏品对颜水龙的影响最大。

1929 年　雾峰林献堂资助赴巴黎留学，其间作品受到马尔香（Jean Marchend，1882～1941）与勒泽（Fernand Lger，1881～1955）影响最大。除

此之外，颜水龙于坎城（Canne）认识画家梵·邓肯（van Dongen，1877～1968），也师承梵·邓肯的装饰性色彩。同年入选秋季沙龙。

1932 年　创办大阪的"株式会社寿毛加社"（今スモカ齿磨株式会社，制售齿磨，即牙粉），从事广告设计，是台湾第一位专业广告人，自此以工艺美术为主。

1934～1937 年　与杨三郎、廖继春等人合作，分别创立了台阳展与台阳美术协会。

1937 年　创设美术工艺学校的具体方案回台，受到台湾总督府文教局和殖产局的肯定，并且聘他为殖产局顾问，并先行调查台湾当时的工艺基础。

1939 年　完成了台湾工艺基础之调查研究工作之后，因太平洋战事吃紧搁置计划，转而从事工艺品的实际设计工作。

1940 年　在台南创设组立"南亚工艺社"（1940）、"台南州蔺草产品产销合作社"（1941）、"台湾造型美术协会"（1941）、"关庙竹细工产销合作社"（1943），运用当地的本土材料，从工艺品的设计、示范、制作以至于推展工作，让当时盐分地区的民众在战争期间获得不少生活上的帮助。

1942 年　在台结婚。

1943 年　受聘于台南工业专门学校（成功大学）——台南高等工专建筑工程科，担任讲师，教授素描与工艺史，光复之后该校改制为台南工学院后继续受聘为副教授。

1943 年　陪同柳宗悦、滨田庄司来台湾考察民艺。

1944 年　颜水龙回台定居，隔年被聘为台南工业专门学校（今"国立"成功大学前身）建筑工程学科助教授，教授素描与美术工艺史，专门推广台湾工艺美术作品。除了工艺美术推广外，他也是台湾企业识别标志（CIS）的创始人，如台中太阳堂饼店之识别标志作品，食品包装与该店室内设计即出自颜水龙之手。

1947 年　"二二八"事件发生，遂辞去教职迁居嘉义定居于台中。

1952 年　出版《台湾工艺》一书，是台湾历史上的第一本工艺专著。

1960 年　开始投入台湾公共艺术工程，晚年艺术作品大多是以原住民为题材的绘画创作。陆续制作了一连串的马赛克壁画，例如，1961 年在台湾体育大学（台中）体育场外墙的《运动》、1964 年在太阳堂饼店墙上的《向日葵》、1966 年在台北日新大戏院墙上的《旭日东升》，与 1969 年在台北剑潭公园墙上的《从农业社会到工业社会》作品，该年，亦参与台北中山堂、台北自强隧道的马赛克美化工作，亦是美化都市景观的主要推动者。

1971 年 出任实践家政经济专科学校（实践家专）教授，开办美术工艺科主任。

1970 年 台北市东门游泳池（今中正区市民运动中心）外墙的《游泳跳水》浮雕。

1972 年 台北市立网球场（台北小巨蛋隔壁）外墙的《打网球》浮雕作品。

1984 年 于实践家专（今实践大学）教职退休。

1997 年 去世，享年 95 岁。

外围产业篇

Surrounding Industries

B.18

浅谈文创教育概念与个案分析

薛良凯 *

　　文化创意产业仅字面上就包含着文化、创意以及产业三个领域或面向。文化是一种积累的经验，是一群人或是一个年代共有的活动记忆；创意是一种革命式的想法，能够对既有的做法进行改变、更新，创意本身，就有开创的意味；产业则是有效运用资金与劳力等资源，将其投入从事生产经济物品的行业行为。当这三件事合在一起，便是将文化运用创意方法加值，最终产生商业价值的行为。

　　今日，许多企业从文化与创意出发，重新检视内部积累的经验，并通过这些陈年经验，淬炼与提升出更上一层的经营方法与营销模式。例如，老牌子重拾过往做法，以手工佐以新工具打造新产品；又或者是利用人们早先记忆中味觉、嗅觉或视觉的偏好，以复古的方式包装新产品。这些用老瓶装新酒，或是用新瓶

* 薛良凯，普拉爵文创创办人。

装老酒的做法，保留了先前的历史与文化材料，却又运用现代科技赋予新生命，这些都是文化创意的绝佳案例。简单地说，解读文化创意并不难，文创讲求双效下手：续文化（旧有服务、产品与生产方式面改善）、玩创意（思维、表现于做法上的改变）。这种变革，是奠基于之前的经验与价值，是改善、翻新、创造与延续，而非否定之前的各种努力。当文化创意与教育结合时，在不同层次上分别展现出不同议题。这几个层次的议题包括文创教育是什么，文创如何与教育结合，文创在教育上的重要性是什么，文创能否改变（或加值）教育，等等。

一　文创教育是什么？文创如何与教育结合？

美国教育部前部长李察·莱利（Richard Riley）曾说："目前最迫切需要的十种工作，在2004年根本不存在，亦即我们必须教导现在的学生，毕业后投入目前还不存在的工作，使用根本还没发明的科技，解决迄今尚未被发现的问题。"李察·莱利发现，目前教育方式太过保守、陈旧，偏重记忆与考试的做法，反而有可能扼杀下一代学习解决问题的机会。而社会的变化速度非常快，人才技能与新知识的需求大，学校教育速度已然赶不上。事实上，我们今日的职位、工作内容、商业运作方式，在上年可能都不存在。我们不断发明新方法、新做法、新职位、新工作，速度远远超越以前各个年代。

文创教育有可能是众多解决今日教育问题的方式之一。文创教育是将现有教育进行总体提升，把教育与文化、创意加以结合，用新的思维与做法，设计不一样的课程与新方式教导学生。简单地说，文创教育就是某种替教育升级的方式，而这种升级采用的根本要件仍是文化、创意两个元素。举例来说，在文化面更加注重与土地、人、自然结合，能加深学生对乡土的认同感；创意面改用体验式教学，实际带学生到田野去触摸蔬菜、喂食鸡鸭，脱离只用纸张、画片、影像去教学生的离谱现象。

二　文创在教育上的重要性是什么？

传统教育源自西方近代工业革命以后所发展出来的"学校"制度，那时为了巩固殖民主义船务、贸易、军队、战争等发展，发明了大量生产人才的学校制度。要培养出各种人才，需要按照用途分科、分龄，并以统一测验来评量学习成果，这才能确认学生是否能够立即上岗工作。这样的学习就像是压制模具，本质上是一种"技术性"的考虑，而非依据人自身的喜好与天性发展，学会课本内容的重要性最高，至于学生还可以触类旁通想到什么，老师就不一定也没能力和时间个别指导。这种教育系统经过多年演化后，它与现代社会的分工制度，以及学术分类体系产生密不可分、牢不可破的共生关系。

农业与工业化阶段，市场与人才需求并不复杂，因此学校建构出的训练方式游刃有余，所灌输的知识也远远超过实际能派上用场的部分。在 20 世纪 70 年代毕业的一个大学生，其所学的知识几乎可以涵盖当时市面上所有的职业能力，这些毕业生可以用多余的能量，创造出当时的经济发展奇迹。今日网络掀动的是一个知识爆发的时代，社会进化速度追上了学校培育的速度，学生逐渐发现有一些学校里教的内容，进入社会后完全派不上用场，甚至有些学校里教的内容，还不如自己上网摸索、找到的数据来得有用、先进。传统以侧重知识记忆为主体，强调技术累积和反复操作的学校体系，开始反思为何受教育的人反而在心灵上逐渐失去创造力，行动上失去自主性，到底教育出了什么问题？原因之一在于学校的某些功能与定位开始发生不敷使用的变化，早先学校是复制"相同能力"人才的工具（也就是批量制造会某些指定技能的人），但是今日社会需要大量的差异化、独立化、自主化、创意化人才，这些要求每个人不要都有"相同能力"。其次，长期以来老师、教科书、评价体系的这种三角关系，已经训练出按照进度培育学生、考试测验、补救教学的老师，特立独行、具有独创想法的学生，往往不在法条规章安排之内，常常会被要求回归"正常"，但这种矫正却不知不觉扼杀了学生的天赋。

三　文创能否改变（或加值）教育？

电子化与网络化的教学环境，学生总能在课堂中，以精确的关键词找到老师正在教授的课程内容，只要稍微用心，还可以读到更新版本的数据。对于高等教育来说，填鸭式的教学无法满足学生对知识的渴望，搜索引擎的便捷，更加让能找得到的信息价值感变低，降低求学动机。学生渴望得到更多元的能力，尤其是思考、判断、觉察、感知等技巧，甚至学会如何自我学习、自我成长。文创的本质因为奠基于延续、改善，而非破坏式创新，所以特别容易进行温和改造。文创教育是以创意为做法，不否定之前内容，但是要改变做法、改变教学模式的一种方式。文创有可能局部改变目前教育的方式，至少能够在目前的环境中，开展出另类实验性模式。台湾有些学术机构与企业已经在研究新式教育方式，包括新的方式、新的做法、新的环境、新的理念以及全新的设计。本文将列举三个教育单位，分别是台湾第一家提供优质文创人才培训空间的"学学文创志业"、台湾最顶尖的教学机构"国立"台湾大学所开设的"EMBA 创意与创造课程"以及台湾第一个将大脑科学、五感体验、体验学习融入企业培训的"普拉爵文创"。

（一）学学文创志业（XUE XUE INSTITUTE）

学学文创志业（以下简称学学文创）创立于 2005 年 9 月，由台湾玻璃集团总裁林伯实、徐莉玲夫妇发起，号召多位台湾文化创意产业精英共同创立。学学文创以"文化"和"创意"为核心价值，以"教育"、"研究"、"展览"、"顾问"和"育成"为业务内容，希望在台湾社会、经济正处于阶段性转变的当下，为社会提供一种"学习平台"，并以这种方式进行交流与转换，满足多数人对文化知识和创意启发的渴求。学学文创包含十大块业务，面向横跨文创人才培训（开设学习课程）、文创展览经纪（包括文创展览策展、作品经纪等）、文创产业投资（文创公司投资、潜力新秀育成与设立育成中心）、文创品牌实验（包含实验商店经营）、文化色彩研究（色彩研究室、文化色彩网站、相关色彩课程研发）、亲子美育研究（五感开发体验/美感课程研发）、城市文创顾问（关于城市顾问咨询、地方特产推广等）、企业文创顾问（包含跨界创意媒合、项目设计等）、国际交流合作以及活动场地经营。"平台"是学学文创的一大特色，"平台"也是一种对等性交流而非指导式的管控，从整个组织的结构中，"平台"的概念在学学文创许多地方体现。平台的最上端，是它的运作与股东结构，从一开始学学文创就广邀社会精英加入，拆分一部分股份提供给讲师让他们参与并成为股东，参与学学文创活动，这是希望借由共享与互利，创造出一个多赢的良性成长营运模式。

学学文创位于内湖堤顶大道的总部，开设许多文创相关课程，参与的老师多数是业界知名精英，这也是以平台方式运作。课程由学学文创的学务与老师讨论与规划后，将课程信息公开于网站，再印制精美的手册供学员参考。每一位老师在课程前后，都将学学文创当作教学中心、授课平台，这里等于是知识交换站，一方面联合有愿意教授学问与知识的老师，另一方面联合有愿意学习的学生。

学学文创的课程非常多元，跟坊间其他开课机构的差异是，学学文创不但有自己的教室（还曾入围德国 contractworld. award 室内设计大奖），而且开设方式依据产业别来分类，从产业的实际需求面着手。在学学文创，开课种类较多的是视觉艺术产业类别与时尚品牌产业类课程，根据学学文创的定义，举凡"从事绘画、雕塑、版画、摄影、装置艺术、录像艺术、行为艺术、数字微喷及其他艺术品的创作、拍卖零售、画廊、艺术经纪代理、艺术顾问、公证鉴价、修复、装裱等"都是开课的范围。每周在视觉艺术产业类别课程里，随时可以看到有老师正开设如水墨画、插画、油画、素描、暗房等实作，还有艺术鉴赏等课程。时尚品牌产业类别课程方面，如"从事时尚生活之食、衣、住、行、育、乐各项可提供文化探索、创意体验之品牌产品及服务，如美妆美发、服饰、婚纱、百货、购物中心、餐厅、饮料店、茶艺馆、旅馆、民宿、旅行社、交通工具、信息用品、生活用品、学习机构、体验工坊、生态农场之企划、设计、制作、管理、营销、展示、研究、评论、创意顾问等"。这里经常可以看到开设服装制作、花艺、彩妆、个人造型的课程，吸引许多上班族前来上课学习。

除了演艺、音乐、剧场艺术相关学校之外，台湾少有类似音乐及表演艺术产业类别的课程，学学文创将"从事各类型歌剧、戏剧、舞蹈、音乐的表演，导演、剧本创作及修编、作词作曲编曲编腔、表演训练、表演服装设计与制作、表演造型设计、专业容妆、道具设计、灯光设计、表演场地、表演艺术节经营"等部分集合在这一个项目内。除此之外，还有文化展演产业类别课程（包括参与从事美术馆、博物馆、艺术中心、文创园区、音乐厅、剧院等行业）、工艺产业类别课程（包含工艺创作、生产、展售、工艺品鉴定）、出版产业类别课程（如新闻、杂志、书籍、唱片、录音带、计算机软件等）、数字内容及应用产业类别课程（包括数字内容之搜集、加工、制作、储存、检索，这一大类也包含数字游戏、计算机动画、数字学习、数字影音、数字艺术、行动应用服务、数字出版与典藏等）、电影产业类别课程（如电影制作、发行）、广播电视产业类别课程（广播、无线电视、有线电视等）、广告产业类别课程（品牌营销顾问、数字媒体广告、艺企媒合、市场调查、广告代理、广告企划、媒体宣传物之思想、拍摄、制作及公关、促销活动、媒体购买等相关）、产品设计产业类别课程（以人类需求为导向的有形无形产品设计与服务，包括生活形态研究、趋势研究、生活用品开发、生活用品设计、环境器具设计、人因工程、结构工程、材料应用、接口设计、模型制作、色彩计划等相关）、视觉传达设计产业类别课程（包含了品牌定位、企业识别，活动形象系统计划之平面设计，以及立体设计等）、建筑空间设计产业类别课程（都市、城乡、建筑、景观、环境之规划、设计、管理；建筑造型、特殊结构、帷幕外墙等建筑外观之项目设计；建筑系统、材料、构件等建筑设施及产品之设计）、美食文化产业类别课程、文化色彩类别课程。另外还有两个特别项目，即亲子美育类别课程以及学学私塾。

经过精心设计，"学学私塾"成为学学文创中最特别的学习课程之一。相对于一班开课动辄 30 人以上到数百人的学员数量，学学私塾以 12 人以内小班的互动学习方式，以近距离的方式，自由、即兴的人际互动，用生活化的对谈与阐释，引领学生进入专家、老师的价值观世界。在某些特殊的课程中，学员可将自身的作品带入课堂，如同古时候师徒点拨几招的方式，向专家、老师请教工作、生活中的问题。"学学私塾"自开课以来，吸引许多实务经验丰富的实业家、创意人、贤达名士，如胡茵梦、盛竹如、汪丽琴、朱延平、王小棣、柯锡杰等。

（二）台湾大学（National Taiwan University）EMBA 创意与创造课程

台湾大学是台湾规模最大、录取难度最大的综合型大学，其前身为台北帝国大学，成立于 1928 年，是台湾在第二次世界大战前唯一提供综合型高等教育的学校。"二战"之后，台湾大学陆续增设管理、电机、公共卫生等学院，成为全台最完善的综合型大学。台湾大学管理学院是台湾最早的管理教育学系，前身为1919年成立的台湾总督府高等商业学校，1987年正式成立台湾大学管理学院，目前有工商管理暨商学、会计、财金、国企、资管五个系所，以及EMBA与GMBA两个专班。

台湾大学EMBA专班成立于1997年，现分为商学组（Business Administration）、会计与管理决策组（Accounting）、财务金融组（Finance）、国际企业管理组（International Business Management）、信息管理组（Information Management）五组以及台大–复旦EMBA境外专班。台湾大学EMBA专班成立17年来，吸引超过2500位卓越人才前往就读，无形之中成为会聚产业精英的平台。

2010年第四任EMBA执行长暨资管所曹承础老师与薛良凯老师在EMBA开设"创意与创造课程"，这是台湾大学EMBA第一次开设与创意直接相关的课程。从其名称来看，"创意与创造课程"本身，包含着创意与创造两部分，创意是产生解决方法的最佳手段，而创造则包含把想法付诸实践，整体来说，"创意与创造课程"便是学习最佳解决问题的方式，并且将解决的想法具体实现成真实。

每一个人都想更有创意，每一个人也都有索尽枯肠的时候。到底创意是怎么来的？创意能不能被复制呢？我们又是如何将创意付诸实现，让创意不只是一个幻想，而变成具体的事实呢？"创意与创造课程"讨论创意生成的原因，如同其他知识一般，灵感不会凭空出现，点子也不可能未经训练就源源不绝。创意需要开发、训练，甚至进行有系统的自我规划。这个课程以理论、实务以及练习三种模式交错进行，通过分析、实际案例、活动规划，让学生在短时间内吸收课程精华。创意看似毫无条理，其实有迹可循，"创意与创造课程"这门课是用五感体验当规划基础，以营销当作最终用途而设计出的创意课程。

以"创意与创造课程"中的听觉营销为例，理论方面广泛采用了大脑科学、营销学与人类行为学的知识，将原本偏重医学或是营销上的复杂理论，重新以比较简单易懂的方式演绎。理论部分，课堂上先会仔细分析人类听觉的成因，包括为什么会听见，如何解析听见的意义，听觉如何勾起记忆，听觉与潜意识有关吗，听觉能不能诱导人做什么事，听觉如何运用在营销上，等等。

实务部分，会实际引用目前各方面的研究报告，解析听觉用途、用法等背景知识。接着，通过三到四个实际案例，看听觉如何应用在生活周遭，观察与讨论这些真实的个案，是如何把"听"这件事实际运用好的。实务上，考虑到每一个人的背景知识差异，所以课程的作业程序与一般课堂颠倒，每次几乎都是先交作业再上课。作业一般并不困难，不是在考评学生的记忆力，每次作业也不可以超过一张单面 A4 纸的范围。这是一个重点：前期作业可以唤起学生对该项体验的经验与记忆。如听觉课程，课前作业会先让同学找一个日常生活中每次都会听到的声音，把声音录下来或是记下来带到课堂分享。

课程会假设一位学生在从没有准备的情况下进入课堂，与有了写作业体验后再进入课堂相比，两者之间会有学习上的巨大差异。经过将近四年的试验，这项理论得到了实际印证，如果偶尔把写作业的程序颠倒过来，对课程理解与吸收非常有用，这也反映于在职班的学习成效上。

"创意与创造课程"的练习与其他在职班课程不同，多数成果呈现不只是一份纸本报告，而要搭配实际演练的结果。以某次的课程来说，主轴命题是如何用消费者的角度思考，因此设计练习包括实际访谈消费者、现场考察、实地市场调查等，最后期末考则要求学生在校园设计各自的摊位，用营业额等指标来度量大家是否达到消费者的期望。另外还有课程设计成解决中小企业问题，过程中请学生找一家中小企业当作"客户"，通过访问与研究，先分析该企业的现况，再找出可以帮助该企业成长的方式。课程中，学生小组针对该企业拟定最佳可行策略，并将策略先行测试、运行。如果是市场开发建议，学生小组将实地走访卖场、商店，试图寻价或是签约。如果是改善方针，则包含产品开发走向、设计主轴、营运建议以及财务预估等，最好能开发出简单且可以套用的原型（Prototype）。期末发表的时候，这些"成果"都将列为重要的成绩指标。

无论每次主题是什么，这堂课程的设计都包含着三个非常与众不同的特色。尽管自成立三年多来，这一堂课历经许多次的改善与变化，但是这几个基本精神几乎没有变过。

1. 开放式讨论，以科学务实为基础但是以创意为表现

既然课程是创意，它必然是鼓励新点子的出现。而任何新点子，都必须是务实的具体想法，甚至必须包含实证经验在其中。老师鼓励学生发言，但课堂中多数问题并没有标准答案，最大的原因是问题本身就包含许多变数，当任何一个因素改变了，答案可能就截然不同，然而多数时候就算条件状况都一样，仍会产生不一样的结果。学生会根据自己的理解假设，试着用自己的经验法则去解决，而聆听的同学，则会从中吸取可以实际运用的部分。为了符合学期的周数，每次课程都会设计 13～15 个大纲要，这些纲要里面包含许多问题，从问题中展开学习，一直被证明为启发思考不错的方式之一。开放式讨论的成功核心在于要有"好的问题"，以及没有任何预设立场的方式进行。"好的问题"会刺激学生想象，会激励与触发学生谈得更深入。例如，有一次在课堂上分享听觉经验时，有学生提出"声音有可能内含某种密码"的概念，当婴儿夜晚哭闹时，父母会立刻被惊醒并准备相关尿布或喂奶，这是因为哭声本身就有某种生物性的求救信息在内。而平时婴儿吵闹的哭声，你会觉得很烦，是因为婴儿发出另一种声音，与晚上的求救信息不同（这些都是课堂间的假设性答案，尚未经科学证实）。而也有其他学生分享到，似乎急促的短声有急迫的感觉，如警笛、救护车、火灾警报、大众捷运系统的关门声、警告信息等，因此如果要催人快一点，急促的短声比长声要有效得多。

2. 课程融入五感体验，强调人与人的互动

人的感官负责接收各种信息，等于是个人感觉的第一线，但由于五感太基本、太常见，所以有时很难去描述、去学习。"创意与创造课程"之所以选中由人的五种感觉出发，正是因为这是最基本的感官，如果能从这里开始驾驭，对创意思想应当更有帮助。前文提到，文化创意是将文化运用创意方法加值，最终产生商业价值的行为，而创意的根本，与五感的开发息息相关。根据许多研究发现，原始创意的开端，往往来自大量仔细的观察，然后才是对现况的不满与提出解决方案。我们相信五感的开发会直接提升观察、体验能力，唯有先提升这些能力，才有机会嗅出不同、察觉差异、观察到可以改变的契机。

所以在课程设计时，自我心态的改变是一件很重要的事。由于改变其他人很难，所以课程必须设计出一种能诱导学生改变的方式，让学生以为是自己改变，而非老师压力所致，这种方式便是"内部竞争"。当没有出现外界压力时，一般人多数趋向保持安定，当课堂上每一个人都是旁观者的时候，就是处于没有压力的时刻。经过设计之后，学生在课堂上先组成小队，每队必须提出方案，将这些方案拿出来一评高下。为了获取荣誉，A 队会想办法超过 B 队，B 队会不甘心输给 A 队，这时候学生成为竞技场中的主角，老师反而退居成为旁观者。经过设计之后的课程，组内有同盟互动，小组成员为了解决题目而思考做法；组外有学习互动，每一位学生都想知道其他人是如何提出创意想法的，因为这也是绝佳的学习机会。在良性竞争之下，只要老师能够控制得宜，就能顺利开启循环式的自我学习机制。

3. 课程作业不是空谈，多数需要实践

虚拟问题与虚拟解答的作业，考不出真实能力，一切都是假设，实际运作能不能成功依旧是个问号，因此一般商学院会出的虚拟创业、虚拟管理、虚拟营销等题目，或是要求学生提出假设方案的作业报告，在这堂课是不会发生的。"创意与创造课程"每周一次的课程设计，课程内容具有高度的实操与实验性，因此几乎每周都会有作业要回去练习，到下一周又有新的题目出现。例如，在嗅觉体验课中，带一个你喜欢的味道到班上；在视觉体验时，学生要带一个最喜欢的图片、照片或是画作到班上分享；等等。平时授课便如此要求实践，期末的评鉴更是如此。在"创意与创造课程"课堂的期末发表上，曾有人做出拟真的机器人，有团队帮音乐家构思出唱片的方法，有小组帮公平咖啡推广，还有小组花了一周的时间学剪辑，就为了在课堂上播放他们制作的微电影。

（三）普拉爵文创（Project Works Group）

普拉爵是家特别的顾问咨询与培训公司，在华人地区，这可能是第一家把大脑科学系统融入教育培训、将五感体验放入教学课程的单位。在普拉爵还不是个正式公司、只是几位顾问的业余组织时，就因为帮助过许多"大客户"而著名。

从 2002 年开始，陆续有大陆与台湾企业委托普拉爵开设企业内部训练课程，但委托需求的种类都很特别，例如，如何帮助百货公司专柜小姐销售、如何帮助移动电话公司设计新款手机、如何培训企业接班人、如何教高中与大学老师、如何训练业务员、如何教老板在年会（台湾称为"尾牙"或"春酒"）演讲、如何训练医生与病人对话、如何培养高端会所人才、如何学习台湾服务业精神以及举办禅修课等。为了完成这些任务，普拉爵与许多专业顾问合作，建立了由专业、专职顾问组成的顾问团队。普拉爵的专业顾问群经验丰富，专业广泛涵盖文化与创意的各个领域，有来自书店、百货、科技、旅馆、餐饮、艺术、出版、培训、博物馆、展览、设计与营销的专业背景人才，通过这些背景，经常为两岸机构与团队、建设公司参与规划设计、执行空间规划与商业营运项目。这一群专业团队所拥有的是对文化的热爱、对各种艺术的喜爱、对各项事物的好奇，希望不断创新求变，并通过创意与设计改善人与企业的质量。这些难度高的案例，可提供绝佳试练与研发机会，因此普拉爵获得的经验比其他企业高出许多。换句话说，这些难度颇高的任务，间接催生了普拉爵公司的成立。

普拉爵名称翻译自英文 Project 一字，命名为 Project Works 是希望通过该企业的独特专业秘方，让每一个人在生活、工作、生命上的大小项目都能顺利运转（works 有运转、运作的意思）。普拉爵现在已经是一个专业知识培训机构，帮助所有人以最有效率、最有效果与最有趣的方式学习各种知识。在普拉爵的课程清单中，各种实用的知识是依据多年教学实务经验，以及不断进行中的研发测试，分门别类打包成块状学习包（Learning Package）。当企业需要的时候，依照其目的、状况的不同，深入了解学员、团体、企业的实际状况，课程规划人员便以这些学习包为核心配方，按照对象的需求程度调整，依据实际访谈结果增添，进行完全订制化的设计。今日在企业与学校间有太多的培训与课程，每一种课程有着高度的重复性，加上授课老师如催眠般的一对多演讲，不带些笑话真的很难让学员撑下去。普拉爵早期也遇到过企业提出类似的问题，要怎么样才能让学生更爱上课、对课程内容吸收更好、学习效率提升？普拉爵早期观察过许多课程，发现烂课程都有相通性，但是好课程却没有一定的样貌。经过观察也发现，如果真要对好课程下定义，那就应该在"课程目标"与"学员潜在期待"上着手。假设学员对课程的期待是 A，而你设计的课程是 B，课程最终能达到的成果是 C，那么 A 与 B、A 与 C 的差距越小，你的课程就越好、越棒；反之，你的课程就太失败了。用填鸭式教育的方法固然可以迫使学员学会，但学会的只是一个口令、一个动作的机械化作业，对于一般作业员所需要的重复性工作或许没有问题，但是随着社会竞争需求提高，社会需要培训出更能独立思考、头脑高度灵活的经理人，那问题就大了，这样的要求对于填鸭式教法是没办法办到的。普拉爵一开始优先导入设计思考（Design Thinking）的教学方式，接着则是广泛运用五感体验设计课程，再融入体验式教学法（Experiential Learning），让学员在演练、互动、游戏中学习。按照现在最时髦的说法，这种设计就是将教育培训文创化。

教学相长，教与学往往同时存在，而且随着实验性做法的开展，教学方式的成长也随之突飞猛进。经过不断的演化与精进，普拉爵慢慢演变出一种独特的五步骤课程演绎方式：前期访谈与项目规划（由课程规划人员进行）、精选师资（由课程设计师挑选专业顾问担任讲师）、课程科学化与剧本化（由课程设计师进行）、以人为本的理念、学员进行体验参与式学习（专业讲师与学员互动）。

1. 前期访谈与项目规划

每一个课程在开始前，都必须优先考虑使用者的期待。许多人力资源部门的工作者，误以为他们心中规划的职能（Competency）总是能满足第一现场的工作需要，因此假设性地拟定了可能需要的"能力"。但是很讽刺的是，有时候，就连第一现场的工作者也不知道他们缺什么，或是所缺的能力根本没有被列为能力，于是也无法具体描绘出来。因此在访谈时，课程规划人员会从另外一个角度出发，先了解第一现场的工作者希望把什么做得更好，哪里做得还可以更好？如何可以更好？如果要更好，那么，怎么样才算好？尽量让对方描述，而不是勾选答案。例如，我缺乏判断力、我要学沟通力等的方式，都是不准确的，因为这样既不具体，往往又会以偏概全。比方说，曾经有企业向普拉爵表示目前缺团体性的组织力训练，因此希望安排关于向心力、组织、领导力方面的课程。但经过访谈之后，发现团体最大的问题是"跨世代沟通"，尤其是内部主管年纪较高，下属年龄较低的部门，出现了所谓的"80后"、"90后"管教认知差异。课程规划人员前期进行初步访谈，对原先的设定目标有了很大的帮助。因此，原先向心力、组织、领导力的课程，将加入更多"Y世代沟通"的素材，让学员能在无形中感受到这堂课对他的"用处"，就更能符合使用者对于该课程的期待。

2. 精选师资

普拉爵的企业使命是"以文化、创意、教育、艺术、生活为基础，设计改善人与企业的质量"。因此在师资的选择上，也从这几个范围内，选择最好的师资。所谓好的师资，是指实务经验、表达能力、互动能力均达到一定的标准，普拉爵的师资最浅都有五年以上的实务经验。而每一位讲师授课之前，课程设计师会先讨论课程设计方式，找出几个学员能动手做的地方，务必贯彻"做中学"、"体验中理解"的设计理念。如果讲师对五感营销、互动教学陌生，普拉爵会先对老师进行培训工作，以确保上课质量与学员的权益。

3. 课程科学化与剧本化

在视觉体验课中，学员将见识到暗示的威力，经过一连串设计后，学员会在商品中挑选事先被设计好的答案，过程就像魔术一样。营销学的说法，这就是商品营销；在设计上，这是吸引力设计。无论怎么解释，听起来没办法讲得清楚，学员日后也很难自行复制这样的经验。普拉爵从大脑科学出发，直接用科学解答发生的原因。学员为何会在商品中挑选事先被设计好的答案，背后都有其科学证据，而这些科学证据只要学会了，自然就可以进行复制。例如，购买前对消费者进行一连串颜色灌输，交错图案与画面尽量展示同类的颜色，大脑会产生联想记忆，这会影响消费者之后对商品颜色的选择。又如，读心术、团队管理、营销企划、无简报演讲等，都是运用科学方式帮助学员精进。

4. 以人为本的理念

许多企业能够历久不衰，持续翻新、变革、突破、坚持，在变化快速的商业战场中存活，因为他们都相信一句话：企业经营的本质，是以人为本的经营团队，营运上坚持奉行"上策留人，中策留店，下策留钱"的信条。人是企业的骨干，而企业伙伴脑里装的知识、技能、思考与判断技巧等，才是企业最大的获利工具。如果企业希望能面对挑战，企业希望能求新求变，企业希望突破僵局、开创新局，其实就要进行企业内部伙伴的改善与改变。而上行下效、上层决策的正确，将大幅影响基层员工的命运。因此，企业人的重要性从组织结构上看几乎是以倒三角形表示的：上层管理阶层人数较少，

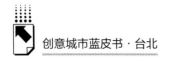

但是重要性相对较大。这也就是普拉爵主张企业要更优先、更重视领导阶层培育的原因。

5. 学员进行体验参与式学习

体验参与式学习的精神在于课程并非只是看着老师、听着内容，而是会随着课程指示动手、动脑、眼观、耳听和鼻嗅，所有感官都需要派上用场。普拉爵每堂课程至少会搭配10%的时间进行演练，有些课程甚至高达90%的演练时间。按照学习金字塔理论，聆听对知识保存率只有5%，听与看提升到20%，展示或影片能提升到30%，小组讨论则有50%，而动手做的学习方式会让记忆保存率增加到75%以上。体验学习是去感同身受某一件事情，参与则是身临其境去重演过程，普拉爵认为这两者是一样重要的。与其在企业外部受挫，造成商誉受损，不如先在企业中进行挫折教育，或是以难度更高的关卡试练，这样更能提升商场作战成功率。很久以前就有一句谚语，授人以鱼不如授人以渔，意思是说要帮助一个人，最根本的做法就是教他怎么做。

普拉爵，就是一个专门教人钓大鱼的教育机构。

文创产业的行动体验式
商品规划与经营

陈锡钧 *

从台湾中小型文创产业之经营困难点切入，以哈贝马斯的公共领域理论加上以创造服务体验为主的新经济学概念，协助业者建构文创商品规划思维，并以经营管理理论配合咨询辅导经验，在经营思维面探讨文创如何与消费者之个体行动、商家服务结合，在经营面要注意哪些点，要怎样建构商业模式，使文创业者具备长期经营的能力。

一 背景与观点——一个企业咨询顾问看
文创产业的问题

首先要界定一下本文的论述范围，文创产业根据"文化部"2010年的公告，划定了15个子产业类别，包含视觉艺术、音乐及表演艺术、文化资产应用及展演设施、工艺、电影、广告、广播电视出版、流行音乐等。本文的论述，将不涉及广告、电影、广播电视出版与流行音乐四个较为成熟且体系完整的产业，将讨论重心放于新兴之设计、创意生活、数字内容等新兴项目，而且从企业个体经营的角度来论述文创产业的发展。根据台湾发展经验，中小型企业以及微型企业，于拓展文创产业时所遭遇的困难特别多，故从此角度切入，希望能为这些创业者提供一些帮助。以下，先从产业层面来看所观察到的问题。

---

* 陈锡钧，台湾最大顾问公司——中国生产力中心管理顾问，上海复旦大学新闻学博士，专长为策略规划、产品服务创新与调查分析。经历过多家公企、民企、公部门之策略规划咨询辅导，亦有多样企业服务满意度调查经验。

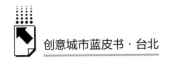

（一）有生命力但难持久的产业形态

台湾的文创产业充满活力与创意，但真正成功的并不多，就连国际知名的一些表演艺术团体都面临经营困难，更不用说那些个人或是中小型企业（根据台湾当局定义：员工 200 人以下或资本额 1000 万元新台币以下之企业）。毕竟在经济不乐观的压力下，一般消费者还是倾向实用主义式的保守消费。就笔者从业经验来看，台湾的文创产业不乏优秀的创意与人才，也不乏优秀的作品，可惜的是，当谈论到"产业"时就不免要与商业、经营管理扯上关系，而很多优秀的个案，就失败在这里；创意产生者的热情只是昙花一现，即使在媒体的光环下，6～12 个月之后往往就归于平淡，然后逐渐消逝。

（二）创作者与经营者的角色冲突

这或许是文创与经营两种工作的从业者天性使然，文创工作讲求的是长久的积累，然后是水到渠成的产出，换取一瞬间的感动；而经营则讲究缜密规划，精密控制与管理，进而获得永续的产出。两种人格特质，很难同时出现在一个人身上。台湾文创产业规模偏小，创作者本身通常要兼任经营者；专业经理或委托经营的形式在该产业内也不是那么成熟，让文创产业的经营者很难兼顾创作与经营。

（三）文创商品的体验完整性被切割

文创工作者在进行创意创作的时候，其所具备的理念是完整的，每一个文创业者对自身的产出，都有一个完整的意念。但是当这些东西被商品化之后，却很难反映出创作者的完整意涵。例如，剧场常有卖场在贩售纪念品，如杯子、纪念卡、装饰品等，但这些东西就只是摆在漂亮的柜子上，甚至就摊在开放式的空间中，感觉跟去书局买文具没两样，一个创作者的理念，散落在这些商品身上，却无法借由这些商品，重新组合成创作者要传达的理念，自然，消费者就只会用功能性的考量来看这些商品。这是很多文创商品无法卖出理想价格的原因，当文创商品的最大附加价值"创意理念"无法体现时，就只能当一般商品卖。无法将文创商品与服务或其他商品元素结合，在消费者生活中形成一个体验氛围，这是其难以广泛扩散的主因。

（四）经营的持续性难点

一般来说，既然称为产业，就会有其产业链与价值链，可以有明确的专业分工与价值角色扮演。但文创产业的产业链在台湾并不那么成熟，而价值链更是模糊，你很难界定一个艺术家的创作是属于研发或是制作，也很难用一般管理学所提的种种工具来管控生产流程，有时，甚至连品质指标都很难确定。这样的模糊性使得其在经营面，很大部分是依赖具有实验性质的尝试，很难界定出一个具有长期性且可依赖的发展模式。此外，加上经营的企业内缺少设备或不动产可作为银行质押物，在资金取得上相对困难，也往往让经营者难以执行各种长期规划或进行大规模行销活动。

二　探讨目的

根据上面的论述，文创产业其实面临着"把创意、商品与服务妥善联结的商业思维"与"实体经营"两个层面的困难，本文拟以传播理论与体验服务观点，加上职业生涯中对文创产业咨询辅导经验，两者相互印证，从管理经营的实务角度，为上述问题提供可能的解决之道。进一步将探讨目的列示如下：

（一）以"沟通"观点解构文创产业的价值产生流程，建构"行动体验"的商品企划思维。

（二）从创业准备观点，提醒文创产业经营者在创业前的准备。

（三）从感动服务角度，让经营者学会观察客户，建构持续创新的商业模式。

三　论述架构

承袭前述目的将本文之论述架构图示如下。

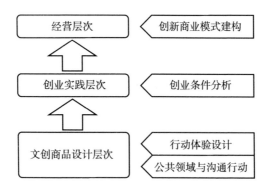

本文从文创商品的设计规划谈起，第一阶段，先让文创工作者能将其创意理念适当地转化成能感动消费者的商品。本阶段以哈贝马斯的理论，引导创业者建构一个商品的"沟通行动情境"，让创意者的意念，与消费者有一个共同的认知空间，再联结服务业最新的"行动体验"趋势，让商品规划能与消费者更贴近。第二阶段，将引导文创工作者做好正式创业之前的一些评估与准备工作，包含设点的评估、通路的经营形式、客户引导、资金准备量等，设置营业网点的关键工作，降低失败风险。其中，最主要考虑文创工作者在经营面的思考死角，避免冲动创业所带来的风险。第三阶段则以"持续"为目标，引导文创工作者将产品与服务持续改善与扩张，随着与消费者互动的加深，学会解析消费行为，并进一步能分析自身经营的要素，将二者结合，成为可以循环、持续发展的"商业模式"，其中对消费者价值的理解与如何转化产品文创元素于服务中，是本部分的关键。

四 文创商品规划的行动体验思维建构

（一）理解文创商品的本质——价值沟通

1. 文创商品的价值由沟通产生

以往文创工作者谈到商品化，总是认为要将自身的创意，以一个具体的商品形式来展现；哪怕是无形的表演也是以一种商品形式来看待；这样就会使文创商品落入功能性的误区中。文创商品与一般商品的最大差异，其实在于"创作者理念的传达"，不然美术馆所卖的瓷杯就与路边小贩卖的就没有差别。我们借由下面表格来解析一下上面例子中，两种商品对消费者的价值流产生过程。

	购买前期待	使用体验	后续行为
美术馆瓷杯	逛完美术馆，希望能把感受的艺术气息延续到家中	一边喝着饮料，一边欣赏杯子上的艺术品，还能回忆一些美术馆的体验	有空应该安排时间再去一趟美术馆
路边小贩瓷杯	要有东西装水喝，希望能兼顾美观与便宜，要是能方便买到就更好	随手拿起来倒水喝，使用完毕还蛮容易清洗的	等到杯子用坏了，再去买一个

由上面的假设过程可以看到，一个物品的价值，是呼应消费者的预期心理来传递下去，对美术馆瓷杯来说，消费者的期望从来不是瓷杯，也不是美术馆，而是"其在美术馆的体验"，而延续与传达这个过程的是"沟通行为"，印在瓷杯上的图案，肩负了传播意念的责任。若是这个符号的意义不足，或没有其他传播信息辅助勾起回忆（例如电视上偶尔播出美术馆的新闻），它可能就没办法完成价值的完整传递，进而让消费者再度体验身处美术馆的情境。由此，我们可以说，文创商品的价值，是通过沟通，让消费者进入一个体验情境，注意，是"进入"，不是"建构"，每个消费者对文创中文化元素所构筑的体验情境都不相同，文创商品要做的是引导，不是给一个定型。

2. 文创商品的价值传递与启蒙功能

如果你认同上面的论述，那我们就可以接着讨论关于沟通行为与体验情境引导的方法。在此，笔者将引用哈贝马斯的公共领域理论；该理论的核心，是指人类应该有一个理想的公共场所，能自由地表达意见，并能在此达成完整的沟通行为，使彼此意识充分地认知。而该领域形成的重点在于沟通行动，人们有意识的交流，在于沟通行动中会逐渐一致，对其来说，沟通行动不是单指对话或媒介传播，而是指为了促进相互理解的所有行为都是沟通行动的一部分。该理论的精髓，在于其关心的不只是阅听人在进行传播行为方面的权利，是更基础性的，将沟通行动作为人类解放的基础。为了达成完善的沟通，人会想办法提升自我，也帮助沟通的对象提升，这是一种从整体生活视角来看待人类意义传达行为的论点，公共领域其实是在提供一个人类通过沟通进而得到自我解放的机会。在这个理论框架下，哈贝马斯理想中的"公共领域"，就是每一个文创工作者，能与消费者进行完善沟通的领域，所以不只商品本身，商品之外创作者与消费者的所有互动，都是完善这个领域必要的努力。而"沟通行动"则反映着价值传达的流动性，文创的价值传达不能只靠静态的商品，或是短暂一个时空中的展现，而是依赖在行动中持续演进的一个过程。现代公共领域的特色是以价值多元主义为基础，在一个多元价值的公共领域中，抱持不同价值信仰与意识形态的人能否进行理性沟通，却不无疑问[①]。

所以文创商品不只是价值传达，还要扮演启蒙角色，让消费者理解创造者的理念，进而带领消费者进入创造者的感知领域，赋予其创造的潜力。就如同我们看大师画作，当真正看懂了，我们不会变成大师，而是能理解作者看世界的方式，进而拥有另一种观察世界的视角，这种"使消费者拥有新体验能力"（注意，不是新体验，而是有能力去创造新体验）正是文创商品最大的价值。若能认同上面论述，以后在文创商品规划时，就不要急于把创作理念化为实体，而是要思考，创意理念有哪些元素，希望消费者认同之后，能得到什么启发，再去想如何与消费者进行沟通，并能确保这样的沟通有持续性与互动性，只有这样价值才会产生。下面将继续介绍一些思维，可以使文创工作者能比较容易完成上述事项。

五　与体验结合的服务化的商品规划思维

（一）体验情境建构

文创商品是消费者对某一个情境所有体验的总承载，对一个商品的认同度要够高，消费者才会愿意埋单，也才可能掏出比功能性产品更高的价钱。根据前面所引用的哈贝马斯论点，文创商品的设计，就像一组传播符号的组合，这

个符号的意涵丰富度要靠与之联结的印象，此时，沟通行动的论点就可以用上。"意义要在沟通行动中产生"，读者可以试想一下，你们记住一家好吃的餐厅，通常不是记得那家餐厅的样子，而是记得你在那一家餐厅用餐的感受。菜吃下去的感觉、步入餐厅第一眼的感觉、在餐厅和一同用餐的人互动的感觉……因为你在那个用餐过程中有那么多行动，最后才会总结成一个对这个餐厅的印象，哪怕是静态的欣赏，也是一种与餐厅布置者，或是厨师的一个对话。因此，你要思考在你的文创商品规划中，你设计了多少体验空间；比起对最终产品的关注，你更要去设计，消费者在拿到或享用这个产品之前，会有哪些行动机会，引导这些人有机会去了解你的文创理念。

举个简单的例子，现在路边小店卖茶饮料都是用杯子装，拿起吸管插下去就开始饮用，消费者在喝完产生感觉之前，没有跟这杯饮料的创造者有意念上沟通的机会，即使是名字取得很优雅，最终被记得的也是饮料的口味。而有一家小店采取了不一样的做法，它用小玻璃瓶装每一份饮料，并且在瓶口绑上一个小绳子，上面贴了一个小纸条，一面写的是运气占卜，一面写的是这个饮料的调配理念。消费者要喝前，一定要拿绳子，此时不免就会去看小纸条上写的什么，如果消费者这么做了，那对商品创造者来说，他多了两个与消费者沟通的行动，给喝的人一个今天好运的祝福，以及告诉他创造者希望他喝进怎样的心情。而对消费者来说，在喝下饮料前，他体验了一个对今日运气的好预兆；同时在喝的时候，会多想一下，那个纸条上所写的，是否在口中体现。

由上面可以看出，体验情境的营造并不是多么困难的一件事情，不要被"情境"两个字误导，而想说要去建构一个完美的体验空间，很多文创经营者会花很多心力去建构一个实体空间，想用环境去给消费者体验，但往往会花很多成本，而没达到预期效果；很多时候，空间的呈现只体现了创作者的意志，却没留下让消费者可在这个空间采取行动的导引。与其思考更棒的装潢或更多的商品附加功能，不如更仔细地去分析消费者与你的商品的使用流程，从行动脉络中去找寻可以用行动对话的空间。

（二）以服务创造体验

服务是创造体验最好的方式，通过人与人的互动，留下交流后的美好结果；这是一般服务业对服务的观点，而对文创产业来说，服务不只如此。在之前的论述中，几乎没有提到文创商品规划者要怎样安排"人"的问题，但并不是说人的服务设计不重要，而是这些资讯你可以很轻易地从服务业的其他参考资料来取得；现在想强调的是更广泛的服务概念。开一个餐厅或咖啡厅，是文创业者常见的商品贩售方式，而往往也很容易把服务认为只是对客人的接待。"服务的存在意义，是提供各种辅助措施，使消费者更能轻易地做到想做的事情"，上述是笔者对服务的广义定义，而要达到这些，固然可以用很多人力的投入来完成，但成本效益不符合。对文创产业来说，适宜的服务，是在所提供的体验情境中，留下足够的引导机制，或参考资讯，让消费者能"自主"地选择体验的方式。其中，别忘了文创产业与一般服务业最大的差异；融合文化元素体验的制造；对应的是文创产业的启蒙功能，用文化元素与创作者的创意，引导消费者去体验某种感动。举例来说：餐桌上可用透明玻璃来展示某个漂亮的压花，不想深究的消费者可将之当成餐点的视觉点缀；想进一步了解的消费者，会惊奇地发现餐桌上有个小册子，说明这个漂亮压花，是属于本地的特色植物，还告诉你哪里与何时是最适合欣赏其美丽的时节。像上面这样的小设计，就是一种小小的引导，托现在新科技之福，我们还有很多其他低成本的应用方式，可以在有限的空间中，展现更多的资讯，达到更佳的沟通。

（三）体验与体验的联结——多重体验设计

前面提到的文创产品的商品化反而造成体验被切割的现象，其中最大的问题在于没有整体情境设计理念与行动关联，整体理念前面已经论述，本部分要说明的就是要培养规划者"通过行动导引，创造商品与多重体验联结"的能力。单一商品之所以造成体验被切割，是因为没让消费者在接触单一商品前有足够的体验，而另一方面，商品不足以承载足够的提示信息。所以一方面要有"让消费者在接触商品前就能加深体验"的行动设计；另一方面要让"文创商品载体的信息含量增加"。在加深体验的行动设计方面，以下以台湾"故宫博物院"的做法为例：对一般访客来说，博物馆的文物是用眼睛看的，顶多配合声音导览，其只用到了两种感官。而台湾"故宫"委外经营的晶华酒店，就把"故宫"出名的翠玉白菜、肉形石做成可以入口的餐点，其用心在食材选用与摆饰上，都尽量追求贴近展示品的原汁原味，让游客观赏翠玉白菜的印象，可以与之联结。而且，用餐时还有对食材与烹调方式的附加说明，营造吃饭也如同欣赏艺术品的体验。当游客用完餐，还可以顺带在出口处的纪念商品店，买一个翠玉白菜吊饰带回家。

图片来源：《远见杂志》2008 年第 266 期，台北"故宫博物院"网站。

在上面叙述的历程中，游客带回家的可能只是一个吊饰，但看着这个吊饰，其会回想起在"故宫"的种种体验。翠玉白菜、餐点与吊饰品，如果分别拆开，其意义不大，通过行动设计，让消费者在参访完用餐，在用餐时回忆参访内容，最后带一个象征回忆的符号回去，组成了一个完整的体验场域。这样的一个历程，就是埋藏在这些商品之后的行动设计思维。在增加文创产品的信息含量方面，可以观摩日本的动漫产业做法，动漫是虚构出来的东西，而其周边产品却要在现实世界中重构虚拟场景，所以其需要很大幅度的唤醒消费者脑中对动漫作品的回忆。人物模型是动漫周边的代表性产品，过往厂商的做法是让人物摆出动漫作品中的招牌姿势，因其在作品中出现频率高，消费者的印象会比较强烈。后来，为了增加体验，在人物模型的底座，增加了发声装置，在不增加其他配件的情况下，让消费者多了一种感官体验。最近，其做了一个小变动，把原先属于支撑物的底座贴上贴纸，变成人物在作品中的场景，更大化地还原其在动画中的状态。

在上面的例子中，我们可以看到，其通过各种"情境延伸模拟"，努力赋予承载体更接近原先虚拟世界的印象，对文创规划者来说，每一个完整的创意意念，就是属于创作者的虚拟世界，规划者可以在商品身上创造更多联结，这

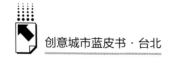

个工作很多时候需要的是创意巧思，而不是大肆增加产品的硬件周边配置。不增加消费者的购置成本，也是体贴服务的一种方式。

六　为你的文创实践或创业做好准备

之前是思维层面的准备，接下来则是很现实的经营准备，很多文创业者对于店面或事业的经营通常是摸着石头过河，当然，经营变数很多，大多数情况需要随机应变，以下则提供一些重点评估概念，使经营者遇到问题时，能有一些依循。

（一）开始前的"开店立地"分析

1. 核心商品拟定

由于文创产品的创业大多是建构在创作产出上，不像一般商品那样可以随客人、开店环境来调整商品内容，故在一开始之前，就要有明确的贩售商品组合。此时就要将商品规划中的所有产品作组合，在一个明确的"价值意念"（通常是经营者最想传达给消费者的一个概念）下，思考让消费者接触的方式。

2. 消费者选定与地点选择

这两个选定和选择要先决定一个，再在其框架下决定另外一个。先决定哪一个要看经营者初期拥有的资源。如果你受限于地域性，那就要先分析这个地区之内哪个地方是人流最多的地方，通常居民多的小区或是交通枢纽附近是理想的地方。这时候你必须花至少一个星期的时间，每天分别在预定时间内，观察你所选定的几个地点附近的人流量。记录下经过的人的种类与直接观察就可以判断的背景资料。在此观察中，你还必须划定简单的地形图，表示出目标地点的几个行动线。执行过程中，要尽量精准计量，每天的成果则存入电脑表格以利于分析。经过这个步骤，你会得知"每天大约有哪些人、哪种人会经过你的店"以及"这些人是如何经过你的店"。前一种资料可以帮助你找出可能的消费者，后一种资料则是让你在制定规划时，决定要在哪些点做宣传，以及如何导引客人来店。有了这些资料，你就可以调整先前拟定的核心产品，以求更符合客户群的特征。

本阶段还有一个最重要的工作就是"估算营业收入可能",你可以观察附近性质类似的店铺,看一下顾客消费单价与每小时来客数（需分尖峰与离峰），建立一个预估的基础点，然后规划你预计消费者在店内的"行动"，在此基础点上作上下 10% ～ 20% 的调幅，就是你的可能客单价。将客单价乘以来客预估数再乘以每个月的营业天数，就可以得知每个月的预期收入，这通常是一个高估值，因为我们通常是以成本加利润来计算，但消费者是以其心理价格来决定行动，其间的落差，需要一两个月的时间来做验证。上述流程，如果先预定好消费者，那逻辑也差不多，唯一不同的是要花比较多的资源，去调查目标消费者的行动区域和路线，再决定要在哪一区域进行设点，决定好设点地区后的流程跟上一段一样，务求能得到清晰的经营预估结果。

3. 经营成本分析

经过上述步骤，大部分的经营元素应该确定，此时要进行成本估算，基本的常见的固定成本不提，这里要提醒经营者在开店初期的一些应注意的费用：

（1）公关行销：开店初期的客户招揽优待、媒体采用、近邻合作等费用。

（2）保险费用：火灾、地震、食品安全、客户安全，根据每个地区规定不同，会有所不同。

（3）员工延伸费用：不是只有薪资，根据各地区法规，企业的部分负担费用，必须考虑进去。

（4）失败成本：店内物品损坏、员工服务不佳、客户损失赔偿等，因交易不顺利所产生的费用。

做完上述评估，就会知道是否可以把创意变成生意，这个阶段的思维并不复杂，但往往创业者却没有耐心在开店前进行理性评估，如果你愿意为买几千元的手机做好几天的功课，那你更应该为一笔动辄几十万元的买卖，做更谨慎的评估。

（二）编写经营企划书

与单一商品规划不同，经营企划是全面性地与消费者互动的一个规划。前面论述所提的可行性评估项目，要到此来进行验证。除此之外，还要考虑下面几种在经营企划中必要的项目。

（1）市场分析。其由前面的开店分析延伸而来，主要用于厘清自身所处市场的状况。除了店铺内部自身相关顾客资料外，还要连周边的竞争者与环境分析都纳入，做到多深的程度就看资源拥有多寡，每一年至少重新做一次。

（2）变动性因素确认。变动性因素泛指商品规划之初已经知道要考虑，却无法马上确认的各种因素，如客户的消费习惯、物流通路配送、材料的市场波动等，对经营有影响，且需要时间确认的因素。要在此设定好检视时间以及预期标准，当有的目超出预期时就要启动对应方案。

（3）资金准备与筹措。由之前的种种评估应该可以算出每个月的营运周转金，由此可推估全部要准备多少开店资金。台湾经营顾问曾提出开店所需资金比例，其建议资金的分配比例最好是 6∶3∶1，即 60% 的开店成本，30% 的周转金，以及 10% 的紧急预备金①。据此，将每个月的周转金约略乘以 3.5，就是你开店初期该准备的金额。本部分还要考虑资金的筹措来源，若采用股东制度，则权利义务要在此厘清。

（4）行销策略。本部分要想好在开店之初，能以何种手段快速吸引客人，让新开的店能基本站稳脚跟。大约半年后可以规划另一波的行销做法。现在网络媒体很发达，应该善用，但如果目标族群非网络使用者，则要考虑传统媒体。记住，先帮你的商品说故事，再让你的商品帮客户说故事。

（5）风险评估与因应。本部分由变动因素章节延伸而来，考量变动因素在最坏的状况下，可能带来的经济冲击，预先拟定好各式对应方案，并设定好启动方案的数据指标。除了外部因素之外，内部经营上的风险，如人员流动、股东意见不合等情况，亦应纳入。

（6）设定营业目标与财务预估。本部分为营运成果检视，根据前面各样数据，拟定出各式财务指标，详细指标可参考坊间各种财务规划报表，但不必全采用，找出几项关键指标，如盈余、周转率等。涵盖周期上，至少需完成第一年的预估，并每个月进行检视。

---

① 巨亨网编辑部：《从长计议、逐步规划事业蓝图，做好准备创业去》，《新财富杂志》2008 年第 5 期。

七　为永续经营做准备

（一）核心能力确认与确保

一家企业要能持续经营，能持续维持竞争力是基本要求，一般讲"核心竞争力"会落在企业的生产、行销、人力、研发与财务等层面所具备的独特竞争性。而对文创产业，笔者期望核心竞争力更落实于"对客户的理解"上，文创产品是通过沟通行为传递价值，而沟通效果则建构在对话双方的相互了解程度上。而且，文创商品所具有的启蒙效果，也让客户一直在进化，一直保持对客户的关注与理解，会让文创商品有更大的发挥空间。而且，这样的竞争优势不容易和别人冲突，也比靠经济规模与技术来影响上下游的核心竞争力容易建构，符合中小型文创产业的资源运作规模。经过 3～6 个月的经营，应该对客户的需求与竞争环境有所理解，可以从客户的来店时间、购买物品等方面考虑下一步的经营。若有设计会员机制，建立客户资料库，经营者会有更好的需求分析基础。说到此，应该可以感觉到，核心竞争力的建构，是经营者的"观察理解"与"辅助资料"的结合，所以前面所谈"建构在客户理解"基础上的竞争力，在实际运作阶段，就变成"经营者能快速地组合自身商品元素，回应甚至引导客户品位的能力"，在此笔者用"品位"代替"需求"，是因为消费者对文创的需求不像一般生理需求，身体会自发性产出，这些需求需要被唤醒，进而被认同。经营者应每个月总结一次客户的消费经验，并随之改变商品与服务；只有一直保持新奇，才能持续引起客户兴趣。

（二）营运模式建构

1. 营运模式的基本意涵

经营要能持续，获利是基本条件。营运模式是一个预设的客户交易流程，其由核心竞争力延伸，配合其他经营要素"使经营的事业能持续保持获利"。模式的重点，在于"如何持续创造利润"，简单地说，就是要靠什么把钱收进来。其关键在于"持续"二字，这也呼应了核心竞争力要持续关心客户的论点。在笔者辅导经验中，笔者将获利分成两大渠道，企业内部的"关键资源与流程处理能力的掌握"；企业对外的"价值创造公式"。这样的定义方式，是为了让企业方便把"获利"这件事情来拆解。对内部分，讲的其实是"成本的精省"，例如，你能找到同样品质、价格更便宜的供应商，或是把做菜浪费的食材缩减20%，同样收入下，你能节省的成本自然成为利润，这个面向比较好做，但也容易造成瓶颈。所以企业要有对外"收更多钱"的本事，而对客户来说，要对他们收更多钱，就代表"要提供更多价值"。价值创造公式，是要求经营者，找出自身经营过程中"客户愿意付钱的价值元素"，可能是可口的餐点、温馨的感觉等，然后去思考这些元素是怎样在消费者的行动中产生作用，程度上的增加减少，在公式中就是加与减的概念，要完全创新或整个去除的就是乘与除的概念。通过这个方式，可以协助经营者，以具体的概念来操作资源。但这还不够，如前文所述，获利模式最重要的是"持续"，所以更重要的是这个公式的运作方式。

2. 互动模式中的留白

很多经营者的获利模式是希望"能拉长消费者来访时间、增加来访次数"，但这就要为其建构"来访的意义"，每一个为了这个目的于经营过程中增加的动作都代表成本，进而损坏对内部的获利模式，所以内外获利模式常会起冲突。这时候我们就要思考"是不是每一件事情我们都要自己做"。下面我们来看个案例，看看可口可乐在中国是怎样利用在地的文化元素让消费者埋单①。可口可乐在中国做了一次实验性的营销活动，原本瓶身正反都有一个LOGO，他们让出1个LOGO的空间，标上"屌丝、高富帅等"一些网民用语，原来千篇一律的饮料，除了解渴功能外，多了一个表达意念的功能，网民用这些瓶子在各种场景，创造属于自己的幽默，然后上传到网络。这个作为，得到中国广告年度艾菲尔奖，也让商品单月销售提升20%。上面案例中，可口可乐操作的就是一种"留白"，在原来商品的意义承载空间，留一块给消费者（当然，其利用网络用语作了某种程度的引导），他们给使用者起一个头，让使用者自己去找出有趣的产品使用方式。文创商品操作也是一样，不一定要

---

① 杨帅：《卖萌营销学》，《财经文摘》2013年第9期。

帮消费者设想好、准备好，好的引导可以给消费者更多空间。可以想想，如果要改变店内装潢，换一个壁纸不一定是好的解决方式，开放一面墙壁给人涂鸦，或许会更有趣。

3. 共同创造意义——到田野用餐

一个人的力量有限，有时不妨让消费者加入产品的规划工作中，台湾有一个音乐家，因为想唤醒大家对农村价值的重视，设想了一个"稻田里的餐桌计划"，计划构想很简单，利用网络与人脉关系，邀请有兴趣参与的人，一起到某个选定的农家，花半天时间，和农户一起准备食材，一起准备餐桌，就在稻田中间用餐。这个活动引起热烈的回应，从2013年10月开始，已举办49场餐会，总计2350人参加，最高纪录单场就有百位用餐者，就连王品集团董事长戴胜益也带家人一起体验①。

图片来源：（台北）兰阳农业发展基金会。

通过这个活动，他们让消费者体验真实的人文与土地风情，在餐厅里再多的说明，比不上你亲身到田中去感受食材的新鲜与新奇用餐体验。一个人约350元新台币的用餐费用并不便宜，但对消费者来说，这不是吃一顿饭，而是

---

① 陈怡如：《稻田里的餐桌计划：一起下乡还原农村价值的美好》，《数位时代》2013年第231期。

去体验一种生活。由于活动主题抓得精准，这种感动体验吸引很多后来的加入者，包括工作人员与客人。在这个模式中，其操作的核心是"开发在地的体验地点"，但后来的很多工作，是因为参与者的意见贡献，而得以更多样化地展开。这是一个很标准的对内"关键资源与流程掌握"，对外"由参与者协助创造价值"的获利模式，而且，参与者越多，价值创造可能越高，获利就更可能持续。当然，活动本身是公益性质，获利只是操作良好下的副产品。因此，本案例也可以验证，文创产品的启蒙特质可以创造自身价值。

八　结论

当你身为文化创意工作者时，你可以尽全力向世界展示想要表现的价值观点，但当你身为经营者时，能否与消费者持续沟通与互动，以达到价值的相互认同，就变得相当重要。本文试图把感性的创作工作与理性的经营工作切割成片段，再以行动沟通理念联结这二者，希望能帮助文创经营者，对创作与经营有更清晰的逻辑思考架构。上面所论及的种种建议，每个经营者不一定有足够资源做到，但很多思维层面的东西，希望文创产业的经营者在实施各种行为时能多想想，不见得一定可以让企业营收翻番，但至少可以避免走向错误的道路。

B.20
参考文献

1. Adv. media, http：//www. advmedia. com. tw/index. html（2013. 11. 28 摘录）.

2. Allen, G.（1999）. Cognitive abilities in the service of wayfinding： A functional approach. *The Professional Geographer*, 5（4）, 555 – 561.

3. Allen, G. L. , Kirasic, K. C. , Dobson, S. H. , Long, R. G. , & Beck, S.（1996）. Predicting environmental learning from spatial abilities： An indirect route. *Intelligence*, 22, 327 – 355.

4. Arrowsmith, C. , Zanon, D. , & Chhetri, P.（2005）. Monitoring visitor patterns of use in natural tourist destinations. In C. Ryan, S. Pageand, & M. Aicken（Eds. ）, *Taking Tourism to the Limits： Issues, Concepts and Managerial Perspectives*（pp. 33 – 52）. The Netherlands： Elsevier.

5. Arthur, P. , &Passini, R.（1992）. *Wayfinding： People, Signs, and Architecture*, Toronto： McGraw – Hill Ryerson.

6. Astur, R. S. , Ortiz, M. L. , & Sutherland, R. J.（1998）. A characterization of performance by men and women in a virtual Morris water task： A large and reliable sex difference. *Behavioural Brain Research*, 93, 185 – 190.

7. Baus, K. , Cheverst, Kray, C, J.（2005）. A survey of map – based mobile Guides, in Map – based mobile services – Theories, Methods and Implementations. Springer – Verlag, London Ltd. , A. Zipf（Ed. ）. *Springer, Berlin, Heidelberg, New York*, 197 – 216.

8. Bendazzi, Giannalberto. *Cartoons： One Hundred Years of Cinema Animation*, London： John Libbey & Company Ltd. , 1994.

9. Bennett. *Dictionary of Marketing Terms*. 1995.

10. Bouldin, Joanna Rose. The Amimated and The Actual： Toward a Theory of

Animation, Live – Action, and Everyday Life, University of California, Irvine. PhD Dissertation, 2004.

11. Caves, R. E. & Pickard, C. D. (2001). The satisfaction of human needs in airport passenger terminals. *Proceedings of the Institution of Civil Engineers – Transport*, 147, 9 – 15.

12. Chen, J., & Stanney, K. M. (1999). A Theoritical Model of Wayfinging in Virtual Environments: Proposed Strategies for Navigational Aiding. *Presence*, 8 (6), 671 – 685.

13. Churchill, A., Dada, E., Barros, A. G. de. & Wirasinghe, S. C. (2008). Quantifying and validating measures of airport terminal wayfinding. *Journal of Air Transport*, 14 (3), 151 – 158.

14. Coors, V., Elting, C., Kray, C., & Laakso, K. (2005). Presenting route instructions on mobile devices: From textual directions to 3D visualization. In J. Dykes, A. M. MacEachren, & M. J. Kraak (Eds.), *Exploring Revisualization* (pp. 529 – 550). Amsterdam: Elsevier.

15. Darken, R. P. & Sibert, J. L. (1996). Wayfinding strategies and behaviors in large virtual environments. In Human Factors in Computing Systems, CHI '96 Conference Proceedings, pp. 142 – 149.

16. Dillemuth, J. (2005). Map design evaluation for mobile display. *Cartography and Geographic Information Science*, 32, 285 – 301.

17. Dogu, U. & Erkip, F. (2000). Spatial factors affecting wayfinding and orientation: A case study in a shopping mall. *Environmental and Behavior*, 32 (6), 731 – 755.

18. Eaton, G. (1992). Wayfinding in a library: Book searches and route uncertainty. *RQ*, 30 (4), 523 – 525.

19. ETtoday 新闻云用手机丈量空间！IKEA 推出首款虚拟扩增实境型录 App.

20. Evans, G. W. (1980). Environmental cognition. *Psychological Bulletin*, 88, 259 – 287.

21. False Rumor of Explosion at White House Causes Stocks to Briefly Plunge; AP

Confirms Its Twitter Feed Was Hacked. Retrieved Dec. 20, 2013, from.

22. Fuller, G. (2002). The Arrow – directional semiotics: Wayfinding in transit. *Social Semiotics*, 12 (3), 231 –244.

23. Golledge, R. G. (1999). Human Wayfinding and Cognitive Maps. In R. G. College (Ed.), *Wayfinding behavior: cognitive mapping and other spatial processes* (pp. 1 –45). *Baltimore: Johns Hopkins University Press*.

24. Hart, W. (1985). *The Airport Passenger Terminal.* New York: Wiley.

25. Hegarty, M., Richardson, A. E., Montello, D. R., Lovelace, K., & Subbiah, I. (2002). Development of a self – report measure environmental spatial ability. *Intelligence*, 30, 425 –447.

26. Herman, J. F., Heins, J. A. & Cohen, D. S. (1987). Children spatial knowledge of their neighborhood environment. *Journal of General Psychology*, 116 (1), 29 –41.

27. Hightower, J., &Borriello, G. (2001). Location systems for ubiquitous computing. *Computer*, 34 (8), 57 –66.

28. http: //mag. udn. com/mag/newsstand/storypage. jsp? f_ ART_ ID = 486857 (2013. 11. 28 摘录).

29. http: //www. cnbc. com/id/100646197.

30. http: //www. ettoday. net/news/20130820/259298. htm (2013. 11. 28 摘录).

31. http: //www. iama. org. tw/Bulletin/NewsDel/171.

32. http: //www. moc. gov. tw/law. do? method = find&id = 264.

33. Ingwerron, P. (1982). Research Procedures in the Library: Analyzed from the Cognitive Point of View. *Journal of Documentation*, 38 (4), 168.

34. Ishikawa, T., & Montello, D. R. (2006). Spatial knowledge acquisition from direction experience in the environment: Individual differences in the development of metric knowledge and the integration of separately learned places. *Cognitive Psychology*, 52, 93 –129.

35. Ishikawa, T., Fujiwara, H., Imai, O., & Okabe, A. (2008). Wayfinding with a GPS – based mobile navigation system: A comparison with

maps and direct experience. *Journal of Environmental Psychology*, 28, 74 – 82.

36. Jansen – Osmann, P. (2002). Using desktop virtual environments to investigate the role of landmarks. *Computers in Human Behavior*, 18 (4), 427 – 436.

37. Kato, Y., & Takeuchi, Y. (2003). Individual differences in wayfinding strategies. *Journal of Environment Psychology*, 23, 171 – 191.

38. Kitchin, R. M. (1994). Cognitive Maps: What are they and why study them? *Journal of Environmental Psychology*, 14, 1 – 19.

39. Klippel, A. (2003). Wayfinding Choremes: Conceptualizing Wayfinding and Route Direction Elements. University of Bremen, Bremen.

40. Klippel, A., Tappe, H., Kulik, L., & Lee, P. U. (2005). Wayfinding Choremes: A language for modeling conceptual framework. *Journal of Visual Languages and Computing*, 16, 311 – 329.

41. La Grone, C. W. (1969). Sex and personality differences in relation to felling for direction. *Journal of General Psychology*, 81, 23 – 33.

42. Lam, W. H. K., Tam, M – L., Wong, S. C. & Wirasinghe, S. C. (2003). Wayfinding in the passenger terminal of Hong Kong International Airport. *Journal of Air Transport Management*, 9 (2), 73 – 81.

43. Lawton, C. & Kallai, J. (2002). Gender differences in wayfinding strategies and anxiety about wayfinding: A cross – cultural comparison. *Sex Roles*, 47 (9/ 10), 389 – 401.

44. Lawton, C. A. (1994). Gender differences in wayfinding strategies: Relationship to spatial ability and spatial anxiety. *Sex Roles*, 30 (11/12), 765 – 779.

45. Lawton, C. A. (1996). Strategies for indoor wayfinding: The role of orientation. *Journal of Environmental Psychology*, 16 (2), 137 – 145.

46. Liben, L. S., & Downs, R. M. (1993). Understanding person – space – map relations: Cartographic and developmental perspectives. *Developmental Psychology*, 29, 739 – 752.

47. Liben, L. S. , Kastens, K. A. , & Stevenson, L. M. （2002）. Real - world knowledge through real - world maps: A guide for navigating the educational terrain. *Developmental Review*, 22, 267 - 322.

48. Loiterton, D. , & Bishop, I. D. （2005）. Virtual environments and location-based questioning for understanding visitor movement in urban parks and gardens. In paper presented to *real-time visualization and participation*. Germany: Dessau May, 26 - 28.

49. Loomis, J. M. , Golledge, R. G. , & Klatzky, R. L. （2001）. GPS - based navigation systems for the visual impaired. In W. Barfield, & T. Caudell （Eds. ）, *Fundamentals of Wearable Computers and Augmented Reality* （pp. 429 - 446）. Mahwah, N. J. : Erlbaum.

50. Lovas, G. G. （1998）. Models of wayfinding in emergency evacuations. *European Journal of Operational Research*, 105 （3）, 371 - 389.

51. Lynch, K. （1960）. The image of the city. London: M. I. T.

52. Malinowski, J. C. & Gillespie, W. T. （2001）. Individual differences in performance on a large - scale, real - world wayfinding task. *Journal of Environmental Psychology*, 21, 73 - 82.

53. Meyer, M. W. （1973）. Map skills instruction and the child's developing cognitive abilities. *Journal of Geography*, 72, 27 - 35.

54. Montello, D. R. （2005）. Navigation. In P. Shah, & A. Miyake （Eds. ）, *The Cambridge Handbook of Visuospatial Thinking* （pp. 257 - 294）. Cambridge, UK: Cambridge University Press.

55. Montello, D. R. , Waller, D. , Hegarty, M. , & Richardson, A. E. （2004）. Spatial memory for real environments, virtual environments, and maps. In G. L. Allen （Ed. ）, *Human Spatial Memory: Remembering Where* （pp. 251 - 285）. Mahwah, NJ: Erlbaum.

56. Munzer, S. Zimmer, H. D. , Schwalm, M. , Baus, J. & Aslan, I. （2006）. Computer - assisted navigation and the acquisition of route and survey knowledge. *Journal of Environmental Psychology*, 26, 300 - 308.

57. Newson, J. &Newson, E. (1987). Family and sex roles in middle childhood. In D. J. Hargreaves & A. M. Colley (Eds.), *The Psychology of Sex Roles*, pp. 142 – 158 (Cambridge: Hemisphere).

58. Nickerson, R. S. (1981). Why interactive computer systems are sometimes not used by people who might benefit from them. *International Journal of Man – machine Studies*, 15 (4), 469 – 483.

59. Nicolas, F. (1992). Designing for Pedestrians: A CAD network analysis approach. In Y. Kalay (Ed.), *Evaluating and Predicating Design Performance* (p. 43). New York: Wiley Publication.

60. O'Laughlin, E. M., & Brubaker, B. S. (1998). Use of landmarks in cognitive mapping: Gender differences in self report versus performance. *Personality and Individual Differences*, 24, 595 – 601.

61. O'Neill, M. J. (1991). Effects of Signage and Floor Plan Configuration on Wayfinding Accuracy. *Environment and Behavior*, 23 (5), 553 – 574.

62. Parush, A. & Berman, D. (2004). Navigation and orientation in 3D user interfaces: the impact of navigation aids and landmarks. *International Journal of Human – Computer Studies*, 61 (3), 375 – 395.

63. Passini, R. (1984). Spatial representations, a wayfinding perspective. *Journal of Environmental Psychology*, 7 (1), 44 – 60.

64. Passini, R. (1996). Wayfinding design: logic, application and some thoughts on university. *Design studies*, 17 (3), 319 – 33.

65. Percy, L. Strategies for implementing integrated marketing communications, Lincolnwood: NTC Publishing Group, 1997

66. Phipi Kotler, Gary Armstrong. Principles of Marketing, 1999

67. Prestopnik, J. & Roskos – Ewoldsen, B. (2000). The Relations among Wayfinding Strategy Use, Sense of Direction, Sex, Familiarity and Wayfinding Ability. *Journal of Environmental Psychology*, 20, 177 – 191.

68. Roskos – Ewoldsen, B., & McNamara, T. P., Shelton, A. L., & Carr, W. (1998). Mental representations of large and small spatial layouts are

orientation dependent. *Journal of Experimental Psychology*：*Learning*，*Memory*，*and Cognition*，24，215 – 226.

69. Rovine，M. J. & Weisman，G. D.（1989）. Sketch – map variables as predictors of way – finding performance. *Journal of Environmental Psychology*，9（3），217 – 232.

70. Sandstorm，N. J.，Kaufman，J. & Huettel，A. S.（1998）. Males and females use different distal cues in a virtual environment navigation task. *Cognitive Brain Research*，6（4），351 – 360.

71. Sholl，M. J.（1988）. The relation between sense of direction and mental geographic updating. *Intelligence*，12，215 – 226.

72. Sirgy，M. J. Integrated marketing communications：A system approach. Upper Saddle River NJ：Prentice – Hall，1998

73. Sorrows，M. E. & Hirtle，S. C.（1999）. The nature of landmarks for real and electronic spaces. In C. Freksaand& Mark（Eds.），S*patial Information Theory*（pp. 37 – 50）（Berlin：Springer）.

74. Streeter，L. A.，Vitello，D.，and Wonsiewicz，S. A.（1985），How to tell people where to go：Comparing navigational aids. *International*，*Journal of Man/ Machine Studies*，22，549 – 562.

75. Thorndyke，P. W.，& Hayes – Roth，B.（1982）. Differences in spatial knowledge acquired from maps and navigation. *Cognitive Psychology*，14，560 – 589.

76. Thornsyke，P. & Stasz，C.（1980）. Individual Differences in Procedures for Knowledge Acquisition from Maps. *Cognitive Psychology*，12，137.

77. Timpf，S.（2002）. Ontologies of wayfinding：A traveler's perspective. *Networks and Spatial Economics*，2，9 – 33.

78. TVBS：《台湾动画导演新作 获邀坎城观摩片》，TVBS，2013.

79. Walmsley，D. J. & Jenkins，K. M.（1991）Mental maps，locus of control and activity：a study of business tourism in Coffs Harbour. *Journal of Tourism Studies*，2（2），36 – 42.

80. Winter，S.（2003）. Route adaptive selection of salient features. In W. Kuhn，

M. F. Worboys, & S. Timpf (Eds.), *Spatial Information Theory* (pp. 349 – 361). Berlin: Springer.

81. Winter, S., Raubal, M., & Nothegger, C. (2005). Focalizing measures of salience for route directions. In L. Meng, A. Zipf, & T. Reichenbacher (Eds.), *Map-based mobile services—Theories, methods and design implementations* (pp. 127 – 142). Berlin: Springer.

82. Wright, H. & A. Lickorish (1993). Navigation in a Hospital Outpatients' Department: The Merits and Wall Signs. *Journal of Architectural and Planning Research*, 10 (2), 76 – 89.

83. Xia, J., Arrowsmith, C., Jackson, M. & Cartwright, W. (2008). The wayfinding process relationships between decision – making and landmark utility. *Tourism Management*, 29 (3), 445 – 457.

84. Zhou, J. & Golledge, R. (2000). A GPS – based analysis of household travel behavior. In paper presented to western regional science association. Hawaii: Kauai.

85. 麦当劳星光旗舰店, http://www. mcdonalds. com. tw/tw/ch/about_ us/newsroom/news_ pages/news2013 – 04 – 17. html (2013. 11. 28 摘录)。

86. 萌宇数位科技股份有限公司 http://www. arplanet. com. tw/enterprise/casestudy_ outdoor. php? type = odb (2013. 11. 28 摘录)。

87. 弥勒熊电影:《孙中山》, 弥勒熊电影, 2013。

88. 达摩媒体股份有限公司, 网友决定网购时最爱参考部落格推荐文的品项? 2013。

89. 董品蓁、刘忠阳、孙同文:《韩国娱乐产业对台湾大学生的影响:Q 方法研究探讨》, 2013 飙心立艺学术研讨会, 2013。

90. 《动脑杂志, 2011 年行销趋势》2011 年 1 月第 417 期, 第 49 页。

91. 《动脑杂志, 2012 年六大微趋势引爆商机》2012 年 1 月第 429 期, 第 88 页。

92. 《动脑杂志, 2012 年全球五大行销趋势》2012 年 1 月第 429 期, 第 79 页。

93. 《动脑杂志, 个人化趋势来临品牌如何接招》2013 年 7 月第 447 期, 第 59 页。

94. 《动脑杂志, 科技让行销更有趣》2013 年 4 月第 444 期, 第 50 ~ 53 页。

95. 台北市数位行销经营协会：《业界新闻》2013 上半年度台湾整体网络广告量达 62.65 亿，2013。

96. 台湾"行政院"：《刘院长：政府将积极协助电脑 3D 动画产业发展》，台湾"行政院"，2008。

97. 台湾"文化部"：《文化创意产业内容及范围》，2013。

98. 台湾"文化部"：《创意台湾——文化创意产业发展方案行动计画》，2013。

99. 太极影音：《太极影音"土星之旅"领航台湾动画产业 2009 航向国际》，太极影音，2008。

100. 唐淑珊：《偶像崇拜、消费价值与行为意向关系之研究——以中部地区青少年观看韩剧为例》，朝阳科技大学企业管理学系硕士学位论文，台中：朝阳科技大学，2008。

101. 尼尔森：《尼尔森：全球消费者对于免费媒体广告的信任度日增——口碑最受台湾消费者信赖》，2012。

102. 廖淑婷：《台湾动画产业现况与未来趋势》，MIC 研究报告，2008。

103. 林桂英：《女性收视行为与偶像迷恋之研究——以韩剧为例》，台东大学进修部文教行政硕士学位论文，2008。

104. 林于胜：《日本动画产业之发展现况》，《产业透析：电子商务透析》，2002。

105. 林于胜：《中国大陆动画产业发展现况分析》，《产业透析：电子商务透析》，2003。

106. 林正仪：《工艺时尚 Yii 专辑》，草屯："国立"台湾工艺研究发展中心，2011。

107. 林正仪、赖怡利：《2009 工艺时尚巴黎家饰用品展展览工作报告》，《2010 工艺时尚巴黎家饰用品展展览工作报告》，草屯："国立"台湾工艺研究发展中心，2009，2010。

108. 林正仪、赖怡利、林欣毅：《2010 台湾工艺时尚米兰国际家具展展览工作报告》，草屯："国立"台湾工艺研究发展中心，2010。

109. 高宣扬：《哈伯玛斯论》[M]．台北：远流，1991。

110. 郭家平：《台湾女性韩剧迷的收视经验及认同过程》，"国立"交通大学传播研究所硕士学位论文，新竹："国立"交通大学，2007。

111. 郭秋雯：《从杨淑君事件看国内反韩与哈韩现象》，台湾新文社会智库，2010。

112. "公平交易委员会"：《102 年 11 月 7 日发布"'公平交易委员会'对于荐证广告之规范说明修正规定"》，2013。

113. "公平交易委员会"：《以积极欺瞒或消极隐匿重要交易资讯之行销手法影响交易秩序！三星公司罚 1000 万元、鹏泰公司罚 300 万元及商多利公司罚 5 万元》，2013。

114. 黄俊英：《行销学原理》，2009。

115. 黄兆伸：《探究颜水龙 1903～1997 绘画及工艺作品的艺术特质》，《台湾工艺》2002 年第 10 期，第 86～94 页。

116. 《近期全球高端扩增实境应用案例》，http：//www.wretch.cc/blog/leeyikuan/26056758（2013.11.28 摘录）。

117. 江佳霖：《阅听人价值观与收视含具的相关性研究》，"国立"交通大学传播研究所硕士学位论文，新竹："国立"交通大学，2007。

118. 橘人志：《说故事专家！从动画开发授权的迪士尼》，橘人志，2013。

119. 邱君萍、荣昊北：《李安牵线 少年 PI 特效团队进驻高雄》，中华电视公司，2013。

120. 西门微创作现正流行！"西门印象 3D 魔幻卡"在西门商圈掀起热潮 http：//www.wretch.cc/blog/arplanet/25739117（2013.11.28 摘录）。

121. "中国新闻网"：《动画孙中山举行首映礼 将抢搭 ECFA 登陆》，"中国新闻网"，2011。

122. 中国生产力中心编辑部：《这是你的店》，台北：中国生产力中心，2013。

123. 数位时代：《锁定利基族群 说一个台湾故事》，数位时代，2008。

124. 人间福报：《3D 动画"土星之旅"预告片今全球首映》，人间福报，2008。

125. 荣泰生：《行销学原理》，2001。

126. 蔡佳玲：《韩剧风潮及韩剧文化价值观之相关性研究：从文化接近性谈

起》，"国立"交通大学传播研究所硕士学位论文，新竹："国立"交通大学，2006。

127. 蔡佳玲、李秀珠：《全球本土化下的台湾韩剧频道经营之研究——从文化接近性谈起》，"国立"交通大学传播研究所硕士学位论文，新竹："国立"交通大学，2006。

128. 曹逸雯：《取得美国 NASA 授权　太极将制作 3D 动画片"土星之旅"》，NOWNEWS，2008。

129. 吴金炼、曾湘云：《从韩剧的风行看台湾阅听众的文化认同——以新竹市为例》，"国立"交通大学传播研究所硕士学位论文，新竹："国立"交通大学。

130. 吴昭怡等编著《手感经济——感觉的时尚》，台北：天下杂志，2006。

131. 王建宇：《国片"蚀忆巨兽"获吉隆坡国际影展最佳动画奖》，Yam 民生报，2008。

132. 翁徐得、陈泰松、黄世辉、林美臣、林秀凤、王国裕：《竹山地区工艺资源之调查与工艺振兴对策之研究》，台湾手工业研究所，1998，第 75 ~ 102 页。

133. 远扬科技官网，http：//www. farsail. com. tw/works. php。

134. 孙明芳：《台湾有线电视产业现况与未来发展》，2006。

135. 张雅婷：《探讨阅听人对韩剧〈我叫金三顺〉的解读研究》，"国立"交通大学传播研究所硕士学位论文，新竹："国立"交通大学，2007。

136. 张玉琦：《台湾动画要从代工翻身》，数位时代，2006。

137. 杨静：《台湾工艺五十年（1954 ~ 2005）：从"南投县工艺研究班"到"'国立'台湾工艺研究所"》，文建会"国立"台湾工艺研究所委托调查研究服务案报告，2006，第 15 ~ 38 页。

138. 杨静：《1950 年代颜水龙与南投县工艺研究班》，《台湾工艺》2010 年第 36 期，第 50 ~ 59 页。

139. 经建会：《挑战 2008——台湾发展重点计划草案 2002 ~ 2007》，台北："行政院"经济建设委员会，2002。

140. 艺次元互动科技，http：//www. artgital. com/pre/（2013. 11. 28 摘录）。

141. 萧淑文：《皮克斯动画 20 年》，台北：台北市立美术馆，2009。

142. 许安琪：《整合行销传播引论——全球化与与在地化行销大趋势》，2010。

143. 《论文集/以中华文化的共识基础、推动两岸动漫产业合作/台湾动漫创作协会荣誉理事长邓有立》，新浪新闻网，2013。

144. 谢淑芬、许诏墉：《韩剧对潜在消费者之韩国旅游形象与赴韩旅游意愿之影响》，台湾地方乡镇观光产业发展与前瞻学术研讨会论文集，2005，第 253～268 页。

145. 《财团法人台湾网络资讯中心 TWNIC，2013 年台湾宽频网络使用调查摘要分析》，2013。

146. 赖筱凡：《李安"少年 Pi"靠中华电信征服好莱坞》，中时电子报，2012。

147. 赖怡利：《2008 工艺时尚巴黎家饰用品展展览工作报告》，"国立"台湾工艺研究发展中心，2008。

148. 赖怡利：《开启台湾工艺新视野》，《台湾工艺季刊》，草屯："国立"台湾工艺研究发展中心，2010 年第 37 期。

149. 赖怡利：《台湾工艺设计的改变与转化——工艺时尚 Yii 之设计观点初探》，《台湾工艺季刊》，草屯："国立"台湾工艺研究发展中心，2011 年第 40 期。

150. 赖怡利：《2013 义大利米兰国际家具展展览工作报告》，草屯："国立"台湾工艺研究发展中心，2013。

151. 赖怡利、陈静汝：《2012 工艺时尚巴黎家饰用品展展览工作报告》，草屯："国立"台湾工艺研究发展中心，2012。

152. 陈建豪：《用料超选 4 亿 5000 万打造故宫晶华—国宝入菜人人爱》，《远见杂志》2008 年第 266 期。

153. 陈昭义等编辑《2005 年台湾文化创意产业发展年报》，台北："经济部工业局"，2006，第 330～337 页。

154. 陈子音：《艺人偶像崇拜沉溺现象对娱乐行销影响之研究》，亚洲大学经营管理学系硕士学位论文，台中：亚洲大学，2008。

155. 陈凯劭：《颜水龙的 1940 年代》，《台湾工艺》2005 年第 21 期，第 4～17 页。

"皮书"起源于十七、十八世纪的英国，主要指官方或社会组织正式发表的重要文件或报告，多以"白皮书"命名。在中国，"皮书"这一概念被社会广泛接受，并被成功运作、发展成为一种全新的出版形态，则源于中国社会科学院社会科学文献出版社。

皮书是对中国与世界发展状况和热点问题进行年度监测，以专业的角度、专家的视野和实证研究方法，针对某一领域或区域现状与发展态势展开分析和预测，具备权威性、前沿性、原创性、实证性、时效性等特点的连续性公开出版物，由一系列权威研究报告组成。皮书系列是社会科学文献出版社编辑出版的蓝皮书、绿皮书、黄皮书等的统称。

皮书系列的作者以中国社会科学院、著名高校、地方社会科学院的研究人员为主，多为国内一流研究机构的权威专家学者，他们的看法和观点代表了学界对中国与世界的现实和未来最高水平的解读与分析。

自20世纪90年代末推出以《经济蓝皮书》为开端的皮书系列以来，社会科学文献出版社至今已累计出版皮书千余部，内容涵盖经济、社会、政法、文化传媒、行业、地方发展、国际形势等领域。皮书系列已成为社会科学文献出版社的著名图书品牌和中国社会科学院的知名学术品牌。

皮书系列在数字出版和国际出版方面成就斐然。皮书数据库被评为"2008~2009年度数字出版知名品牌"；《经济蓝皮书》《社会蓝皮书》等十几种皮书每年还由国外知名学术出版机构出版英文版、俄文版、韩文版和日文版，面向全球发行。

2011年，皮书系列正式列入"十二五"国家重点出版规划项目；2012年，部分重点皮书列入中国社会科学院承担的国家哲学社会科学创新工程项目；2014年，35种院外皮书使用"中国社会科学院创新工程学术出版项目"标识。

法 律 声 明